U0613565

中華大藏經

續編

11

漢傳注疏部（一） 第五册

中華書局

第一一册目録

金剛般若波羅蜜經補註[一]

律[二]而惟文字之是咎，抑末矣。古語云：若非玉人夢破，别有生涯，安得四海五湖，斬新日月。斯孟嘉補註意乎？請以是徵諸識者。

旹天啓丙寅仲夏既望，汰生居士查應光撰。

永明智覺禪師云：夫金剛般若，能開解脱之門；玉偈波羅，善入菩提之路。行行而非空非有，句句而無去無來。經説三十二分，功德難量；圓持四句偈文，殊因莫測。書寫讀誦，當生華藏之天；爲人演説，定達涅槃之宅。般若乃菩提佛母，信心即功德道源。長養聖胎，出生妙法。大抵看經通義，問道窮源，啓淨信心，具擇法眼。心心無間理全彰，念念不忘文自現。遺辭而解義，左右逢源，如盤之走珠，縱横無礙。信解受持[三]者，洞明真性；見聞隨喜者，咸悟菩提。流通天上人間，普徧微塵刹海，大虚無際，法施何窮？以斯般若功勛，總報四恩三有。觀夫空如來藏，碎祖師關，獨露真常，無非般若。三心不動，六喻全彰，七寶校功，四句倍勝。若乃循行數墨，轉益見知，宗眼不明，非爲究竟。嗟夫，微宣奧旨，石火電光，密顯真機，銀山鐵壁。瞥生異見，滯在中途，進步無門，退身迷路。聊通一線，俯爲初機，良馬見鞭，追風千里矣。

校勘記

〔一〕底本據《卍續藏》。

〔二〕「律」，底本原校云前佚失四十行，行十字。

〔三〕「持」，底本作「時」，據文意改。

金剛般若波羅蜜經補註卷上

三山鶴軒居士韓巖集解
海陽夢華居士程衷懋補註

金剛者，金中精堅者也。剛生金中，百鍊不消。取此堅利，能斷壞萬物，譬如智慧，能斷一切煩惱，轉爲妙用。般若者，梵語也，華言智慧。性體虚融，照用自在，故云般若。梵語波羅蜜，華言到彼岸，欲到彼岸，須憑般若。不著諸相，謂之彼岸，若著諸相，謂之此岸。又云：心迷則此岸，心悟則彼岸。經者徑[一]也，見性之徑路也。道川禪師云：法不孤起，誰爲安名？頌曰：摩訶大法王，無短亦無長。本來非皂白，隨處見青黃。華發看朝艷，林凋逐曉霜。疾雷何太急，迅雷[二]亦非光。凡聖猶難測，龍天豈度量？古今人不識，權立號金剛。《宗鏡》云：此一卷經，六道含靈，一切性中，悉皆具足，只爲受身之後，妄爲六根六塵，埋没此段靈光，不知不覺。故佛發慈悲心，願一切衆生，齊超苦海，共證菩提。所以説是經大意，只是爲人解粘去縛，直下明了自性，究竟堅固，萬劫不壞，如金性堅剛也。

○法會因由分第一

標舉教起根源，依昭明所斷之分。頌曰：聖凡同聚給孤園，似月如星共一天。持鉢著衣弘聖化，人人盡是火中蓮。

如是我聞，一時佛在舍衛國至千二百五十人俱。

如是我聞，如來臨涅槃日，阿難問曰：佛滅度後，一切經首，初安何字？佛言：初安如是我聞，次顯處所。盖如是者，指一經所聞法體也。我聞，阿難謂如是之法，我從佛聞也。一時，即如來説法機應和合時也。

佛者，覺也。佛是教主，尊極名佛。

若以諸大宗師言之，如者，衆生之性，萬別千差，動靜不一，無可比類，無可等倫。是者，只是衆生性之別名，離性之外，更無別法。又云：法非有無，謂之如；皆是佛法，謂之是。川禪師云：古人道，喚作如如，早是變也。且道變向甚麽處去？咄！不得亂走，必竟作麽生道火不曾燒却口？如如，靜夜長天一月孤。是是，水不離波波是水。鏡水塵風不到時，應現無瑕照天地。

我者，爲性自在，強名之也。又云：身非有我，亦非無我，不二自在，名爲真我。聞者，聽聞也。經云：聽非有聞，亦非無聞，了無取捨，名爲真聞。川禪師云：淨躶躶，赤灑灑，没可把。頌曰：我我，認得分明成兩箇。不動纖毫合本然，知音自有松風和。切忌隨他去。頌曰：猿啼嶺上，鶴唳林間。斷雲風捲，水激長湍。最愛晚秋霜午夜，一聲塞鴈覺天寒。

一時者，謂説理契機，感應道交之時也。川禪師云：一，相隨來也。頌曰：一，破二成三從此出，乾坤混沌未分前，已是一生參學畢。時，如魚飲水，冷暖自知。頌曰：時，時，清風明月鎮相隨。桃紅李白薔薇紫，問著東君總不知。

佛者，内覺無諸妄念，外覺不染六塵。又云，非相而相，應身佛也。相而非相，報身佛也。非相非非相，法身佛也。川禪師云：無面目説是非漢。頌曰：小名悉達，長號釋迦。度人無數，攝伏群邪。若言他是佛，自己却成魔。祇把一枝無孔笛，爲君吹起太平歌。

在者，所在之處也。川禪師云：客來須看，不得放過，隨後便打。頌曰：獨坐一爐香，經文誦兩行。可憐車馬客，門外任他忙。

舍衛國者，波斯匿王所居之國。祇者，匿王太子祇陀也。樹是祇陀所施，故言祇樹。

給孤獨園者，給孤長者所施之園，共建立精舍也。比丘者，去惡取善，名小比丘；善惡俱遣，名大比丘也。若悟達此理，即證阿羅漢位，能破六賊，小乘四果人也。川禪師云：獨掌不浪鳴。頌曰：巍巍堂堂，萬法中王。三十二相，百千種光。聖凡瞻仰，外道歸降。莫謂慈容難得見，不離祇園大道場。

爾時，世尊食時，著衣持鉢至洗足已，敷座而坐。

爾時，佛現世時也。世尊，三界四生中，智慧福德無有等量，一切世間之所尊也。食時，正當辰，食將辦之時也。著衣，服僧伽黎，柔和忍辱衣也。乞食，佛以禪悦法喜爲食，而行乞者，示同凡僧，欲令折己慢幢，生彼福德也。次第，如來慈悲，不擇貧富，平等普化也。洗足，淨身業也。敷座而坐，跏趺入禪，示一切法空也。川禪師云：惺惺著。頌曰：飯食訖兮洗足已，敷座坐來誰共委。向下文長知不知，看看平地波濤起。

○善現起請分第二

善現起請佛法，爲衆決疑。頌曰：解空特地播風雲，九曲難穿問世尊。兩鏡光含千古意，珠璣瀉出顯家門。

時長老須菩提在大衆中至善付囑諸菩薩。

時，空生起問之時也。長老，德尊年高也。梵語須菩提，華言解空，亦名善現。從座起至恭敬，乃請法之儀。右膝著地，先淨三業，摧伏身心也。合掌，心合於道，道合於心也。希有，佛性含容萬法，無可比類也。如來，如者佛性之本體也，來者，佛性之應用也。如如不變，而應現萬緣，非來非去，心常空寂也。善護念者，爲護根熟菩薩，與智慧力，令其成就自行；與教化力，令其攝受衆生也。善付囑者，爲付囑根未熟菩薩，已得大乘者，令其不捨，未得大乘者，令其勝進也。梵語菩薩，華言道心衆生，常行恭敬，乃至蠢動含靈，悉起敬愛之心，不生輕慢也。川禪師云：如來不措一言，須菩提便興讚嘆，具眼勝流，試著眼看。頌曰：隔墻見角，便知是牛。隔山見烟，便知是火。獨坐巍巍，天上天下。南北東西，鑽龜打瓦。咄！

世尊，善男子善女人至云何應住，云何降伏其心？

梵語阿耨多羅三藐三菩提，華言無上正等正覺，謂真性也。發阿耨三菩提心，謂求真性成佛之心。云何應住，言云何可以安住諦理。云何降伏，言云何可以折攝散亂。須菩提謂，凡夫妄念，煩惱無邊，當依何法，則得調伏也。川禪師云：這問從甚處出來？頌曰：你喜我不喜，君悲我不悲。鴈思飛塞北，燕憶舊巢歸。秋月春花無限意，箇中只許自家知。

佛言：善哉，善哉，須菩提至唯然世尊，願樂欲聞。

如汝所説，是佛讚嘆須菩提，能知我意，善教諸人，不起妄念，心常精進，勿令染著諸法相也。諦聽者，謂汝當了達聲塵，本來不生，勿逐語言，詳審而聽也。應如是住者，如來欲令衆生之心，不生不滅，湛然清淨，即能見性也。逍遥翁云：凡人心境清淨，是佛國淨土。心境濁亂，是魔國穢土也。黄柏〔三〕運禪師云：凡夫多被境礙心，事礙理，常欲逃境以安心，屏事以存理，不知乃是心礙境，理礙事，但令心空境自空，理寂事自寂，勿倒用心也。又云：凡夫取境，智者取心。心境雙亡，乃是真法。亡境猶易，亡心至難。人不敢亡心，恐落於空，無撈摸處。不知空本無空，唯一真法界耳。故萬法唯心，心亦不可得。既無所得，便是究竟，何必區區更求解脱也。如是降伏其心者，若見自性，即無妄念。既無妄念，即是降伏其心矣。唯然，應諸協望之謂。願樂欲聞，欣樂欲聞其法也。川禪師云：往往事從叮囑生。頌曰：七手八脚，神頭鬼面。棒打不開，刀割不斷。閻浮踔躑幾千回，頭頭不離空王殿。

○大乘正宗分第三

佛教菩薩，六度圓修。衆生一體，無我無人，誰歸滅度，故立此名。頌曰：大乘境界盡含容，凡聖元來事一同。掃盡微塵生死念，依然面目舊家風。

佛告須菩提，諸菩薩摩訶薩至壽者相，即非菩薩。

摩訶薩，摩訶言大，心量廣大，不可測量，乃是大悟人也。衆生，謂於一切善惡凡聖等見，有取捨心，起無量無邊煩惱妄想，輪迴六道是也。無明迷覆爲卵生，煩惱包裹爲胎生，愛水浸淫爲濕生，欻起煩惱爲化生。教中云：眼耳鼻舌，不能迴光内燭，有所貪漏，即墮四生，謂胎、卵、濕、化是也。色聲香味，迴光内燭，無所貪漏，即證四果，謂須陀洹等是也。傅大士云：空生初請問，善逝應機酬。先答云何住，次教如是修。胎生卵濕化，咸令悲智收。若起衆生見，還同著相求。若有色，謂凡夫執著之心，妄見是非，不契無相之理。若無色，執著空相，不修福慧。若有想，眼見耳聞，遂生妄想，口説佛行，心不依行。若無想，坐禪除妄，獨如木石，不習慈悲智慧方便。若非有想，有無俱遣，語默雙亡，有取捨憎愛之心，不了中道也。非無想，謂有求理心也。臨濟云：入凡入聖，入清入淨，處處現諸國土，盡是諸法空相，是名真正見解。你若愛聖憎凡，生死海裏浮沉。我，佛自謂也。無餘者，真常湛寂也。涅槃者，菩薩心無取捨，如大月輪，圓滿寂靜。衆生迷於涅槃無相之法，而爲生死有相之身。滅，除滅。度，化度也。如來指示三界九地，各有涅槃妙心，令自性入，心無取捨，無邊煩惱轉爲玅用，同證圓滿清淨涅槃，渡生死大海。實無衆生得滅度者，謂如上九類衆生，皆由自之業緣而有清淨本性，無衆生可度，無涅槃可到，一切衆生，本來是佛也。《造化因心偈》云：賦象各由心，影响無欺詐。元無造化工，衆生自造化。我相，倚恃名位權利，攀高接貴，輕慢貧賤愚迷之流。人相，有能所心，有知解心，未得謂得，未證謂證，自恃持戒，輕破戒者。衆生相，謂苟求希望之心，言正行邪，口善心惡。壽者相，覺時似悟，見境生情，執著諸相，希求福德。有此四相，則同衆生，非菩薩也。臨濟禪師云：五蘊身田内，有無位真人，堂堂顯露，何不識取？但於一切時中，切莫間斷，觸目皆是。只爲情生智隔，想變體殊，所以輪迴三界，受種種苦。敢問諸人，觸目皆是，是箇甚麼？一一山河無隔礙，重重樓閣應時開。川禪師云：頂天立地，鼻直眼横。頌曰：堂堂大道，赫赫分明。人人本具，箇箇圓成。祇因差一念，現出萬般形。

○妙行無住分第四

於一切法，非即非離，無違無住。頌曰：透過聲香色是誰，投身飼虎自家爲。精金百鍊雖光彩，且不重添眼上眉。

復次，須菩提，菩薩於法至其福德不可思量。

復次，連前起後之辭。菩薩於法者，總標一切空有之法，如六塵諸法是也。應無所住，一切之法，應當無所住著也。《法華經》云：十方國土中，惟有一乘法，謂一心也。心即是法，法即是心。二乘之人，謂心外别有法，遂生執著，住於法相，此同衆生之見解也。逍遥翁云：凡人不識自佛，一向外求，住相迷真，分别他境，不爲助道，但求福門，似箭射空，如人入暗。菩薩了悟人、法二空，心無取捨，能知凡聖一等，空色一般，善惡一體。臨濟和尚頌云：心境頓消融，分明色與空。欲識本來體，青山白雲中。是菩薩心無所著也。布者，普也。施者，捨也。菩薩所修六度萬行，以布施爲初度，攝後五度，謂除人我衆生壽者四相，煩惱妄想取捨愛憎之心，世尊即以教法布施，内破一切執著，外即利益一切衆生。菩薩布施，皆應無住，不見有我爲能施人，不見有他爲受施者，不見中間有物可施。三體皆空，住無所住，清淨行施，不憂己乏，不望報恩，不求果報也。凡夫布施，希求福利，此是住相布施也。永嘉大師云：住相布施生天福，猶如仰箭射虚空。逍遥翁云：誦《金剛經》者，若人了知住無所住心，得無所得法者，此名慧業。若人日積課誦之功，希求福利，此名福業。二者相去如霄壤[四]也。不住色布施，謂智慧性，照見一切皆空，無色可捨，名爲布施。如藥對病，如空含有。有病既除，空藥俱遣，色空泯絶，中道皆亡，了無一法可得。不若二乘捨色取空，是爲不住色而行布施。玄奘法師所譯經云：不住於色，不住非色，香味觸法，一例皆然。是故空有，悉皆無住，無空可取，無有可捨，空有同如，一體平等。平等行施，即如法界。不住有施，不住無施，不得有無二邊障礙。施心廣大，猶如虚空，所獲功德，亦復如是。故經中擧十方虚空，較量施福，即斯意耳。《華嚴經》云：不求色聲香與味，亦不希求諸玅觸。但爲救度諸衆生，常求無上最勝智。此正所謂行布施也。傅大士云：施門通六行，六行束三檀。資生無畏法，聲色勿相干。二邊純莫立，中道不須安。欲覔無生理，背鏡[五]向心觀。臨濟云：佛有六通者，謂入色界，不爲色惑。入聲界，不被聲惑。入香界，不被香惑。入味界，不被味惑。入身界，不被觸惑。入意界，不被法惑。達此六種，皆是空相，不能繫縛，此乃無依道人。

雖是五藴穢陋之身，便是地行菩薩。黄蘗云：本是一精明，分爲六和合。一精明者，一心也。六和合者，六根也。各與塵合，眼與色合，耳與聲合，鼻與香合，舌與味合，身與觸合，意與法合，中間生六識，爲十八界。若了十八界無所有，一切皆空，束六和合爲一精明，此乃了悟之人，唯有真心，蕩然清淨。菩薩應如是布施者，謂捨除一切煩惱憎愛之心也。然煩惱本性，皆是妄見，有何可捨？經云：一切諸有，如夢如幻。一切煩惱，是魔是賊。逍遥翁云：夫煩惱性，是佛境界。觀煩惱性空，是正修行。學人若止依此觀煉精至，不須求别法也。又云，夫見性之人，十二時中，凡遇逆順境界，心即安然，不隨萬境所轉，一任毁謗於我，我既不受，惡言謗黷，返歸自己，所謂自作自受者也。譬如有人手執火炬，擬欲燒天，徒自疲困，終不可得。故古德云：心隨萬境轉，轉處實能幽。隨流認得性，無喜復無憂。不住於相者，非但見色是相，一切種種分别，皆名爲相，如是之相，皆從因緣而生。應知一切分别，皆如夢幻，遇緣即施，緣散即寂。是故佛言：凡所有相，皆是虚妄。又西明和尚云：法相若是有，可言住諸相。法相既本無，故言不住相。逍遥翁云：須知諸法如夢如幻，如影如响，如水中月，如鏡中像。又云：了達一切法，不住一切相。心如虚空，自然無礙。心住於相，即屬有法。故知一切法，不住一切相，即能見佛性也。若住相布施，但得人天果報而已。傅大士云：若論無相施，功德極難量。行悲濟貧乏，果報勿須望。凡夫情行劣，初且略稱揚。欲知檀狀貌，滿空徧十方。川禪師云：若要天下行，無過一藝精。頌曰：西川十樣錦，添華色轉鮮。欲知端的意，北斗面南看。虚空不礙絲頭念，所以彰名大覺仙。

須菩提，於意云何，東方虚空至菩薩但應如

所教住。

不也，世尊。須菩提謂：虚空，我思量之，實無可思量也。不可思量者，既已覺悟心無能所，即無我、人、衆生、壽者四相，雖不徼福，自然離生死苦，受涅槃樂，無限福德，豈可思量？但應如所教住，謂諸學人，當依佛教，行無所住，必得悟入也。蓋由不住相施，施契性空，空性無邊，施福無邊，故舉十方虚空，以爲其喻。川禪師云：可知禮也。頌曰：虚空境界豈思量，大道清幽理更長。但得五湖風月在，春來依舊百花香。

○如理實見分第五

如理之見，理本無見。無見之見，是爲實見。頌曰：悟處分明見得真，鏡中面目自家身。莫言諸相都拈却，只是如今箇主人。

須菩提，於意云何至如來所説身相非身相。

不可以身相得見如來者，如來真身，本無生滅，湛然常住，託陰受形，同凡演化。故可以身相見者，非佛法身也。色身有相，法身無相。色身者，地水火風，假合成人。法身者，即無形狀相貌。須菩提以凡夫但見色身，不見法身，故答是語。所説身相，即非身相者，非，無也。凡夫謂色身是有，執著修行，所以不見佛性，生死轉重。如來法身無相，故言所説身相非身相，謂無真實身相也。《華嚴經》云：佛以法爲身，清淨如虚空。故雲門大師云：我當時若見，一棒打殺，與狗子喫者，此大乘先覺之人，解黏去縛，遣疑破執也。黄蘗云：夫學道人，若欲得知要訣，但莫於心上著一物。佛真法身，猶若虚空。此謂法身即虚空，虚空即法身。常人謂法身徧虚空處，虚空中含容法身，不知法身即虚空，虚空即法身也。虚空與法身無異相，佛與衆生無異相，生死與涅槃無異相，煩惱與菩提無異相。離一切相，即名諸佛。頌曰：

凡相滅時性不滅，真如覺體離塵埃。了悟斷常根果別，此名佛眼見如來。川禪師云：且道只今行住坐臥，是甚麼相。頌曰：身在海中休覓水，日行嶺上莫尋山。鶯啼燕語皆相似，莫問前三與後三。

佛告須菩提，凡所有相至若見諸相非相即見如來。

凡所有相，皆是虛妄，謂非獨佛身相即無相，凡所有相，皆是虛妄。是色身有相，故言虛妄，法身無相，故言非相也。若見諸相非相，則〔六〕見如來者，言身虛妄，即是人空，言非相者，即是法空，若悟人法二空，即見自性。蓋如來者，乃自性，不屬去來也。四大色身，本由妄念而生，去來不實。若執虛妄身相，而欲見如來之性，譬如認賊爲子，終無是處。傅大師〔七〕云：如來舉身相，爲順世間情。恐人生斷見，權且立虛名。假言三十二，八十也空聲。有身非覺體，無相乃真形。川禪師云：山是山，水是水，佛在甚麼處？頌曰：有相有求皆是妄，無形無相墮偏枯。堂堂密密何曾間〔八〕，一道寒光爍太虛。

〇正信希有分第六

生正信向心，斯人最爲希有。頌曰：正信之人骨有靈，心如果〔九〕日洞然明。眼空不見黃金貴，面壁忘機海晏清。

須菩提白佛言：世尊至能生信心以此爲實。

生實信不者，須菩提謂前以無相行於布施，即是因深。得見無相如來，即是果深。因果之法既深，恐如來滅後，濁劫惡世之中，無人聽信，故有是問。傅大士云：因深果亦深，理密奧難尋。當來末法後，惟慮法將沉。空生情未達，聞義恐難任。如能信此法，定是覺人心。《華嚴經》云：信爲道源功德母，長養一切諸善法。《智度論》云：佛法大海，信爲能入，是實信者，實諦之階也。有持戒修福者，不著諸相，即是持戒。心常空寂，無諸妄念，即是修福。此人不被諸境所惑，能生信心，以此爲實。慈受深禪師云：念念常空寂，日用有大力。此是三世諸佛行履處，六代祖師行履處，無功之功，功不虛弃。川禪師云：金佛不度鑪，木佛不度火，泥佛不度水。頌曰：三佛容儀總不真，眼中瞳子面前人。若能信得家中寶，啼鳥山花一樣春。

當知是人，不於一佛二佛至得如是無量福德。

種諸善根者，世間種種善事，不可勝計，大槩止是諸惡莫作，諸善奉行是也。《法華經》云：隨宜方便事，無復諸疑惑。心生大歡喜，自知當作佛。傅大士云：依他非自立，必假衆緣成。日謝樹無影，燈來室乃明。於無量千萬佛所者，顯其已多種善根，謂見佛多，聞法多，修行多也。乃至一念生淨信者，謂凡夫於諸法中，起一切善惡凡聖等見，有取捨心，種種妄想，不能生淨信。菩薩了悟人法二空，無諸妄念，心常清淨，聽信其法，故言一念生淨信也。傅大士云：信心生一念，諸佛盡能知。生因於此日，證果未來時。三大經多劫，六度久安施。薰成無漏種，方號不思議。得如是福，謂如來知見衆生，無諸妄念，心常清淨，敬信其法，所以得智慧勝妙功德，不可測量。川禪師云：種瓜得瓜，種果得果。頌曰：一佛二佛千萬佛，各各眼横兼鼻直。昔年曾種善根來，今日依前得渠力。須菩提，須菩提，著衣喫飯尋常事，何須特地却生疑。

何以故？是諸衆生無復我相至無法相，亦無非法相。

釋生信得福之故，該乎生、法二空。無復我、人、衆生、壽者相，謂不倚恃名位勢利，精進持戒，輕慢貧賤愚癡破戒之流，無能所知解心，無苟求希望心，言行相應也，此生空也。無法相者，經云：心生則一切法生，心滅則一切法滅。心既清淨，諸法皆空，故無取捨一切善惡凡聖等見諸法相也。亦無非法相，謂不著能知解心，不作有所得心，無人無法，内明實相，外應虛緣也，此法空也。圜悟禪師云：伶俐漢，脚跟須點地，脊梁要硬似鐵。遊人間世，幻視萬緣，把住作主，不狥人情，截斷人我，脱去知解，直下以見性成佛，直指玅心爲階梯，及至作用，外應虛緣，不落窠臼，辦一片長久，守寂淡身心，於塵勞中透脱去，乃善之善也。川禪師云：圓同大虚，無欠無餘。頌曰：無相非法相，開拳復成掌。浮雲散碧空，萬里天一樣。

何以故？是諸衆生若心取相至不應取非法。

心若取相，即取妄念，故著我、人、衆生、壽者相也。圜悟禪師云：諸佛開示，祖師直指，唯心妙性，徑捷承當。不起一念，透頂透底。於見成際，不勞心力，任運逍遥，了無取捨，乃真密印也。黄蘗斷際禪師謂裴丞相云：佛與衆生，唯止一心，更無差别。此心無始以來，無形無相，不曾生，不曾滅，當下便是，動念則乖。猶如虚空，無有邊際。唯此一心，即便是佛。佛與衆生，更無别異。但是衆生著相外求，求之轉失，使佛覓佛，將心捉心，窮於盡形，終無所得。不知息念亡慮，佛自現前，不假修證，本自具足。若不決定信此是佛，縱使累劫修行，終不成道。取法相者，謂言心外有法，故著諸相也。慈受云：順天門外古招提，爛熳春光照錦溪。物物更無心外法，箇中能有幾人知。逍遥翁云：欲外安和，但内寧靜。心虚境寂，念起法生。水濁波渾，潭清月朗。修行之要，靡出於斯。黄蘗云：造惡造善，皆是著相。著相造惡，枉受輪迴。著相造善，枉受勞苦，都總不如便自認取本心，心外無法，此心即法，法外無心。將心無心，心却成有，一切在我默契而已。若取非法相，謂有取捨善惡等相也。疏云：五陰空爲法，五陰相爲非法。即以陰空爲藥，名法；陰有爲病，名非法。陰病既除，空藥亦遣。非法既謝，在法亦亡。傅大士云：人空法亦空，二相本來同。偏計虛分別，依他〔一〇〕礙不通。圓成沈識海，流轉若飄蓬。欲識無生理，心外斷行蹤。是不著諸法相也。不應取法，不應取非法，謂有無俱遣，語默雙亡。若取法相，則有法執。若取非法相，則有空執。有執則煩惱熾然，無執則信心清淨。傅大士云：有因名假號，無相有馳名。有無無別體，無有有無形。有無無自性，妄起有無情。有無如谷響，勿著有無聲，是了中道也。川禪師云：金不博金，水不洗水。頌曰：得樹攀高未足奇，懸崖撒手丈夫〔一一〕兒。水寒夜冷魚難覓，留得空船載月歸。

以是義故，如來常說至法尚應捨，何況非法？

執有說空，因河用筏。有執既喪，空說奚存？既是渡河，那更存筏。傅大士云：渡河須用筏，到岸不須舡。人法知無我，悟理詎勞筌。中流仍被溺，誰論在二邊。有無如取一，即被污心田。法尚應捨，何況非法者，法相屬有，非法相屬無，乃兩頭見，直須截斷。譬如人未渡河，須假舡筏，既到彼岸，當離其筏，不可執著也。人未出生死愛河，須假佛法。既得度脱，法亦當捨。所以趙州道：佛之一字，不吾喜聞。經云：若人欲識佛境界，當淨其意如虛空，外無一法而建立。法尚應捨，何況非法乎？川禪師云：水到渠成。頌曰：終日忙忙，那事無妨。不求解脱，不樂天堂。但能一念歸無念，高步毗盧頂上行。

○無得無說分第七

當體空寂，無物可得。凡有言說，皆爲剩語。頌曰：識破娘生無所得，虛空那話是和非。炳然一句威音外，雲去雲來天不移。

須菩提，於意云何至亦無有定法如來可說。

如來有所說法耶，佛所問意，恐人謂如來有所説也。盖真如法體離有無相，離言説相，豈可以耳聞心得？當知樹下得道，諸會説法，但應身耳。其報身、法身，無得無説也。無有定法者，根器有利鈍，學性有淺深，隨機設教，對病用藥。《法華經》云：諸根利鈍，精進懈怠，隨其所堪而爲説法。是故法無定相，迷悟懸殊。若未悟時，似無所得。若悟了時，似有所得。得與不得，皆是妄見，但不可執著，自契中道，豈有定法可説？川禪師云：寒即言寒，熱即言熱。頌曰：雲起南山雨北山，驢名馬字幾千般。請看浩渺無情水，幾處隨方幾處圓。

何以故？如來所説法，皆不可取不可説，非法非非法。

不可取者，空生恐學人不悟如來無相之理。不可説者，恐學人執著如來所説章句也。盖如來所説者，無上菩提之法，可以性修，而不可以色相取；可以心傳，而不可以口舌説也。非，無也。非非，不無也。法本不有，莫作無見。法本不無，莫作有見。謂無即成斷滅，語有即成邪見。須菩提所以兩言其不可也。是法也，微妙玄通，深不可識，一以言有，雖有而未嘗有；一以爲無，雖無而未嘗無。此非法非非法，真空不空，豈有定法可説也？傅大士云：菩提離言説，從來無得人。須依二空理，當證法王身。有心俱是妄，無執乃名真。若悟非非法，逍遥出六塵。川禪師云：是甚麽。頌曰：恁麽也不得，不恁麽也不得。廓落太虚空，鳥飛無影迹。撥轉機輪却倒迴，南北東西任往來。

所以者何？一切賢聖皆以無爲法而有差別。

一切賢聖，三世十方佛菩薩也。無爲者，自然覺性，無假人爲。一切賢聖，皆用此法。然法本無爲，何有差別？第性有利鈍，學有淺深，遂生差別見解。既有差別見解，故無定法也。海覺元禪師云：一金成萬器，皆由匠者智。何必毗耶城，人人說不二。傅大士云：人法俱名執，了即二無爲。菩薩能齊證，聲聞離一非。所知煩惱盡，空中無所依。常能作此觀，證果定無疑。川禪師云：毫釐有差，天地懸隔。頌曰：正人說邪法，邪法悉歸正。邪人說正法，正法悉歸邪。江北成枳江南橘，春來都放一般花。

○依法出生分第八

諸佛所依之法，盡從此經出。頌曰：百千妙義佛諸祖，盡在毫端一密中。七寶三千非比喻，此心包納太虛空。

須菩提，於意云何？若人滿至是故如來說福德多。

佛意欲顯無爲之福，先將有漏之福較量。三千大千世界七寶布施，乃是住相布施。希求福利，得福雖多，而於識心見性，了無所得。蓋布施供養，身外之福；受持經典，德性之福。身福藉物而修，物有限而福亦有限，非福德性之比，故言如來說福德多。以其有限得以計其多寡也。傅大士云：寶滿三千界，齋持作福田。惟成有漏業，終不離人天。故知心無能所，識心見性，方名福德性也。川禪師曰：事向無心得。頌曰：寶滿三千及大千，福緣應不離人天。若知福德元無性，買得風光不用錢。

若復有人於此經中至爲他人說，其福勝彼。

受持者，身口意皆清淨是也。曉解經義，依教而行，如舡入海，無所不通，是名受持。不解經義，而又懈怠，心口相違，如入溝港，即有斷絶，非受持也。張無盡云：佛爲無上法王，金口所宣聖教，若一誦之，則爲法輪轉地，夜叉唱空，報四天王，乃至梵天，通明通暗，龍神悅懌，如綸言誕布，孰不欽奉。

誦經之功如此，若但形留神往，尋行數墨而已，何異春禽晝轉，秋蛩夜鳴，雖千萬遍，何益哉！藥山因禪師云：燈籠露柱熾然説，莫學驢年紙上鑽。看經須具看經眼，多見看經被眼瞞。四句偈，百丈云：眼耳鼻舌，各不貪染一切諸法，是名受持。四句偈，亦名四果仙人，亦名六通羅漢。陳居士云：一切佛法，攝在四句偈中，故得之者，不在文字之多，但一念頃，即入實諦。若更勤行精進，受之不忘，持之不厭，普爲他人演説，既能自利，更能利人，其福德廣大，勝彼七寶布施。傅大士云：持經取四句，與聖作良緣。欲入無爲海，須乘般若舡。

何以故？須菩提，一切諸佛至三菩提法皆從此經出。

阿耨多羅三藐三菩提，謂真性也。一切諸佛菩提法者，謂諸佛求真性之法也。一切諸佛求真性之法，皆從此經出，則此經之功爲極大，而受持者之福德，信無窮矣。忠國師云：兹經喻如大地，何物不從地之所生？諸佛惟指一心，何法不從心之所立？故云皆從此經出。川禪師云：且道此經從甚處出？須彌頂上，大海波心。頌曰：佛祖垂慈實有權，言言不離此經宣。此經出處還相委，便向雲中駕鐵舡。切忌錯會。

須菩提，所謂佛法者，即非佛法。

所謂佛法者，阿耨多羅三藐三菩提法也。於本性中，非爲真實，唯假此以開悟衆生，故謂佛法，即非佛法。二乘之人，執著諸相，以爲佛法，遂乃向外尋求。文殊師利云：一切衆生，愚迷顛倒，不悟種種修行，不離身内。菩薩於諸佛法，都無染著，亦不捨離，見如不見，聞如不聞，心境空寂，自然清淨。學道之人，既能覺悟諸相皆空，但用所得知解做藥，治箇心中妄想執著之病，心地自然調伏，無罣礙也。川禪師曰：能將蜜果子，換如苦胡蘆。頌曰：佛法非法，能縱能奪，有放有收，有生有殺。眉間長放白毫光，癡人猶待問菩薩。

○一相無相分第九

只此一相，本自無形。頌曰：一相本來元不有，明珠鑽透兩頭空。要知四果安身處，鏡破形忘那有蹤？

須菩提，於意云何至而實無來，是故名阿那含。

須陀洹等四菩薩，雖得是果，而不存有所得心。佛恐四菩薩不知以無念爲宗，尚萌所得之念，故設四問，須菩提皆以不也答之，復爲辨論，以形容其所詣之實。須陀洹者，知身是妄，欲入無爲之理，斷除人我執著之相，能捨粗重煩惱，未能離微細煩惱。此人不入地獄，不作修羅餓鬼異類之身，是謂學人悟初果也。逍遥翁云：夫煩惱者，菩提之根本也。若人照了煉習，可爲出世之法，譬高原陸地，不生蓮花，而生於淤泥濁水中也。故云：莫管煩惱障，但存菩提心。入流者，謂捨凡入聖，初入聖流也，而無所入。修無[三]漏業，不入六塵，然終不能捨離塵境。傅大士云：捨凡初入聖，煩惱漸輕微。斷除人我執，刱始證無爲。緣塵及身見，今者乃知非。布施人天後，趣寂不知歸。不入色聲香味觸法者，厭喧求靜，六塵之境，於念未忘，所以不入色聲香味觸法也。圜悟禪師云：報緣未謝，世上有許多交涉，應須應之，使綽綽然有餘裕始得。人生各隨緣分，不必厭喧求靜，但令中虛外順，雖在鬧市沸湯中，亦恬然安隱，纔有纖毫見刺，即便打不過也。斯陀含者，是漸修精進之所，修無漏業，念念不住六塵境界，然終未有湛然清淨之心。一往來，謂人間報謝，一往天上，却來人間受生，斷餘思惑，方得涅槃也。實無往來，謂前念纔著，後念即覺，是無得果之心，心實無我，誰爲往來。阿那含者，已悟人法俱空，漸修精進，念念不退菩提之心。名爲不來者，謂能斷惑，内無欲心，外無欲境，已離欲界，不來受生，故名不來。心空無我，實無不來之相，故云而實無來也。川禪師云：諸行無常，一切皆空。頌曰：三位聲聞已出塵，往來求靜有疎親。明明四果元無果，幻化空身即法身。

須菩提，於意云何至是第一離欲阿羅漢。

梵語阿羅漢，華言無生。謂諸漏已盡，無復煩惱，更不於三界内受生，由須菩提當此果也。實無有法，謂無煩惱可斷，無貪嗔可離，情無順逆，境知俱亡，豈有得果之心？若我念未空，於道有得，於法有名，是凡夫之行，即著我、人、衆生、壽者相也。無諍三昧，此名正定心。心無生滅，名爲正定。人中最爲第一離欲阿羅漢者，能離一切欲，亦無離欲之心。微細四相，皆已滅盡，愛染不生，故謂之離欲耳。川禪師云：把定則雲行谷口，放行也月落寒潭。頌曰：喚馬何曾馬，呼牛未必牛。兩頭都放下，中道一時休。六門迸出遼天鶻，獨步乾坤總不收。

世尊，我不作是念至而名須菩提，是樂阿蘭那行。

須菩提恐人不知去所得心，是以咨啓世尊，至於再四，言我若作是念，我是離欲得道果者，即是心著四相，與法爲諍，不名離欲阿羅漢也。樂，好也。阿蘭那，此言無諍。言樂阿蘭那行者，是好無諍行之人也。有是好，則必有是行，有是行，則必有所得。須菩提得無諍三昧，則雖有是行，而念無所得，故言實無所行，所以世尊許須菩提是樂阿蘭那行者。百丈禪師出，只如今一切諸法，若於藏府中，有纖毫停留，是不出網，但有所求所得，生心動念，盡是野干。若藏府中，都無所求，都無所得，此人諸惡不生，人我不起，是納須彌於芥子中，不起一切貪嗔，是能吸四大海水，於一切境，不惑不亂，不嗔不喜，刮削併當得浄潔，是無事人，勝一切知解精進頭陀，是名天眼，是名有法界性，是作車載因果，是佛出世度衆生。傅大士云：無生亦無滅，無我亦無人。永除煩惱障，長辭後有身〔三〕。境亡心亦滅，無復起貪嗔。無悲空有智，悠然獨任真。川禪師云：認著以前還不是。頌曰：蚌腹隱明珠，石中藏寶玉。有麝自然香，何用臨風立？活計看來恰似無，應用頭頭皆具足。

○莊嚴淨土分第十

以清淨心，莊嚴法身淨土。頌曰：家破人亡國已空，更無南北與西東。寥寥晴際霜天夜，纔有微雲便不同。

佛告須菩提，於意云何至燃燈佛所，於法實無所得。

於法有所得不者，如來欲破二乘執著之心，故有此問。白樂天問寬禪師云：無修無諍，何異凡夫？師云：凡夫無明，二乘執著，離此二病，是名真修也。真修者，不得勤，不得忘。勤則近執著，忘則落無明。不著不忘，乃爲心要耳。此入道之法門也。於法實無所得，空生謂如來自性，本來清淨，本無塵勞，寂而常照，即自成佛，而於燃燈所，於法實無所得。傅大士云：昔時稱善慧，今日號能仁。看緣緣是妄，識體體非真。法性非因果，如理不從因。謂得燃燈記，寧知是舊身。川禪師云：古之今之。頌曰：一手指天，一手指地。南北〔四〕東西，秋毫不覩。生來心膽大如天，無限羣魔倒赤〔五〕幡。

須菩提，於意云何至即非莊嚴，是名莊嚴。

佛土者，佛之玅性也，衆生之真心也。隨其心淨，即佛土淨，奚以外飾爲哉！故造寺寫經，布施供養，此是著相莊嚴。若人心常清淨，不向外求，任運隨緣，一無所得，行住[一六]坐臥，與道相應，是名莊嚴佛土。龐婆轉藏經，維那請回向，婆於面前取梳子，就腦後插云：回向了也，此是無能所心。傅大士云：莊嚴絶能所，無我亦無人。斷除俱不染，顯脱出囂塵。川禪師云：娘生袴子，青州布衫。頌曰：抖擻渾身白勝霜，蘆花雪月轉爭光。幸有九臯翹足勢，更添朱頂又何妨？

是故須菩提，諸菩薩至不應住聲香味觸法生心。

菩薩莊嚴，既不在於外飾，則當反而求之於心。凡夫之心，無明起滅，妄想顛倒，取捨善惡凡聖等見，是名濁亂心。菩薩心常空寂，無諸妄念，不生不滅，不動不摇，即是生清淨心也。不應住色生心者，心常清淨，不住六塵，即不被諸境惑亂也。逍遥翁云：若人心境清淨，是佛國土淨。心境濁亂，是魔國穢土也。川禪師云：雖云恁麽，爭奈目前何！頌曰：見色非干色，聞聲不是聲。色聲不礙處，親到法王城。

應無所住而生其心。

佛心本來清淨無相，寧有所住？衆生之心亦本無所住，因境來觸，遂生其心。不知觸境是空，將謂世法是實，便於境上住心。正猶猿猴捉月，病眼見花。若悟真性，即無所住。無所住心，即是智慧，無諸煩惱，譬如太空，無有罣礙。黄蘗云：心若清淨，何假言説？但於一切心無著，即名無漏智。汝每日行住坐臥，一切語言，但莫著有爲法。出言瞬目，盡須無漏。如今修行學道者，皆著一切聲色，何不與我心同虚空去，如枯木石頭去，如寒灰死火去，方有少分相應。若不如是，他日盡被閻羅老子拷訊你在。你但離却有無諸法，心如日輪，常在虚空，自然不照而照，豈不是省力底事！到此之時，無棲泊處，即是行諸佛路，便是應無所住，而生其心，是你清淨法身，阿耨多羅三藐三菩提也。傅大士云：掃除心境地，名爲淨土因。無論福與智，先且離貪嗔。川禪師云：退後退後，看看頑石動也。頌曰：山堂靜坐夜無言，寂寂寥寥本自然。何事西風動林野，一聲寒鴈唳長天。

須菩提，譬如有人至佛説非身，是名大身。

色身雖大，心量即小。縱如須彌山王，既有形相，有可比量，不名大身。法身心量廣大，等虚空界，無形無相，無可比量，方名大身。世尊欲以真心悟人，託大身爲問，而須菩提深悟佛意，遂對以佛説非身，是名大身。圜悟禪師云：不登泰山，不知天之高。不涉滄溟，不知海之濶。此區中之論也。若是其中人，天在一粒粟米中，海在一毫毛頭上。浮幢王，華藏界，盡在眉毛眼睫間。且道此箇人，甚麽處安身立命，還委悉[一七]麽？無邊虚空盛不盡，直透威音更那邊。傅大士云：須彌高且大，將喻法王身。七寶齊圍繞，六度次相鄰。四色成山相，慈悲作佛因。有形終不大，無相乃爲真。川禪師云：設有，向甚麽處著？頌曰：擬把須彌作幻軀，饒君膽大更心麤。目前指出千般有，我道其中一也無。便從這裏入。

○無爲福勝分第十一

現成公案，不假施爲。此無爲福，勝他有無。頌曰：恒沙世界布金田，雖福無涯未到邊。端的悟明心地處，片雲不挂是青天。

須菩提，如恒河中所有沙數至尚多無數，何况其沙。

如恒河中所有沙數者，一沙即爲一河，是諸河中，各有其沙，則是河尚無數，何况其沙也。川禪師云：前三三，後三三。頌曰：一二三四數河沙[一八]，沙等恒河數更多。筭盡目前無一法，方能靜處薩婆訶。

須菩提，我今實言告汝至而此福德勝前福德。

財施有盡，法施無窮。財施不出欲界，法施能出三界。縱將七寶，滿三千大千世界以用布施，得福雖多，屬在有漏，未免窮盡，不如於此經受持四句偈等，更能展轉教人，皆得入佛知見，了悟住無所住心，得無所得法，永超生死。則此福德，歷劫長在，故勝前著相福德。傅大士云：恒河爲比量，分爲六種多。持經取四句，七寶詎能過。川禪師云：真鍮不换金。頌曰：入海算[一九]沙徒費力，區區未免走埃塵。爭如運出家中寶，枯木生花別是春。

○尊重正教分第十二

受持正教之人，天人皆生敬重。頌曰：

真如不動法難量，聞經覩相即堪傷。靈山一會如同在，持者隨方是道場。

復次須菩提，隨説是經至即爲有佛，若尊重弟子。

隨説者，心無分別，理應萬差，隨順衆生而爲説也。當知此處者，謂隨其所在之處也，如佛塔廟。謂心若空寂，不起妄念，以此無所得心，無能解心，而説是經。令諸聽者，生清淨心，無諸妄念，是名供養。即此幻身，便是法身，中有如來全身舍利，感得天人恭敬，何殊塔廟？成就者，見性無疑也。最上第一希有之法者，佛與衆生，本無差別。若能心常清淨，不生不滅，無諸妄念，便可立地成佛。杲[二〇]禪師云：心口意清淨，是名佛出世。身口意不淨，是名佛滅度。傅大士云：法王遊歷處，供養感修羅。經中稱最上，尊高似佛陀。所在之處，則爲有佛，若尊重弟子者，若能行住坐臥，一切時中，心無起滅，浩然清淨，常修佛行，念念精進，無有間斷。所在之處，自心即佛，是名佛子，故可尊重矣。杲[二一]禪師云：即心是佛無餘法，迷者多於心外求。一念朗然歸本性，還如洗脚上舡頭。又云，即心是佛，更無別佛。即佛是心，更無別心。如拳作掌，似水成波。波即是水，掌即是拳也。無業禪師問馬祖云：如何是佛？〔二〕即心是佛。祖云：即你不了底心是，更無別物也。迷即衆生，悟即是佛，如拳作掌，似掌作拳。師於言下省悟。百丈問長慶云：如何是佛？師云：騎牛討牛。僧問首山和尚云：如何是佛？山云：新婦騎驢阿家牽。鼓山珪禪師爲作頌云：阿家新婦兩同條，咫尺家鄉路不遥。可笑騎驢覓驢者，一生錯認馬鞍橋。又僧問慈受云：如何是佛？師云：擔水河頭賣。僧問大〔三〕陽云：如何是佛？師云：如何不是佛？僧問歸宗云：如何是佛？師云：我向汝道，汝還信否？僧云：和尚誠言，安敢不信。師云：只汝便是也。川禪師云：似海之深，如山之固。左旋右轉，不去不住。頌曰：出窟金毛獅子兒，全威哮吼衆狐疑。深思不動干戈處，直攝天魔外道歸。

○如法受持分第十三

法無所説，般若非名。當如此法，信受行持。頌曰：求法如求鎮海珠，九重淵底見真渠。丹青國手難描出，更欲安名便不如。

爾時須菩提白佛言，世尊至以是名字，汝當奉持。

善現既聞持經，成就希有之法，故問此經何名。佛答以《金剛般若波羅蜜》，意謂衆生心若清淨，用智慧力，照破諸法，無不是空，猶如金剛堅利，斷絶外妄，度生死苦海，直至諸佛菩薩之彼岸也。以是名字，汝當奉持，只是奉持此心，行住坐卧，勿令分别人我是非也。圜悟禪師云：纔有是非，紛然失心，只這一句，驚動多少人做計較。若承當得，坐得斷，透出威音那畔。若隨此語轉，特地紛然，須自迴光返照始得。《天壇石鼓記》云：絲毫失度，即招黑暗之愆；霎頃邪言，即犯禁空之醜。天人耳目，咫尺非遥。克告行人，自當省察。廬山歸宗常禪[二四]師，曾有座主來參，值宗鋤草次，見一條蛇，宗遂[二五]斬之。主云：久向歸宗，元來却是箇粗行沙門。宗云：是你粗我粗。諸人且道這僧過在甚麽處。汾陽照禪師爲作頌云：廬嶽宗師接上機，斬蛇特地施慈悲。癡迷座主生驚怕，却道粗心惹是非。死心和尚云：只者是，大似眼裏著刺。只者不是，正是開眼磕睡。諸人且道作麽生則是，還委悉麽？點鐵化成金即易，勸人除却是非難。川禪師云：今日小出大遇。頌曰：火不能燒，水不能溺。風不能飄，刀不能劈。軟似兜羅，硬似鐵壁。天上人間，古今不識。噫！

所以者何？須菩提至即非般若波羅蜜。

心無心相，不取虚空。不依諸地，不住智慧。截煩惱源，達涅槃岸，是般若波羅蜜。然般若波羅蜜，法體元空，本無妄念，默指此心，證入於般若三昧，超出意言之表，而了無所得，何名之有？如來恐人生斷滅見，不得已而强安是名，故言即非般若也。川禪師云：猶較些子。頌曰：一手擡，一手搦，左邊吹，右邊拍，無絃彈出無生樂，不屬宫商格調新，知音知後徒名邈。

須菩提，於意云何至世尊如來無所說。

本心元淨，諸法元空，更有何法可說？二乘執著人法是有，即有所說。菩薩了悟人法皆空，即無所說。是故經云：若有人言如來有所說法，即爲謗佛。慈受禪師云：吾心似秋月，碧潭清皎潔。無物堪比倫，教我如何說。寒山子云：説不得則且止，諸人還説得麽？直須口似磉盤，方始光明透漏。若能了悟色性皆空，有無俱遣，語默雙亡，即見自性清淨，雖終日言，猶爲無言，終日說，猶爲無說。保寧勇禪師云：門前諸子列成行，各逞英雄越覇王。如何獨有無言者，坐斷毗盧不可當。傅大士云：名中有無義，義上復無名。金剛喻真智，能破惡堅貞。若到波羅岸，入理出迷情。智人心自覺，愚者外求聲。川禪師云：低聲，低聲。頌曰：入草求人不奈何，利刀斫了手摩挲。雖然出入無蹤跡，文彩全彰見也麽。

須菩提，於意云何至非世界，是名世界。

諸微塵者，一切衆生心上微塵也。《華嚴經》云：三千大千世界，以無量因緣乃成。衆生妄想，煩惱客塵，蔽覆淨性，以成塵界，其數無量。如此煩惱妄想，如病眼人見空中花，如愚癡人提水中月，求鏡中像，枉用其心。傅大士云：妄計因成執，迷繩謂見蛇。心疑生暗鬼，病眼見空花。一境元無異，三人乃見差。了茲名不實，長馭白牛車。古德云：一念不生全體現，六根纔動被雲遮。察禪師云：真淨界中纔一念，閻浮早已八千年。逍遥翁云：不怕念起，惟恐覺遲。覺速止速，二妙[二六]相宜。知非改過，蘧顔可師。圜悟禪師上堂云：十方同聚會，箇箇學無爲。此是選佛場，心空及第歸。大丈夫具決烈志氣，慷慨英靈，踏破化城，歸家穩坐，外不見一切境界，内不見有自己，上不見有諸聖，下不見有凡愚，淨裸裸，赤灑灑，一念不生，桶子底脱，豈不是心空也。到這裏還容棒喝麽，還容玄妙理性麽，還容彼我是非麽？直下如紅爐上一點雪相似，豈不是選佛場也。然雖如是，猶涉階梯在。且不涉階梯一句，作麽生道？千聖會中無影迹，萬人業裏奪高標。逍遥翁云：五鼓夢回，緣念未起。靈响清徹，聞和達聰。爲三玅音：一曰幽泉漱[二七]玉，二曰清磬摇空，三曰秋蟬曳緒。凝聽靜專，頗資禪悦。安住玅境，何勝如之！要會麽？病覺四肢如鶴瘦，虚聞兩耳似蟬鳴。非微塵，是名微塵者，一念覺來，轉爲玅用，前念無諸妄想，湛然清淨，即非微塵。後念不住清淨，是名微塵。非世界，是名世界。若無妄念，即佛世界。有妄念，即衆生世界。前念清淨，即非世界。後念不住清淨，是名世界。謝靈運云：散則爲微塵，合則成世界。無性則非微塵世界，假名則是名微塵世界。傅大士云：積塵成世界，析界作微塵。界喻人天果，塵爲有漏因。塵因因不實，界果果非真。因果知是幻，逍遥自在人。川禪師云[二八]：南贍部洲，北鬱單越。頌曰：頭指天，脚踏地。飢則飡，困則睡。此土西天，西天此土。到處元正是大年，南北東西只者是。

須菩提，於意云何至是名三十二相。

三十二相者，應身相也。非相者，法身相也。是名三十二相者，應既即法，法全是應，不妨説三十二相也。此分大意謂細而微塵，大而世界，紗而佛之色身，皆爲虚妄，但有名而已，唯真性爲真實，故云非相。既悟非相，即見如來。逍遥翁云：須知諸佛法身，而以相好莊嚴爲身。故臨濟云：真佛無形，真道無體，真法無相也。川禪師云：借婆衫子拜婆年。頌曰：你有我亦有，君無我亦無。有無俱不立，相對嘴盧都。

須菩提，若有善男子善女人至爲他人説，其福甚多。

七寶布施，外財也；身命布施，内財也。以輕重較之，外財輕而易，内財重而難。然此二施，苟不能了達性空，則是住相布施，皆爲有漏因果，不如持説四句，能趣菩提。《法華[二九]經》云：若於外相求之，雖經萬劫，終不能得。教中經[三〇]云：若見有身可捨，即是不了蘊空。昔罽賓國王，仗劍詣[三一]師子尊者，問曰：師得蘊空否？尊者曰：已得蘊空。王曰：可施我頭。尊者曰：身非我有，何况頭乎。王遂斬之，白乳高丈餘，王臂自落。是知人法俱空，不應住色布施，所以尊者，不畏於死也。傅大士云：法性無前後，無中非故新。

蘊空非實體，憑何見有人。故捨身命布施，即與菩提轉不相應，盖謂不見佛性，縱施身命，如恒河沙數，何益於事。傅大士云：施命如沙數，人天業轉深。既掩菩提相，能障涅槃心。猿猴提水月，藺蔼拾〔三〕花針。愛河浮更没，苦海出還沉。爲他人説，其福甚多，一念見性，人法俱空，即名正見。且爲人説此經偈，自利利他，所得淨玅無相無爲功德，無有限量。川禪師云：兩彩一賽。頌曰：伏手滑鎚不換劍，善使之人皆總便。不用安排總見成，箇中須是英靈漢。囉囉哩，哩囉囉，山花笑，野鳥歌。此時如得意，隨處薩婆訶。

○離相寂滅分第十四

直下頓空，離諸形相。既離形相，寂滅現前。頌曰：冷灰荳爆口難開，脱盡皮膚骨出來。瓦解氷消藏不得，夜深明月上樓臺。

爾時，須菩提聞説是經至未曾得聞如是之經。

深解義趣，心悟真空無相義趣也。須菩提聞説是經，了悟人法二空，即得中道之理，歎其希有，感極涕零也。傅大士云：聞經深解義，心中喜復悲。昔除煩惱障，今能離所知。徧計於先了，圓成證此時。宿乘無閡慧，方便勸人持。未曾得聞者，昔得慧眼，於有見空，今聞是經，於空亦遣，是了中道，將欲起教以示未來也。川禪師云：好笑，當面諱却〔三〕。頌曰：自小來來慣遠方，幾迴衡嶽過瀟湘。一朝踏著家鄉路，始覺途中日月長。

世尊，若復有人得聞是經至是故如來説名實相。

信心清淨，信本來心，無法可得，不起妄念，心常空寂，湛然清淨也。傅大士云：未有無心境，曾無無境心。境忘心自滅，心滅境無侵。經中稱實相，語玅理能深。證知惟有佛，小聖詎能任。即生實相者，豁然了悟萬法，由此淨心建立，是名實相。成就第一希有功德，迷即佛是衆生，悟即衆生是佛。生佛道齊，無法等比。經以福兼德言者屢矣，而此獨言功德不及福者，是功成果滿之時，則其福爲不足道。所以《壇經》有功德在法身中，非在於福也。即是非相者，實相無相，故言爲非，不是無實相，如龜毛兎角，只説龜無毛，兎無角，不説無龜毛兎角；只説實相無相，不説無實相也。達磨云：若解實相，即見非相。若了非相，其色亦然。當於色中，不生色體，於非相中，不礙有也。猶水中鹽味，色裏膠青，決定是有，不見其形，正謂此也。傅大士云：衆生與壽者，藴上立虚名。如龜毛不實，似兎角無形。川禪師云：山河大地[三四]，甚處得來？頌曰：遠觀山有色，近聽水無聲。春去花猶在，人來鳥不驚。頭頭皆顯露，物物體元平。如何言不會，只爲太分明。

世尊，我今得聞如是經典至是人即爲第一希有。

若人心常空寂，湛然清淨，不著諸相，悟住無所住心，了得無所得法，是爲第一希有。川禪師云：行住坐卧，著衣喫飯，更有甚麼事？頌曰：氷不熱，火不寒，土不濕，水不乾。金剛脚踏地，旛竿頭指天。若人信得及，北斗面南看。

何以故？此人無我相至離一切諸相，即名諸佛。

即是非相，前言無相，即是滅色以明空義。後言非相，即是了悟我、人、衆生、壽者四相本來不生，故名實相。離一切相，即名諸佛。謂語實相者，更無等比，當知是人不著二邊，不處中道，一切無住，離此諸相，則成正覺。又云，離相清淨，解悟三空，契合實相，究竟涅槃。三空之義，初即人空，次即法空，後即空空。三世如來，同證此理，故名爲佛。傅大士云：空生聞玅理，如蓬植在麻。凡流信此法，同火出蓮花。恐人生斷見，大聖預開遮。如能離諸相，定入法王家。川禪師云：心不負人，面無慚色。頌曰：舊竹生新筍，新花長舊枝。雨催行客路，風送片帆歸。竹密不妨流水過，山高豈礙白雲飛。

佛告須菩提，如是如是至當知是人甚爲希有。

如是如是者，佛以須菩提所解空義，善契如來之法意也。不驚不怖不畏者，心若空寂，湛然清淨，等於虚空，有何驚怖？甚爲希有者，謂上根器得聞是經，諦聽受持，永無退轉，當知是人，甚爲希有。傅大士云：如能發心者，應當了二邊。涅槃無有相，菩提離所緣。無乘及乘者，人法兩俱捐。欲達真如理，應當識本源。川禪師云：只是自家底。頌曰：毛呑巨海水，芥子納須彌。碧漢一輪滿，清光六合輝。踏得故關田地穩，更無南北與東西。

何以故？須菩提，如來説至是名第一波羅蜜。

第一波羅蜜，若悟非相，即達彼岸，實相無二，故名第一。非第一波羅蜜，了悟人法俱空，即無生死可度，亦無彼岸可到，何處更有第一？故云非第一也。是名第一波羅蜜，悟一切法，即知諸法皆是假名。《法華經》云：但以假名云[三五]，引導於衆生。於斯了悟，能入見性之門，是名第一波羅蜜也。故知假名，如將黄葉作金，止小兒啼。二乘之人，聞説假名，將謂是實，執著修行，欲離生死，不知即無生死可離。傅大士云：波羅稱彼岸，於中千種名。高卑緣妄識，次第爲迷情。焰裏尋求水，空中覓响聲。真如何得失，今始號圓成。川禪師云：八字打開，兩手分付。頌曰：是名第一波羅蜜，萬别千差從此出。鬼臉神頭對面來，此時莫道不相識。

須菩提，忍辱波羅蜜至衆生相、壽者相，應生嗔恨。

忍辱者，六度之一也。前云：捨身命之福報，是生死苦因，不及持説之福。此之行忍，亦捨身命，不成苦因者，何耶？蓋能達法無我，到於彼岸也。説非忍辱波羅蜜者，了悟人法二空，即無忍辱之相，是達我、人、衆生、壽者非相，故云非忍辱也。如我昔爲歌利王割截身體。如來設教，方便門多。若作教相言之，只是依文設教，爲歌利王割截支解，曾無一念嗔恨之心。肇法師云：五蘊身非有，四大本來空。將頭臨白刃，一似斬春風。若以諸大宗師言之，即爲先説有爲權教，後顯無爲實理。歌者，是慧之别名。利者，刀也，非謂世間之刀。王者，心也。是用慧刀，割截無明煩惱之身體也。應生嗔恨，謂色身與法身即不同也。當知割截之時，不見有身相，亦不見有我、人、衆生、壽者四相，何處更有嗔恨也。《華嚴經》云：譬如虛空，於十方中求不可得，然非無虛空。菩薩之心，亦復如是。太陽安禪師舉火問僧云：會麽？僧云：不會。師云：起則徧周沙界，滅則了無所得。龐居士問馬祖云：不與萬法爲侶者，是甚麽人？祖云：迴光自照看。待你一口吸盡西江水，然後向你道。圜悟禪師云：參得此語透者，目前萬法平沉，無始妄想蕩盡。又云，大空無外，大象無形，盡世界撮來如粟米粒，總虛空似掌中珠。可以拽新羅國，與波斯國鬬額，直得東勝神洲射箭，西瞿耶尼中垜。所以道，髑髏長千世界，鼻孔摩出家風。若是未出陰界，尚帶見聞知覺。恁麽説話，一似鴨聽雷鳴，隔靴抓癢。直饒脱却根塵，去却機境，尚餘一線路在。且二途不涉一句，作麽生道，還委悉麽？佛殿階前石獅子，大洋海裏鐵崑崙。川禪師云：智不責愚。頌曰：如刀割水，似火吹光。明來暗去，那事無妨。歌利王，歌利王，誰知遠煙浪，别有好思量。

須菩提，又念過去於五百世至無衆生相，無壽者相。

忍辱仙人，如來五百世中，修忍辱波羅

蜜行，欲令一切衆生，成就忍辱波羅蜜法。不著諸相，見一切人迷悟、賢愚、貧富，平等恭敬，不生輕慢，以至惡罵捶打，皆悉能忍，反生歡喜，不生嗔恨之心。圜悟禪師云：大凡爲善知識，應當慈悲柔和，善順接物，以平等無諍自處。彼以惡聲色來加我，非理相干，訕謗毀辱，但退步自照，於己無嫌，一切勿與較量，亦不嗔恨，只與直下坐斷，初如不聞見，久之魔孽自消耳。若與之較，即惡聲相反，豈有了期？又云，見性之人聞人毀謗，如飲甘露，心自清涼，不生煩惱，則能成就定慧之力，不被六賊盜竊家寶，功德法財遂從此增長也。傅大士云：頻經五百世，前後極時長。承仙忍辱力，今乃證真常。川禪師云：目前無法，從教柳緑花紅。耳畔無聞，一任鶯啼燕語。頌曰：四大元無我，五蘊悉皆空。廓落虚無理，乾坤萬古同。妙峯嶷嶷常如故，誰管顛號刮地風。

是故須菩提，菩薩應離一切相至三藐三菩提心。

應離一切相者，心常空寂，不生起滅，湛然清淨，是離一切相也。川禪師云：是即此用，離此用。頌曰：得之在心，應之在手。雪月風花，天長地久。朝朝鷄向五更啼，春來處處山花秀。

不應住色生心至爲利益一切衆生故〔三六〕，應〔三七〕如是布施。

不應住色聲香味觸法生心者，心住六塵，即著諸相，取捨愛憎，無有休期。應生無所住心者，心無所住，隨處解脱，内外根塵，悉皆銷殞，一切無心，即無所住也。《華嚴經》云：一切境界不生染著，淨身口意，住無礙行，滅一切障。世間受生，皆由著我。若離此著，即無生處。趙州云：我見百千億箇，盡是覓作佛漢子，於中覓箇無心底難得。訥首座云：心本無形，因塵有相。塵滅心滅，真心湛然。

常察禪師《心印頌》云：問君心印作何顔，心印何人敢授傳。歷劫坦然無異色，呼爲心印早虚言。須知體似虚空性，將喻紅爐火裏蓮。莫謂無心云是道，無心猶隔一重關。圜悟禪師云：在家菩薩，修出家行，如火中生蓮。盖名位權勢意氣卒難調伏，而況火宅煩擾煎熬，百端千緒。除非自己直下明悟本性玅圓，到大寂大定休歇之場，方能放下。廓爾平常，徹證無心，觀一切法如夢幻泡影，空豁豁地，隨時應節，消遣將去。隨自己力量，轉化未悟，同入無爲無事法性海中，則出來南閻浮提打一遭，必不爲折本也。黄蘗云：供養十方諸佛，不如供養一箇無心道人。夫無心者，如如之體，内如木石，不動不摇，外如虚空，不塞不礙，是名佛也。又恒沙者，即以沙言，諸佛菩薩，釋梵諸天，步履而過，沙亦不喜；牛羊虫蟆，踐踏而行，沙亦不怒；珍寶馨香，沙亦不貪；糞溺臭穢，沙亦不惡。此則無心之心，離一切相，衆生諸佛更無差别。但能無心，則便是究竟也。若心有住，即爲非住。真如之心，本無所住。若不住諸法相，即與道相應。若住於法，即違正教。既違正教，即爲非住也。不應住色布施，菩薩不見有身可捨，隨見一切愚癡貧賤之人，毁駡捶打，需索財物，若能隨順其意，令生歡喜，不生嗔恨之心，即是布施之義。若祇分辨是非，顧惜財物，阻抑其意，令生嗔恨，即不名布施也。又云，凡夫不肯空心，恐落於空，不知自心本空。愚人除事不除心，智者除心不除事，菩薩心如虚空，一切俱捨，所作福德，皆不貪著。然捨有三等，内外身心，一切俱捨，猶如虚空，無所貪著，然後隨方應物，能所皆忘，是爲大捨。若一邊行道布德，一邊施捨，無希望心，是爲中捨。廣修衆善，有所希望，聞法知空，遂乃不著，是爲小捨。傅大士云：菩薩懷深智，何時不帶悲？投身飼餓虎，割肉濟鷹饑。

精勤三大劫，曾無一念疲。如能同此行，皆得作天師。應如是布施者，儉於自己，奢於他人，是名利益一切衆生。若人心口相應，行解一般，是名利益於自己也。又云，所作依他性，修成功德林。終無趣寂意，惟有濟羣心。行悲悲廣大，用智智能深。利他兼自利，小聖詎能任。川禪師云：有佛處不得住，無佛處急走過。三千年後，莫言不道。頌曰：朝遊南嶽，暮往天台。追而不及，忽然自來。獨行獨坐無拘繫，得寬懷處且寬懷。

如來說一切諸相至一切衆生即非衆生。

　如來說我人等相，畢竟可破壞，非真實體。一切衆生，盡是假名。若離妄心，即無衆生可得，故言即非衆生。是以若能秉持律儀，修行善法，而用布施，饒益衆生，不得住於諸相也。川禪師云：別有長處，不妨拈出。頌曰：不是衆生不是相，春暖黃鶯啼柳上。說盡山河海月情，依前不曾空惆悵。休惆悵，萬里無雲天一樣。

須菩提，如來是真語者至不誑語者，不異語者。

　迷則種種皆妄，故不真、不實、不如，有誑有異。悟即一切真，一切實，一切如，不誑不異也。又云，真語者，一切含生，皆有佛性也。實語者，一切法空，本無所有也。如語者，一切萬法，本來不動也。不誑語者，聞如是法，皆得解脫也。不異語者，一切萬法，本自空寂，將何爲異也。傅大士云：衆生與蘊界，名別體非殊。了知心是幻，迷情見有無。真言言不妄，實語語非虛。始〔三八〕終無變異，性相本來如。川禪師云：知恩者少，負恩者多。頌曰：兩箇五百是一貫，阿爺元是丈夫漢。分明對面對渠言，爭奈好心無好報。真語者，實語者，呵呵呵，喏喏喏。

須菩提，如來所得法，此法無實無虛。

　法即以心傳心，何法不因心之所立。如

來以無所得心，而得夫真空無相法。此法即此心真體。言無實者，心體空寂，無相可得也。無虚者，内有河沙功德，用而不竭也。欲言其實，無形可觀，無相可得。欲言其虚，見能作用，神玅無方，是故不可言有，不可言無，有而不有，無而不無，言辭不及，其惟聖人乎！若不離相修行，無由達此法也。傅大士云：證空便爲實，執我乃成虚。非空亦非有，誰有復誰無。對病應須藥，無病藥還祛。須依二空理，頴脱入無餘。川禪師云：水中鹽味，色裏膠青。頌曰：硬似鐵，軟如酥，看時有，覓還無。雖然步步常相守，要且無人，識得渠。咦！

須菩提，若菩薩心住於法至無量無邊功德。

如人入暗，即無所見者，衆生之心，本自無住，無住之心，即見諸法實相，名爲菩薩。二乘之人，心住於法，不見諸法實相，背菩提路，何異凡夫？如人背明，而入暗室。如人有目，日光明照，見種種色者。二乘之人，不見色而住色，譬如不見坑穽，而墜坑穽。菩薩見色而不住色，譬如見坑穽，而不墜坑穽。一切諸法，但有假名，二乘之人，爲無慧眼，不辨真假。菩薩即有慧眼，見種種色，悉皆無相。故達磨云：不見色，即是見色耳。逍遥翁云：所見有是，有不是，此世間妄眼。無是、無不是，此出世真眼。所知有可、有不可，此世間妄心。無可、無不可，此出世真心也。當來之世者，即是如來滅後，後五百歲中濁惡之時也。即爲如來以佛智慧者，若人心常精進，讀誦是經，即慧性漸開，當了悟實相，人法二空，不被一切善惡凡聖諸境惑亂，即同如來智慧性也。悉知悉見是人，成就功德者，三世諸佛，無不知見了悟之人，故能成就無量無邊功德[三九]。

金剛般若波羅蜜經補註卷上

校勘記

〔一〕「徑」，底本作「經」，據《金剛經集註》（明永樂内府刻本，下同）改。

〔二〕「雷」，《金剛經註》（《大正藏》本，下同）作「雹」。

〔三〕「柏」，《金剛經集註》作「蘗」。

〔四〕「壞」，底本作「壊」，據文意改。

〔五〕「鏡」，《金剛經集註》作「境」。

〔六〕「則」，疑爲「即」。

〔七〕「師」，疑爲「士」。

〔八〕「問」，底本作「間」，據《金剛經註》改。

〔九〕「果」，底本原校疑爲「杲」。

〔一〇〕「他」，底本作「地」，據《金剛經集註》改。

〔一一〕「丈夫」，底本作「大夫」，據《金剛經集註》改。

〔一二〕「無」，底本作「務」，據《金剛經集註》改。

〔一三〕「後有身」，底本作「有後身」，據《金剛經集註》改。

〔一四〕「北」，底本作「比」，據文意改。

〔一五〕「赤」，底本作「亦」，據《金剛經集註》改。

〔一六〕「住」，底本作「性」，據《金剛經集註》改。

〔一七〕「悉」，底本作「委」，據《金剛經集註》改。

〔一八〕「河沙」，底本作「恒河」，據《金剛經集註》改。

〔一九〕「算」，底本作「等」，據《金剛經集註》改。

〔二〇〕「杲」，底本作「果」，據《金剛經集註》改。

〔二一〕「杲」，底本作「果」，據《金剛經集註》改。

〔二二〕「佛」，《金剛經集註》無。

〔二三〕「大」，《金剛經集註》作「太」。

〔二四〕「禪」，底本作「神」，據《金剛經集註》改。

〔二五〕「遂」，底本作「逐」，據《金剛經集註》改。

〔二六〕「妙」，底本作「相」，據《金剛經集註》改。

〔二七〕「漱」，底本作「瀨」，據《金剛經集註》改。

〔二八〕「云」，底本作「士」，據《金剛經集註》改。

〔二九〕「法華」，《金剛經集註》作「禪要」。

〔三〇〕「經」，底本無，據《金剛經集註》補。

〔二一〕「詣」，底本作「諸」，據《金剛經集註》改。

〔二二〕「拾」，底本作「捨」，據《金剛經集註》改。

〔二三〕「却」，《金剛經集註》作「了」。

〔二四〕「地」，底本作「也」，據《金剛經集註》改。

〔二五〕「云」，《妙法蓮華經》（《大正藏》本）作「字」。

〔二六〕「故」，底本脱，據《金剛經集註》補。

〔二七〕「應」，底本作「塵」，據《金剛經集註》改。

〔二八〕「始」，底本作「如」，據《金剛經集註》改。

〔二九〕「故能成就無量無邊功德」，底本脱，據《金剛經集註》補。

金剛般若波羅蜜經補註卷下

○持經功德分第十五

須菩提，若有善男子、善女人至爲人解說〔一〕

《法華經》云：瞻〔二〕仰〔三〕尊顏，目不暫捨，心常精進，無有間斷也。受持讀誦者，行解相應謂之受，勇猛精進謂之持，心不散亂謂之讀，見此不迷謂之誦。爲人解說者〔四〕，謂已悟人能見自性，方便爲人解說此經，令悟實相，成無上道。此爲法施，無所住相功德，無有邊際，勝前百千萬億劫以身布施功德百千萬倍。謂彼雖受無量福報，乃世間福耳。受世間福者，乃染煩惱之因，又因心作惡業。聞此經典，信心不逆，則自此種諸善根，日見增長，愈久而愈盛，則爲出世間福，故勝於彼無量無數也。川禪師云：人天福報即不無，佛法未夢見在。頌曰：初中後發施〔五〕心同，功德無邊筭〔六〕莫窮。爭似信心心不立，一拳打破大虛空。

須菩提，以要言之至爲發最上乘者說。

明此法門所有功德，過心境界，故不可以心思。過言境界，故不可以口議。若人於此經典，了悟人法二空，深明實相，功德廣大，即同佛心，無有邊際，不可稱量也。爲發大乘者說，謂智慧廣大，能見自性，色空俱遣，不著二邊。二邊既無，即無中道可立，不染萬境，即是大乘菩薩所行之道。爲發最上乘者說，謂不見垢穢可厭，不見清淨可求，無遣可遣，亦不言無遣，無住不住，亦不言無住。心量廣大，廓若虛空，無有邊際，即是最上乘諸佛地位也。黄蘗云：如來現世，欲說一乘真法，則衆生不信興謗，没於苦海。若都不說，則墮慳貪，不爲衆生普捨妙道，遂設[七]方便，說有三乘。乘有大小，得有淺深，皆非定法。故云：唯有一乘道，餘二則非真也。川禪師云：如斬一握絲，一刀一切斷。頌曰：一拳打倒化城關，一脚趯翻玄妙寨[八]。南北東西信步行，休覔大悲觀自在。大乘說，最上說，一棒一條痕，一掌一握血。

若有人能受持讀誦至阿耨多羅三藐三菩提。

　廣爲人說，知見是人，皆得成就不可思議功德者，此謂上根器人，深明此經，了悟佛意，持此大乘經典，爲人解說，令諸學者，各見自性無相之理，得見本源自心是佛。當知此人功德無有邊際，不可稱量也。馬祖云：汝等諸人，須信自心是佛，此心即是佛心。佛國白禪師云：心心即佛佛心心，佛佛心心即佛心。心佛悟來無一物，將軍止渴望梅林。圜悟禪師云：即心是佛，已是八字打開。非佛非心，重問當陽點破。不尋其言，一直便透，方見古人赤心片片。若也躊躕，則當面蹉過了也。《心佛頌》云：佛即心兮心即佛，心佛從來皆妄物。若知無佛復無心，始是真如法身佛。佛佛佛，没榜樣，一顆圓光八萬象。無體之體乃真體，無相之相即實相。非色非空非不空，不動不靜不來往。無異無同無有無，難取難捨難指望。內外圓明到處通，一佛國在一沙中。一粒沙含大千界，一箇身心萬箇同。知之須會無心法，不染不淨爲淨業。善惡千端無有無，便是南無大迦葉。黄蘗云：

汝但除外凡情聖境，心外更別無佛。祖師西來，直指一切人，全體是佛。汝今不識，執凡執聖，向外馳騁，返自迷心。所以向汝道，即心是佛，一念情生，即墮異趣，無始以來，不異今日，無有異法，故名成等正覺。即爲荷擔如來阿耨多羅三藐三菩提者，聞經解義，如說修行，廣爲人説無相之法，令諸學者悟明心地，能行無相無著之行，開發心中智慧光明，離諸塵勞妄念，共成無上菩提。當知此人，負荷自性如來阿耨多羅三藐三菩提在於身内也。傅大士云：徧計於先了，圓成證此時。宿乘無礙慧，方便勸人持。川禪師云：劈開太華手，須是巨靈神。頌曰：堆山積嶽來，一一盡塵埃。眼裏瞳人碧，胸中氣若雷。出邊沙塞靜，入國貫英才。一片寸心如海大，波濤幾見去還來。

何以故？須菩提至不能聽受讀誦，爲人解說。

小法者，小乘法也。凡夫愚鈍，不能聽信，廣學無上菩提，空修福德六道輪迴因果之法，縱使强學，執著多聞，爲人解説，被明眼人覷著，手忙脚亂，一場敗闕。保甯勇禪師云：顔色規模恰似真，人前拈弄越光新。及乎入火重烹煉，到了終歸是假銀。黄蘗云：古人心利，纔聞一言，便乃絶學，所以唤作絶學無爲閑道人也。今時人只欲多知多解，廣求文義，唤作修行，不知多知多解，翻成壅塞，皆爲毒藥，盡向生滅中取，真如之中都無此事。從前所有一切解處，盡須併却令空，即是空如來藏，更無纖塵可有，即是破有法王出現世間。亦云：我於然燈佛所無有少法可得，此語只爲空你情解知量，但消融表裏情盡，都無依執，是無事人。三乘教網，只是應機之藥，隨宜所説，臨時施設，各各不同。但能了知，即不被惑。第一不得於心境上守文作解。何以如此？實無有定法如來可說。我此宗門，不論此事，但只息念忘慮便休，更不用思前慮後。又云，學般若人，不見有一法可得，絶意三乘，唯一真實不可證得。謂我能證能得者，皆增上慢人，法華會上，拂衣而去者，皆斯徒也。是故佛言我於阿耨多羅三藐三菩提實無所得，默契而已。學者但止于正法修行，放下我、人、衆生、壽者四相，即不被一切諸境惑亂。若著四相，則墮邪見，故不能聽受讀誦，況能爲人解説修行。《正法眼藏》云：若欲修行，當依正法。心體離念，相等虚空，不落聖凡，身心平等。如是修者，是爲正法也。川禪師云：仁者見之謂之仁，智者見之謂之智。頌曰：不學英雄不讀書，波波役役走長途。娘生寶藏無心用，甘作無知餓死夫。爭恠得別人？

須菩提，在在處處至以諸花香而散其處。

在在處處，言所在之處不一也。一切衆生，六根運用，種種施爲，常在法性三昧之中。若悟此理，即在在處處有此經也。天人阿修羅，天者逸樂心，人者善恶心，阿修羅者瞋恨心，但存此心，不得解脱。所應供養者，若無天、人、阿修羅心，是名供養。即爲是塔者，解脱之性，巍巍高顯，便是如來真身舍利，故云是塔也。以諸香花而散其處者，當於解脱性中，開敷知見，熏植萬行，即法界性，自然顯現。川禪師云：鎮州蘿蔔，雲門餬餅。頌曰：與君同步又同行，起坐相將歲月長。渴飲饑餐常對面，不須回首更思量。

○能淨業障分第十六

若能心常清淨，宿生業障，永盡消除。頌曰：業由心造心由誰，心罪當知誰所爲。直下罪忘心滅處，覺天心月燦光輝。

復次須菩提，若善男子至得阿耨多羅三藐三菩提。

上明生善，今明滅惡。先世造作定業，不可逃避，以行般若故，不特易重爲輕，且得正覺。故言若人受持讀誦此經，應合得人恭敬。今復有疾患貧窮業障，反爲人所憎惡，世人不達先業，將謂誦經爲善，渾無應驗，遂生疑惑。殊不知若非經力，即墮惡道，以今世人輕賤故，折三途之報，速得無上菩提。張無盡云：四序炎涼去復還，聖凡只在刹那間。前人罪業今人賤，倒却前人罪業山。傅大士云：先身有報障，今日受持經。暫被人輕賤，轉重復還輕。若了依他起，能除徧計情。常依般若觀，何慮不圓成？川禪師云：不因一事，不長一智。頌曰：讚不及，毀不及。若了一，萬事畢。無欠無餘若太虛，爲君題作波羅蜜。

須菩提，我念過去至乃至筭數譬喻所不能及。

阿僧祇，梵語也，華言無央數。那由陀，華言一萬萬。於無量無央數劫，在然燈佛先，則釋迦佛説此經時，去然燈佛已無量無數矣。又於其先，遇八百四千萬億那由他諸佛出世，則其劫數，不勝其多，供養如是諸佛，其功德終不可及此經功德。以彼雖供無數諸佛，求福而已，未離生死。自性若迷，福何可救？不如有人，於此經典，得悟真性，勝前所得功德，百千萬倍。達磨對梁武帝云：造寺寫經，供養布施功德，只獲人天小果，實非功德也。川禪師云：功不浪施。頌曰：億千供佛福無邊，爭似常將古教看。白紙上邊書黑字，請君開眼目前觀。風寂寂，水漣漣，謝家人祇在漁船。

須菩提，若善男子善女人至果報亦不可思議。

所得功德，我若具説者，謂説悟後淨玅境界也。前爲樂小法者，爲説降住小乘之法，欲令悟入，尚猶不信。若便爲説見性大乘之法，密義難思，狂亂不信，徒使其狐疑也。義者，般若之義。果報者，所得功德也。當知是經等，則總結此經福果之體，皆幽邃而難測。盖經義乃福所依體，佛果爲菩提所依體，以皆無相，故絶言思也。長水云：自第三乃至第十，迤邐次第，五度校量，謂外財兩度，内財兩度，佛因一度。第一，以一大千界寶施，不及持説。第二，以無量大千界寶施，不及持説。第三，以一河沙身命布施，不及持説。第四，以無量沙數身命布施，不及持説。第五，以如來因地供佛功德，不及持説。至此第五，是校量之極，更無譬喻可以比况。故總結云：經義果報不可思議也。謝靈運云：萬行淵源，義理難測。菩提玅果，豈有心之能議？川禪師云：各各眉毛眼上横。頌曰：良藥多苦口，忠言多逆耳。冷煖自知，如魚飲水。何須他日待龍華，今朝先授菩提記。

○究竟無我分第十七

一切法，直下究竟，本無我體。頌曰：

究竟無我絶三玄，真空玅理本無傳。人人本有黄金相，分付東君仔細參。

爾時，須菩提白佛言，世尊至無有一衆生實滅度者。

云何應住，云何降伏其心，注見善現起請分中。當生如是心者，謂二乘之人，執著諸相，起諸妄念，如來指示，令其心常空寂，湛然清淨也。馬祖云：常教心如迷人，不辨萬有。百丈云：心如虚空相，學始有成也。黄蘗云：但淨其心，更無別法，此即真佛。佛與衆生，一心無辨，猶如虚空無雜無染，如大日輪照四天下。日升之時，明徧天下，虚空不曾明。日暗之時，暗徧天下，虚空不曾暗。明暗之境，自相淩奪。虚空之性，廓然不變。佛與衆生，心亦如是。我應滅度一切衆生者，佛言我今欲令一切衆生除滅妄心，令見真性。白樂天云：澹然無他念，虚靜是吾師。圭峰禪師云：覺諸相空，心自無念。念起即覺，覺之即無。修行妙門，惟在此也。慈受云：有利根者，一撥便轉。性頑鈍者，只在夢中。山僧有箇省磕睡底道理，不免傾心吐膽，而爲諸人説破。良久曰：且勤照管鼻孔，愚者若見此，一如路逢客。智者見點頭，恰如饑得食。滅度一切衆生已，而無有一衆生實滅度者，此謂不可見有衆生是自己度者。若有此念，即著我、人、衆生、壽者四相，即非菩薩清淨心也。川禪師云：有時因好月，不覺過滄洲。頌曰：若問云何住，非中及有無。頭無纖草盖，足不履閻浮。細似鱗方出，輕如蝶舞初。衆生滅盡知無滅，此是隨流大丈夫。

何以故？若菩薩有我相至阿耨多羅三藐三菩提者。

即非菩薩，謂二乘之人，執著我、人、衆生、壽者四相，解註已在大乘正宗分中。實無有法，謂初悟人，尚有微細四相也，但少有悟心是我相；見有智慧，能降伏煩惱，是人相；見降伏煩惱竟，是衆生相；見清淨心可得，是壽者相。不除此念，皆是有法。故云：實無有法發阿耨多羅三藐三菩提者。傅大士云：空生重請問，無心爲自身。欲發菩提者，常了現前因。行悲疑似妄，用智最言真。度生權立我，證理即無人。川禪師云：少他一分也不得。頌曰：獨坐儵然一室空，更無南北與西東。雖然不借陽和力，爭柰桃花一樣紅。龍舒居士云：此分大槩如第三分所言，須菩提於此再問者，無非爲續求聽者問耳。經中多有如此，不必以前爲破情顯智，此則忘智顯理，前淺後深，穿鑿求解。佛再答之，唯增實無有法發阿耨多羅三藐三菩提者一句。上既言發阿耨菩提者，當生如是心，生如是心則是法矣。若無法，烏能得見真性而成佛。然此乃言實無有法發阿耨菩提者，何也？盖上言當生如是心者，是心亦非真性中所有，亦屬妄耳，故此言實無有法，其意謂究其實，則真性無此。佛恐弟子誤認所謂當生如是心者爲真實，故特於此説破，以爲非實也。然則非徒本無一切衆生，而發此求真性之心者，亦本無法。蓋真性中本來，蕩然空寂，所謂一法不立者是也。

須菩提，於意云何？如來於然燈佛至佛言如是如是。

如來，佛自謂也。言我於然燈佛所，有法得三菩提不。須菩提言，若有般若了悟心在，即是有法，尚存所得之心。故云：無有法得三菩提也。佛言：如是如是者，善契如來之法意也。川禪師云：若不同床睡，爭知被底穿。頌曰：打皷弄琵琶，相逢兩會家。君行楊柳岸，我宿渡頭艖。江上晚來秋雨過，數峰蒼翠接天霞。

須菩提，實無有法至當得作佛，號釋迦牟尼。

若有一切法，是有一切心，故云：即非佛法。若無一切法，是無一切心，云何不是佛？故龍牙和尚云：深念門前樹，能令鳥泊棲。來者無心喚，去者不慕歸。若人心似樹，與道不相違。與我授記，當得作佛，號釋迦牟尼者，始[九]因智慧而得見性，若有能所之心，即是有法可得，性同凡夫，如何得授記耶？若必有法可得，則然燈佛已傳之矣，何待授記？故無記可授，是名授記。若於心上無纖粟停留，即是無法可得，自性清淨。故云：來世當得作佛。慈受禪師云：一顆靈丹大似拳，服來平地便升仙。塵緣若有絲毫在，蹉過蓬萊路八千。傅大士云：人與法相待，二相本來如。法空人是妄，人空法亦祛。人法兩俱遣，授記可非虛。一切皆如幻，誰言得有無。川禪師云：貧似范丹，氣如項羽。頌曰：上無片瓦，下無劄錐。日來月往，不知是誰。咦。

何以故？如來者即諸法如義。

如來者，即真如也。真如不離諸法，凡夫心存取捨，分別諸法，所以濁亂，不得自如。佛心若大虛空，即一切諸法，本來清淨，如中天杲日，歷歷分明，於諸法上，都無取捨分別，即是諸法如義。又云，若不修因，即無證果。雖無因果法之可得，諸法皆如，如理即佛。傅大士云：法性非因果，如理不從因。謂得然燈記，寧知是舊身。經云：文殊及淨名，對談不二。如何是不二，不得動著。川禪師云：住，住，動著即三十棒〔一〇〕。頌曰：上是天兮下是地，男是男兮女是女。牧童撞著看〔一一〕牛兒，大家齊唱囉囉哩，是何曲調萬年歡。

若有人言，如來得阿耨多羅至於是中無實無虛。

無上正覺，佛之真性也。性則吾心本有，法則從外施設。佛假諸法，斷除外妄，以明真性，豈謂於法有所得，而名爲真性耶？故如來了無所得，而可以得言者，菩提無上道耳。而菩提無上道，有真空玅理，在乎其間，故言無實無虛。無實者，真空無分別也。《境界經》云：諸欲不染故，敬禮無所觀。無虛者，玅用也，具河沙德用也。川禪師云：富嫌千口少，貧恨一身多。頌曰：生涯如夢若浮雲，活計都無絶六親。留得一雙青白眼，笑看無限往來人。

是故如來説一切法皆是佛法。

一切世法，皆是佛法。盖如來真如之性，非別有體，即一切色等諸法，離性離相，唯佛與佛乃能證知，故云：皆是佛法。《涅槃經》云：佛即是法，法即是佛。馬祖云：一切衆生，從無量劫來，不出法性三昧，長在法性中，著衣喫飯，言談祇對，六根運用，一切施爲，盡是法性，不解還源，所以隨名逐相，迷情妄起，造種種業。若能一念回光返照，全體聖心，何處不是佛法？川禪師云：明明百草頭，明明祖師意。頌曰：會造逡巡酒，能開頃刻花。琴彈碧玉調，爐煉白珠砂。幾般伎倆從何得，須信風流出作家。

須菩提，所言一切法者即非一切法，是故名一切法。

謂於諸[三]法，心無所得，了諸法空，本無一切法也。《法華經》云：諸法從本來，常自寂滅相。故古德云：用即知而常寂，不用即寂而常照，方契玅覺，是故名一切法也。川禪師云：上大人，丘乙己。頌曰：是法非法不是法，死水藏龍活鱍鱍。是心非心不是心，逼塞虚空古到今。祇者是，絶追尋，無限野雲風捲盡，一輪明月照天心。

須菩提，譬如人身長大至即爲非大身，是名大身。

色身有相，爲非大身。法身無相，廣大無邊，是名大身。黄蘗云：虚空即法身，法身即虚空，是名大身也。川禪師云：唤作一物即不中。頌曰：天産英靈六尺軀，能文能武善經書。一朝識破娘生面，方信閑名滿五湖。

須菩提，菩薩亦如是至無我、無人、無衆生、無壽者。

梵語菩薩，華言覺衆生。謂我當滅度無量衆生，即不名菩薩者。若以衆生爲有，而我化之成佛，以得滅度，如作此見，則不名爲覺衆生。以一切衆生於真性本無，惟從業緣中現，不可以爲有，亦如大身，不爲真實，徒有虚名而已。傅大士云：名因共業變，萬像即微生。若悟真空色，悠然獨有名。實無有法名爲菩薩者，一切空寂，本來不生，不見有生死，不見有涅槃，不見有善惡，不見有凡聖，不見一切法，是名見法。正見之時，了無可見，無四相可得，即是菩薩。《維摩經》云：法無衆生，離衆生垢故。法無有我，離我垢故。法無壽命，離生死故。法無有人，前後際斷故。此真空無相法，佛説一切法者此耳，外此則佛無所説。川禪師云：唤牛則牛，唤馬即馬。頌曰：借婆衫子拜婆門，禮數周旋已十分。竹影掃階塵不動，月穿潭底水無痕。

須菩提，若菩薩作是言至如來説名真是菩薩。

我當莊嚴佛土，是不名菩薩者，《妙定經》

云：若人造得白銀精舍三千大千世界，雖有無量布施福德，心有能所，即非菩薩，不如一念無能所心，所得功德，勝前功德百千萬倍。即非莊嚴，是名莊嚴，謂如來所説者，莊嚴心佛土也。心土本來清淨無相，實無有法可得阿耨多羅三藐三菩提，實無有法名爲菩薩，豈復取莊嚴相？逍遥自在，無纖毫罣礙，云何是莊嚴，云何不是莊嚴？故云即非莊嚴，是名莊嚴也。通達無我法，謂於諸法相無所滯礙，是名通達。若作有所能解，是名我相。若作無所能解，湛然清淨，是名無我。故云：真是菩薩。僧問馬祖云：作何見解則得達道？答云：自性本來具足，但於善惡事上不滯，方喚作修道人。取善捨惡，觀空入定，皆屬造作，更向外馳，去家轉踈轉遠。一念妄想，便是三界生死根本。但不起一念，是除生死根本，即得法王無上珍寶。川禪師云：寒則普天寒，熱則普天熱。頌曰：有我元無我，寒時燒暖火。無心似有心，半夜拾金針。無心無我分明道，不知道者是何人。

○一體同觀分第十八

萬法同歸一體，更無異觀。頌曰：人法俱忘水月秋，更無纖粟挂心頭。饑來喫飯困來睡，緑水青山一目收。

須菩提，於意云何至如是世尊，如來有佛眼。

一切凡夫，皆具五眼，而被迷心盖覆，不能自見。若無迷心忘念，即得翳障退滅，五眼開明，見一切色也。化身觀見爲肉眼，普照大千爲天眼，智燭常明爲慧眼，了諸法空爲法眼，自性常覺爲佛眼。《華嚴經》云：肉眼見一切色故，天眼見一切衆生心故，慧眼見一切衆生諸根境界故，法眼見一切法如實相故，佛眼見如來十力故。又云，若以無相爲法身者，名爲慧眼而見如來。指空論有，假立名相，名爲法眼而見如來。若了有無，即非有無，二邊寂滅，全體法身，周徧法界者，具足佛眼而見如來。僧問尊宿云：觀音菩薩用許多手眼作麼。答云：通身是手眼。若人於這裏薦得，一眼也無，豈更落三落四。然如是，須是箇漢始得。川禪師云：盡在眉毛下。頌曰：如來有五眼，張三祇一雙。一般分皂白，的的别青黄。其間些子淆訛處，六月炎天下雪霜。

須菩提，於意云何至若干種心如來悉知。

恒河沙數者，謂諸恒河中沙，一沙爲一世界。欲明衆生有種種妄念，故舉無窮之沙以爲喻耳。《楞嚴經》云：琉璃光法王子，觀世間衆生，皆是妄緣風力所轉，觀世動時，觀身動止，觀心動念，諸動無二，等無差别。此群動性，來無所從，去無所至，十方微塵，顛倒衆生，同一虚妄也。若干種心如來悉知者，眼耳鼻舌身意，若起心動念處皆是國土，於國土中所有衆生，若干種種差别之心，心數雖多，總名妄心。然此妄心，乃自真性中現，則有形相。既有形相，故可得而知，故云悉知。若寂然如虚空，則無得而知矣。川禪師云：曾爲浪子偏憐客，慣愛貪杯識醉人。頌曰：眼觀東南，意在西北。將謂猴〔三〕白，更有猴〔四〕黑。一切衆生一切心，盡逐無窮聲與色。咄！

何以故？如來説諸心皆爲非心，是名爲心。

覺妄之心，即是非心。本無妄念，不起妄心，即是自性本心。故云是名爲心，即是菩薩心，亦名涅槃心，亦名大道心，亦名佛心。故臨濟云：若一念心能解縛，此是觀音三昧法。川禪師云：病多記藥性。頌曰：一波纔動萬波隨，似蟻循環豈了期。今日爲君都割斷，出身方號丈夫兒。

所以者何？須菩提至現在心不可得，未來心不可得。

謂三世心，無性可得，故可從緣生。肇法師云：聞説諸心，謂有實心，故須破遣，明三世皆空。故云：過去已滅，未來未至，現在虛妄，三世推求，了不可得。蓋真心常住，自無量無數劫來，常一定而不變動，豈有過去未來現在。有此三心，則是妄想。從緣而起，緣滅還無，不可得者，謂無也。言此三心，本來無有，乃從緣而有耳。故云：若悟無相無事平常真心，即法體空寂，不生不滅，湛然清淨，豈有前念、今念、後念可得也。馬祖云：道不用修，但莫汚染。何謂汚染，但有生死造作趣向，皆是汚染。若欲直會其道，平常心即是道。何謂平常心？無造作，無是非，無取捨，無愛憎，無凡聖。是故經云：非凡夫行，非聖賢行，是菩薩行。趙州問南泉云：如何是道？泉云[一五]：平常心是道。佛印[一六]禪師頌云：欲識平常道，天真任自然。行舡宜舉棹，走馬即加鞭。若遇饑來飯，還應困即眠。盡從緣所得，所得亦非緣。傅大士云：依他一念起，俱爲妄所行。便分六十二，九百亂縱橫。過去滅無滅，當來生不生。若能如此觀，真妄坦然平。川禪師云：低聲低聲，直得鼻孔裏出氣。頌曰：三際求心心不見，兩眼依然對兩眼。不須遺劍刻舟尋，雪月風花常見面。

○法界通化分第十九

以無福德爲福德，充滿法界，通達無邊。頌曰：寶施無邊豈性同，何如見道脱凡籠。打開自己光明藏，盡在毫端一化中。

須菩提，於意云何至如來説得福德多。

布施雖多，只是有礙之寶，不及無爲清淨功德。是故如來不説多也。若有菩薩，以盧那含中七覺菩提，持齋禮讚，從其心燈化生功德，不生不滅，堅如金剛，乘香花雲，入[一七]無邊界，起光明臺，供養十方一切諸佛，此是無爲功德，見性之施，同於虛空，無有邊際。川禪師云：尤勝別勞心。頌曰：羅漢應供薄，象負[一八]七寶珍。雖然多濁富，爭似少清貧。罔象只因無意得，離婁失在有心親。

○離色離相分第二十

有色有相，從緣妄生，離妄即得見性。

頌曰：法身體若太虛空，萬象難教混一同。花笑鳥啼瞞不得，難將正眼著邪中。

須菩提，於意云何至即非具足，是名諸相具足。

如來法身無爲，應身起用，固非色相可見，而未嘗離於色相而不可見。凡夫不著有，即著空，有此斷常二見，謂觀空莫非見色，見色莫不皆空，即是具足色身，具足諸相，非具足也。空色一如，有無不異，方可能觀，無身而見一切身，無相而見一切相，是名色身具足，諸相具足也。僧問趙州云：狗子有佛性也，無。州云：狗子無佛性。僧云：蠢動含靈，皆有佛性，爲甚麽狗子無佛性。州云：爲他有業識在。夫業識之人，種種著於有，起諸妄想者，名顛倒[一九]知見。種種落於空，都無所悟者，名斷滅知見。宿有善根之人，無此顛倒、斷滅二病，能洞曉空有，此名正真知見。若悟此理，乃可隨時著衣喫飯，長養聖胎，任運過時，更有何事？四祖謂牛頭融禪師云：百千玅門，同歸方寸，恒沙玅德，總在心源。一切定門，一切慧門，一切行門，悉皆具足。神通玅用，只在你心。業障煩惱，本來空寂。一切果報，性相平等。大道虛曠，絶思絶慮。如是之法，無欠無餘，與佛無殊，更無別法。但只令心自在，莫懷妄想，亦莫歡欣，莫起貪嗔，莫生憂慮，蕩蕩無礙，任意縱橫，不作諸善，不造諸惡，行住坐臥，觸目遇緣，皆是佛之玅用。祖印明禪師云：養就家欄水牯牛，自歸自去有來由。如今穩坐深雲裏，秦不管兮漢不收。傅大士云：八十隨形好，相分三十二。應物萬般形，理中非一異。人法兩俱遣，色心同一契。所以證菩提，實由諸相離。川禪師云：官不容針，私通車馬。頌曰：請君仰面看虛空，廓落無邊不見蹤。若解轉身些子力，頭頭物物總相逢。

○非説所説分第二十一

無法可説，是名説法。頌曰：生前一句是如何？開口分明蹉過他。佛祖舌頭都坐斷，啞人食蜜笑呵呵。

須菩提，汝勿謂如來作是念至不能解我所説故。

既云，如來色身相好，不可得見，如何爲人説法？然如來心常清淨，語默皆如，遇緣即施，緣散即寂，無説而説，説即無説。不達此意，是爲謗佛。張無盡云：非法無以談空，非人無以説法，此謂不同生滅之心，有法可説也。若有生滅心在而説法者，是教一切人不能得見自性，所以爲不能解佛所説也。如如居士云：終日喫飯，不曾咬著一粒米。終日著衣，不曾挂著一莖絲。所以我佛横説直説，四十九年，未曾道著一字。若人有所説法，直饒説得天花亂墜，也落在第二著。唯能坐斷十方，打成一片，非言語可到，是名真説法也。所以道，墻壁瓦礫，説禪浩浩。古德頌云：也大奇，也大奇，無情説法不思議。若將耳聽終難會，眼處聞聲方得知。川禪師云：是即是，大藏小藏，從甚處得來？頌曰：有説皆爲謗[二〇]，無言亦不容。爲君通一線，日向嶺東紅。

須菩提，説法者無法可説，是名説法。

説法者，無法可説，謂本來無法，特爲諸衆生隨緣而説耳，此法豈真有耶？衆生覺悟，何用此法？但虚名爲説法而已。謝靈運云：教傳者，説法之意也。向言無説，非杜默而不語，但無存而説，則説滿天下，無乖理法之過。無存，謂不著諸相，心無所住也。

傅大士云：相寂名亦遣，心融境亦亡。去來終莫見，語默永無妨。智入圓成理，身同法性常。證真還了俗，不廢是津梁。川禪師云：兎角杖，龜毛拂。頌曰：多年石馬放毫光，鉄牛哮吼入長江。虚空一喝無蹤跡，不覺潛身北斗藏。且道是説法，不是説法。

爾時，慧命須菩提白佛言至説非衆生，是名衆生。

此魏譯偈也。長慶中，僧靈幽入冥所，指魏譯則存，秦譯則無。今存魏譯。慧命，善現解空第一，與般若空慧相應，以慧爲命，故稱慧命。佛言：若敬信佛法，即著聖見，非衆生也。若不信佛法，則著凡夫見，非不衆生。若起此二見者，是不了中道。須是凡聖皆盡，不生兩頭，方是真正見解。故云：衆生衆生者，如來説非衆生，是名衆生也。川禪師云：火熱風動，水濕地堅。頌曰：指鹿豈能成駿馬，言烏誰謂是翔鸞。雖然不許纖毫異，馬字驢名幾百般。

○無法可得分第二十二

悟性空故，無法可得。頌曰：火裏尋氷謾自求，敲冰取火更無由。十虚縱汝爭拈得，兩眼雙空當下休。

須菩提白佛言，世尊至是名阿耨多羅三藐三菩提。

無有少法可得，謂真性中，元無有法可得。若有少法可得，亦是著相。惟無所得，則蕩然空空。是故不可以形相求，不可以言説求也。誌公云：但有纖毫即是塵，舉意便遭魔所擾。經云：若人欲識佛境界，當淨其意如虚空。學道之人，但於一切諸法，無取無捨，見如不見，聞如不聞，心如木石，刮削併當，令内外清淨，方是逍遥自在底人。草堂清和尚云：擊石乃出火，火光終不炎。碧潭深萬丈，直下見青天。逍遥翁云：内覺身心空，外覺萬事空。破諸相訖，自然無可執，無可爭，此是禪悦，所謂大明了人。勿令有秋毫許障礙，微塵許染著，堅久不渝，便是無上士，不動尊也。琪禪師云：念念釋迦出世，步步彌勒下生，分别現文殊之心，運用動普賢之行。門門而皆出甘露，味味而盡是醍醐。不出旃檀之林，長處華藏之境。若如此也，行住坐卧，觸目遇縁，雖應用千差，且湛然清淨。川禪師云：求人不如求己。頌曰：滴水生冰信有之，緑楊芳草色依依。春花秋月無窮事，不妨閑聽鷓鴣啼。

○淨身行善分第二十三

以無相清淨心，修一切善法。頌曰：但自胷應無垢機，任他長短是和非。眼中著沙耳盛水，竗行如如同道知。

復次，須菩提，是法平等至得阿耨多羅三藐三菩提。

是法平等，無有高下者，所謂是法，乃真性也。凡夫不見自性，妄識分别，自生高下：諸佛是高，衆生是下。菩薩了悟人法二空，上至諸佛，下至螻蟻，皆有佛性，無所分别，故一切法皆平等，豈有高下也。黄蘗云：欲觀佛作清淨光明解脱之相，觀衆生作垢濁暗昧生死之相，作此解者，歷恒河沙劫，終不能得阿耨菩提。又云，心若平等，不分高下，即與衆生諸佛，世界山河，有相無相，徧十方界，一切平等，無我、人、衆生、壽者四相。此〔二〕本源清淨心，常自圓滿，光明徧照，故名爲無上正等正覺也。傅大士云：水陸同真際，飛行體一如。法中何彼此，理上起親踈。自他分别遣，高下執情除。了斯平等性，咸共入無餘。修一切善法者，若不能離諸相，而修善法，終不能解脱。但離諸相而修善法，即得阿耨多羅三藐三菩提也。百丈〔三〕云：若人於一切事無染無著，於一切境不動不摇，於一切法無取無捨，于一切時常行方便，隨順衆生，令皆歡喜，而爲説法，令悟菩提真性，此即名爲修善法也。川禪師云：山高海深，日生月落。頌曰：僧是僧兮俗是俗，喜則笑兮悲則哭。若能於此善參詳，六六從來三十六。

須菩提，所謂善法者，如來説非善法，是名善法。

不住相故，即非善法。無漏福故，是名善法。《法華經》云：初善、中善、後善者，初，謂發善心時，須是念念精進，不生疑惑懈怠之心；中，謂常修一切善法，令悟真性，不著諸法相；後，謂即破善法，直教一切善惡凡聖，無取捨憎愛之心，平常無事，故云即非善法，是名善法。蓋凡夫[三]執惡，聲聞著善，若不離善法，又落兩頭機，豈爲平等也？古德云：了取平常心是道，饑來喫飯困來眠。又云，常平等心，如地廣大。訬觀察智，如日光明。體用及此，是佛境界。川禪師云：面上夾竹桃花，肚裏侵天荊棘。頌曰：是惡非惡，從善非善。將逐符行，兵隨印轉。有時獨立訬高峰，却來端坐閻王殿。見盡人間祇點頭，大悲手眼多方便。

○福智無比分第二十四

福智俱等虚空，無物可比。頌曰：福智無邊豈度量，人天路上福爲强。要離生死超三界，惟誦金剛出世方。

須菩提，若三千大千世界中至筭數譬喻所不能及。

聚七寶布施，如三千大千世界中，須彌山王，所得無量無邊福德，此爲住相布施，終無解脱之期。不如受持讀誦此經，乃至四句偈等，所得無住相，淨訬功德，勝前功德百千萬倍。傅大士云：施寶河沙數，惟成有漏因。不如無我觀，了妄乃名真。川禪師云：

千錐劄地，不如鈍，鍬一捺。頌曰：麒麟鸞鳳不成群，尺璧寸珠那入市。逐日之馬不並馳，倚天長劍人難比。乾坤不覆載，劫火不能壞。凛凛威光混太虛，天上人間總不如。咦。

○化無所化分第二十五

衆生性空，雖化度衆生，而實無所化。頌曰：自性衆生自性度，癡人覓佛外邊求。可憐拾翠拈紅客，空在閻浮數日頭。

須菩提，於意云何至如來，即有我、人、衆生、壽者。

既云，是法平等，無有高下，云何如來却度衆生？故偈云：平等真法界，佛不度衆生。以名共彼陰，不離於法界。名，即衆生假名也。陰，即五陰實法也。此假名實法，皆即法衆。故云不離於法界。既即法界，凡聖一如，故如來實無有衆生可度。又云，謂諸衆生，起無量無邊煩惱妄想，於一切善惡凡聖等見，有取捨分別之心，迷情盖覆菩提之性。佛出於世，教令覺悟，降六賊，斷三毒，除人我。若能了悟人法二空，無諸妄念，心常空寂，湛然清淨，更不留纖毫滯礙，即是見性，實無衆生可化度也。石霜禪師云：休去，歇去，古廟香爐去，枯木寒灰去，一念萬年去，如大死人去。若能如此用心，安有不成道也？若有衆生如來度者，即有我、人、衆生、壽者，謂此道人人具足，箇箇圓成，本來是佛，與佛無異。一切衆生，皆是妄緣中現，其實無有。若言有衆生可度，即著四相。圜悟禪師云：赤肉團上，人人古佛家風。毗盧頂門，處處祖師巴鼻。若也恁麽返照，凝然一段光明，非色非心，非内非外，行棒也打他不著，行喝也驚他不得，真得淨裸裸，赤灑灑，是箇無生法忍，不退轉輪，截斷兩頭，歸家穩坐。正當恁麽時，不須他處覓，祇此是西方。傅大士云：夜夜抱佛眠，朝朝還共起。起坐鎮相隨，語默同居止。纖毫不相離，如身影相似。欲識佛去處，只這語聲是。衆生但爲業障深重，與佛有殊。若能迴光返照，一刀兩段，即便見自性也。若不因佛經教，一切衆生，無因自悟，憑何修行得至佛地。此是如來無所得心。故云，若有衆生如來度者，即有我、人、衆生、壽者相也。川禪師云：春蘭秋菊，各自馨香。頌曰：生下東南七步行，人人鼻直兩眉横。哆和悲喜皆相似，那時誰敢問慈親。還記得在麽？

須菩提，如來説有我者至如來説即非凡夫。

如來既無我人等相，云何有時稱我？須知對所度衆生，假名説我耳。謂有我者，即是凡夫，非我者，隨處作主，應用無方。故云：凡是佛因，佛是凡果。《境界經》云：三世諸佛皆無所有，唯有自心。既明因果無差，乃知心外無法。二乘之人，執有我相，欲離生死，而求涅槃，欲捨煩惱，而求滅度，是捨一邊，不了中道，乃同凡夫行也。即非凡夫者，一念清淨，非凡非佛，故云即非凡夫。凡夫亦空，迷者妄執，但無執著，即一切清淨耳。川禪師云：前念衆生後念佛，佛與衆生是何物？頌曰：不現三頭六臂，却能拈匙放筯。有時醉酒罵人，忽爾燒香作禮。手把破沙盆，身披錦羅綺。做模打樣百千般，驀鼻牽來祇是你。嗄。

○法身非相分第二十六

如來清淨法身，非屬形相。頌曰：三十二相黄金殿，八十隨形瓔珞衣。覷破如來真面目，元將黄葉止嬰啼。

須菩提，於意云何至以三十二相觀如來。

空生疑謂衆生是有，可化成聖。法身不無，可以玅相而見之也。川禪師云：錯。頌曰：泥塑木雕兼彩畫，堆青抹緑更粧金。若將此是如來相，笑殺南無觀世音。

佛言，須菩提，若以三十二相至爾時世尊而説偈言。

三十二相者，應身相也。觀如來者，觀法身如來也。善現初謂應身相好，從法身流出，若見相好，即見法身，故答以如是如是。佛恐善現於應身取著，不達法體，又以轉輪聖王爲難，謂輪王雖具三十二相，豈同如來法身？故不應以相好觀如來也。又云，未達我、人、衆生、壽者四相，即是心有生滅，生滅即是轉輪義。王者，心也。雖修三十二淨行，生滅心轉多，終不契清淨本心，與如來有别耳。川禪師云：錯。頌曰：有相身中無相身，金香爐下鉄崑崙。頭頭盡是吾家物，何必靈山問世尊？如王秉劍。

若以色見我，以音聲求我。是人行邪道，不能見如來。

言我者，此是法身真常淨我，非色非聲，無形無狀，不可以心思，不可以識識。若以色見聲求，心遊理外，皆名邪見，不見法身。肇法師云：所謂諸相焕目而非形，八音盈耳而非聲，應化非真佛，亦非説法者。法體清淨，猶若虚空，無有染礙，不落一切塵境，今且略舉聲色耳。又云，音聲色相，本自心生，分别之心，皆落邪道。若能見無所見，聞無所聞，知無所知，證無所證，體此玅理，方見如來。傅大士云：涅槃含四德，惟我契真常。齊名八自在，獨我最靈長。非色非身相，心識豈能量。看時不可見，悟理則形彰。川禪師云：直饒不作聲求色見，亦未夢見如來在。且道如何得見？不審不審。頌曰：見色聞聲世本常，一重雪上一重霜。君今要見黄頭老，走入[二四]摩耶腹内藏。咦，此語三十年後，擲地有金聲在。

○無斷無滅分第二十七

依空即落空，無生斷滅之見。頌曰：這

點靈光亘古今，幾回高顯幾回沉。驀然摸著衣中寶，呀地一聲更不尋。

須菩提，汝若作是念至於法不說斷滅相。

如來不以具足相故者，佛恐須菩提落斷滅見，是故令離兩邊。然性含萬法，本自具足，應用徧知，一即一切，一切即一，去來自由，無所罣礙。此法上至諸佛，下至含識，本無欠少，是名具足相也。說諸法斷滅，莫作是念者，諸法性空，空即是常，是故不斷不滅。若作念云無相而有道心者，是斷一切行，滅一切法，此非中道也。又云，若作有相觀，即是一邊見，若不作有相觀，即是斷滅法。故知真如法性，不是有，不是無，湛然不動，觀與不觀，皆是生滅，故云莫作是念也。於法不說斷滅相，謂見性之人自當窮究此理，若人空心靜坐，百無所思，以爲究竟，即著空相、斷滅諸相。晁太傅云：諸佛說空法，爲治於有故。若復著於空，諸佛所不化。故云：大士體空而進德，凡夫說空而退善。當知有爲是無爲之體，無爲是有爲之用也。川禪師云：剪不齊兮理還亂，拽起頭來割不斷。頌曰：不知誰解巧安排，捏聚依前又放開。莫謂如來成斷滅，一聲還續一聲來。

○不受不貪分第二十八

不受者，縱有向甚麼處著？不貪者，愛欲之念不生。頌曰：寶聚恒河世界中，一毫不受樂心空。春敷萬卉青紅紫，俄頃崢嶸不見蹤。

須菩提，若菩薩以滿恒河至勝前菩薩所得功德。

知一切法無我，謂一切萬法，本來不生，本來無我相，所得福德，即非七寶布施等福所能比也。得成於忍者，既知人法無我，則二執不生，成無生忍，此乃勝前七寶布施菩薩。夫萬法本來無性，皆因自己之所顯發耳。

如眼對色謂之見，耳對聲謂之聞。見聞是根，色聲是塵，色聲未對之時，我性常見常聞，未曾暫滅。色聲相對之時，我性未嘗暫生，此是菩薩了悟真性，活鱍鱍地，洞然同於太虛，所以不曾生滅。凡夫即被妄心所覆，隨六塵轉，即有生滅。故塵起即心起，塵滅即心滅，不知所起滅心，皆是妄念也。若見六塵，起滅不生，即是菩提。川禪師云：耳聽如聾，口說如瘂。頌曰：馬下人因馬上君，有高有下有疎親。一朝馬死人歸去，親者如同陌路人。只是舊時人，改却舊時行履處。

須菩提，以諸菩薩不受福德故至故說不受福德。

不貪世間福德果報，謂之不受。又云，菩薩所作福德，不爲自己，止欲利益一切衆生，此是無所住心，即無貪著，故云不受福德。川禪師云：裙無腰，袴無口。頌曰：似水如雲一夢身，不知此外更何親。箇中不許容他物，分付黄梅路上人。

○威儀寂静分第二十九

四威儀中，法身如如不動，本來靜寂。頌曰：坐臥經行脚自擡，登山涉水混塵埃。看他下足分明處，踏碎虛空無去來。

須菩提，若有人言至亦無所去，故名如來。

如來清淨法身，徧滿虛空世界，本無形相。其現千百億身，乃隨衆生業緣而有，如鏡中像，其實法身，元無生滅，豈有去來？故不知其何所從來，亦不知其何所從去。《華嚴經》云：上覺無來處，去亦無所從。清淨玅色身，神力故顯現。《圓覺經》云：雲駛月運，舟行岸移，盖謂月未嘗運，岸未嘗移，真如體性，未嘗作止任[二五]滅，皆人謬見耳。又云，知色聲起時，即知從何而來；知色聲滅時，即知從何而去。故色聲香味觸法，自有起滅，我心湛然，豈有去來生滅相耶？寂而常照，照而常寂，行住坐臥，四威儀中，無不清淨也。川禪師云：三門頭合掌，佛殿裏燒香。頌曰：衲捲秋雲去復來，幾回南嶽與天台。寒山拾得相逢笑，且道笑箇甚麽？笑道同行步不擡。

○一合理相分第三十

世界微塵，離合無性，爲顯此理。頌曰：一念未興相已成，如臨寶鏡兩分明。翻身踏碎潭心月，相理元空擺手行。

須菩提，若善男子善女人至即非世界，是名世界。

微塵者，妄念也。世界者，身之别名也。微塵是因，世界是果。微塵世界者，謂因果也。然自己真性，非因非果，能與六道衆生爲因果也。謂自性是因，六道是果，故知微塵能起世界，輪迴由於一念。雖見小善，不可執著。雖逢小惡，必須除去。且衆生於妄念中，起貪嗔癡業，妄受三界夢幻之果，如彼微塵，積成世界。不知因果，元是妄心，自作自受，一念悟來，即無微塵，世界何有？故云：即非微塵，是名微塵。即非世界，是名世界。若欲建立世界，一任微塵熾然。若欲除滅世界，覺悟人法俱空，了無一法可得，湛然清淨，不被諸境所轉，皆由於自己也。傅大士云：欲證無生忍，要假離貪嗔。人法知無我，逍遥出六塵。川禪師云：若不入水，爭見長人。頌曰：一塵纔起翳摩空，碎抹三千數莫窮。野老不能收拾得，任教隨雨又隨風。

何以故？若世界實有者至但凡夫之人貪著其事。

微塵謂因，世界謂果。若執因果爲實有者，即被相之所縛，故云即是一合相。但莫執爲實有，亦莫執爲實無，於相離相，故云，即非一合相，是名一合相也。又云，微塵雖多，不足爲多。世界幻成，終無實義。若説實有微塵，實有世界，即是彼此著相。彼既是相，我又著相，兩相相合，是謂一合相，總是虛妄，縛繫生滅，但凡夫未悟，妄生貪著耳。即是不可說者，須是學人，自省自悟，於理事上，各無罣礙。今凡夫一向貪著事相，不達於理，所以說因果著因果，說世界著世界。傅大士云：界塵何一異，報應亦同然。非因亦非果，誰後復誰先。事中通一合，理則兩俱捐。欲達無生路，應當識本源。逍遥翁云：學道之人，但只了悟靈明之心，是謂本源。所以念念妄想，皆爲塵垢，勿令染著，久當證知清淨法身也。川禪師云：捏聚放開，兵隨印轉。頌曰：渾圇成兩片，劈破却團圓。細嚼莫咬碎，方知滋味全。

〇知見不生分第三十一

直下頓除二執，知見自然不生。頌曰：

一繫心空忘所知，朗然聲色外威儀。灰飛煙滅心何在，四見纔興却是迷。

須菩提，若人言佛說我見至即非法相，是名法相。

佛說般若金剛之法，始即令諸學人，先除粗重四相，如大乘正宗分中說也。次即令見自性之後，復除微細四相，如究竟無我分中說也。此二分中，即皆顯出理中清淨四相，明如來四相真見。妄見者，虛妄分別，衆生見也。真見者，遠離執著，如來見也。在迷衆生，執著諸相，以爲如來實有四見，故不解所說義。若悟如來真見，能於自心無求無礙，湛然常住，是清淨我見。黄蘗云：百種多知，不如無求最第一也。又云，諸學道人，若欲得成佛，一切佛法，總不用學。但學無求無著，無求則心不生，無著則心不滅。不生不滅，便是佛也。若見自性，本自具足，是清淨人見。於自心中，本無煩惱可斷，是清淨衆生見。自性無變無異，無生無滅，是清淨壽者。故云：即非我、人、衆生、壽者見，是名我、人、衆生、壽者見也。發阿耨多羅三藐三菩提心者，應知一切衆生，皆有佛性，應見一切衆生無漏智慧本自具足，應信一切衆生靈源真性，無生無滅。若能了悟此意，即是一切智慧，不作有能所心，不存知解相，口説無相法，心悟無相理，常行無相行，故云不生法相，是名法相也。川禪師云：飯來開口，睡來合眼。頌曰：千尺絲綸直下垂，一波纔動萬波隨。夜靜水寒魚不食，滿船空載月明歸。

○應化非真分第三十二

應現設化，一切有爲，俱非真實。頌曰：世界僧祇轉法輪，微塵刹土微塵身。誰家底事婆心切，鑪鞴門開煆夢人。

須菩提，若有人爲滿無量阿僧祇至云何爲人演説？

發菩薩心者，謂發廣大濟度衆生之心，最上乘種性人也。持於此經四句偈等，受持讀誦者，七寶有竭，四句無窮，悟達本心，了無所得，持於此經，其福勝前七寶布施功德。緣此經根本，以破相爲宗，了空爲義，迷性布施，皆不證真故耳。云何爲人演説者，四大色身，不解説法聽法，是你面前，孤明歷歷，通徹十方底，解説解聽，莫要記他語言。縱饒説得天花亂墜，其心不曾增；便總不説，其心不曾減。求著轉遠，學者轉疎，惟在默契，悟者自知也。川禪師云：要説有甚難，只今便請，諦聽諦聽。頌曰：行住坐臥，是非人我。勿喜勿嗔，不離這箇。只這箇，劈面唾，平生肝膽一時傾，四句玅門都説破。

不取於相，如如不動。

此謂語達無心無相可取之人，若是有心不取於相，却是取相。心本是空，相亦是空，人法俱空，有何可取也？真淨文禪師云：但無一切心，自然合天道。應用在臨時，莫言妙不玅。如如不動者，盖謂真性，徧虚空世界，無有形相，湛然不動，應現萬形，雖赴感隨緣，而真空實寂。學人於此，若謂我知也，學得也，契悟也，解脱也，似此見解，皆是有動心，則是有生滅。若無此心，即一切法，皆攝不動，不動即内外皆如，故云，如如不動也。佛鑑和尚，擧僧問法眼：不取於相，如如不動。如何不取於相，見於不動去？法眼云：日出東方夜落西。其僧有省。若也於此見得，方知道，旋嵐偃嶽，本來常靜，江河兢注，元自不流。如或不然，不免更爲饒舌。天左旋，地右轉，古往今來經幾徧。金烏飛，玉兔走，纔方出海門，又落青山後。江河波渺渺，淮濟浪悠悠，直入滄溟晝夜流。遂高聲云：諸禪德，還見如如不動麽？川禪師云：末後一句，始到牢關。直得三世諸佛，四目相覷，六代祖師，退身有分，可謂是江河徹凍，水泄不通，極目荊榛，難爲措足。到這裏，添一絲毫，如眼中著刺，減一絲毫，如肉上剜瘡。非謂坐斷要津，蓋爲識法者恐。雖然恁麽，佛法只如此，便見陸地平沉，豈有燈燈續焰？川上座，今日不免向猛虎口中奪食，獰龍頷下爭珠。豁開先聖廟門，後學進身有路。放開一線，又且何妨！語則全彰法體，默則獨露真常，動則隻雀片雲，靜則安山列嶽。擧一步如象王回顧，退一步如獅子嚬呻。法王法令當行，便能於法自在。祇如末後一句，又作麽生道，還委悉麽？雲在嶺頭閑不徹，水流澗下太忙生。頌曰：得優游處且優遊，雲自高飛水自流。祇見黑風翻大浪，未聞沉却釣魚舟。

何以故？一切有爲法至如露亦如電，應作如是觀。

一切有爲法，上自天地造化，下至人之所爲皆是。然稱此六如，以設教化，則止謂人事耳。以衆生界内，遷流造作，皆是妄心起滅，虚幻不實，終有敗壞，如夢幻泡影，不得久長。夢者，妄想也。幻者，幻化也。泡者，水泡，易生易滅也。影者，物影，無所捉撮也。露者，朝露，不得久停也。電者，閃電，頃刻之光也。傅大士云：如星翳燈幻，皆爲喻無常。漏識修因果，誰言得久長。易脆如泡露，如雲影電光，饒經八萬劫，終是落空亡。應作如是觀者，有爲無爲，皆由自己，心常空寂，湛然清淨，無纖毫停留罣礙，自然無心，如如不動，應作如是觀也。四句偈者，乃此經之眼目，雖經八百手注解，未聞有指示下落處，人多不悟自己分上四句，却區區向紙上尋覓，縱饒尋得，亦只是死句，非活句也。活句者，直下便是。然雖如此，也須親見始得。佛眼云：千説萬説，不如親見一面。縱不説，亦自分明，要須返己自參，切不可騎牛覓牛也。若人將七寶無量布施，不如受持自己四句，爲人解説，使衆生皆得見性，其福勝彼。蓋以世間一切有爲之法，如夢幻等，虚妄不實。布施之法，亦屬有爲，不得取著。惟應受持四句，覺明真性，以證不生滅之極果耳。僧問雲門大師云：如何是佛？門曰：乾屎橛。太平古禪師爲作頌云：我佛如來乾屎橛，隨機平等徧塵寰。迷頭認影區區者，目對慈顔似等閑。蟾首座問洞山云：佛真法身，猶若虚空，應物現形，如水中月，作麽生是應底道理？洞云：如驢覷井。蟾云：恁麽正是迷頭認影。洞云：首座又作麽生？蟾云：何不道似井覷驢也。還會麽？若教有意千般境，纔覺無心萬事休。川禪師云：行船盡在把梢[二六]人。頌曰：水中捉月，鏡裏尋頭。刻舟求劍，騎牛覓牛。空花陽焰，夢幻浮漚。一筆勾斷，要休便休。巴歌社酒村田樂，不風流處也風流。

佛説是經已，長老須菩提[至]皆大歡喜，信受奉行。

夫至理無言，真空無相，謂都寂默也。

但不著言語，不著知解，即是無言無相。金剛之旨趣，本謂此也。是以旋立旋破，止要諸人，乃至無有少法可得，即不被一切諸境所惑。若得心地休歇，即謂之清淨心，亦謂之本來心，亦謂之到彼岸，亦謂之涅槃，亦謂之解脱，其實一也。四祖問三祖云：如何是古佛心？祖云：汝今是甚麽？四祖云：我今無心。三祖云：汝既無心，諸佛豈有耶？即於言下有省。此是學人標致。張無盡云：若能身處塵勞，心常清淨，便能轉識爲智，猶如握土成金。一切煩惱，皆是菩提。一切世法，皆是佛法。即是了事凡夫，别無聖解。上根之人，一聞千悟，得大總持，又何假如許開示耶？川禪師云：三十年後，莫教忘却老僧，不知誰是知恩者。呵呵，將謂無人。饑得食，渴得漿，病得差，熱得涼。貧人遇寶，嬰子見娘。飄舟到岸，孤客還鄉。旱逢甘雨，國有忠良。四夷拱手，八表來降。頭頭總是，物物全彰。古今凡聖，地獄天堂。東西南北，不用思量。刹塵沙界諸群品，盡入金剛大道場。

金剛般若波羅蜜經補註卷下終

校勘記

〔一〕「金剛般若」至「爲人解説」，底本脱，據《金剛經集註》補。

〔二〕「法華經云瞻」，底本脱，據《金剛經集註》補。

〔三〕「仰」，底本原校云前佚十八行，行二十字，一葉。

〔四〕「者」，底本脱，據《金剛經集註》補。

〔五〕「施」，底本脱，據《金剛經集註》補。

〔六〕「筭」，底本作「等」，據《金剛經集註》改。

〔七〕「設」，底本作「説」，據《金剛經集註》改。

〔八〕「寨」，底本作「棋」，據《金剛經集註》改。

〔九〕「始」，底本作「如」，據《金剛經集註》改。

〔一〇〕「棒」，底本作「捧」，據《金剛經集註》改。

〔一一〕「看」，底本作「著」，據《金剛經集註》改。

〔一二〕「諸」，底本作「者」，據《金剛經集註》改。
〔一三〕「猴」，底本作「矦」，據《金剛經集註》改。
〔一四〕「猴」，底本作「矦」，據《金剛經集註》改。
〔一五〕「云」，底本作「去」，據《金剛經集註》改。
〔一六〕「佛印」，《金剛經集註》作「圜悟」。
〔一七〕「入」，底本作「人」，據《金剛經集註》改。
〔一八〕「負」，《金剛經集註》作「身」。
〔一九〕「倒」，底本作「例」，據《金剛經集註》改。
〔二〇〕「謗」，底本作「諦」，據《金剛經集註》改。
〔二一〕「此」，底本脱，據《金剛經集註》補。
〔二二〕「百丈」，《金剛經集註》作「李文會又」。
〔二三〕「夫」，底本作「失」，據《金剛經集註》改。
〔二四〕「入」，底本作「人」，據《金剛經集註》改。
〔二五〕「任」，《金剛經註解》（《大正藏》本）作「生」。
〔二六〕「梢」，底本作「稍」，據《金剛經集註》改。

（徐蒸銘整理）

○二四三

金剛經註解鐵鋑鋡[一]

小引

明屠垠註

其《金剛經》三十二分，皆釋迦佛與諸弟子問答之謂也。流傳中國，僧俗諷誦者益廣，每日敬誦，不提正念，惟圖多數而紀功蹟，不知金剛二字包含意味無窮焉。夫金性剛堅，煅煉不損，是由喻於人之性也，長存如在，永劫不磨，雖去而復來，雖來而復去，往往來來，何日是了？不識修持應無所住，何得正道無去無來耶？故儒曰天命之謂性，皆識其中。又曰：中者，天下之正道也。知其中正之道，識其金性之剛堅。

予幼失怙，少學不敏，甫時時齡，毋志栢舟。今逾四十六載，耆年七十有五，每思老母操持苦節，報恩何及？予因家貧，客遊天津，幸逢明師，諭我精持齋戒，方能報本。是即惺然，頓發鄙志，領受諭言，誠至齋戒，指我迷津，纔明真性，報母之願有期矣。何以明其真性？所云金剛二字，信其性然。是年冬，初客旋姑蘇，夏、林二君過訪，袖出《金剛鐵鋑鋡解》視予，玩味深遠，句句在正，字字合中，是以復梓行世。凡誦《金剛經》者，必須細閱根由，方明出世之因，真爲手鏡之用也云耳。

順治戊子端月朔日，柯山一止居士龔泰瑞麟生父沐手謹識。

校勘記

〔一〕底本據《卍續藏》。

註解鐵鋑鋡卷上[二]

無上甚深微妙法　百千萬劫難遭遇

我今見聞得受持　願解如來真實義

金剛二字世間希，脩行能有幾人知。三十二箇鐵鋑鎝，嚼破便是善知識。

金剛者，自性堅固，永劫不壞，況金性堅剛也。此金剛本性，無形無相，世間希少，天上難尋，故云世間希。時今一切修行之人，終日茫茫，著相持求，不知金剛一性之圓明，徒逞六根著相之貪欲，故云修行能有幾人知。前兩句言金剛本性，識者希少。後兩句勸修行之人，把此一卷《金剛經》，細細嚼破。鐵鋑鎝者，鐵鋑，乃是鐵刀。鎝，函也。故勸修行之人，看三十二分《金剛經》，由如三十二把鋑刀，皆要細細嚼破。若還有人嚼得破者，方纔稱得善知識也，故云嚼破便是善知識。

法會因由，無斷無休，不提正念，空過春秋。

說法聚會，由此起因。佛在舍衛國祇樹給孤獨園，與大比丘衆千二百五十人俱。爾時，世尊食時，著衣持鉢，入舍衛大城乞食。於其城中次第乞已，還至本處。飯食訖，收衣鉢，洗足已，敷座而坐。因須菩提起問，故云法會因由。無斷無休者，迦葉一笑得來，直傳至二十八祖達磨。神光三拜得來，直傳至曹谿六祖惠能。後傳南嶽、馬祖，直至今時，故云無斷無休。時今有一等修行之人，也有識得一箇眼看耳聞的籠筒佛性，也有知得一箇法界真心，一向廣覽經教，積習字脚在心，便說我能我會，我悟我達，並不提箇正念。《清解論》云：若你廣通都知會，不著正念怎得中。曉了正念和本地，何須出聲又喝氣。如此不提正念之人，空吃嘗齋，空過春秋者也。故云不提正念，空過春秋。咄，如何是正念？噫，除了雜念，便是正念也。

法會因由起根源，轉動寶藏得安然。心無罣礙常常念，諸佛時時在目前。

起句，言說法聚會之因由，乃是須菩提

起問之根源。呈句，言此一卷《金剛經》，有二十七處疑，有二十九處問答，或佛問須菩提答，或須菩提問佛答，由如轉動寶藏。此乃須菩提問世尊，善男子、善女人發阿耨多羅三藐三菩提心，云何應住，云何降伏其心？佛告須菩提，汝今諦聽，當爲汝説。善男子、善女人發阿耨多羅三藐三菩提心，應如是住，如是降伏其心。如是者，乃是般若法。須菩提會佛之意，纔得心内安然，故云轉動寶藏得安然。轉句，言此須菩提心内安然，心上無有罣礙，乃是無記頑空，故云嘗嘗念。嘗嘗念者，祇是眼看耳聞瞞不得，青黄赤白是當人。結句，故云諸佛時時在目前。

法會因由，普勸世人正好脩。你説道，不能勾，大限無人救。佛，閻王出帖勾，地獄三塗，不免將身受。苦痛難熬無盡休，苦痛難熬無盡休。

我佛如來説法四十九年，談經三百餘會，祇是勸人及早修行。今時世人家私未足，夫妻恩愛，世事不了，男女未大，諸事纏身，祇説我不能勾得。科家道，忽朝大限到來，臨行手無所措，這裡脱下温布衫，那裏穿上胎州襖，去去來來，何日得了，生死苦海，幾時得渡。我的佛，閻羅王在大鐵圍山外，有宫殿縱廣六十由旬，七重墻壁，七重欄楯，七重鈴網，其外七重多羅行樹，臺殿園苑，種種可觀。王以惡業自然有赤融銅汁在前，宫殿即變成鐵色，五欲功德皆没。王見此已，怖畏不安，即走入内。時守獄卒取閻羅王，高舉撲之，以融銅汁灌入王口，次第燋然，從下而出。王作是念，往昔作惡，令受此苦，願捨自身，於佛法中，出家入道。既發善念，所住宫殿還復如舊。事之了畢，還與彩女娱樂，彼諸大臣亦復如是。閻王尚然，何況一切受苦衆生者也。出帖勾者，閻羅王差無常二鬼勾喚。地獄者，大海之底，有石名沃燋，縱廣八萬四千由旬，厚二萬里，下有八大地獄，一名活大地獄，二名黑繩大地獄，三名合大地獄，四名叫喚大地獄，五名大叫喚大地獄，六名熱惱大地獄，七名大熱惱大地獄，八名阿鼻大地獄。每一重縱廣五百由旬，各各有十六小獄，周匝圍繞，一名黑雲沙小地獄，二名糞屎泥小地獄，三名五叉小地獄，四名飢餓小地獄，五名燋渴小地獄，六名膿血小地獄，七名一銅釜小地獄，八名多銅釜小地獄，九名鐵磑小地獄，十名𨟨量小地獄，十一名雞小地獄，十二名灰河小地獄，十三斫截小地獄，十四劍葉小地獄，十五狐狼小地獄，十六寒冰小地獄。三塗者，乃是地獄塗、餓鬼塗、畜生塗。一切作業之人，不免將身自受，無人替得，一受過五百劫，故云苦痛難熬無盡休。

善現起請，無形無影，自己彌陀，迷人不惺。

善現即是須菩提，起來請佛説法，在大衆中，即從座起，褊袒右肩，右膝著地，合掌恭敬，而白佛言：希有世尊，如來善護念諸菩薩，善付囑諸菩薩。世尊，善男子、善女人發阿耨多羅三藐三菩提心，云何應住，云何降伏其心？此乃須菩提從座而起，右膝著地，合掌恭敬，讚歎世尊，身長丈六紫磨金容，具三十二相、八十種好，三界無比，口吐八萬四千法門，故云希有世尊。如來以般若波羅密法護念諸菩薩，如來以般若波羅密法付囑須菩提、諸大菩薩，令諸學人以般若智護念自身，心不令妄，不起邪念。須菩提觀一切善男子、善女人躁擾不停，念念相續，無有間歇，云何法而住，云何法而降伏其妄想之心也。佛言：善哉，善哉，須菩提，如汝所説，如來善護念諸菩薩，善付囑諸菩薩。汝今諦聽，當爲汝説。善男子、善女人發阿耨多羅三藐三菩提心，應如是住，如是降伏其心。如來觀見須菩提問處孤高，故言善哉善哉。佛叫須菩提：如汝這樣所説，乃是劫外向上之間，善護我心，非獨你得，我念諸菩薩，我善付囑諸菩薩，你今諦聽，我當爲汝説法。若善男子、善女人發無上真正之心，應如是般若法而住，如是般若法而降伏其妄想之心也。須菩提言：唯然世尊，願樂欲聞。此須菩提願佛廣説，領中下根機，盡得開悟也。此妄想之心本是不屬相貌，非青赤白，故云無形無影。這箇妄想之心，非從外得，實是自己彌陀發出來的。永嘉云，無明實性即佛性，幻化空身即法身，故云自己彌陀。一切迷人，不惺此意，著相特來，不了此心，故迷迭不悟。

善現啓請在本身，行住坐臥念真經。若還踏著無生地，步步頭頭總現成。

善現即是須菩提，起來請問佛法，一切修行之人，誦何經而菩薩住處，誦何經而降伏其妄想之心也？佛言：如是《金剛般若波羅蜜經》而住，如是《金剛般若波羅密經》而降伏其妄想之心也。此一卷《金剛經》，非是紙上的，乃是金性堅剛，永結不壞，故云金剛。般若者智慧也，智以方便爲功，慧以訣[三]斷爲用。波羅密者，發彼岸義也。見性得度，即登彼岸。未得度者，即在此岸。乃是人人的靈覺真性，故云本在身。言此一卷《金剛經》，在行住坐臥四威儀中，無斷無滅，如何增得，如何減得，故云行住坐臥念真經。前兩句，説此《金剛經》在行住坐臥之中。後兩句，又要行人還要踏無生覺地。《科儀》云：步步踏著實地，頭頭頂掛虛空。穿衣時摸著腰領，洗面時揣著鼻梁。上樹時兩手攀枝，下坑來兩脚點地。可謂步步頭頭總現成也。

善現起請，欲要脩行路不通。眼前黑洞洞，六賊來搬弄。佛，著力緊加功，打死無明，纔得三昧定。一法通時萬法通，一法通時萬法通。

言此須菩提，請問如來一切脩行之人，恩愛不斷，六欲不除，無明未棄，如何降伏其妄想之心也？故云：眼前黑洞洞，六賊來搬弄。我的佛，還要行人著力加功。力有五力，乃有進力、信力、念力、定力、慧力。若有智慧之力，打死無明、煩惱、恩愛、妄想，四事永滅，纔得無諍三昧定也，故云打死無明，纔得三昧定。若得無諍三昧定了，顯出清淨涅槃妙心，即是一箇法界真心，是故一法通時萬法通。

大乘正宗，降伏其心，揭起海底，直上崑崙。

大乘非是小乘，正宗非是邪宗。佛告須菩提，諸菩薩摩訶薩，應如是降伏其心。菩薩者，梵語，東土爲道心衆生。摩訶者，梵語，東土爲大。乃是大菩薩。此大菩薩，雖在塵勞，心常清淨。又慈悲喜捨，種種方便，化導衆生，名爲菩薩。雖化衆生，心無取著，是名摩訶薩。恭敬一切衆生，即是降伏自心處，故云大乘正宗，降伏其心。後兩句海底、崑崙者，海底即是濕生，崑崙即是須彌山王，直至非想非非想處天。此言所有一切衆生之類，若卵生，若胎生，若濕生，若化生，若有色，若無色，若有想，若無想，若非有想，若非無想，我皆令入無餘涅槃。卵生者，迷性也。胎生者，習性也。濕生者，隨邪性也。化生者，見趣性也，乃是四生之根。若起修心之心，不契無相之理，名爲有色界天。內心守直，不行恭敬供養，但言心直是佛，名爲無色界天。不了中道，眼見耳聞，心想思惟，愛著説法，口説佛行，心不依行，名爲有想天。迷人坐禪一向除妄，不學慈悲喜捨，智慧方便，單守無心，由如木石，名爲無想天。不著有無二想，中道還存，名爲非無想天。四蘊成身，色蘊空了，求理心在，名爲非想非非想處天。若得五蘊空，四想忘，皆入無餘涅槃而滅度之，故云揭起海底，直上崑崙。

大乘正宗勤下功，迷人只向外邊尋。獅子吼上須彌頂，赫得魔王膽戰兢。

修大乘正宗之人，莫學懈怠，勇猛上加勇猛，精進上加精進，直下死工夫，頓悟真空。菩提之體，通身無骨，全體虛空，獨露堂堂，包含萬象，無心可了，無道可成，無佛可做，無法可説，無衆生可度，凡即聖，聖即凡，本性自然成一片。此是大乘正宗之人也，故云大乘正宗勤下功。惟有小乘邪宗，參禪打坐，打七煉魔，念經念佛，拜經拜佛，求生佛國，願生禪天。此等迷人，只向外邊尋也。獅子者，喻大乘正宗之人。金毛獅子吼聲來，一切野狐俱惱[三]烈。須彌頂者，乃是非想非非想處天。此大乘正宗之人哮吼一聲，一切緣覺聲聞，他化[四]魔王，盡皆赫得膽戰心寒，故云赫得魔王膽戰兢。

大乘正宗，靜裡思量心自驚。除却貪嗔病，撿點心田靜。佛，智慧普光明，退盡浮雲，現出軒轅鏡。正覺臺前萬法空，正覺臺前萬法空。

大乘正宗之人，在清淨閑處，思量如來之語，心驚膽碎。佛言：如是滅度無量、無數、無邊衆生，實無衆生得滅度者。滅度者，乃是解脱之人。何以故？須菩提，若菩薩有我相、人相、衆生相、壽者相，即非菩薩。衆生佛性，本無有異，緣有四相，不入無餘涅槃。有此四相，即是衆生，無此四相，即是解脱。悟即衆生是佛。四相者，迷人恃有財寶、學問、族性，輕慢一切人，名我相。雖行佛行，人我不除，名人相。好事歸己，惡事施於人，名衆生相。求生天上，願生西方，心愛長年，名壽者相。有四相即是衆生，故云，靜[五]裡思量心自驚。若是大乘正宗之人，先要除却自己貪嗔癡病，必須服戒定慧真藥，時時刻刻檢點自己心田清淨。我的佛，若得智慧光明，焰破從前黑暗。浮雲者，煩惱也。軒轅鏡者，圓月也。退盡煩惱浮雲，顯出本性一輪明月，故云退盡浮雲，現出軒轅鏡。大乘正覺臺前，萬法皆空，本無一物。《楞嚴經》云：一人發真歸元，十方虛空悉皆銷殞，故云正覺臺前萬法空。

妙行無住，神明皆護，自己靈光，偶然進步。

奧妙之行，本無住著。復次須菩提，菩薩於法應無所住，乃是不住色聲香味觸法布施，故云妙行無住。若是妙行無住之人，所在之處，則爲有佛，是故神明皆護。何以故？若菩薩不住相布施，其福德不可思量。菩薩行施，心無希求，所获福德，如十方虛空不可較量。布施者，布者普也，施者散也。能普散盡心中妄念習氣，煩惱無明，貢高好勇，無所藴積，是真布施。雖有眼耳鼻舌身意，不著色聲香味觸法上，是真布施。心常清淨，了萬法空寂，内除貪愛，外除我人，見人作惡，不見其過，依教修行，心無能所，是真布施。如是修行，乃是不住相布施，其福德不可思量。佛叫須菩提：於意云何，東方虛空可思量不？須菩提會意，東方虛空，無邊無際，故言：不也，世尊。佛又叫須菩提：南西北方，四維上下虛空，可思量不？須菩提會意，十方虛空無有邊際，故云：不也，世尊。佛告須菩提，菩薩無住相布施，福德亦復如是，不可思量。如是叮囑須菩提，菩薩但應如所教住，乃是但該應住無相布施。古人云：始從剋念之功，必成無爲之地，乃是菩薩住處，故云自己靈光偶然進步。

妙行無住世間希，玄妙消息那個知。點開一隻通天眼，萬兩黄金買不來。

妙行無住之人，不住眼耳鼻舌身意，不住東方，不住西方，不住南方，不住北方，不住上方，不住下方，不住天堂，不住地獄，不住參禪，不住打坐，不住打七，不住煉魔，不住燒香，不住點燭，不住念佛看經，一切都不住，是故妙行無住世間希。玄妙消息，乃是盡虛空遍法界那箇道理，故云玄妙消息那箇知。若得明師點開我一隻通天徹地之眼，炤見恒河沙數三千大千世界，觀見無〔六〕萬億佛刹，親見無數諸佛諸菩薩，共合一箇法體，如此者，就是萬〔七〕萬兩黃金買不來也。

妙行無住，妄想貪嗔盡掃除。貢高休要起，昧心瞞不住。佛，魔王盡遭誅，拿住猿猴，瑣在清凉樹。自在逍遥樂有餘，自在逍遥樂有餘。

妙行無住之人，不比靠墻靠壁的折脚，不比靠佛來度的瞎子。那等妙行無住之人，一切都不靠。《科儀》云：妙體本來無處所，通身何更有踪由？是故妙行無住。若修妙行之人，一切妄想貪嗔貢高好勇，瞞心昧己，盡情掃蕩無餘，故云昧心瞞不住。我的佛，若得盡情掃蕩無餘，魔王決然拿住，故云魔王盡遭誅。又要把心猿意馬鎖在清凉無影樹上，不許太陽火熾，故云鎖在清凉樹，纔得自在逍遥樂有餘。咄，一切修行之人，鎖不住者謂何？呀，不識清凉無影樹，反被太陽無明火熾，燒斷了如來戒定慧，鎖定了自己心猿意馬，因此流浪家鄉，不得自在者也。

如理實見，猶如閃電，上下明徹，打成一片。

如如真妙理，爲真實之見解。佛叫須菩提：於意云何，可以身相見如來不？須菩提會意，渠無相貌，何處求形？本來無此身相，故答言：不也，世尊，不可以身相得見如來。何以故？如來所説身相，即非身相。色身是相，法身是性，一切善惡，皆由法身，不由色身。法身若作惡，色身不生善，法身若作善，色身不生惡。凡夫惟見色身，不見法身，故答身相即是非相。佛告須菩提，凡所有相皆是虚妄。一念未興，塵勞先起，迷棄本性，皆是虚妄，是故猶如閃電。若見諸相非相，則見如來。如來欲顯法身，故説一切諸相，虚妄不實，即見法身。如來〔八〕之理如此者，上下明徹打成一片。

如理實見本來真，只在當人一念心。四維上下無所管，大地山河盡是金。

此如理實見非是邪見小乘。小乘之人觀見四方境界，或見青光紅光，或見金光白光，或見迴光圓光，或見青蓮紅蓮，或見金蓮白蓮，或見金臺樓閣，或見阿彌陀佛灌滿十方，或見觀音、勢至常來接引，但有見相，並是邪相。《科儀》云：正法眼中無可得。若是如理實見之人，若見諸相非相則見如來，見黃花即對黃花，見翠竹即對翠竹。僧問大龍：色身敗壞，如何是堅固法身？大龍云：山花開似錦，澗水湛如藍。直得如是見者，名爲如理實見。本來人者，將一莖草作丈六金身，將丈六金身作一莖草，故云如理實見本來人。這箇本來人在當人面上，眼看耳聞的，鼻聞口説的，手拈脚走的，思量計較的，是故只在當人一念心。這箇當人靈覺真性，天不能蓋，地不能載，陰陽不能害，五行不能役，鬼神不能拘，劫火不能害，故云四維上下無所管。若識得遍大地是一箇丈六金身，故云大地山河盡是金。

如理實見，十惡八邪在目前。光明全體現，愚癡多雜念。佛，精進更加參，久遠功夫，自然成一片。打碎泥團不用參，打碎泥團不用參。

此如理實見之人不得還鄉者，何也？呀，因有十惡八邪，不得還鄉。十惡者，身、口、意三業，分爲十惡。身有三惡，婬、殺、盜。意有三惡，貪、嗔、癡。口有四惡，誑言、綺語、惡口、兩舌。八邪者，人我是須彌，邪心是海水，煩惱是波浪，毒害是惡龍，虛妄是鬼神，塵勞是魚鱉，貪嗔是地獄，愚癡是畜生。若得除人我，須彌倒。去邪心，海水渴[九]。煩惱無，波浪滅。毒害忘，惡龍絶。虛妄無，神鬼滅。塵勞散，魚鱉絶。貪嗔忘，地獄滅。愚癡斷，畜生絶，是故，十惡八邪在目前。若有人識得自己光明，不破[一〇]十惡八邪瞞過。咄，要見光明麼？咦，聽我十字偈，曰：眼放光，能照見青黃赤白。耳放光，能聽得好歹音〔二〕聲。鼻放光，能知覺馨香穢汚。舌放光，談玄妙普度衆生。身放光，知冷熱能知飢飽。意放光，知高下變化多般。渾身上，透玲玲放光動地。放光明，遍法界獨自爲尊。所以光明全體現也。今時一切愚迷之人，不識自己光明，雜念數多，恩愛不斷，我執不除，是故，愚癡多維〔三〕念。我的佛，即今科家，苦勸一切修行之人，精進勇猛，更加參訪明師，求其印證。印證師真，久久下鳥道之功，忽然聞得箇人法雙忘，囫地一聲，而成一片，故云久遠工夫自然成一片。若要成一片，必須打破泥彈子。有人打得碎者，萬事了畢，故云打碎泥團不用參。

正信希有，鐵牛哮吼，震倒須彌，邪魔奔走。

正信修行向心修，此人最爲第一希有。

須菩提白佛言：世尊，頗有衆生，得聞如是言説章句生實信不？須菩提聞此般若法，難信難解。末世凡夫，智慧微劣，聞此《金剛經》章句，云何信入？佛言：須菩提，莫作如是之説，如來滅後，後五百歲，有持戒修福者。正法一千年，上五百年解脱爲正宗，下五百年禪定爲正宗。如來在日，聞此般若法者，不以爲難。後五百年，乃至末法，皆修禪定，不得禪定，不得解脱。於此《金剛經》章句，能生信心，以此爲實，當知是人不於一世供養佛，二世供養佛，三四五世供養佛而種善根，已於無量千萬世供養佛，所種諸善根。何名種諸善根？略述次下。所謂於諸佛所，一心供養，隨順教法。於諸菩薩、善知識、師父、大德高僧、父母尊長，嘗行恭敬，供養承順教命，不違其意。於一切貧苦衆生起慈憫心，不生輕厭，有所須求，隨力惠施。於六道衆生，不加殺害，不欺不賤，不毁不辱，不騎不箠，不食其肉，常行饒益，是名種諸善根。今來聞是《金剛經》章句，乃至一念生清淨信者，是故正信希有。佛言：須菩提，如此淨信衆生，如來悉知悉見，是諸衆生得了如是之法，無量無邊福德。何以故？是諸衆生無復有我相、人相、衆生相、壽者相，無般若法相，亦無不得般若法相。此人雖行般若，心不住空見。何以故？是諸衆生，若心上取相，則爲著我、人、衆生、壽者。若取般若法相，即著我、人、衆生、壽者。何以故？若取非般若法相，即著我、人、衆生、壽者，是故不應取法，不應取非法。此兩句，取又不是，不取又不是。以是義故，如來常説：汝等比丘知我説法如筏喻者，法尚應捨，何況這些生天等法，故云正信希有。修正信之人，喻如鐵牛，不認人情，嗷吼一聲，萬法皆空，把一箇須彌山王震倒了也。一切三界，十八梵天，二十五有，他化魔王，無有安身之地，故云震倒須彌，邪魔奔走。

正信希有妙法傳，一念無差遍大千。九曲黄河顛倒轉，普天徹地一輪圓。

修正信之人，非在舌辨，亦非足行，全憑心地下功。心地下功，全抛世事。佛告須菩提：何以故？是諸衆生，若心取相，或求西方，或求天上，或求後世爲人，則爲著我、人、衆生、壽者。若取法相，我得般若波羅蜜法，即著我、人、衆生、壽者。若取非法相，我不行般若波羅蜜法，即著我、人、衆生、壽者，是故，不應取法，不應取非法。修行人識得此病，明得此理，乃是超生脱死的妙法，故云正信希有妙法傳。傳箇甚麼？昔日世尊，正法眼藏涅槃妙心，傳與迦葉，迦葉一笑得來，直至二十八禪〔三〕達磨，神光三拜得來，直至六祖慧能，俱是正信妙法，名爲一念。今時有等迷人，單提一句南無阿彌陀佛，爲之一念，怎麼遍得大千世界。若差之毫厘，失之千里。我今直説，一念者乃是無念，無念乃是般若。《心經》云：三世諸佛，依般若波羅蜜多，故云〔四〕阿耨多羅三藐三菩提。咄，何者是般若波羅蜜多法？要全般若法，一點識心無。如此者，一念無差遍大千，九曲黄河通天河。水常東流，故此世上江湖河海水不得乾。《科儀》云：千江有水千江月。若得黄河之水顛倒返流，世上無水，纔識得達磨西來，水在長江月在天。呵，呵，真是不知白日青天裏，開眼許多迷路人，故云九曲黄河顛倒轉，普天徹地一輪圓。

正信希有，有[一五]名利貪花水上漚。功名未成就，莫要相諍鬬。佛，急急早回頭，火燒眉毛，纔把頭救。一日無常萬事休，一日無常無事休。

正者，體也，禮也。信者，誠也，重也。禮而無信，意必不誠。信而無禮，心必不實。二者具足，可謂正信。修正信之人，看破名利貪花，由如水上浮漚，速起速滅，豈爲常也？是故名利貪花水上漚。功名未成之際，莫要貢高我慢，諍鬬是非，故云莫要相諍鬬。我的佛，急急早回頭，莫等臨危要修遲也。聽我偈曰：一盞孤燈照夜臺，上床脱下襪和鞋。半夜三更隨夢去，知道天明來不來，是故火燒眉毛，纔把頭來救。古人云，一日無常到，方知夢裏人，萬般將不去，惟有業業[一六]隨身，故云一日無常萬事休。

無得無説，是真難滅，但有絲毫，眼中著屑。

當體空寂，無物可得。但有言説，皆是誑語。佛叫須菩提：於意云何，如來得阿耨多羅三藐三菩提耶？如來有所説法耶？須菩提言：如我解佛所説義，無有定法，得也不是，説也不是，名叫做阿耨多羅三藐三菩提，亦無有定法如來可説，是故無得無説。須菩提言：何以故？如來所説法，皆不可取，如來法不可説。如來説法，口誦心不行，非法。口誦心行，乃是非非法。若論如此，乃是無記頑空，鬼家活計。所以者何？一切賢聖皆以無爲法而有差別。三乘根性，所解不同，見有深淺，故有差別。佛説無爲法者，即是無住。無住，即是無相。無相，即是無生。無生，即是無滅。咄，要見無生無滅的麼？叫張三，應喏。喚李四，應咳。乃是實地解脱佛性，是故是真難滅。今時有等修行之人，妄想佛來救度，臨命終時，觀音、勢至接引西方極樂世界，或求禪天，或求欲界，或求四空定，或求後世爲人。是故，金屑雖貴，落眼成塵，故云：但有絲毫，眼中著屑。無得無説正路頭，加鞭進步向前修。峕峕提起不放捨，直到波羅彼岸頭。

無得無説者，得也不是，説也不是。若説得，本來無眼耳鼻舌身意，非青黄赤白之妙相，得箇甚麼？若説説，佛法不在紙上，又不在舌上，説箇甚麼？古人云：三世諸佛，口掛壁上，歷代祖師，結舌七侯，到是箇正路頭也。若要修箇正路頭的人，要加鞭進步，勇猛上加勇猛，向前修去。莫學懈怠之人，無有了期。時時刻刻，提起正念，不要放捨，是故直到波羅彼岸頭。若有一時差錯，被鬼神覷破，拿到陰司，那時怨不得師傅也。非是師不説，你自不肯依。

無得無説，佛祖西來玄妙訣。笑殺大迦葉，神光將臂卸。佛，方便演三車，普救衆生，早早離三界。好念彌陀歸去來，好念彌陀歸去來。

無得無説之正路，乃是佛祖西來之妙訣。昔日如來在靈山會上，世尊青蓮目瞬示四衆，無人領其密意，惟摩訶大迦葉一笑。佛云：吾正法眼藏，涅槃妙心，付囑與汝，汝嘗〔一七〕流布，勿令斷絶。偈曰：法本法無法，無法法亦法。今付無法時，法法何曾法。大迦葉於雞足山入寂滅定。後達磨西來，見梁武帝，帝問曰：朕造寺、寫經、齋僧，不可勝紀，有何功德？師曰：並無功德。帝曰：何無功德？師曰：此但人天小果，有漏之因，如影隨形，雖有非實。帝曰：如何是真功德？師曰：淨智妙圓，體目空寂。如是功德，不以世求。帝又問：如何是聖諦第一義？師曰：廓然無聖。帝曰：對朕者誰？師曰：不識。帝不領悟，師知機不契，渡江，寓于少林寺，終日面壁而坐。有僧神光，晨夕參見，立雪過膝。師憫而問：久立雪中，當求何事？光悲淚曰：惟願和尚慈悲，開甘露門。師曰：諸佛妙道，曠劫精勤，難行能行，非忍能忍，豈以小德小智，輕心慢心？光即取刀斷臂。師知法器，乃曰：諸佛最初求道，爲法忘形，汝今斷臂我前，求亦可在。易名慧可。可曰：諸佛法印，可得聞乎？師曰：法印匪從人得。可曰：我心未寧，乞師與安。師曰：將心來，與汝安。可曰：覓心了不可得。師曰：我與汝安心竟。乃是無得無説之妙訣也。我的[一八]，方便演三車，乃是羊車、鹿車、牛車，喻如聲聞乘[一九]，緣根基大小不同，故勸行人方便演三車，救度衆生，早早脱離三界。三界者，欲界十天，色界十八梵天，無色界四空天，此三界諸天都在五蘊之中。古人云：未超三界外，盡在五蘊中。五蘊者，乃是色、受、想、行、識也。今時修行之人，不識此理。俗語説，舉心動念，天地皆知，教我怎麽離得？咦，若是不動念，現在三界外。如來云，即今常在三界外，絶盡無爲出娑婆。如是之人，好念自己彌陀歸去來。

依法出生，無相無形，四生六道，盡是迷人。

　　諸佛所依之法，盡從此一卷《金剛經》生出。佛呌須菩提：於意云何？若人滿三千大千世界七寶以用布施。論一四天下，一日月，一須彌山王，一四大海爲一世界，每各一千爲一小千世界。小千等倍中間，有十億四大洲，十億日月，十億須彌山王，十億四大海，爲中千世界。中千千倍中間，各一萬億，爲一個三千大千世界。將金銀琉璃等七寶以用布施，是人所得福德，寧爲多不？須菩提會意，乃是人天福報，有漏之因，故言甚多。何以故？

是福德，即非福德清淨性，是故如來説福德多，於一無利益。依《金剛般若波羅密經》，修行是自本性，不生惡道，是名福德性。如來説，若復有人將此經受持乃至四句偈等，爲他人説，其福勝彼。乃是三千大千世界七寶布施，有福有盡。何以故？須菩提，一切諸佛，及諸佛阿耨多羅三藐三菩提法，皆從此一卷《金剛經》出。此經者，非是紙上的《金剛經》，要自本性金剛，從體起用，嘗要覺照。覺照心是諸佛，動即怕覺照遲，及諸佛阿耨多羅三藐三菩提法，皆從覺照生，是故依法出生。佛叫須菩提：所謂佛法者，有執著心在，即非佛法。所謂一切文字章句，如標如指，依標取物，依指觀月，月不是指，標不是物，但依經取法，經不是法。經文則肉眼可見，法則慧眼能見。若無慧眼，但見其文，不見其法。若不見法，即不解佛意。不解佛意，則誦此經萬卷，不得解脱，故云：無相無形。

今時一切修行之人，不識自己有一卷真《金剛經》，埋没四生六道，是故四生六道，盡是迷人。

依法出生好用功，泥牛汲水上崑崙。朽木頑石休死坐，山河全露法王身。

《心經》云：三世諸佛依般若波羅密多故，得阿耨多羅三藐三菩提。從上諸佛，皆從此經出。若要超三界，須下死功夫，是故依法出生好用功。泥牛者，泥牛汲水，那見身相？既無身相，現出當人。崑崙者，須彌山王也。喻如最上一乘之人，獨露堂堂，包含三界，故云泥牛汲水上崑崙。今時有一等修行之人，打坐入定，喻如朽木頑石無作用處，是故朽木頑石休死坐。你看運行星斗的，運行日月的，行風行雨的，落霜落雪的，春生夏長的，秋收冬藏的，花開花謝的，水流風動的，雲騰鳥飛的。呵，呵，原來山河全露法王身也。

依法出生，努力參禪好下功。奉著空王令，打開胡思洞。佛，先住涅槃城，下了團營，寶寨安排定。拿住魔王定太平，拿住魔王定太平。

依般若波羅密法修行之人，實是要努力參禪。禪者，清淨也。若得努力參禪，清淨纔得見性，故云努力參禪好下功。空王者，乃是真空妙體也。既然奉著空王之令，不要識得便當了了。若説我識得真空菩提之體，不除心垢，無有是處。若得實會生死之人，要打殺了這些千思萬想，計較算人，故云打開胡思洞。我的佛，涅槃者，非死也，乃是不生不滅，不生者人我不生，不滅者覺照不滅，是故先住涅槃城。團營者，乃是十二團營，管著天下軍民，奉著空王之令，差本主下了十二團營，坐了寶寨，安排定了，將官拿住了魔王，纔得天下太平。咄，乃是十二團營。噫，不在北京，就在此處。即令兩隻眼，兩箇耳，一箇鼻，一張口，一箇身，一箇意，兩隻手，一雙脚，名爲十二團營，故云拿住魔王定太平。

一相無相，迷人只强，兩箇五百，却作一貫。

只這一相本來無形，清虚妙道無有踪跡。

佛呌須菩提：於意云何，須陀洹能作如是般若之念，我得須陀洹果不？須菩提會意。梵語須陀洹，唐言逆流果，逆生死流，不染六塵，一向修無漏業，名須陀洹果。若了無相法，即無得果之心。須菩提答言：不也，世尊。何以故？須陀洹名爲入流，而無所入，不入色聲香味觸法，是名呌做須陀洹。佛又呌須菩提：於意云何，斯陀洹能作如是般若之念，我得斯陀含果不？須菩提會意。梵語斯陀洹，唐言一來果，捨三界結縛，名一往來。往從天上，却到人間，生從人間，死從天上，名斯陀含果。若了無相法，那有得果之心。須菩提答言：不也，世尊。何以故？斯陀含名一往來，而實無往來，是名呌做斯〔三〇〕陀含。佛又呌須菩提：於意云何，阿那含能作如是般若之念，我得阿那含果不？須菩提會意。梵語阿那含，唐言不還果，亦名出欲。出欲者，外不見欲境可染，内無欲心可行，定不向欲界受生，故名不還果。若了無相法，何有得果之心？須菩提答言：不也，世尊。何以故？阿那含名爲不來，本性而實無不來，是故名叫做阿那含。佛又叫須菩提：於意云何，阿羅漢能作如是般若之念，我得阿羅漢道不？須菩提會意。梵語阿羅漢，唐言無諍行，又云無學，煩惱永盡，與物無諍，貪嗔癡絶，心境俱空，内外常寂，名阿羅漢。若作得果之心，即是有諍阿羅漢。雖是無學，執著無事界。須菩提答言：不也，世尊。何以故？實無有一法名阿羅漢。世尊，若阿羅漢作如是般若之念，我得阿羅漢道，即爲著我、人、衆生、壽者。世尊，須菩提言，佛説我得無諍三昧，人中最爲第一，是第一離欲阿羅漢。世尊，我不作如是般若之念，我是離欲阿羅漢。何名無諍三昧？謂阿羅漢心無生滅來去，唯有本覺嘗照，常照五蘊空寂，是名無諍三昧。修此三昧，超過無學，人中最爲第一。若有一念得果之心，我果離欲阿羅漢，即不名無諍三昧。須菩提叫世尊，我若作如是般若之念，我得阿羅漢道，世尊則不言説，再不開口。須菩提是樂阿蘭那行者，阿蘭那乃是無諍行，即是清淨行也。以須菩提實無所希求之行，而名叫須菩提，即是樂阿蘭那行。一切迷人不識此理，只説有果向禪天，即修禪定，是故迷人只强。若識得無諍三昧，即是一相，一相即是無相，方知裏頭空，外頭空，裏外相連，打成一片，故云兩箇五百，即作一貫。

一相無相太分明，只在當人一念心。十二時中勤般用，超出生死涅槃門。

即這一相，本是無相。太然分明，非從外得，只在當人一念之心，便是這箇思量計較的。故勸行人十二時中，常要般用，不要放他妄想上去了。若是妄想上去了，便是輪迴之種。又不要放他無明煩惱上著脚。若是無明煩惱上著脚，便是地獄之根，是故十二時中勤般用。咄，怎麽般用？即是教人嘗要把那箇本主，放在眼睛之外，倒坐虛空，一片清虛。如是悟者，決然超出生死涅槃門也。

一相無相，好是虛空不可量。本體全無相，虛空難度量。佛，非皂亦非黄，總有丹青妙手難描樣。無相空中有相光，無界〔二〕空中有相光。

這箇一相無相，由如虛空，難度難量。自己本來，全無相貌。虛空既是難度難量，本來面目包裹虛空，一法難度難量。我的佛，虛空既無相貌，本來亦無踪跡，是故非皂亦非黄，總有丹青妙手，難畫本來虛空之相貌。咄，既無相貌，乃是莽蕩虛〔三〕空。川老云：時時，清風明月鎮相隨，桃紅李白薔薇紫，問著東君總不知，且道東君在〔三〕何處安身。見麽？打不離，割不死，在桃紅李白，在薔薇黄紫。呵，呵，模得著也未。《千家詩》云：等閒識得東風面，萬紫千紅總是春，故云無相空中有相光。

莊嚴淨土，晝夜作務，閉住六門，便見佛祖。

成就莊嚴，淨明心地。《淨土文》云：心淨即佛土淨。佛告須菩提：於意云何，如來往昔日，在燃燈佛所，於諸法有所得不？佛恐須菩提有得法心，爲遣此疑，故問之。須菩提會意，知法無所得，心外無〔四〕法。若既無法，將何所證？既何〔五〕所證，以何爲得？既無所得，是名何法？須知證而無證，得而無得，如賊入空室，絶却偷心。如性圓明，本來自有，非從外得。故須菩提言：不也，世尊，如來在燃燈佛所，於法實無所得。佛叫須菩提：於意云何，菩薩莊嚴佛土不？須菩提會意，本性清淨，莊嚴箇甚的麽？故言：不也，世尊。何以故？莊嚴佛土者，若是假相莊嚴，則非莊嚴。本來清淨佛土，無相無形，將何物莊嚴耶？惟有戒定慧，假名莊嚴事理。若論報化佛土，衆寶莊嚴，乃是西方極樂，法性佛土。諸佛道場，清淨性地，自性虛空，華光三昧，淨裸裸，赤剎剎，乃五眼難觀，佛也難見，是名莊嚴佛土。如來權指西方，敲東擊西，只要不昧本性，見性就是西方，故言不也。今時有等迷人，晝夜念經拜佛，晨朝功果，觀想彌陀，是故晝夜作務。佛言是故，乃是叮嚀須菩提，諸菩薩摩訶薩，應如是住一個清淨心，不該應住色生心，不該應住聲香香〔二六〕味觸法生心，應無所住，乃是不住眼耳鼻舌身意，而生其一個法界真心。咦，由如百花林裡過，一葉不沾〔二七〕身，在欲而無欲，居塵不染塵，把得定，作得主，心鏡本淨，象色元空，真如現前。心若略動，便落凡愚。若不自淨其心，愛著清淨處，心有所得清淨，即者〔二八〕著了法相，如雲蔽天。心常不動，六根六塵六識自然滅也，地獄空也，如天無雲，日月常照。佛又叫須菩提：譬如有人，身體如須彌山王，縱廣十六萬八千由旬，於意云何，是這箇身體爲大不？須菩提會意，色身雖大，內心量小，不名大身。色身雖小，內心量大，等虛空界，方名大身。色身雖如須彌山王，皆是法身顯化，故言甚大。世尊，何以故？佛說非身，非身是法身，是名大身。法身無涯，含容十方世界，量等虛空。若人要見眼裡展家風，如是觀法身，便見十方諸佛安身立命處。凡夫的佛性克乎一身，眼見耳聞，一癢一痛悉皆能知。諸佛的覺性遍周沙界，無處不是，故云閉住六門便見佛祖。

莊嚴淨土法力齊，心猿意馬化爲灰。六賊能
除塵垢淨，半夜金烏徹天飛。

莊嚴淨土，淨掃心田。佛叫須菩提：譬如有人，身如須彌山王，於意云何，是這色身爲大不？須菩提會佛之意，色身雖大，皆靠法身之力，故言甚大。世尊，何以故？佛説非身，乃是法身，是名大身。此是莊嚴心淨是法，得了法身是力，故云法力齊。既然法力俱齊，心猿意馬，決然化灰。六賊能除者，雖有眼耳鼻舌身意，不著色聲香味觸法上，是故塵垢淨。既然塵垢淨的人，那有無明煩惱暗遮，晝夜常明。如是之人，由如半夜金烏徹天飛也。

莊嚴淨土，喜捨慈悲四量扶。開了無爲庫，現出值錢物。佛，酥酪共醍醐，清淨摩尼，一味如甘露。八寶莊嚴生淨土，八寶莊嚴生淨土。

清淨佛土，無相無形，何物而莊嚴耶？唯有大慈、大悲、大喜、大捨四無量心，假名莊嚴事理，是故喜捨慈悲四量扶。無爲庫者，乃是四大色身。無爲者，乃是本性無爲。開了者，風歸風，水歸水，火歸火，土歸土，四大色歸其源，現出一靈真性，萬劫不壞，故云開了無爲庫，現出值錢物。我的佛，我有十字要偈，大衆聽著：

靈光體，能顯化，神通廣大。
化顯天，化顯地，萬物能生。
化顯天，顯日月，星辰斗府。
化顯地，能堅固，萬物能生。
化顯風，遍大地，靈光發顯。
化顯火，無邊際，靈光發生。
化顯水，潤乾坤，靈光津脈。
化顯地，生萬物，靈光發生。
化顯地，在人身，筋骨皮肉。
化顯水，在人身，血脈涎津。
化顯火，在人身，渾身煖氣。
化顯風，在人身，呼吸運行。
外頭地，人身地，原是一地。
外頭地，生萬物，五穀能生。
人身地，筋骨肉，髮毛爪齒。
外頭地，人身地，一炁發生。
外頭水，人身水，原是一水。

外頭水，潤乾坤，萬物滋生。
人身水，是痰唾，血脈流轉。
外頭水，人身水，一炁發生。
外頭火，人身火，原是一火。
外頭火，無邊際，普照乾坤。
人身火，是煖氣，穿連一體。
外頭火，人身火，一炁發生。
外頭風，人身風，原是一風。
外頭風，無邊際，翻浪催雲。
人身風，是呼吸，穿連一體。
外頭風，人身風，一炁發生。
明道人，參透了，無三界〔二九〕一箇無身。
有一日，四大散，色身敗壞。
這地水，和火風，返本還源。
地歸地，水歸水，還源去了。
火歸火，風歸風，返本還源。
這地水，和火風，還源去了。
靈光性，無來去，普覆十方。
靈光性，不動摇，包天裹地。
放光明，通法界，獨自爲尊。
光明大，把日月，比的不見。
千諸佛，合一體，一箇無身。
這無身，無一物，又無修證。
刀難劈，水難渰，好箇無身。
無出家，無在家，本無一物。
天不蓋，地不載，好箇無身。
這無身，閻王見，不敢睜眼。
把地獄，和刀山，化的無踪。

這箇無身、無佛、無人，諸佛共一身，千聖難測，法界獨尊，無量壽限，本來無身，如如不動，金剛不壞身，是故開了無爲庫，現出這樣一箇值錢物。酥酪醍醐者，般若是一法，分爲種種名，或謂之慧劍，或謂之法雷，或謂法鼓，或謂催雲，或謂甘露，或謂酥酪，或謂醍醐，即是一法，隨其用功而得名也，乃是法施，故云清淨摩尼，一味如甘露。八寶莊嚴者，即是七寶積滿三千大千世界布施，乃是財施。法施者慧施也，財施者修福也，福慧雙修，生極淨國，故云八寶莊嚴生淨土。無爲福勝，出頭端正，俱住佛法，人人有分。

現成公案，不假施爲。此無爲福，勝他一切有爲。佛叫須菩提：如恒河中所有沙數。恒河者，須彌山南，七金山外，有一山，名雪山，高五百由旬，黄金所成。其頂廣大，中有一池，方圓五十由旬，池有四口，廣一由旬。四口中出四道恒河，各繞池七匝，四種之色不相雜亂，流入大海，分二萬五千道河，流灌四大部洲。東象口，名恒河，底銀沙。南獅子口，名恒河，底金剛沙。西牛口，名恒河，底金沙。北馬口，名恒河，底琉璃沙，沙細如麵。佛故問須菩提，如恒河中所有許多沙數，如是沙等恒河，於意云何，是諸多恒河沙寧爲多不？須菩提會佛意，如來不是妄説，佛具正偏知眼，照見盡虚空遍法界，故言：甚多，世尊，但諸恒河尚然多，無數恒河，何況其一恒河沙。佛叫須菩提：我今實言告汝，若有善男子、善女人，以七寶滿爾所恒河沙數三千大千世界，以用布施，得福多不？須菩提會佛意，況恒河四十里濶，底沙細如麵，又況一沙是一恒河，故言：甚多，世尊。佛告須菩提：若善男子、善女人於此一卷《金剛經》中，乃至受持金剛般若波羅密經這四句偈等，爲他人説，而此經福德勝前七寶布施福德，是故無爲福勝。今有一切修行之人，認著紙上的四句偈，不識真性中四句偈，故云出頭端正。若論出頭端正，母親生下之時就曉得眼看耳聞，知痛知癢，乞驚害怕，就要乳吃，是故出頭端正。即今大衆俱在佛法會中，明了自己金剛本來面目，爲四句偈，箇箇皆得，故云俱住佛法人人有分。

無爲福勝最難尋，百尺竿頭進步行。却是雲中孤燕子，杳杳冥冥覔無踪。

雖然無爲福勝是一切有爲，其實難尋。又不燒香，又不點燭，又不念經，又不念佛，又不參禪，又不打坐，又不打七，又不煉魔，一切都不用，是故最難尋。有一等修行之人，即識得眼看耳聽的，鼻聞口説的，手拈脚走的，知痛知癢的，思量計較的，這箇籠筒佛性，是故竿頭客一担，都在皮囊上。咄，燒了皮囊，那裏去安身立命？又云，百尺乃是十丈塔，我佛燒身之後，留下舍利子，世人建塔以罩之。舍利子喻主人公也，四大皮囊喻塔。行人欲以四威儀中做功夫者，或如塔無心之寂滅，乃是竿頭客。故勸百尺竿頭，還要進步，乃是離色身外別參一步。曉得麽？却是雲中孤燕子，杳杳冥冥覔無踪也。

無爲福勝，福慧雙修不落空。布施福力重，持經功德勝。佛，體用竝雙行，智慧光通，六度并萬行。四季花開滿樹紅，四季花開滿樹紅。

無爲福，勝是有爲。雖然如是，乃是修慧不修福，來生聰明窮困苦，修福不修慧，來生愚濁而富貴，是故福慧雙修不落空。布施七寶生天福，故云布施福力重。持經明理得菩提，故云持經功德勝。我的佛，修慧是體，修福是用，故云體用并雙行。若得智慧光通，透太光明藏，如人入海，展入展深，故云智慧光通。六度并萬行，六度者，布施能度慳貪，持戒能度毀犯，精進能度懈台〔三〇〕，禪定能度散亂，忍辱能度嗔恚，智慧能度愚癡。萬行者，無明結末。《科儀》云：末後一句，誰敢奉行？若是奉行得者，人人道好，箇箇道强，由如四季花開滿樹紅。

尊重正教，皆繇心造，擧目動靜，無不是道。

受持正教之人，天人皆生敬重。復次，佛又叫須菩提：隨説是此經，乃至四句偈等，當知此説經之處，一切世間天人阿修羅，皆應供養，如佛塔廟。説經之人，自心解得《金剛經》義，自身體得無著無相之行，不作能所心。說此經者，即此身中，自有如來，感得天龍八部皆來供養，如佛在塔廟，何況有人盡能受持讀誦此一卷《金剛經》在心。須菩提，當知是持經之人，成就最上第一乘希有之法。若是經典所在之處，則爲有佛，如佛親到一般，若尊重弟子。受持此法，故云尊重正教。尊重者是誰，不尊重者是誰，是故皆由心造。此正教非在紙上，非在墨上，非在舌上，在當人分上，便是這個知痛知癢的，思量計較的，是故舉目動靜，無不是道。尊重正教念彌陀，時識方知一刹那。蛟龍翻起千尺浪，汲水灘頭鳥作窩。

尊重正教之人，行住坐卧念一聲南無阿彌陀佛，故云尊重正教念彌陀。忽然識得自己本性，彌陀非從外得，是故時識方知一刹那。既識自己彌陀，豈肯在外之乎者也。如是之人，好是蛟龍翻起千尺浪，由如汲水灘頭鳥作窩。如此之人，萬中選一也。

尊重正教，無舌童兒談話妙。鐵鳳空中呌，石女巖前笑。佛，這事甚蹊蹺，除是靈山，古佛他知道。萬像森羅一性包，萬像森羅一性包。

尊重正教之人，刹那識得靈覺真性，不被這些之乎者也瞞過，普天徹地獨自爲尊，一切山河大地，皆是靈覺真性所現。此靈覺真性，雖無形相，現出萬相，故喻如無舌童兒談話妙，又喻如鐵鳳空中呌，又喻如石女巖前笑。此三事，單表無中生有也。咄，那是無，那是有？噫，自己是真無，一切天地日月山河大地是有。世人尋不著，終日觀想四方，念經念佛之乎者也。我的佛，天地日月，山河大地，千諸古佛，萬萬菩薩，一切三界諸天，皆靠真無，皆是真無所生，是故這事甚蹊蹺，除是靈山釋迦牟尼能知道。還有一箇清虚居士，他也知道。這箇清虚居士，知道自性真無，再不知[三]乎者也，即是肚飢吃飯，困來合眼，寒來向火，熱來扇扇。咄，如來與清虛，這兩人知道箇甚麽？他知道萬像森羅一性包。

如法受持，晝夜勤提，人身難得，莫要空囘。

當如此法，承受行持。爾時須菩提白佛言：世尊，當我〔三〕名此一卷經，我等云何樣奉持？佛告須菩提，是此經名爲《金剛般若波羅蜜》，以是名字，汝當奉持。自性堅固，永劫不壞，故號金剛。這金剛本性，於一切色聲香味觸法中無染無著，不惑其性，成就究竟解脱。如是奉持，所以者何？須菩提，佛説般若波羅蜜，則非紙上般若波羅蜜，乃是本性金剛，是名般若波羅蜜。佛説般若波羅蜜，領諸學人用智慧照破愚心生滅，生滅心除盡，即到彼岸。佛又吽須菩提：於意云何，如來有所説法不？須菩提會意，若依般若波羅蜜法，即有法得，非是般若波羅蜜也。到此一合相理，大悟小悟，都要吐却，無佛無法，到這箇時節纔是般若。雖然如來説法，心無所得，故白佛言：世尊，如來無所説。佛又吽須菩提：於意云何，三千大千世界，所有微塵是爲多不？須菩提會佛之意，世界喻法身，妄念喻微塵，故答言：甚多，世尊。佛又吽須菩提：諸多微塵，乃是妄念微塵，如來説，若是了妄歸真，非是微塵。若不了真，是名微塵。如來又説，世界衆生妄念盡，非世界。妄念不盡，是名世界。如來説衆生性中妄念，如三千大千世界微塵，一切衆生被妄念微塵遮蔽佛性，不得解脱。若得妄念盡，現出真如。佛又吽須菩提：於意云何，可以三十二相見如來不？須菩提會意，三十二相，乃是報身，不得見如來，故言：不也，世尊，不可以三十二相得見如來。何以故？如來説三十二相，乃是如來累劫精修，故有果報，現三十二相即是非相，非相乃是無相，無相即是法身。若非法身果力，焉得有三十二相具足？故將三十二相喻三十二清淨行。三十二清淨者，於五根中修六波羅蜜，於意根中修無相無爲，是名三十二清淨行。又云：六賊返做六波羅，是名三十二相。佛又叫須菩提：若有善男子、善女人，以恒河沙等身命布施，搞[三]骨、擊髓、投岩、赴火、刎頸、割肉、燃指、卸臂，捨身捨命，若復後有人，於此《金剛經》中，乃至受持四句偈等，爲他人説，其福甚多。若論多劫捨身，不了空義，安心不除，元是衆生。若是一念持經，我人頓盡，煩惱妄想盡除，焉不解脱，是故如法受持。前者文字章句，句句消歸自己，行行脱死超生。苦勸行人，晝夜勤提，我和你人身難得，莫要空丟。

如法受持念幾聲，蘆芽穿透甚分明。識得如來真妙訣，一處通來處處通。

如此之法，決要受持。咄，受持箇甚麽，念幾聲的是誰？故云，如法受持念幾聲。咦，四大散了怎麽受持，蘆芽穿透甚分明。不即蘆芽，葉底枝頭甚分明。不即葉底枝頭，水流風動甚分明。不即水流風動，雲騰鳥飛甚分明。還有無數分明不能細説。昔日如來靈山會上説法，雙林涅槃以後，今在何處説法？蘆芽穿透者，是誰説法？若識得這箇如來真妙訣，一處通來處處通。

如法受持，大乘般若波羅蜜。四句無爲偈，金剛三昧力。佛，慈悲度羣迷，普願人人，直指不退地。端坐蓮臺證菩提，端坐蓮臺證菩提。

如是之法，乃是大乘般若波羅蜜多，這是四句無爲妙偈。大乘即是摩訶。摩訶者梵語也，東土爲大。且大者莫過虚空，大道無有邊際，遍周沙界，隨地現青黄的。般若者，梵語也，東上[三四]爲智慧。《蓮經》云：慧日破諸諳，能伏災風火。若有智慧之目，能照破煩惱無明，現出本性當人。波羅者，梵語也，東上[三五]爲彼岸。若有慧日照破四大六根，不被色聲香味觸所瞞，本來就是彼岸。蜜多者，梵語也，東上[三六]爲無極，無極而太極。又蜜者，和也。多者，衆法也。將自己一靈真性，放開包藏萬法，萬法盡在太虚之中。一性之内，修行人以一性均和衆性，合而爲一，故曰蜜多，乃是四句無爲偈也。若得金剛堅固無諍三昧之力，照破了四句無爲妙偈，將四句無爲歸於自己，名爲自利，不能接物利生。我的佛，還要發一箇慈悲之心，救度一切大衆，是故，慈悲度群迷，不要傳箇小乘外道法與大衆，故云：普願人人，直指不退地。若到不退地上面見阿彌陀佛，證無生法忍，故云端坐蓮臺證菩提。

離相寂滅，一花五葉。熊耳山前，面壁不説。

直下悟空，離諸形相。既離形相，寂滅現前。爾時須菩提聞説是經，深解義趣，涕淚悲泣，而白佛言：希有世尊，佛説如是般若甚深經典，我從昔以來，所得聲聞慧眼，未曾得聞如是般若之經。世尊，若復後來有人，得聞如是《般若經》，信心清淨，則生實相，當知是人成就最上第一希有成就佛功德也。世尊，是實相者則是非相，非相是乃無相，是故如來説名曰實相，乃是本性實相，但心有所得即非實相也。世尊，我今得聞如是般若經典，親見如來印證，信解受持，不足爲難。若當來世，如來滅後，後五百歲，其有衆生得聞如是般若經典，信解受持，無佛印證，自解自悟，是人則爲第一希有。何以故？此人無我相、無人相、無衆生相、無壽者相。所以者何？此人見我相即是非相，見人相、衆生相、壽者相即是非相。何以故？此人離一切諸相，妄心識心俱無，則名諸佛。佛告須菩提：如是如是，説得有理。若復後來有人得聞是此《金剛經》，不驚，大膽人也，不怖，無怕怖人也，不畏，不癡人也，當如是人甚爲希有。上根人聞而深信，中根人半信半疑，下根聞而大笑，説此難信之法，何以故？大人境界普賢知，小人聞而心忐忑，聲聞久著法相，執有爲解，不了諸法本空，忽聞此經諸相不生，言下即佛，所以驚怖。惟有大乘菩薩得聞此理，歡喜受持，如此之人甚爲希有。佛又𠮟須菩提：如來説第一檀波羅蜜，口説心不行，即非第一波羅蜜。口説無相法，心依無相行，是名第一波羅蜜。第二持戒波羅蜜。佛又𠮟須菩提：第三忍辱波羅蜜，如來説，執著忍辱，見有身相，當被所害，非忍辱波羅蜜。不執忍辱，不見身相，是名忍辱波羅蜜。第四精進波羅蜜，第五禪定波羅蜜，第六般若波羅蜜，如來又説，何以故？須菩提，如我昔爲歌利王，割截身體，我於爾時無我相、無人相、無衆生相、無壽者相。何以故？我於往昔節節支解，此時若有我相、人相、衆生相、壽者相，應生嗔恨。如來往昔爲忍辱仙人，有歌利王與諸綵女，林野遊樂，王倦睡眠，綵女山中尋花果，遥見仙人林中晏坐，共呼馳往，皆集其所，頂禮仙人，即爲説法。王從睡覺，不見諸女，仗劍求覔，見女圍繞仙人而坐，王大嗔怒，問之：誰耶，何誘諸女？答曰：我是仙人，修忍辱行。王問：汝得非非想定耶？答言：不得。又問：汝得四禪定耶？答言：不得。一一問之，一一答言不得。王曰：未離欲界，何誘諸女？王令可伸一臂，試能忍否。仙人便伸，以劍斬之。又問何人？答言修忍辱行。復令更伸一臂，又斷之。王如前問，仙人如前答，斬兩足、兩耳、一鼻。仙人告言：王今何故自生疲厭，斷我身分，由如芥子，我亦不生念嗔恚，自不守心，不爲忍辱，若有一念痛惱之心即生嗔恨。須菩提，又念我過去於五百世作忍辱仙人，於爾所生，何以故？無我相、無人相、無衆生相、無壽者相，是故須菩提，菩薩應離一切色聲香味觸法相，發阿耨多羅三藐三菩提心，不應住色生心，不應住色[三七]聲香味觸法生心，應結無所住心。若此六塵起憎愛心，由此妄心積集無量業結而覆佛性，雖有種種勤苦修行，不除心垢，終無解脱之理。若法有住，或住西方，或住三界，或住後世爲人，則爲非是道人住處。若不住涅槃，不住諸法，一切不住，方是菩薩住處，是故佛説菩薩心不應色相七寶布施。須菩提，菩薩爲利益一切衆生，應如是般若法布施。凡人捨七寶爲求後世快樂，菩薩不爲自求快樂，但爲内破慳貪，外利益一切衆生而説法布施。如來説一切諸相即是非相，非相即是無相，又説一切衆生則非衆生。一切衆生盡是假名，若離妄心，則非衆生。佛又叫須菩提：如來是真語者、實語者、如語者、不誑語者、不異語者。真語者，説一切衆生皆有佛性。實語者，説衆生造惡，定受惡報。如語者，説衆生修善，定有善報。不誑語者，説般若波羅蜜法，超出三界。不異語者，如來不説二法。佛又叫須菩提：如來所説法，此法無實無虚。無實者，以法性空寂，無相可得。無虚者，隨地現青黄，處處發嫩草。不得言有，不得言無。有而不有爲妙有，無而不無是真無。故言無實無虚。佛又叫須菩提：若菩薩心住於諸相法，捨七寶而行布施，如盲人入闇，則無所見。若菩薩心不住色聲香味觸法而行布施，如人有目，日月光照，見種種色。須菩提，當來之世，若有善男子、善女人能於此一卷《金剛經》，受讀在心内，則爲如來，以佛的智慧，非是緣覺聲聞所知，悉知是人，悉見是人，皆得成就佛果，無量無邊功德也，是故離相寂滅。

一花五葉者，昔日達磨西來，見梁武帝，帝不識來意，渡江寓於少林寺，終日面壁而坐。有僧神光，晨夕參見，立雪齊腰，師憫而問：久立雪中，當求何事？光悲相[三八]曰：惟願和尚慈悲，開甘露門。師曰：諸佛妙道，曠劫精勤，難行能行，非忍能忍，豈以小德小智，輕心慢心？光即取刀斷臂。師知法器，乃曰：諸佛最初求道，爲法忘形，汝今斷臂我前，求亦何在？易名慧可。可曰：諸佛法印可得聞乎？師曰：法印匪從人得。可曰：我心未寧，乞師與安。師曰：將心來，與汝安。可曰：覓心了不可得。師曰：我與汝安心竟。後欲返天竺之時，乃命門人：盍各言所諸〔三九〕乎？時道副對曰：不執文字，不離文字，而爲道用。師曰：汝得吾身〔四〇〕。尼總持曰：由如慶喜見阿閦佛國，一見更無再見。師曰：汝得吾肉。道育曰：四大本空，五蘊非有，無一法可得。師曰：汝得吾骨。慧可禮拜，依位而立。師曰：汝得吾髓。師告可曰：昔日如來以正法眼藏付迦葉大士，展轉囑累而至於我，我今付汝，并授袈裟以爲法信。吾滅後二百年，衣止不傳，法周沙界。聽吾偈曰：吾本來茲土，傳法救迷情。一花開五葉，結果自然成。端坐而化。

三祖僧璨，初以白衣謁可，問曰：弟子身纏風病，請和尚懺罪。可曰：將罪來，與汝懺。居士良久曰，覓罪了不可得。可曰：我與汝懺罪竟。璨問曰：已知和尚是僧，未審何名佛法。可曰：是心是佛，是心是法，法佛無二，僧寶亦然。璨曰：今日纔知罪性不在内，不在外，不在中間。如其心然，佛法無二也。四祖道信見璨問曰：願和尚乞與解脱法門。璨曰：誰縛汝？信曰：無人縛。璨曰：何更求解脱乎？信大悟。五祖弘忍爲童子時，四祖問上姓，答曰：姓即有，不是時嘗姓。四祖曰：是何姓？答曰：是佛性。四祖曰：汝無佛性耶？答曰：自性空無，故無佛性。六祖慧能家貧賣柴，聞言誦《金剛經》，問曰：得於何人？客曰：得於黄梅。能即去參祖。五祖問曰：汝何來？能曰：嶺南。祖曰：欲須何事？能曰：唯求作佛。祖曰：嶺南人無佛性。能曰：人有南北，佛性豈然？祖知異人，使入碓房。五祖一日告衆曰：各作一偈，語意相合，則付衣法。會下七百餘人，上座神秀於壁書一偈：身是菩提樹，心如明鏡臺。時時勤拂拭，莫使有塵埃。衆皆誦念。能聞此偈，謂同學曰：美則美，了未了。有偈和之。同學皆笑，夜深於秀偈之側書偈一首：菩提本非樹，明鏡亦非臺。本來無一物，何假須塵埃？祖見此偈，師乃告曰：諸佛出世，爲一大事故，隨機大小説有三乘。後以正法眼藏付于迦葉，直至達磨，輪及於我。今以法寶及所傳衣，用付於汝。師曰：法則既授，衣付何人？祖曰：達磨初至，人未知信，所以傳衣。今信心已熟，止於汝身，不復傳也。乃是一花開五葉。今時有一等邪迷之人，説肝屬東方甲乙木，心屬南方丙丁火，肺屬西方庚辛金，腎屬北方壬癸水，脾屬中央戊己土，是一花五葉。又有邪人説，心如華蓋，肝腑五葉，是一花開五葉。又有人説，天地日月星，是一花開五葉。又有人説，眼耳鼻舌口，是一花開五葉。皆是謬語。昔日達磨，熊耳山前，面壁九年，不曾開口。今時之人，臨機轉語，講經説法，念經念佛，我能我會，有這許多話説，不達祖意，故云熊耳山前，面壁不説。

離相寂滅本來人，陰陽相合聖賢宗。打成一片方成道，那知身外脱微塵。

直下悟空，諸相皆無。人法雙忘，現出實相。須菩提言，世尊，是實相者則是非相，非相即是無相，是故如來説名叫實相，乃是本[四二]人也，故云離相寂滅本來人。陰陽相合者，眼屬東方甲乙木，耳屬南方丙丁火，鼻屬西方庚辛金，口屬北方壬癸水，身屬中央戊己土。老子云：耳凝運，眼含光，鼻調息，舌緘氣，身心不動。身不動爲之龍吟，心不動爲之虎嘯。龍吟則精固，虎嘯前[四三]丹成。如來云：眼觀鼻，鼻觀心，心觀意，意觀神，五行攢簇，四大和合。孔子云，知止而後有定，定而後能靜，靜而後能安，安而後能慮，慮而後能得，乃是陰陽相合。今時有等邪人，在皮囊上做工夫，昇降陰陽氣，上下前後，顛倒做轉，在皮脊上運轉，上至性門，下至尾閭穴，中至背脊雙關，尾閭穴發火，直透頂門，呌名三關九節，又呌曹溪路，又名黄河水逆流，又名上天梯，異名多，不録。背脊中三條路，中間直透頂門，擊破樓頭鼓，進入泥丸宫，降下明堂，雀橋重樓，送入丹田，與嬰兒姹女懷胎結聖，運得轉者却病益壽，運不轉者成腦漏蠱脹，久後見境成邪。或是半夜三更由如白日，或見圓光，或見陰神，或見陽神，或見如來，但有見相，並是邪相。聖賢者，有十聖三賢。十聖即十地：歡喜地、離垢地、發光地、焰慧地、難勝地、現前地、遠行地、不動地、善慧地、法雲地，住四禪淨居天宫。三賢者，初禪爲初賢，即十住位：發心住、治地住、修行住、生貴住、方便住、正心住、不退住、童真住、法王子住、灌頂住。二禪爲中賢，即十行位：歡喜行、饒益行、無嗔恨行、無盡行、離痴亂行、善現行、無著行、尊重行、善法行、真實行。三禪爲上賢，即十回向位：離衆生回向、不壞回向、等一切佛回向、至一切處無地回向、無盡功德回向、隨順平等善根回向、等觀一切衆生回向、真如相回向、無縛解脱回向、法界無量回向，是故陰陽相合聖賢宗。此十聖三賢皆有輪迴生死，直要修到裡頭空，外頭空，裡外相連，打成一片，無内無外，無東無西，無南無北，無上無下，渾身是一箇清虚，是故，打成一片方纔成道。若要打成一片，殊非離色身之外别參一步。你看，你看，一貫清虚，故云那知身外脱微塵。

離相寂滅，五藴皆空四相絶。慧燈常不滅，雲散家家月。佛，乾坤普照徹，大地光輝，朗朗銀世界。雪點須彌一片白，雪點須彌一片白。

直下空虚離諸形相，故云離相寂滅。五

蘊皆空者，乃是色受想行識也。且色者，罣碍之義。若見境逢物不著不思，色蘊自空也。受者，領納之義。若遇一切聲色境界，心不領納，受蘊自空也。想者，妄想思慮之義。若過去不思，未來不想，現在自如，想蘊自空也。行者，心念不停，迁流之義。若十二時中，心不外遊，念不煩亂，不被物轉，不被境留，一念不離當處，行蘊自空也。識者，分別親疎之義，亦乃著物之理。若見一切境物，一無分別，一概平等，見如不見，識如不識，來則應之，去則不思，識見自空也。四相者，

須菩提言：世尊，我今得聞如是般若經典，信解受持，親見如來，不足爲難。若當來世後五百歲，不見如來，其有衆生，得聞如此《金剛經》，信解受持，是人則爲第一希有。何以故？此人無我相，無人相，無衆生相，無壽者相。無我相者，色受想行識空也。無人相者，四大不實，終歸地水火風也。無衆生相者，無滅生心也。無壽者相者，我身本無，豈有壽也？四相既無，法眼明徹自心如來，故云五蘊皆空四相絶。若是五蘊空四相絶的人，不可間斷，時時常照，是故慧燈常不滅。若有智慧燈，照破煩惱浮雲，現出本性一輪明月，故云雲散家家月。我的佛，若得煩惱無明散，現出本性當人，照破恒河沙數三千大千世界，是故乾坤普照徹。大地光輝，處處發現，再無異色，故云大地光輝，朗朗銀世界，好似雪點須彌一片白。既是雪點須彌山王，那有三界四禪之相，即見本性光明一片白。咦，亦如千日，放大光明。

持經功德，真經不識，量機大用，萬法歸一。

持誦此《金剛經》者，功德亦如虛空，不可度量。佛叫須菩提：若有善男子、善女人，初日分寅卯辰即三世，以恒河沙等身命布施，中日分巳午未即三世，復以恒河沙等身命布施，後日分申酉戌即三世，亦以恒河沙等身

命布施。成住壞空，分十二時。性理中説，天劈於子，地劈於丑，人生於寅。成劫中二十轆轤，劫每一轆轤，共計一千六百八十萬年，住劫、壞劫、空劫亦復如是。成住壞空四相劫，每一劫分三世，過去莊嚴劫出一千佛，見在賢劫出一千佛，未來星宿劫出一千佛，如是無量百千萬億劫，以身布施。若復後有人，聞此金剛經典，信心不逆，其福勝彼，勝是三時布施，何況書寫受持讀誦在心，爲人解説。一念聞經，其福勝是三時布施，又況書寫讀誦爲人解説，當知此人決定成就阿耨多羅三藐三菩提。佛言：須菩提，以要言之，是此經有不可思議、不可稱量、無邊功德。如來爲發大乘者説，爲發最上乘者説。若與小乘人説，決然不信。若有人能受持讀誦，廣爲人説，是名檀波羅蜜。如來悉知是人，悉見是人。如來具六通，豈不知見也。此等之人，皆得成就無上菩提，不可稱、不可量、無有邊、不可思議功德。如是這樣人等，則爲荷擔如來阿耨多羅三藐三菩提。大乘者，智慧廣大，善能建立一切法。最上乘者，不見垢法可厭，不見淨法可求，不見涅槃可證，不作度衆生心，亦不作不度衆生想，是名最上乘。何以故。須菩提，若樂小法者，著我見、人見、衆生見、壽者見，則於此《金剛經》，不能聽受讀誦爲人解説。何名樂小法。二乘聲聞乘樂小果，求禪定法，願生禪天，不發大心，不能受持讀誦此經。須菩提，在在處處，若有此一卷《金剛經》，一切世間天人阿修羅所應獻花供養，當知此處則爲是塔，皆應供敬作禮圍繞，以諸華香而散其處。此一卷《金剛經》，非是紙上的，要人信受。若人口誦般若，心行般若，常行無相無著之行，此人所在之處，如有佛塔，感得一切天人，各持供養，作禮供敬，與佛無異，故云持經功德。雖然如是，乃是假經，有一卷真《金剛經》，在當人分上，人皆不識，故云真經不識。若是小乘人，勸他誦紙上的，若是大乘人，勸他誦本性上的，是故量機大用。小乘人若誦得紙上的純熟，明得理，見得性，也到萬法歸一。大乘人認得本性是真《金剛經》，也到得萬法歸一，是故量機大用，萬法歸一。

持經功德十五圓，妙機合盡七支傳。二分布施無間斷，明月海底現金蓮。

　　持此一卷《金剛經》者，明得無著無相之理，不著我人衆生壽者，體得三十二相清淨行。如此之人，由如十五夜的圓月，無有欠缺，故云持經功德十五圓。此一卷《金剛經》的玄妙之理，合盡將來，總在七覺支上。一名念覺支，乃是靈心不昧，一切皆空。二名擇法覺支，乃是法無差謬，明了義經，不明不了義經。了義經者即勝義空，乃是真空法，空而不空是也。不了義經者，即世俗法，有求有證，有念有住是也。三名清淨覺支，勤修不退，一覺永覺是也。四名喜覺支，所修正法，皆樂禪悦。禪悦者，清淨也。五名猗覺支，除諸煩惱，所覺無覺是也。六名定覺支，如所心定明明了了是也。七名捨覺支，不爲世法所牽，離覺所覺是也，是故妙機合盡七支傳。二分布施者，説法度人，乃是法施，布施錢財，乃是財施。若得財法二施，由如明月海底現金蓮，明月却在大[四三]端，金蓮却在海底，乃是月影。如是之人，上下明月[四四]徹，打成一片，故云二分布施無間斷，明月海底現金蓮。

持經功德，福等虛空不可説。一花開五葉，至今常不謝。佛，不生更不滅，不短不長，無圓亦無缺。本性常明光皎潔，本性常明光皎潔。

　　持此一卷《金剛般若波羅密經》，福等虛空，難度難量。佛叫須菩提：以要言之，是經有不可思議、不可稱量、無邊功德，是故福等虚空不可説。一花開五葉者，達磨是一花，傳下二祖慧可、三祖僧璨、四祖道信、五祖弘忍、六祖慧能，乃是五葉，故云一花開五葉。至今常不謝者，後傳南嶽、馬祖、百丈、南泉、鹽官、歸宗、大梅、佛光、盤山、麻谷、東寺、西堂。第三世，黄檗、長慶、太慈、平日岸、石霜、古靈、和安通、趙州。共有七千箇祖，直至今時清虚居士，是故，至今常不謝。我的佛，不生更不滅者，這箇本來面目，不生，本來無有父母所生，不滅，本來萬劫不死。不短不長者，本來無有相貌，有甚長短？無缺無圓者，本來面目無有圓缺，處處放光，處處發現，又無相貌，是故本性常明光皎潔。

清虚居士屠垠註

註解鐵鋑錎第一卷

校勘記

〔一〕「卷上」，底本無，據文意補。
〔二〕「訣」，底本原校疑爲「决」。
〔三〕「惱」，底本原校疑爲「腦」。
〔四〕「他化」，底本作「化他」，據底本原校改。
〔五〕「靜」，底本作「淨」，據文意改。
〔六〕「無」，底本原校疑後脱「數」字。
〔七〕「萬」，底本原校疑衍。
〔八〕「來」，底本作「未」，據文意改。
〔九〕「渴」，疑爲「竭」。
〔一〇〕「破」，疑爲「被」。
〔一一〕「菩」，疑爲「音」。
〔一二〕「維」，疑爲「雜」。
〔一三〕「禪」，疑爲「祖」。
〔一四〕「云」，疑爲「得」。
〔一五〕「有」，疑衍。
〔一六〕「業」，疑衍。
〔一七〕「嘗」，疑爲「當」。

〔一八〕「的」，疑後脱「佛」字。

〔一九〕「乘」，疑後脱「緣覺乘菩薩乘」六字。

〔二〇〕「斯」，底本作「其」，據文意改。

〔二一〕「界」，疑爲「相」。

〔二二〕「虚」，底本作「須」，據文意改。

〔二三〕「東君在」，底本作「東在君」，據文意改。

〔二四〕「無」，底本作「有」，據文意改。

〔二五〕「何」，疑爲「無」。

〔二六〕「香」，疑衍。

〔二七〕「沾」，底本作「沽」，據文意改。

〔二八〕「者」，疑衍。

〔二九〕「無三界」，疑衍。

〔三〇〕「台」，疑爲「怠」。

〔三一〕「知」，疑爲「之」。

〔三二〕「我」，疑爲「何」。

〔三三〕「搞」，疑爲「敲」。

〔三四〕「上」，疑爲「土」。

〔三五〕「上」，疑爲「土」。

〔三六〕「上」，疑爲「土」。

〔三七〕「色」，底本原校疑衍。

〔三八〕「相」，底本原校疑爲「泣」。

〔三九〕「諸」，底本原校疑爲「詣」或「證」。

〔四〇〕「身」，底本原校云當作「皮」。

〔四一〕「本」，疑後脱「來」字。

〔四二〕「前」，疑爲「則」。

〔四三〕「大」，底本原校疑爲「天」。

〔四四〕「月」，底本原校疑衍。

註解鐵鋑錎卷下

能淨業障，魔軍趕散，提起法性，直到彼岸。

老子云，若能嘗清淨，天地悉皆歸。復次，又叫須菩提：若善男子、善女人受持讀誦此《金剛經》，若爲人輕賤，不得人敬重，是人先世罪業應該墮三惡道，以今世被人輕賤故，先世罪業即爲消滅，當得阿耨多羅三藐三菩提。佛言，持經之人，該一切天人恭敬供養，爲前世業重，嘗被人輕賤，不得人恭敬供養，自今受持金剛經典，不起人我等相，寃親平等，心無惱恨，念念嘗行般若波羅密行，如是修行，先世罪業即爲消滅，當得阿耨多羅三藐三菩提。佛又叫須菩提：我念過去往昔無量阿僧祇劫，直至於燃燈佛前，得值八百四千萬億那由他諸佛，悉皆供養承事，無空過者。佛言：我思過去無量劫前，行菩薩道時，四事供養，遇此數佛，一一佛所盡心盡力，爲求佛故。須菩提，若善男子、善女人，於後末法之世，有受持讀誦此《金剛經》者，所得功德，勝我所供養諸佛功德，百分不及一。我若具説者，或有人聞，心則狂亂，狐疑不信。須菩提，當知是此《金剛經》義不可思議，功德果報亦不可思議，是故能淨業障。若是能淨業障之人，人我不生，嘗能清淨，魔軍自然而散，雖然如是，不要忘了本主，故云提起法性直到彼岸。

能淨業障再不生，放下身心好用功。大道本來嘗清淨，方知不礙主人公。

業障者，有五業、五障。五業者，弑父，弑母，弑阿羅漢，出佛身血，破和合僧。五障者，煩惱障、報障、障礙、事障、理障。能淨業障者，時時刻刻嘗行般若清淨行，除却人我貪嗔，除却無明煩惱。如是之人，能淨業障再不生。身心者，身有三業，貪淫、殺害、偷盜。心有無數業障，慳貪心、利名心、嫉妬心、計較心、勝負心、貢高心、我慢心、殺害心、狠毒心、三毒心、怕怖心、邪心、妄心、無明黑暗心，有種種不善之心。若能放下身心，好下般若功用，是故放下身心好用功。此箇大道之理，不用做作，即要身心清淨，故云大道本來嘗清淨。如此行持，方知不礙主人公也。

能淨業障，前世寃僁今世忘。幻化非真相，

色空皆一樣。佛，真如妙難量，自在縱横，出入嘗收放。遍界明明不覆藏，遍界明明不覆藏。

能淨業障之人，以今世人輕賤故，先世罪業，即爲消滅，故云，前世冤僽今世忘。幻化色身，非是真相。《心經》云：色不異空，空不異色。色即是空，空即是色，是故色空皆一樣。我的佛，這箇真如之體本無相貌，隨處現青黄的，故云真如妙難量。則要行人，把自己一箇當人，甞要自在縱横，提得起，放得下，牧得攏，匝得開，催得動，撥得轉。如是行持，纔得遍界明明不覆藏。

究竟無我，玄門有鎖，不得鍉開，生死難躲。

直下究竟，原無我體。四大六根，總無交涉。一口無常，盡皆敗壞，百無一用。即因世人皆執有身，迷己逐物，棄親向疎，認賊爲子，妄將四大六根爲實，作種種業，造種種苦，故有輪迴生死。若有究竟之人，盡底掀翻，萬緣頓息，故云究竟無我。爾時須菩提白佛言：世尊，善男子、善女人發阿耨多羅三藐三菩提心，云何應該是脩行人的住處，云何降伏其貪妄之心？佛告須菩提：善男子、善女人發阿耨多羅三藐三菩提心者，當生如是般若心住，我應該滅度一切衆生，滅度一切衆生已，而無有一箇衆生實是我滅度者。如此者，除能所心也，除衆生心也，除我慢心也，纔得降伏其貪妄心也。何以故？須菩提，若菩薩有我相、人相、衆生相、壽者相，則非是菩薩。若見有衆生可度，即是我相。有能度得衆生心，即是人相。謂涅槃可求，即是衆生相。見涅槃可證，即是壽者相。有此四相，即非菩薩。所以者何？須菩提，實無有我、人、衆生、壽者法發阿耨多羅三藐三菩提心者。須菩提，於意云何，如來於燃燈佛所，有四相法得阿耨多羅三藐三菩提不？須菩提會佛之意，故言：不也，世尊，如我解佛所説義，佛於燃燈佛所無有四相法得阿耨多羅三藐三菩提。佛言：如是，如是。佛又叫須菩提：實無有四相法如來得阿耨多羅三藐三菩提。須菩提，若有四相法如來得阿耨多羅三藐三菩提者，燃燈佛則不與我受記：汝於來世，當得作佛，號釋迦牟尼。以實無有四相法得阿耨多羅三藐三菩提，是故燃燈佛與我受記，作是言：汝於來世，當得作佛，號釋迦牟尼。何以故？如來者，即諸法如義。此句甚疑，如來有我、人、衆生、壽者四相法得了阿耨多羅三藐三菩提法者，燃燈佛則不與如來受記。實無有四相法，不得阿耨多羅三藐三菩提，燃燈佛受記與來世，何不今世就成佛道？咦，科家道：即應著了無得法點爲來世證菩提，如此者還在門外。諸法如義者，不著色聲香味觸法也。佛叫須菩提：若有人言如來得了阿耨多羅三藐三菩提，須菩提，實無有四相法，佛不得阿耨多羅三藐三菩提。須菩提，如來雖然所得阿耨多羅三藐三菩提，於如是法中無實無虛。無實者，此菩提妙法一切不著，心無生滅，故言無實。無虛者，此菩提法本有萬行，大慈大悲，大喜大捨，用之不少，故言無虛，是故如來說一切諸法，心無所染，皆是佛法。須菩提，所言一切法者，雖然說度人，或大乘，或上乘，或小乘，心無能所，即非一切法，又要利己利他，是故名一切法。佛又叫須菩提：譬如人身長大，須菩提答言：世尊，如來說人身長大，皆有限量，則爲非大身。法性量等空虛，是名大身。色身雖大，內無智慧，不能成就，則非大身。法身雖小，內有智慧，心無能所限量，是名大身。佛又叫須菩提：菩薩亦如是明白此理。若作是言，我當滅度無量衆生，若有度衆生之心，則不名爲菩薩。何以故？須菩提，實無有四相法名爲菩薩，是故佛說一切菩薩、緣覺、聲聞之法，無我、無人、無衆生、無壽者。須菩提，若菩薩作是言，我當莊嚴西方佛土，是不名爲菩薩。何以故？如來説莊嚴佛土者，若是布施齋僧，拜經拜佛，念彌陀，觀想西方，即非莊嚴。心淨即佛土淨，是名莊嚴。《最勝妙定經》云：假使有人造得白銀精舍滿三千界，不如一念禪定心。心有能所，即非禪定。能所不生，是名禪定。禪定即是清淨心也。佛告須菩提，若菩薩通達無我的法者，如來説名真是菩薩，故云玄門有鎖。修行之人，若無智慧鑰鍉，透開金剛無縫之鎖，切須參訪知識名師，一一鑿破，纔躲得生死輪迴，故云不得匙開，生死難躲。

究竟無我路不通，上呼下吸在居中。不正不偏長安道，聲聲喚應主人公。

四大色聲是命，本來面目是性。見金[一]眼看、耳聞、鼻臭、口説、手拈、脚走，是我的安身立命。若是究竟無我，四大無了，那裡是我安身立命，是故路不通。上呼下吸者，呼出肝與肺，吸入心與脾，皆在兩腎上起，左腎父精爲人種，右腎母血爲人根，故有皮囊。左腎爲丹田，右腎爲命門，左腎爲嬰兒，右腎爲奼女，號做趙州橋。中間本主巍巍不動，故云上呼下吸在居中。若説正，眼看、耳聽、鼻聞、口説、手拈、脚走，若説偏，本來不住眼耳鼻舌身意，是故不正不偏長安路。叫張三應諾，叫李四應咳，故云聲聲喚應主人公，這箇就是安身立命也。

究竟無我，百歲光陰一剎那。行住並坐臥，時時休蹉過。佛，急急念彌陀，勢至觀音，接引極樂國。九品蓮臺禮拜佛，九品蓮臺禮拜佛。

究竟無我之人，看破了皮囊，一百歲光陰，則當得剎那之間，閃電之間，有何當也。偈曰：百歲光陰燃[二]指間，奔馳不定片時間。煩君點檢形骸骨，多少英雄去不還，是故百歲光陰一剎那，苦勸行人在行住坐臥四威儀内，細細檢點，不要放過，故云行住並坐臥，時時休蹉過。佛叫須菩提：實無有四相法名爲菩薩，是故佛説一切聲聞、緣覺、菩薩之法，皆修無我、無人、無衆生、無壽者。須菩提，若是菩薩作是言，我當莊嚴西方佛土，是不名爲菩薩。何以故？如來説莊嚴佛土者，六度萬行，假名莊嚴事理，故云即非莊嚴。直得心淨，是名莊嚴。我的佛，雖然如是，世人根基大小，難以化度，故分三乘。故勸世人，急急念彌陀，勢至觀音接引西方極樂國，九品蓮臺上，花開見佛悟無生，且到不退菩提登彼岸，故云九品蓮臺禮拜彌陀佛。

一體同觀，八萬四千，利益金剛，透出三千。

萬法歸一，更無異觀，故云一體同觀。

須菩提，於意云何，如來有肉眼不？須菩提會意，觀色身不久，皆歸敗壞，故言：如是，世尊，如來有肉眼。佛叫須菩提：其意云何，如來有天眼不？須菩提會意，乃普照大千沙界，故言：如是，世尊，如來有天眼。佛言須菩提：於意云何，如來有慧眼不？須菩提會意，乃智燭常明，故言：如是，世尊，如來有慧眼。佛言須菩提：於意云何，如來有法眼不？須菩提會意，乃了諸法本空，故言：如是，世尊，如來有法眼。佛言須菩提：於意云何，如來有佛眼不？須菩提會意，自性常覺，本來不二，故言：如是，世尊，如來有佛眼。不即如來有五眼，一切人盡有五眼，爲迷所覆，不能得開。修行人除却迷心，即得五眼開明。佛又叫須菩提：於意云何，如恒河中所有沙，佛説是沙不？須菩提會意，恒河有四十里潤，沙細如麪，故言：如是，世尊，如來説是沙。佛言，須菩提：於意云何，如一恒河中所有許多沙，況有如是沙等恒河，是諸多恒河，所有無量沙數喻諸佛世界，如是寧爲多不？須菩提會意，況一恒河有四十里潤，河中沙細如麪，又況一粒沙是一恒河，故言：甚多，世尊。佛告須菩提：爾所國土中，所有衆生若干種種不善之心，如來悉知。何以故？如來説諸差別心，皆爲非妄之心，識得妄心非心，是名爲真心，是故八萬四千。所以者何？須菩提，過去心不可得，現在心不可得，未來心不可得。如來正遍知眼，見衆生心内，起諸妄心，一一如恒河沙數，前念、後念、中念皆從無明中生，如來清淨心中，顯現在白如水波，心柴不住水也。過去心已過去，妄想他甚麼。現在心，真心無相，一切臨危掇不去，思量他甚麼。未來心，未來未至，想他不來，是故利益金剛透出三千界。一體同觀路不迷，出入縱横有誰知。門前有條中直路，根深不怕大風吹。

若是一體同觀之人，上觀天庭，下觀衆生，中觀人民，廣觀諸佛，細觀萬類，一切山河大地，異類衆生，再無異觀，故名一體同觀。行人十二時中，如此覺照，皆是一體，故云一體同觀路不迷。如此觀看，放出不著境界，收來不住妄想，是故出入縱横有誰知。門前有一條虛空大道中直路，憑他黄風刮，黑風吹，本性巍巍不動，故云根深不怕大風吹。

一體同觀，點破三心不用參。三箇鐵鋑鉑，嚼碎囫圇嚥。佛，滋味總一般，前後三三，將來做一担。五眼圓明證涅槃，五眼圓明證涅槃。

一體同觀之人，上至仙佛，下至昆蟲草木，各各元本總是同，故云一體同觀。點破三心者，乃是過去心不可得，現在心不可得，未來心不可得，此三心皆是妄心，若除了無名妄想心，總是如來親弟子，故云點破三心不用參。三箇鐵鋑鉑者，乃是貪嗔癡。此三心，皆在貪嗔癡。此貪嗔癡，由如三把鋑利快刀，故要嚼碎囫圇嚥。此貪嗔癡雖分三事，總是妄心，是故嚥味總一般。前後三三者，昔日無著文入五臺山，遇一老翁，牽牛而行，邀文入寺。翁喚均提，童子應聲而出來迎。翁縱牛，引文陞堂，堂宇皆金色。翁踞坐，指繡墩命坐。翁曰：近者何來？文曰：南方而來。翁曰：南方佛法如何住持？文曰：末法比丘，少奉戒律。翁曰：多少衆？文曰：或三百，或五百。文即問：此間佛法如何住持？翁曰：龍蛇混雜，凡聖同居。文曰：多少衆？翁曰：前三三，後三三。翁喚童子，致茶餅酥酪。文納其味，心意豁然。翁拈起玻璃盞，問：南方還有這箇麼？文曰：無。翁曰：尋常將甚麼吃茶？文無對。見日色晚，遂問翁言：投宿得否？翁曰：汝有執著心在，不得宿。文曰：某甲無執著心。翁曰：汝曾受戒否？文曰：受戒久矣。翁曰：汝無執著心，何用受戒？文辭退。翁使童子相送。文問童子：前三三，後三三，是多少？童子喚：文〔三〕德。文應諾。子曰：便是多少？文問：此爲何處？子曰：金剛窟，般若寺。文悽然而悟彼叟即是文殊。童子稽首，願乞一言謂別。子說：面上無嗔是供養，口裏無嗔吐妙香，心内無嗔是真實，無垢無染是真常。童子言訖，與寺俱隱。但見五色雲中，文殊騎金毛獅子往來雲中。忽然白雲從東來，覆之不見。雪竇頌曰：千峰盤曲色如藍，誰謂文殊如對談。堪笑清涼多少衆，前三三與後三三。若是前後三三一担挑得，轉山河爲自己，轉自己爲山河，如是之人決然五眼圓明。五眼者，乃是肉眼、天眼、慧眼、法眼、佛眼。如是五眼圓明，照見恒河沙數三千大千世界，纔曉得諸佛如來涅槃受用，故云五眼圓明證涅槃。

法界通化，達磨傳下，折蘆過江，神通變化。

佛身充法界，通達化無邊。《楞嚴經》云：若一人發真歸元，十方虛空悉皆銷殞，故云法界通化。達磨面壁九年，他有向上之意，是故達磨傳下。昔日達磨到與江口，無船而渡，折蘆過江，乃是達磨的神通變化。西天二十八祖都有神通。因有神通，障了無爲道，東土五祖不傳神通，故云折蘆過江神通變化。

法界通化有功能，處處相逢路亦通。今遇明師親指點，直至西方舊古今。

本性包含法界，天地一性之中。佛叫須菩提：於意云何，若有人，滿三千大千世界，金銀琉璃等七寶以用布施，是人以是因緣得福多不？須菩提會意，前世是因，今世是緣，今世修因，後世受緣，故言：如是，世尊，此人以是後世因緣，得福甚多。佛叫須菩提：若福德有實，不能成就佛果菩提，如是不説得福德多。以福得無故，他不究自己生死，不得佛果菩提。如來説得福德多，即是來世天上人間富貴報。三千大千七寶布施之福，俗眼爲實，慧眼見空。福歸俗諦，空歸真諦。寸絲不掛，慧性圓明。慧福雙脩，不住那畔。福即現世，慧了生死，超脱三界，是故布施之福百分不及其一，故云法界通化有功能。你看有功能的人，迎賓待客，做買做賣，思算計較，言談語話，吹歌唱曲，造作安排，手拈脚走，是故處處相逢路亦通。今日又遇明師親指點，咄，指點那箇？喏，便是這箇。西方者，自性西方，不從外得，心淨是也。舊古今者，本來無古無今，四維上下，古往今來，渾身一箇西方，故云直至西方舊古今。

法界通化，識破塵勞是虚花。萬緣都放下，寸絲全不掛。佛，精躶赤剎剎，五蘊皆空，好把白牛跨。駕一朵祥雲直到家，駕一朵祥雲直到家。

法界通化之人，識破塵勞，皆是虚花境界。臨危之時一件也拿不動。即有一箇身體，又是異物，就是夫妻兒女，難替無常，故云識破塵勞是虚花，若要超生脱死，須是萬緣放下，絲毫不掛。我的佛，如是之人精躶躶，赤剎剎，五蘊皆空。跨住白牛，白牛者，乃是大乘白牛車，非是羊車、鹿車。駕祥雲者，祥雲即是瑞氣，乃是向上之意，是故蘊空好把白牛跨，駕朵祥雲直到家。

離色離相，三玄向上，末後一著，便是了當。

色相因緣，妄想生。若離妄想，即得見性。佛叫須菩提：於意云何，佛可以三十二相具足色身見不？須菩提會意，故言：不也，世尊，如來不應以具足色身見。何以故？如來説具足色身皆有敗壞，即非具足色身。若行三十二清淨行，是名具足色身。佛恐須菩提，認三十二相色身以爲如來，爲遣此迷，故問可以具足色身見否。須菩提會意，具足色身皆有敗壞，即非具足，内具三十二清淨行，是名具足。佛又叫須菩提：於意云何，如來可以具足我人衆生壽者諸相見不？須菩提會意，故言：不也，世尊，如來不該應以具足我人諸相見。何以故？如來説我人諸法具足，即是妄心識心，乃是輪[四]迴之根，即非具足。若得妄心、識心、無明心、煩惱心俱無，是名諸相具足。若是脩行之人，貪嗔癡三毒未泯，言見法身者，故無此理，皆是大誑語。但能見者，祇是化身，妄想上來的，非是清淨法身。若要見清淨法身，須是忘情絶念，獨露玄機，忽然囮地一聲，遍周沙界，隨處現身，故云離色離相。三玄者，體中玄、句中玄、玄中玄。體中玄者，函蓋乾坤句，句中玄者，隨波逐浪句，玄中玄者，截斷衆流句。又云：得意忘言意中玄，一句明明體中玄，九月菊花句中玄。向上者，乃是向上之意，故云三玄向上。末後一著者，昔日世尊，正法眼藏涅槃妙心付與迦葉，故云末後一著，便是了當。

離色離相是真空，撒手揚揚不染塵。一點靈光自家的，清淨來往不見踪。

若得離色離相，一箇清淨真空，故云離色離相是真空。佛云：須菩提，於意云何，如來可以具足我人諸相見不？須菩提言：不也，世尊，如來不應以具足我人諸相見，是故撒手揚揚不染塵。須菩提言：何以故？如來説我人諸相，即是妄念識心，非爲具足。若得妄心識心俱無，是名諸相具足。具足非具足，不從外得，乃是一點靈光，故云一點靈光自家的。這一點靈光，在眼曰見，在耳曰聞，在鼻曰嗅，在舌曰論，在手曰拈，在脚曰奔，通身週遍，徹滿十方，明者喚做佛性，不明者喚做鬼魂，是故清淨往來不見踪。離色離相，念佛當生極樂邦。九品蓮開放，出廣長舌相。佛，彌陀放毫光，接引衆生，同赴蓮花藏。本性常聞般若香，本性常聞般若香。

離色離相之人，不於一佛二佛三四五佛而種的善根而已，於無量千萬佛之所恭敬供養而種諸善根。聞此金剛章句，乃至一念生清淨者，所以難進難解。故勸脩行人一心念佛，當生西方極樂世界，九品蓮開，花開面光。阿彌陀佛出廣長舌相，遍覆三千大千世界。咦，阿彌陀佛舌頭遍覆三千大千世界，頭有幾能大。《大彌陀經》云：阿彌陀佛身長百萬億那由他恒河沙數由旬。佛領頭云：彌陀兩眼號紺目，紺目澄清四大海。阿彌陀佛眉間嘗放白毫光，白毫宛轉五須彌，一箇須彌山王，廣高十六萬八千由旬。阿彌陀佛身中有八萬四千相好光明，光中化佛無數億，化菩薩衆億無邊。如此者，《科儀》有偈曰：步步頭頭皆是道，彌陀原不住西方。法身遍滿三千界，化佛權爲十二光。若念得這箇彌陀佛著，接引衆生同赴華藏莊嚴世界海，是故同赴蓮花藏。行人若依般若波羅蜜多法者，纔到得華藏莊嚴極樂世界，是故本性常聞般若香。若即一念念佛，觀想西方，即到得西方極樂，蓮華化身，花開見佛，還要悟無生法也。咄，西方是有是無？噫，一切皆是妄想所生，了妄歸真也。

非説所説，不在分別，響亮一聲，石人腦裂。

解説非干舌，能言不在聲。説的不是法，聽的不是經。佛言須菩提：汝勿謂如來作是念，我當有所説法。我雖説法無有説法之意。汝莫作如是之念。何以故？若人言如來有所說言，即爲謗佛，不能解我所說。故須菩提：我說法者，不在語言上說，不在文字上說，皆在自性上建立三寶開導迷人，領見本性，故云無法可說，是名說法。凡夫說法，我能我會，我悟我達，能所不除，雖然說法度人，如貧數富寶，自無半分文，即是地獄種子。如來說法如響應聲，任用無心，不同凡夫作生滅心說。若言如來有能所說法，即爲謗佛。昔日善星比丘講得十八香象馱經，人我不除，生身活陷地獄。雲光法師講得天花亂墜，貪嗔不改，墮在堰牛。《維[五]摩經》云：真說法者，無說無示，真聽法者，無聞無得，了萬法空寂，故云非說所說，不在分別。爾時慧命須菩提白佛言：世尊，頗有衆生，於未來世，聞說如是般若之法，生信心不？佛言：須菩提，生信心，受持此《金剛經》者，四相永絶，我人不生，彼非衆生，執著人我，四相不除，非不衆生。何以故？衆生衆生者，執有執無二衆生也。如來說衆生心同太虛，非是衆生，乃是解脱佛性。若是執有執無者，是名衆生。若有人明得此經之理，體得此經之行，講說此經者，乃是法雷響亮一聲，把這些打死坐的石人，驚得膽戰心寒，故云響亮一聲，石人腦裂。咄，行到山盡水窮處，懸崖撒手處，瞬目之時，忽然囫地一聲，由如轟雷霹靂，撥轉虛空，通身無我。咦，命根頓斷虛空裂，獨露堂堂一法身，是故響亮一聲，石人腦裂。

非說所說實强高，要知平地起波濤。三心頓徹須彌頂，一點靈光透九霄。

非說所說者，乃是不說而說，心無住相，如是之人實是强高。雖然如是，不明自己，不斷生死根，是故要知平地起波濤。若知起處，便知生死根源。昔日劉海月參白雲師父，拜而問曰：弟子念慮降伏不住，如何？師問曰：是誰念慮？海月云：弟子。師云：是誰降伏？

海月似省不省，沉吟微笑。師云：來去都由你，鬧好没主宰。若是敵他不過，即便放下，更要知放下的是誰。若識得自有主宰，便不被他瞞過。海月遂省，禮拜而謝。又有石霜和尚問石頭和尚：舉念不停時如何？石頭云：咄，是誰舉念？石霜於此大悟。但只如此，念念不離當處，舉意思慮語言知覺從何而出，故云要知平地起波濤。若識得了，只要三心頓徹，過去心不可得，現在心不可得，未來心不可得，此三心頓徹人，現在三界之外，是故三心頓徹須彌頂，一點靈光透九霄。非説所説，聾漢聽經啞解説。鐵樹花開放，至今無枝葉。佛，這事委的拙，説者聽者，其實難分別。古佛西來玄妙訣，古佛西來玄妙訣。

講説非干舌，聞聲不是聲，啞子談妙法，聾子隔壁聽。此言無情説法，乃是潺潺緑水，出廣長舌，出雲騰鳥飛，水流風動，百草生芽，星移斗轉。昔日蘇東坡一見有省，偈曰：溪聲盡是廣長舌，山色無非清淨身。夜來八萬四千偈，今日如何舉似人？此無情説法，喻如鐵樹開花，雖然開花，却無心也。無枝葉者，若是有情人説法，便有羊車、鹿車、牛車，分爲大乘、中乘、小乘，有枝有葉。若乃無情説法，直指人心，見性成佛，無有枝葉，是故，至今無枝葉。我的佛，無情人，又不念佛，又不拜佛，又不燒香，又不點燭，又不誦經，又不打坐，這事其實委的拙。若是説經者、誦經者、聽經者、聽説者，此二等人會不著西來大意，故云其實難分别。昔日如來正法眼藏，神光三拜，依位而立。又昔日須菩提講般若法，大梵天王來聽法，讚云：尊者講得好般若法。尊者云，世尊談經四十九年，不曾開口，我亦不曾開口，如何稱讚妙法？天王云，我一法不聽得，實是般若妙法。呵呵，聽的不曾聽，説的不曾説，是故纔是佛祖西來玄妙訣。

無法可得，對面不識，父子上山，各人努力。

悟性空故，無法可得。須菩提白佛言：世尊，佛得阿耨多羅三藐三菩提，爲心無所得耶？佛言：如是，如是。佛叫須菩提：我於阿耨多羅三藐三菩提，乃至無有希求少法可得，是名叫阿耨多羅三藐三菩提。須菩提言：心上清淨即是菩提。佛言：如是，如是，我於菩提實無希求之心，名叫阿耨多羅三藐三菩提，乃是自己靈覺真性。咄，要見真性麼？不須覓火把燈尋，渴飲飢餐常對面。故云父子上山，各人努力。

無法可得最爲高，靈山會上轉千遭。修向蓮臺分明現，彌陀出現趙州橋。

五蘊本空，四相俱忘，無一法而可得。如是之人，最爲高强。五蘊空四相忘的人，由如親在靈山會上轉過千遭，面見釋迦牟尼佛，印證是實。雖然如是，請問老師，昔日釋迦佛靈山說法，雙林涅槃，今在何處？呀，遍大地都是釋迦佛的丈六金身，是故靈山會上轉千遭。金〔六〕時有等迷人，即知西方極樂世界，蓮開見佛，不想此處就是蓮花化生。我今明說，信受奉行。此地下金沙輪所持，金沙輪下水輪所持，水輪下風輪所持，風輪空虛所持，有一大蓮花所載。一蓮花中載一須彌山王，七環香海，七環金山，一四大鹽海，一四大洲，一日月所照，名一世界。小千世界，小千蓮花，每各一千，有一大蓮花，總載名中世界。千箇中千世界，又一大蓮花總載，名爲三千大千世界，爲一佛刹土。上下二十佛刹，最下一大蓮花所持，名爲寶光明刹種，妙光香水海，周圍十數，中間一數，十數之外又有十數，共二十一箇寶光明刹種，總該四百二十箇三千大千世界。又有一大蓮花所持，名華藏莊嚴世界海，是故，修向蓮臺分明現。趙州橋者，即是兩腎，左腎爲人種，乃是先天父精，右腎爲人根，乃是後天母血。

精血聚會，結成色身，呼吸在兩腎起落。呼出是父精，吸入是母血，此是人的根種者也，號爲趙州橋。若是趙州橋攤了，本性彌陀去了，故云彌陀出現趙州橋。

無法可得，色即是空，空是色。色是真空舍，權把房兒借。佛，無二亦無別，海底嫦娥，却似天邊月。影落千江月一攝，影落千江月一攝。

既然無法可得，自己就是真空法性。這箇真空法性，無有色相，則不能顯。色相無有真空法性則不能生。無垢子云：法身與色身，不必論疎親。皆賴東君力，花柳一般春，故云色即是空，空是色。此色身田如客店，主人暫住。主若離舍，屋即假塌。主人常在，故云色是真空舍，權把房兒借。我的佛，天地日月，山河大地，草木叢林，男女相貌，一切萬物皆是真空發現，是故無二亦無別。嫦娥就是月也，水喻色身，月喻真空法性，故云海底嫦娥，却似天邊月，影落千江月一攝也。

淨心行善，如露如電，作些透法，通行一線。

清淨身心，行諸善法。復次，佛又叫須菩提：衆生本性與諸佛無二，故言是法平等無有高下，是名叫做阿耨多羅三藐三菩提。修三菩提人以無我、無人、無衆生、無壽者，修一切善法，則得阿耨多羅三藐三菩提。此菩提法上至諸佛，下至昆蟲，盡含種智，故言平等，無有高下，但離四相，修一切善法，則得菩提。不離四相，修一萬年，不得菩提。何名善法？於一切法心無染著，對一切境心不動摇，於出世法不貪不愛，於一切處常行方便，到一切處爲説正法，領悟菩提，是名修一切善法。佛又叫須菩提：所言善法者，希望果報，如來説非善法。若心不望果報，是名善法，故云淨心行善。一切修行之人不識此理，但去參禪打坐，打七煉魔，拜經拜佛，念經念佛，燒香點燭，修寺建塔，齋僧布施，求生天上人間，後世福報，報盡還入地獄。這些有爲之法如露如電。若要超生脱死，離色身外別參一步，故云作些透法，通行一線。咦，通那一線。呵，呵，裏外一體空，諸人拿不著。

淨心行善好脩行，世上有卷無字經。若還有人尋得見，便是知識出世人。

以清淨心，行諸善法。佛叫須菩提：所言善法，希望果報，如來説非是善法，不望果報，是名善法，是故淨心行善好修行。雖然説一切善法不望果報，乃是無字上發出來的。此一卷無字真經，又不在紙上，又不在身上，又不在眼耳鼻舌上，又不在手拈脚走上，却在世上。《科儀》有偈曰：數行梵字雲中鴈，一曲無聲澗底琴。德勝河沙渾不用，清風明月是知音。是故世上有卷無字經，若還有人尋得見，便是知識出世人也。

淨心行善，般若堂中去參禪。若要光明現，單單提一念。佛，著力用心參，萬法皆空，無爲真人現。自在逍遥坐寶蓮，自在逍遥坐寶蓮。

淨心行善之人，要在般若堂中參禪見性。忽然斷炮一聲，信手掀開娘生屋，掇轉虚空無一物，淨然獨露活真人。若到這般田地，纔進我的大門。今時有等迷人不識此理，到去深淨閒處，不見人言所在，打辦身心，晝夜蒲團不倒，謂之般若。呵呵，差之毫厘，失之千里。此般若堂乃是般若之理。昔日梵志手執梧桐花獻佛，佛云：放下著。梵志放下一手花。佛復云：放下著。梵志又放下一手花。佛亦云：放下著。梵志言：我兩手花，俱以放下了，時今又叫我放甚麽？佛云：放下中間的。梵志豁然大悟。《金剛經》云：無諍三昧，人中最爲第一。《清淨經》云：上士無諍，下士好諍；上德不德，下德執德。執著之者，不明道德，所以衆生不能成道者。《法華經》云：心同虚空界，示等虚空法。

證得虚空時，無是無非法。明白得此理，纔是般若堂中參禪的人。行人若要自己光明顯現，切須提起一念，不要放他妄想上去了，便是輪迴之根，不要放他無明上著脚，便是地獄之種，不要放他慳貪上去了，便是餓鬼根，不要放他煩惱上住脚，便是毒蛇之類，不要放他我慢上去了，便是修羅之種，不要放他愚癡上去了，便是畜生之根。時時刻刻提起本主一念，不要放捨，是故行住坐臥不離這箇。若離這箇，當面蹉過。如是行持纔是佛門弟子。我的佛，著力用心參，直要參到萬法皆空時節，現出自己無爲真人，普覆大千沙界，纔得自在逍遥坐寶蓮。咄，有一等人，口參大道，心住貪真（七）。何也？呀，此人家事不辦，心又不足，恩愛不棄，六欲不除，煩惱不斷，蓋覆佛性。到臨危之時，眼光落地，一切不見，地獄裏去了，非干我事。

福智無比，透骨透髓，轉上崑崙，了達生死。

福智等虚空，無物可比喻。佛叫須菩提：若三千大千世界中，所有許多諸須彌山王，如是金銀、琉璃、珊瑚、瑪瑙、真珠、琥珀等七寶聚，有人持用布施，若人以此《金剛般若波羅密經》，乃至這四句偈等受持讀誦，爲他人説，於前七寶福德百分不及其一，就是百千萬億分，乃至只當算數譬喻將來所不能及。大鐵圍山高至三禪天，中鐵圍山高至二禪，小鐵圍山高至初禪。此三鐵圍山喻六欲七情，見聞覺知，人我貢高。須彌山高八萬四千由旬，喻八萬四千塵勞妄想，三千大千世界喻貪嗔癡各一千。若人將自己真七寶布施，勝是你金銀琉璃七寶等布施。何名真七寶布施？眼不貪色，名色寶布施；耳不貪聲，名聲寶布施；鼻不貪香，名香寶布施；舌不貪味，名味寶布施；身不貪觸，名觸寶布施；意不妄想，名法寶布施；性不起念，名佛寶布施。此是金剛般若波羅密法，故云福智無[八]比，透骨透髓。崑崙者，乃是須彌山王，三界諸天，俱在須彌頂上。若行人超出三界，故云轉上崑崙。了達生死，咄，若要超三界，萬雙草鞋跑呀，怎麽超得過？咦，打死了識心，現在三界外。今時有等迷人，運氣沖天透頂皮，尾閭穴發了火。後起透過背脊雙關，上透紫微闕，穿過崑崙頂，降下明堂，雀橋重樓，送入丹田，與嬰兒姹女懷胎結聖，叫做轉上崑崙，了達生死。若是一把火燒了色身，崑崙山也燒了也，我看你那裏去安身立命？呵呵，千差萬差，差得者，不曾見也。

福智無比要心堅，優缽花開無兩般。大道分明從此出，佛的三昧本難傳。

福者，七寶布施之福。智者，說法方便之智。福智比愚[九]將來，百分不及其一。若修智慧，先要心堅，是故福智無比要心堅。世上的優缽羅花，乃是黃白花。此花不是世上的，此喻說法方便，由是優缽羅花開，無有諍害之意，故云無兩般。譬如暗中寶，無燈不可見，佛法無人說，雖慧不能了，是故大道分明從此出。惟有佛的三昧，實是難說難傳。若得聲聞乘法、緣覺乘法、菩薩乘法、三界諸天法、求生西方法、求後世爲人法，這些有傳、有受、有教、有證，這便好傳。佛的三昧乃是虛靈，人空法空，萬法皆空，纖塵不起，萬法不識，教我傳箇甚麽，故云佛的三昧本難傳。

福智無比，萬丈玄門過客希。道理非容易，不離方寸地。佛，真如透漕溪，一點靈光，自然明歷歷。八卦乾坤合太極，八卦乾坤合太極。

修福者，七寶布施之福，求生天上人間富貴報。若修智慧，由如虛空不可度量，故云福智無比。此一卷《金剛經》的玄妙之理最廣最大，即是無人踏著，故云萬丈玄門過客希。此經之理不於一佛二佛，三四五佛而種善根，以依無量千萬佛所種之善根，聞是《金剛經》文字章句，是故道理非容易。此一卷《金剛經》不在紙上，又不在字脚上，却在本性上，故云不離方寸地。我的佛，真如乃是本性真如，漕溪乃是漕溪六祖。昔日六祖參五祖時，五祖問，汝自何來。答曰：嶺南。五祖曰：欲須何事。答曰：唯求作佛。祖曰：嶺南人無佛性。答曰：人有南北，佛性豈然？是故真如透漕溪。明得此理者，眼看耳聽，鼻聞口説，手拈脚走，故云一點靈光自然明歷歷。八卦者，乾、坎、艮、震、巽、離、坤、兑，按東西南北四維，故云八卦乾坤合太極。今時有等邪人，説背脊中是漕溪路。呵呵，差之毫厘也。化無所化，不分小大，參透正法，自有高下。

衆生性本空，化亦無所化。佛叫須菩提：於意云何？汝等勿謂如來作度衆生是念，我當度脱衆生。須菩提，莫作如此之念。何以故？實無有衆生如來度者。若見有衆生如來度者，如來也四相不除，則有我人衆生壽者。如此之語，佛不曾度衆生。衆生若要度，殊非自度自。佛又叫須菩提：如來説有我者乃是自己，真我本無形相，則非有我。而凡夫之人，看見佛相，我人不除，以爲有我。須菩提，凡夫者，如來説本來無相，我人不生，即非凡夫，執著我人等見，是名凡夫。如來説有我者，自性清淨，一切不著，我不同凡夫，貪嗔無明，虚妄不實。有我人者，即是凡夫，我人不生，即非凡夫。不悟般若法，即是凡夫，若悟般若法，即非凡夫。非是凡夫，乃是解脱佛性，是故不分小大。若參透了正法，依般若法脩持，體般若之行，即非凡夫。不依般若法脩持，不體般若之行〔一〇〕，故云參透正法，自有高下。

化無所化盡超昇，掃盡塵勞古鏡明。照徹本來娘生面，逍遥自在道家人。

衆生性空，本來清淨，是故化無所化盡

超昇。雖然如是，還要行人掃盡色聲香味觸法塵勞，現出本性一輪古鏡，故云掃盡塵勞古鏡明。這箇娘生面，好些人差悞了。有的人説本來面目是娘生面，我且問你，這箇本來面目是那箇養的？《心經》作證，不生不滅，不垢不淨，不增不減，有誰人所生？又有人説，本來面目是無極生的，我又問你，無極生你本性，本性可生誰麽？世上有父必生子，大道門中，本無那話。無極就是本性，本性就是無極，但有二，必不是。我今直説，信受奉行，父母生我身體，有一箇面孔被人駡了，面上生嗔，被人説了，面上通紅，若還照破心内無嗔，面上無惱，故云照徹本來娘生面，逍遥自在道家人。

化無所化，一句彌陀被雲霞。提起無生話，萬神皆驚怕。佛，步步踏金沙，寶蓋幢旛，瓔珞垂珠掛，七寶池中四季花，七寶池中四季花。

既然化無所化，單提自己一句阿彌陀佛，即自恩愛煩惱無明暗遮覆蓋了佛性，不得打開，故云一句彌陀被雲霞，即要行人提起父母不曾生的時節那一句無生話。良久云：這是無生法忍，此是鬼神覷不破之機，是故萬神皆驚怕。我的佛，若明此理，大地皆爲佛國，頭頭盡是西方，故云步步踏金沙。如是之人將六塵改爲七寶，那七寶，眼是色寶，耳是聲寶，鼻是香寶，舌是味寶，身爲觸寶，意是法寶，性是佛寶。如是七寶，瓔珞隨身，是故寶蓋幢旛瓔珞垂珠掛。此四大七寶池中，嘗開春夏秋冬四季心花，纔無無明煩惱暗遮，顯出本性一輪明月。

法身非相，方寸安上。末後消息，纔是了當。

清淨法身，非屬相貌。佛叫須菩提：於意云何，可以三十二相具足色身，觀見如來不？須菩提會意，報身具三十二相，皆靠法身之力，故答言：如是，如是，以三十二相觀見如來。佛恐須菩提有執相之病，叫言：

須菩提，若以三十二相觀見如來者，轉輪聖王具三十二相、八十種好，於佛無二，則是如來。須菩提會佛之意，白佛言：世尊，如我解佛所説義，不該應以三十二相觀見如來，是故法身非相。此箇法身既無相貌，今在何處？即在做買做賣上，迎賓待客上，思算計較上，故云方寸安上。這箇末後消息，世尊云，若以色見我，以音聲求我，是人行邪道，不能見如來。此四句世尊不認人情，乃是掃邪歸正。世尊説，若是色相上求見如來者，以念經念佛音聲上求見如來者，是此二種人行邪道，不能見清淨法身如來也。如是明白萬事了畢，再不可高聲念佛，再不可色相求佛，本性中自有彌陀，念須正念。且道如何正念？開看一些，無動著三十棒。咦，打殺了怎麽好？若得打殺了，免得留在後頭累世，是故末後消息，纔是了當。

法身非相好根基，千門萬户放光輝。未曾舉起三界外，毗盧頂上一聲雷。

清淨法身，不屬相貌。上至仙佛，下至昆蟲。永嘉云：諸佛法身入我性，我性共同如來令，故云法身非相好根基。你看你看，青青翠竹，鬱鬱黄花，徧大地發現，是故千門萬户放光輝。咄，怎麽修行人超出了三界？俗語云：舉心動念，天地皆知，超不出三界。咦，不舉意以前會。良久云，未曾舉起三界外。毗盧，此云徧一切處，即是清淨法身。這箇清淨法身，行人要見，打掃心田，一心清淨，日久月深，由如轟雷霹靂，信乎盡底掀翻，掇轉虚空無一物，暫然獨露活真人，故云〔二〕毗盧頂上一聲雷。

法身非相，智慧圓明得一張。五果并四向，鼻孔都一樣。佛，無上法中王，四智三身，遍滿虚空藏。體露堂堂盡放光，體露堂堂盡放光。

這箇清淨法身，非青黄赤白之相貌，又無眼耳鼻舌身意，是故法身非相。若得智慧之眼，圓明普照十方。張者，開也，故云智慧圓明得一開。開者，悟也。乃是智慧圓明得一悟。五果者，須陀恒果即是初禪天，斯陀含果即是二禪天，阿那含果即是三禪天，阿羅漢果即是四禪天，阿蘭那行果即是佛果，是無諍行也。四向者，初果向，二果向，三果向，四果向。初果喻眼，二果喻耳，三果喻舌，四果喻口，佛果喻鼻。雖然分眼耳鼻舌口，不離一面，是故鼻孔都一様。我的佛，無上者再無有上，萬法是他爲主，故云無上法中王。四智三身者，眼識、耳識、鼻識、舌識、身識，此五識爲成所作智，意識爲妙觀察智，傳送爲平等性智，含藏識爲大圓鏡智。三身者，妙觀察智、成所作智二智轉爲千百億化身，平等性智轉爲圓滿報身，大圓鏡[三]智轉爲清淨法身。若是行人一一轉得，故云四智三身，偏滿虛空藏。《觀音經》云，十方諸國土，無刹不現身，故云體露堂堂盡放光。

無斷無滅，紅爐點雪，千江普照，一輪明月。

依空又落空，無生斷滅見。佛叫須菩提：汝若作是説，如來以具足三十二相故得阿耨多羅三藐三菩提，須菩提，莫作如是之念，如來不以具足相故得阿耨多羅三藐三菩提。須菩提，汝若作如是之念，發阿耨多羅三藐三菩提心者説了諸法斷滅頑空，莫作如是之念。何以故？發阿耨多羅三藐三菩提心者，於發不得斷滅頑空相。須菩提，聞説法身離相，便不修三十二清淨行，現成是菩提。佛言：須菩提，莫作是念，如來不修三十二清淨行而得菩提。汝若言不修三十二清淨行而得阿耨多羅三藐三菩提者，即是斷佛種性，無有是處。今時有等修行人，離色身而別求法身，永盡煩惱，常住心寂滅。如此者，成於斷見，乃是斷滅頑空。呵呵，不解色身内有法身，即此色身，從頭至足，靈覺之性，充滿一身。

如是會得，色即法，法即色，有即空，空即有，一體真如，不離色身，超出三界。永嘉云：幻化空身即法身，法身覺了無一物。本源自性天真佛，從上祖師，借此幻身，修成佛道。古人云：欲知佛性義，不離世間覺。離了世間覺，何求佛性義？如來不説斷滅相，故云無斷無滅。片雪者，一切諸法乃是參禪打坐，打七煉魔，拜經拜佛，觀想西方，求生天上，共有三千六百傍門小教，一千七百則打坐公案，九十六種外道，七十二種邪法，三千威儀，八萬四千細行法門，俱是片雪。唯有本性是紅爐，是故紅爐片雪。一切男女相貌，蠢動含靈，喻如水中月影，總是空中無極之月所攝，故云千江普照，一輪明月。

無斷無滅勇猛脩，團圓正教最難求。死中活了活中死，大死三玄響悟頭。

無斷無滅者，若是著了有，乃是西方東土，天上人間，即求後世果報，此是凡夫也。若是著了無，萬法皆空，本無一物，乃是莽蕩頑空。若是一心不染，七情不生，乃是無記頑空，鬼家活計，故云，無斷無滅勇猛脩。此團圓正教，有無俱不立，一體是方親，是故團圓正教最難求。初進步之人，就是死人，一些而不省得，拜了師父，師將他活起性來，纔曉得眼看的、耳聽的、鼻聞的、口説的、手拈的、脚走的，提得起、放得下、推得動、撥得轉，展轆轆、活潑潑，便是死中活了。又要活中取定，萬緣放下，纖毫念不起。如此者，一定之中，不覺有天有地，兩忘之後，方知無我無人，乃是活中死也，是故死中活了活中死。大死者，人法雙忘也。人忘者忘形忘體，法忘者忘情忘念。人法雙忘以後，忽然外不見有山河大地，内不見有聞見覺知，囫地一聲，渾身一箇虚空，普照大千沙界，此是大死也。三玄者，得意忘言意中玄，一句明上體中玄，九月菊花句中玄。響者斷炮一聲，由如轟雷霹靂，掇轉虛空，歸於自己，萬億諸佛，打成一片，纔大死三玄響悟頭。

無斷無滅，造化爐中玄妙訣。離火常不滅，坎水温温熱。佛，龍虎左右徹，姹女嬰兒，匹配中黄舍。堪作蓬萊三島客，堪作蓬萊三島客。

若修無斷無滅之人，還要脩真養性，造化皆在爐中，不要放他妄想上去了，又不要他無明上住脚。咄，何者是爐？我今明説，信受奉行。咦，自己爲爐，元氣爲鉛，元精爲汞，心田中取出離火，常要不滅，不要放他出來，燒壞了世界。又要取出腎中坎水，常要温温熱，不要放他流了出去，損壞了房屋。我的佛，心不動，爲之龍吟，身不動，爲之虎笑。龍吟則精固，虎笑則丹成，故云龍虎左右徹。左腎爲嬰兒，右腎爲姹女，此是少陰少陽。先天父精爲人種，後天母血爲人根，乃是老陰老陽，是故匹配中黄舍。中黄舍，在臍下一寸三分，名爲丹爐，用坎離水火煉成聖胎。如是脩行，堪作蓬萊三島客。咄，有一箇人一些也不省得是如何，此人一法無得做。

不受不貪，真人到岸，了達生死，超出三關。

不受者，心不領受。不貪者，愛欲不貪。

佛叫須菩提：若菩薩以滿恒河沙數等世界，將七寶金、銀、琉璃、珊瑚、瑪瑙、琥珀、真珠等，持用布施，若復後來有人，知一切佛法無我，能所心不生，得成於無生忍，此菩薩勝前七寶布施菩薩所作功德。何以故？須菩提，以菩薩自己不受福德故。須菩提白佛言：世尊，云何菩薩不受福德？佛告須菩提：菩薩所作功德度衆生，不應貪著名利，是故説不受福德。通達一切佛法，無能所心，名爲無生法忍。此人福德勝前七寶之福百分不及其一，是故不受不貪。若修行人，依得一切佛法無我，此人了達生死。三關者，乃是三界。若依得一切法無我，皆是佛法，此等之人，決然超出三界，故云了達生死，超出三關。

不受不貪看華池，悶坐不知是呆癡。尋著山前漕溪路，此處便是上天梯。

既然不受不貪，你還要去看舌頭底下這箇華池，便去悶坐，一些須不想，纖毫念不起，是故悶坐不知是呆癡。此四大色身號做寶山，若有行人尋著寶山前面，有一條漕溪路，乃是離色身之外別參一步，故云此處便是上天梯。

不受不貪，學道參禪息萬緣。放下娘生面，單單提一念。佛，工夫便現全，密密綿綿，自然成一片。倒坐虛空駕鐵船，倒坐虛空駕鐵船。

不受者，心上一切雜念不起，一切萬法心不領受。不貪者，心上一切愛欲不貪，故云不受不貪。既然如是，參禪學道之人，還要把萬緣放下了，面皮破了，不要怕羞，是故放下娘生面。單單提一念南無阿彌陀佛，行也念，坐也念，住也念，臥也念，生也念，死也念，日也念，夜也念，捨身捨命念，即見念念全無影響，境上全無作解，言語雙忘，身心俱泯，頓見如一團清水相似，赤歷歷，隱在虛空之中，活潑潑的，無頭無尾，無面無背，皎皎明明，念成一片，是故密密綿綿，自然成一片。若是成一片的人，自己是虛空，鐵船是世界，故云倒坐虛空駕鐵船。如此者，豈有高低上下也？

威儀寂靜，要修禪定，參達不透，依舊是病。

四威儀中，住淨無染。佛叫須菩提：若有人言，如來若來若去，若坐若臥，在四威儀中，是人不解我所說之義。何以故？如來者，無所從來而不來，亦無所去而不去〔三〕，故名如來。如來者非來非不來，非去非不去，非坐非不坐，非臥非不臥，四威儀中當是空寂即是如來，是故威儀寂淨。有一等人要修禪定，眼觀鼻，鼻觀心，心觀意，意觀神，五行攢簇，四大本空，纖毫念不起，恐落無記頑空，故云參達不透，依舊是病。咄，怎莫是無病的人？咦，行住坐臥的，是誰圓陀陀，光爍爍，轉轆轆，活潑潑，甞對面，不可掯。《科儀》云：妙體本來無處所，通身何更有縱由。

威儀寂靜三斤麻，無影樹下法王家。空中聽得金烏㕦，盡道西方路不差。

行住坐臥四威儀中寂靜之人，心上由如三斤亂麻，有工夫將去撚線，無功夫拿去合繩，故云威儀寂靜三斤麻。無影樹者，乃是太虛空也。法王家者，乃是水流風動，雲騰鳥飛，皆是法王説法，是故無影樹下法王家。今時有一切脩行之人，即曉得水中之日影，叫做是我的佛性，便是思量計較的，便當了了。他不識空中無極的金烏，故云空中聽得金烏㕦，盡道西方路不差。又有一等邪人，運氣沖天透頂皮，頭頂氣轉作聲，叫做天上金雞叫，西方路不差。呵呵，差斷蒲桃栅，來年再不生。

若是燒了四大，連這西方也燒了。

威儀寂靜，點起般若智慧燈。根本原潔靜，寂然常在定。佛，境界更不生，解脱樓前，掛起軒轅鏡。大地乾坤普照明，大地乾坤普照明。

威儀寂靜之人，還要點起智慧之燈，照破煩惱無明，是故威儀寂淨。《心經》云，不生不滅，不垢不淨，不增不減，是故空中，故云根本原潔淨。又要行人，行住坐臥之中，寂然不動，甞座定中。我的佛，如是之人，境界更不生。解脱者，即是寂滅。寂滅者，即是般若。般若者，即是本性虛空。軒轅鏡者，即是軒轅黄帝有一面鏡，照見肝花五臟，肥瘦〔四〕方圓。將本性喻如軒轅鏡，要照見一切煩惱無明恩愛七情，俱以照破，故云解脱樓前掛起軒轅鏡，大地乾坤普照明。

本性一合，打成一片。佛叫須菩提：若一合相理，如人飲水，温熱自知，世間無比。善男子、善女人以三千大千世界碎爲微塵，於意云何，是微塵衆寧爲多不？須菩提會佛之意，世界喻法身，微塵喻色身，故言：甚多，世尊。何以故？若是微塵衆實有者，佛即不說是微塵衆。所以者何？此是世界喻法身，微塵喻色身。世界，一也，微塵，異也。碎世界作塵，塵無異性，念塵爲世界，界無異性。譬如全法起應，應無異性，全應起法，法無異性，一異無差。佛說微塵衆，則非微塵衆，乃是衆生心内微塵，如三千大千世界微塵，乃說性上妄念也，即非世上微塵。念上常在清淨微塵，是名微塵。世尊，如來所說三千大千世界，此言衆生心内，貪嗔癡各一千，則非世界，若是貪嗔癡盡，是名世界。此衆生心内貪嗔癡，不可測度，故名大千。何以故？若世界實有者，此衆生心内塵勞和合，則是一合相。如來說一合相，衆生心有所得，則非一合相，心無所得，時常清淨，是名一合相。佛叫叫菩提：一合相者即是不可說，但是凡夫之人貪著一合相，貢高我慢是非，一切不除，執著文字念，不行般若波羅密法，無有是處，是故一合相理，世人不知此理，說也難信，故云如來飲水，温熱自知，世間人無比。

一合相理性道通，寳珠一粒在虚空。十方世界都照徹，三世諸佛體一同。

一合相理之人，性道俱通，裏外明徹，打成一片，無上無下，無東無西，無南無北，皎皎明明。由如寳珠一粒在虚空之中，照徹十方世界，無彼無此，無高無低，上至仙佛，下至昆蟲，合一箇法體，故云三世諸佛體一同也。

一合相理，昔日梁王不識機。達磨西來意，折蘆過江去。佛，面壁九年餘，祖祖相傳，燈光常相遇。一朵花開五葉齊，一朵花開五葉齊。

本性一合，打成一片，再無修證。佛言：須菩提，一合相者，即是不可說。但是凡夫之人，貪著其事，人我貢高，貪著希求，一合相法，便說我能我會，我悟我達，人我是非，是故不可說。昔日梁武帝詔達磨，帝問曰：朕造寺、寫經、度僧，不可勝記，有何功德？師曰：並無功德。帝曰：何無功德？師曰：此但人天小果，有漏之因，如影隨形，雖有非實。帝曰：如何是真功德？師曰：淨智妙圓，體自空寂，如是功德，不以世求。帝又問：如何是聖諦第一義？師曰：廓然無聖。帝曰：對朕者誰？師曰：不識。帝不領悟。師知機不契，折蘆過江，寓於少林寺，面壁而坐，九年有餘。後傳神光二祖，三祖僧燦，四祖道信，五祖弘忍，六祖慧能，直至如今，故云一朵花開五葉齊。

知見不生，借假修真，玄妙消息，點鐵成金。

　　直下打成一片，知見自然不生。佛叫須菩提：若有人言，佛說的我見、人見、衆生見、壽者見，須菩提，於意云何，是人解我所說義不？須菩提會佛之意，如來有真四見，不同凡夫，故言：不也，世尊，是人不解如來所說義。何以故？世尊說真我見、人見、衆生見、壽者見，即非妄我，我是人見，衆生見，壽者見。若是人明得真上起妄，妄上起真，真妄不分，合而爲一，是名我見、人見、衆生見、壽者見。如來說，令一切衆生自悟，般若真智自修，故說有四真見。如來說一切衆生皆有佛性，是真我見，說一切衆生有無漏智性，是真人見，說一切衆生本無煩惱，是真衆生見，說一切衆生本性萬劫不壞，是真壽者見。凡夫之人，不解佛意。佛又叫須菩提：發阿耨多羅三藐三菩提心者，於一切佛法上應不著真妄，如是知不著真妄，如是見不著真妄，如是信解，雖度脫衆生，不生說法相。須菩提，所言說法相者，能所心還在，即非說法相，能所心不生，是名說法相，是故知見不生。借假修真者，如來說的玄妙之理，領人見性，不離色身，無了色身，何處脩道，故云借假修真。凡夫色身就是一塊生鐵，無明煩惱，我慢貢高，人我是非，貪嗔妄想，故有地獄輪迴。如來玄妙之理，照破無明煩惱、我慢貢高、人我是非，而得成佛，是故玄妙消息，點鐵成金。

知見不生法力多，離了苦海出娑婆。大吼一聲轟霹靂，十殿閻王無奈河[一五]。

知見不生之人，與三世諸佛同一修證，真證菩提，故云知見不生法力多。如是之人，離了苦海出娑婆。若是大吼一聲，由如轟雷霹靂，掇虛空歸于自己，渾身一箇清虛，故云十殿閻王無奈河，要拿上不著。

知見不生，銷唱《金剛》一卷經。人人同恭敬，箇箇堅心聽。佛，種在八福中，五蘊皆空，心地明如鏡。那怕閻王論世情，那怕閻王論世情。

知見不生者，乃修般若波羅密法也。此一卷《金剛》，單説般若波羅密法爲四句偈，是故銷唱《金剛》一卷經。苦勸大衆不要蹉過了光陰，故云人人同恭敬，箇箇堅心聽。八我的佛，種在八福田中，以爲菩提種子。八福田者，大慈大悲，大喜大捨，此四無量心，加四諦法，乃是苦集滅道俱無，名爲八福田，即是心田也。五蘊空者，乃是無色受想行識也。若得照見五蘊空，便超生死界，得免輪迴苦，成於無上道。心地明如鏡者，修行人的心鏡照破了煩惱無明，我執妄想，貢高好勇，人我是非，如是行持，那怕閻王論世情。

應身化身，亦非真實。佛叫須菩提：若有人以滿無量阿僧祇世界七寶持用布施，即是人天福報，有福有盡。若有善男子、善女人發菩薩心者，持于此《金剛經》，乃至《金剛般若波羅密經》，此四句偈等受持，讀誦在心，爲他人演説，利益一切衆生，其福勝彼，勝是阿僧祇世界七寶施人。云何爲人演説，只是教人不取于諸相，自性如如不動。如如不動之心，無希求心，無生滅心，無喜怒心，一心不動，故云如如不動。何以故？一切有爲法，如夢幻泡影，如露亦如電，應作如是觀。夢者是妄身，幻者是妄念，泡者煩惱，影者如業障，露電者倏忽就無。夢幻泡影露電，是名有爲之法，豈爲常也。真實離名相，悟者乃是無爲法也，號無量壽如來，是故應化非真。若是行人不取諸相，自心如如不動，決然見性明心。若得見性明心而成佛道，如是修行，超出三界，透露箇清淨法身。咄，若要超三界，一點心無，如是行持，萬事了畢。應化非真了三身，萬道霞光一片明。森羅萬象當頭現，顯出丈六紫金身。

應身化身，非是真實，喻如夢幻泡影露電，豈爲嘗也。這箇清淨法身，也是假名，故云應化非真了三身。若是裏外相連，打成一片，由如萬道霞光一片明。你看你看，運行星斗，日月風雨，乾坤世界，春生夏長，秋收冬藏，是故森羅萬象當頭現。咄，現出來的是箇甚麽？咦，原來現出釋迦牟尼佛的丈六紫金身。應化非真，普願人人報四恩。風調雨順，父母生身訓。佛，日月照臨恩，佛法興隆，好把乾坤鎮。祝讚皇皇萬萬春，祝讚皇皇萬萬春。

執化非真，即了得妄緣，故云應化非真。應身者，乃是四大色身。化身者，在色身之內，迎賓待客，思量計較的。雖是應化非真，身從何來？故云普願人人報四恩。四恩者，天地蓋載之恩，日月照臨之恩，國王水土之恩，父母生身之恩。又保佑風調雨順，國泰民安，又勸大衆，孝順父母。我的佛，又保佑佛法興隆，好把乾坤鎮，又祝讚皇皇萬萬春。

佛説是經已，長老須菩提及諸比丘、比丘尼、優婆塞、優婆夷、一切世間、天人、阿修羅，聞佛所説，皆大歡喜，信受奉行。

註解鐵鋑鉻卷二終

校勘記

〔一〕「金」，底本原校疑爲「今」。
〔二〕「燃」，疑爲「撚」。
〔三〕「文」，底本原校疑爲「大」。
〔四〕「輪」，底本無，據文意補。
〔五〕「維」，底本作「雜」，據文意改。
〔六〕「金」，疑爲「今」。
〔七〕「真」，疑爲「嗔」。
〔八〕「無」，底本脱，據文意補。
〔九〕「愚」，疑爲「喻」。
〔一〇〕「行」，疑後脱「即是凡夫」四字。
〔一一〕「云」，底本作「去」，據文意改。
〔一二〕「鏡」，底本作「智」，據文意改。
〔一三〕「去」，底本作「來」，據文意改。
〔一四〕「瘦」，底本作「叟」，據文意改。
〔一五〕「河」，疑爲「何」，下同。

（徐蓀銘整理）

○二四四

金剛般若波羅蜜經宗通（一）

明曾鳳儀宗通

金剛宗通緣起

蓋聞佛智甚深，上哲莫窺其際，聖言至妙，庸流豈識其端。空生唱無説而雨華，疑絲暗擲，無著昇兜率而面教，分部猶違。乃知般若無邊，允唯《金剛》第一。研窮匪易，信受誠希。幸偈衍於慈尊，繩墨具在，喜頌揚於大士，敲唱同符。西乾功德施洞燭空假之致，長水《刊定記》略標合併之規。均之羽翼天親，剖二十七疑而悉斷，要於鋪舒法體，破凡所有相以皆非。第破相之旨愈微，而如幻之觀漸密。已入住地，猶云無住相應；纔起度生，普令無度爲尚。救偏於虚無之界，決機於杳靄之鄉。良以執隱於俱生，《金剛》其對證之劑；位登於等覺，此乘有到岸之功。唯佛能知，非凡所測。契此深深之義，還他上上之根。在昔黄梅，獨謂是經能見性；於時六祖，果於言下便知歸。五葉既開，人握如來之印；一燈相續，別稱教外之傳。悟不由師，語多合轍。機鋒迴露，陸離寶劍之光；照用齊彰，璀璨摩尼之色。信乎後五百世，勿謂無人，若也持四句經，終當有入。

鳳儀學慙專詣，識謝偏參。道味悦心，似有投於夙好；禪關娱老，或不昧於往因。適茲鬭諍之秋，横出和同之見。謂宗即教，熾然説、無間説，盡屬言詮；謂教即宗，如來禪、祖師禪，總須坐卻。銷歸自己，拈華與拈句何殊，了徹那邊，所見與所聞奚異，斯則宗通即啓經之鑰，而説通亦入悟之門也。障礙都融，真如頓顯。若夫鳩摩擅譯，業示信於舌根，而冥主效靈，詔補遺於石刻，衆生一段，慧命偶增。乃至色見聲求，尚遺四句之偈；如露如電，尤闕三種之緣。偈論既有明徵，經文焉可殘略。僭録唐譯，用備周觀，重釋偈言，附載篇末。頃緣先君奄逝，日誦斯經，因於墓次參求，遂成此集，冀微霑乎湛露，庶少潤於枯骸。依金剛以藏形，敢企清涼之窟，偶山名之相似，聊資般若之熏，法與地而俱靈，幽與明而永賴。敬付剞劂，廣爲流通，儻取證於無生，均銜恩於罔極〔一〕。

南嶽山長金簡曾鳳儀舜徵父題

校勘記

〔一〕底本據《卍續藏》。

金剛般若波羅蜜經宗通卷一

姚秦三藏法師鳩摩羅什此云童壽譯

西天功德施菩薩《破取著不壞假名論》

梁傅大士頌

宋嘉禾長水法師子璿《金剛刊定記》

明菩薩戒弟子南嶽山見曾鳳儀宗通

通曰：此經名《金剛般若波羅蜜》，是第一波羅蜜，如來爲發大乘者説，爲發最上乘者説，非尋常智慧可倫也。且須菩提讚歎如來善護念諸菩薩，善付囑諸菩薩，唯菩薩位中能發阿耨多羅三藐三菩提心，所以護念之使常住，所以付囑之使度生。須得妙慧降伏其心，乃能證於如來無上菩提，故佛以金剛般若語之。緣資糧位、加行位已證三空，得無生法忍，至通達位，初地菩薩得分證真如，尚餘俱生我執，至八地捨藏，尚餘俱生法執，此二種執，各有微細所知愚、極微細所知愚，至等覺位方斷。所以斷之者，唯有甚深金剛如幻三昧，足爲對治之法。初地所得，二地破之，二地所得，三地破之，地地增進，至等覺位即無可破，所謂金剛道後異熟空者，即此義也。

又《金剛》十種深喻，所云如幻如夢等，與經末如露如電偈，因彼於報、化、法身尚以幻夢觀之，非甚深智，能作如是觀乎。此須菩提所爲流涕，歎所未聞也。

《刊定記》云：金剛者，乃帝釋之寶杵，具極堅、極利二義。何謂極堅，無物可能壞之。何謂極利，以能碎壞諸物也。若有一物能壞，即非極堅，一物不碎，即非極利。如銀鐵雖堅，遇火則融，刀劍雖利，斫石則缺，非極堅利也。般若有實相、觀照二種，亦具堅利之義。堅則實相般若，以其雖經多劫，流迸六道，而覺性無壞，未嘗生滅，未嘗虧缺，故云堅也。利則觀照般若，謂此慧顯時，照諸法空，煩惱諸結，無明惑暗，無不斷壞，故言利也。由斯二義似彼金剛，故舉金剛之堅喻般若體，金剛之利喻般若用，法喻雙彰，故曰金剛般若也。

梵語波羅蜜，此云到彼岸，謂離衆生生死此岸，度煩惱大河中流，到諸佛涅槃彼岸。然達生死本空，煩惱本無，即到彼岸，非真有彼此之異，特到彼岸不無頓漸耳。頓則慧纔發時，見五蘊空，一刹那間便到彼岸。以不歷多時，乃名爲頓。漸則雖能頓照法空，由有多生習性，任運計執，未得念念相應，故須聽聞正法，思惟其義，策彼頓悟之慧，覺察妄情，損之又損，以至於無，畢竟到於彼岸。但以經歷多時，故名爲漸。遲速雖殊，一種得名。到彼岸，慧也。

梵語脩多羅，義翻爲契經，謂契理、契機也。契理，則説事如事，説理如理。契機，則令聽者悟解，歡喜信受。經者，謂貫也，攝也，貫穿所應説義，攝持所化衆生。佛滅度後二千餘年，衆生得聞正法，皆貫穿攝持之力也。

天竺有無著菩薩，入日光定，上昇兜率天宮，請問彌勒慈尊，彌勒爲説八十行偈，以顯經旨。無著又將此偈轉授其弟天親。天親依偈成論三卷，約斷疑執以釋此《金剛》正義也。解者舍此不究，悉是邪説。余因取功德施菩薩所造論，參考於長水子璿《刊定記》，間採諸老宿機緣語句合之，遂名之曰《宗通》云。

僧問智門：如何是般若體。門云：蚌含明月。僧云：如何是般若用。門云：兎子懷胎。雪竇頌云：一片虚凝絶謂情，人天從此見空生。蚌含玄兎深深意，曾與禪家作戰爭。

法眼《圓成實性頌》云：理極忘情謂，如何得喻齊。到頭霜夜月，任運落前溪。果熟兼猿重，山遥似路迷。舉頭殘照在，元是住居西。學者須於此等語句參透，方知般若親切處，不至紛紛爲無益爭辨矣。

如是我聞：一時，佛在舍衛國祇樹給孤獨園，與大比丘衆千二百五十人俱。爾時，世尊食時，著衣持鉢，入舍衛大城乞食。於其城中，次第乞已，還至本處，飯食訖，收衣鉢，洗足已，敷座而坐。

通曰：此《般若》全部有六百卷，凡四處十六會説。一、王舍城鷲峰山七會，二、給孤獨園七會，三、他化天宫摩尼寶藏殿一會，四、王舍城竹林園白鷺池側一會。計九會放光，見是光者皆得阿耨多羅三藐三菩提，是光即智慧光也。佛説此經甚深微妙，何以不放光哉。佛顯平等智故，即於平等放光而衆不察也。爾時，世尊食時，著衣持鉢，是手上放光也。入舍衛大城乞食，是足下放光也。於其城中次第乞已，是眼中放光也。還至本處飯食訖，是口中放光也。收衣鉢，洗足已，敷座而坐，是通身放光也。又，此經爲護念、付囑諸菩薩故，説於六度無相法門，乞食所以教衆生布施，著衣持鉢以彰其戒，次第行乞以彰其忍，足不染塵而又洗足以彰精進，還至本處敷座而坐以彰禪定。説在祇園又入城乞食，説在乞食又還歸本處，一一不住於相，莫非甚深般若之顯現也。有上根利智者，觀察世尊放如是光，即得金剛如幻三昧而登彼岸，又何假於開示哉。

《刊定記》曰：序有二種，一、證信序，二、發起序。初如是我聞至五十人俱，證信序也。證信者，顯説聽時處一一分明，以證非謬。一時者，即如來説法，大衆聽受之時也。佛者，説法之主也。祇陀太子所施之樹，給孤獨長者所買之園，此説法處之。與大比丘等者，聽法之衆也。俱者，同此一時一處也。以如是等語冠於諸經之首者，如來臨滅度時，阿難問佛一切經前當安何語，佛言當安如是我聞，一時佛在某處，與某衆若干等，非但我法如是，三世諸佛法皆如是。故阿難遵依佛勑以冠於首，證已所傳無異説故。

爾時世尊至敷座而坐，是爲入定。戒資定，定能發慧，以戒定發起般若正宗也。食時者，寅、卯、辰諸天食時，巳、未、午人法食時，申、酉、戌鬼神食時，亥、子、丑畜生食時。今當人食時，則乞求不難。若非時而乞，欲施即無，不施又愧，便成惱他。乞之不得，亡餐又飢，便成惱自。著衣者，著二十五條大衣也。持鉢者，持昔成道時四天王所獻紺瑠璃鉢也。然須著衣持鉢者，爲離苦樂二邊故。諸在家者，好尚錦綺華潔衣服寶器，增長放逸，太著樂邊。出家外道等苦行躶形，手捧飯食，致招訶醜，太著苦邊。佛處中行，故著衣持鉢也。

舍衛國，此云聞物，謂名聞勝德之人，奇異珍寶之物，多出此國。《西域記》：國周六十餘里，内城周二十里，故云處廣。《智度論》云：居家九億，故曰人多。佛入舍衛大城次第乞者，不越貧從富，不捨賤從貴，大慈平等，無有選擇。還至本處者，化事已終，還歸祇園。飯食者，佛欲使行施者得福滿足也。有説食欲至口，有威德天在側隱形，接至他方施作佛事，斯則示現而食，非真食也。收衣鉢者，休息攀緣，心無勞慮。洗足者，清淨身業，不染塵累。此二皆爲後世軌範，故爾示現。敷座而坐者，自敷座具，結跏趺坐，端身而住，正念不動，示將欲説法也。如來每會説般若，皆自敷座具。爲般若出生諸佛，即是佛母，表敬般若，故自敷座。智者頌曰：法身本非食，應化亦如然。爲長人天福，慈悲作福田。收衣息勞慮，洗足離塵緣。欲證三空理，跏趺示入禪。

昔龍潭信禪師問天皇曰：某自到來，不蒙指示心要。皇曰：自汝到來，吾未嘗不指汝心要。信曰：何處指示。皇曰：汝擎茶來，吾爲汝接，汝行食來，吾爲汝受，汝和南時，吾便低首，何處不指示心要。信低頭良久，皇曰：見則直下便見，擬思即差。信當下開解，復問：如何保任。皇曰：任性逍遥，隨緣放曠，但盡凡心，别無聖解。後棲止龍潭，李翺刺史問：如何是真如般若。信曰：我無真如般若。李曰：幸遇和尚。信曰：此猶是分外之言。

又僧問趙州：學人乍入叢林，乞師指示。州云：喫粥了也未。僧云：喫了。州云：洗鉢盂去。其僧因此契悟。天童頌云：粥罷令教洗鉢盂，豁然心地自相符。而今參飽叢林客，且道其間有悟無。由二則觀之，可知如來自著衣持鉢至敷座而坐，已説真如般若竟，何事於言。

時，長老須菩提在大衆中，即從座起，偏袒右肩，右膝著地，合掌恭敬而白佛言：希有，世尊，如來善護念諸菩薩，善付囑諸菩薩。世尊，善男子、善女人發阿耨多羅三藐三菩提心，應云何住，云何降伏其心。佛言：善哉，善哉，須菩提，如汝所説，如來善護念諸菩薩，善付囑諸菩薩。汝今諦聽，當爲汝説。善男子、善女人發阿耨多羅三藐三菩提心，應如是住，如是降伏其心。

唯然，世尊，願樂欲聞。

通曰：須菩提本東方青龍陀佛，現聲聞身，入釋迦會，多生解空，但證偏空，及聞寶明空海，始證空而不空，是大阿羅漢。住於八地，居是不動地者，名住地菩薩，向後九地十地，說法度生，不住於住矣。須菩提於此設立問端，爲諸菩薩破除疑執。諸菩薩發無上菩提心，自初地以來，趣寂之意多，唯求進於住地。既現法樂住已，十方諸佛又咄之云：起起，善男子，當度衆生，迴智向悲，轉靜向動，中間寧無生心動念之處。若不降伏其心，祖有違於住矣。若一向躭著於住，則有違於度生矣。於度生之中，降伏其心，不失住意，雖動亦靜也。故問應云何住，云何降伏其心。

所云住者，非住於相如凡夫所住，亦非住於空如二乘所住，乃真如實際，非假非空，住於中道諦也。所云降伏其心者，非按伏六識如凡夫所修，亦非斷滅七識如二乘所修，乃八識心田微細習氣，以真如熏之，令轉識成智，譬降賊衆爲我良民，故曰降伏也。此如阿難不歷僧祇獲法身，希更審除微細惑，非須菩提莫能究竟，詎可輕談乎哉。

《刊定記》曰：時長老至付囑諸菩薩，整像讚佛也。德高曰長，年多曰老。須菩提，此云空生，又云善現。從座起者，師資之道，尊卑分殊，欲有諮詢，不可坐問。偏袒右肩，右膝著地，合掌冥心，皆恭敬也。亦可配於三業，座起、袒肩、合掌等身業也，恭敬即意業也，白佛言下即口業也。

希有具四種義：一、時希有，二、處希有，三、德希有，四、事希有。世尊者，十號之一，能永蠲夷四魔畏故。如來者，三無數劫，福智圓滿，如是而來，亦云從真如起，來成正覺而化衆生。護念有二：爲攝受根熟者，令悟真實，成就自利行。又令轉化，無量衆生，成就利他行。付囑亦有二：哀彼根未熟者，已生佛法住，令之增長，未生勝法，付之令生。將小菩薩付大菩薩，囑大菩薩化小菩薩，如父母遺囑子孫也。彌勒菩薩偈曰，巧護義應知，加彼身同行，即加被菩薩自利利他之行也。不退得未得，是名善付囑，即已得不退者令彼增長，未得不退者令生勝心之謂也。

梵語菩薩，此云覺有情。約境而論，所求是覺，所度是有情也。善男子以下，正發問端也。阿耨多羅三藐三菩提心，此云無上正徧正覺，謂以正智覺真諦如理而知，則非凡夫之邪覺，以徧智覺俗諦如事而知，則非二乘之偏覺。

準《智度論》，從因至果，有五種菩提：一、發心菩提，即十信是。二、伏心菩提，即三賢是。三、明心菩提，即初地至七地是。四、出到菩提，八九十地是。五、無上菩提，即如來地。今約能發心即當第一，約所發即第五，能所合論，貫通初後也。

應云何住者，未發心時住六塵境，既發心已，誠宜改轍，則當住何境界。云何降伏其心者，未發心時妄心起即逐妄，既發心已，不可隨之，則當何以降伏。故佛答意，昔住六塵之境，今住四心，昔時著相，今不著相。如是真實修行，發菩提心，豈忘失耶。

佛言善哉善哉，是讚也。如汝所說，是印也。護念付囑，能令佛種不斷，是事必然。空生發言，言當其事，是故調御印讚之也。汝今諦聽，勑聽也。當爲汝說，許說也。諦謂審實之義，意令審諦真實，用心聽也。

善男子等，標也。應如是等，勸也。標勸之意，意在欲説，即懸指向下正答之文。以安住之中即有降伏，若不能降伏妄心，必不能安住大乘也。當爲汝如是如是委細而說。

唯然二句，善現佇聞也。唯、諾，皆順從之詞。《華嚴·十地品》云：如渴思冷水，如飢思美食，如病思良藥，如衆蜂依蜜。我等亦如是，願聞甘露法。蜂採百華以成蜜，人集萬行以證真。蜂成蜜已，依蜜而活。人證真已，依真而住。今願聞之相，亦如是也。

障蔽魔王領諸眷屬，一千年隨金剛齊菩薩，覓起處不得，忽一日得見，乃問曰：汝當依何而住，我一千年覓汝起處不得。齊曰：我不依有住而住，不依無住而住。如是而住，善哉善哉。若能如是而住，毋爲障蔽魔王所窺，斯真能降伏其心者矣。然則金剛齊菩薩云者，殆善於《金剛般若》之義，而因以得名者耶。

佛告須菩提，諸菩薩摩訶薩應如是降伏其心：所有一切衆生之類，若卵生，若胎生，若濕生，若化生，若有色，若無色，若有想，若無想，若非有想非無想，我皆令入無餘涅槃而滅度之。如是滅度無量、無數、無邊衆生，實無衆生得滅度者。何以故。須菩提，若菩薩有我相、人相、衆生相、壽者相，即非菩薩。

傅大士頌曰：空生初請問，善逝應機酬。先答云何住，次教如是修。胎生卵濕化，咸令悲智收。若起衆生見，還同著相求。

通曰：此正答所問也。問中安住、降伏并舉，今唯標降伏者何。蓋無上菩提本無相狀，本離能所。發是心者，欲其常住，得無退失，最難爲力。緣微細無明隱隱生發，稍起一念，即離本位，不得名住矣。若勉強防閑，不令生起，即落防閑，不得名住矣。若念念相應，住著不捨，又落住著，不得名住矣。唯真如自體具足金剛慧，足以照破而降伏之。此經所重在般若智用，故以降伏爲綱宗。有此降伏之智，不但心不住時能降伏之使住，即心得所住，亦能降伏之使無住。無住而住，是爲真住，故單言降伏則安住自在其中，單言安住而闕降伏則安住不成，所以獨標降伏也。降伏之用大矣。心狹小則欲其廣大，心卑劣則欲其最上，心喜愛則欲其平常，心顛倒則欲其正智。故發菩提心者，必具足此四種心，方與菩提相應，方得名爲覺有情也。

彌勒菩薩偈云：廣大第一常，其心不顛倒。利益深心住，此乘功德滿。此乃顯示菩薩果利益衆生四種相應之深心，諸菩薩當安住於是也。

何謂廣大心。所有一切衆生之類，謂稟息風、含情覺者，若卵生諸鳥等，胎生諸人等，濕生諸蟲等，化生諸天等。四生六道，各多族類，此諸衆生住於何處。若有色者，欲界及色界天所依止處也。若無色者，無色界空無邊處天所依止處也。此復幾種。若有想者，識無邊處天起空想者是也。若無想者，無所有處天離少想者是也。若非有想非無想者，即有頂非非想天無麤想有細想者是也。三界衆生，此皆攝盡。如是一切，皆我所度，其心何廣大也。

何謂第一心。度衆生非難，度衆生入於涅槃爲難。度衆生入涅槃非難，度衆生皆入無餘涅槃爲難。涅槃有四種：一、自性涅槃，凡聖同有。二、有餘依涅槃，即二乘出煩惱障，有苦依身故。三、無餘依涅槃，即二乘灰身滅智，身出生死，苦無依故。四、無住處涅槃，悲智相兼，不住菩薩變易生死，不住二乘灰斷涅槃，乃真無住處。前三爲有餘，後一爲無餘，即佛境界，以此度脱衆生，意欲盡三界所有九類衆生，有性無性，齊成佛道，是最上第一心也。

何謂常心。一切衆生及與己身真如平等無別異故，如是滅度無量衆生，皆入無餘涅槃，實無衆生得滅度者。《淨名》云：一切衆生即寂滅相，不復更滅。若見衆生有可度者，便是喜愛心。愛有去來，即不能常。唯能攝愛，度與不度，其心不二，故名爲常也。

衆生滅度無異自身，寧於自身起於他想。設若見一衆生是我所度，此何過耶。以迷於第一義，起我相、人相、衆生相、壽者相，背覺合塵，是名顛倒。顛倒見者，所謂凡夫，即不名菩薩。若證真實第一義者，衆生等想決定不生，如預流人不起身見。既無自相，即無他相，自他平等，一切衆生皆不可得。

志公云：以我身空諸法空，千品萬類悉皆同。即此謂也。

正智與爾炎不同。爾炎，此云所知障。有所知障，即名顛倒。無所知障，即名正智，爲正智無分別心，而爾炎有分別心也。如上四相證悟了覺，正是爾炎識所在。

見有涅槃可證，即是我相。悟知所證之非，即是人相。了達證悟當離，即是衆生相。存有所了之覺，即是壽者相。此四相原與《圓覺經》無二，所謂審除微細惑者正指此也。

菩薩已發心又能度生者，方可謂之摩訶薩。是大菩薩有一分生相無明，不捨衆生。此中實無衆生得滅度者一語，正其降伏之要

也。若見有一衆生得滅度者，即著於證悟了覺之相，即非正智，故當降伏。降伏四相，即得自安住於無餘涅槃，亦能令衆生安住於無餘涅槃。

處於生死，不爲生死所轉，故曰無上涅槃。處於煩惱，不爲煩惱所轉，故曰無上菩提。此二轉依，乃圓滿果位住於佛地者也。故曰此乘功德滿，非般若智爲之因，能有是乎。

史山人問圭峰禪師曰：諸經皆説度脱衆生，且衆生即非衆生，何故更勞度脱。答云：衆生若是實，度之則爲勞。既自云即非衆生，何不例度而無度。又問：諸經説佛常住，或即説入滅度。常即不滅，滅即非常，豈不相違。答云：離一切相，即名諸佛，何有出世入滅之實乎。見出没者，在乎機緣。機緣應則菩提樹下而出現，機緣盡則娑羅林間而涅槃。其猶淨水無心，無像不現，像非我有，蓋外質之去來，相非佛身，豈如來之出没。此二

問答，足剖析此篇甚深義矣。

龐居士嘗遊講肆，隨喜《金剛經》。至無我無人處，致問曰：座主，既無我無人，是誰講誰聽。主無對。士曰：某甲雖是俗人，麤知信向。主曰：衹如居士意作麽生。士以偈答曰：無我復無人，作麽有疏親。勸君休歷座，不似直求真。金剛般若性，外絶一纖塵。我聞并信受，總是假名陳。主聞偈，欣然仰歎。若居士者，其菩薩再來哉。

復次，須菩提，菩薩於法應無所住，行於布施。所謂不住色布施，不住聲、香、味、觸、法布施。須菩提，菩薩應如是布施，不住於相。何以故。若菩薩不住相布施，其福德不可思量。須菩提，於意云何，東方虚空可思量不。不也，世尊。須菩提，南西北方、四維上下虚空可思量不。不也，世尊。須菩提，菩薩無住相布施，福德亦復如是不可思量。須菩提，菩薩但應如所教住。

傅大士頌曰：若論無相施，功德極難量。行悲濟貧乏，果報不須望。凡夫情行劣，初且略稱揚。欲知檀狀貌，如空徧十方。

通曰：菩薩利益衆生，須行六度萬行。六度之中，般若居其一。修般若是法身因，修餘五度是報、化因。如上降伏微細四相，但於理諦上降伏，此下修行六度，教以事諦上降伏。修福不修慧，則法身不圓，修慧不修福，則報、化不圓。故般若常爲五度之先導，五度不得般若，即不名到彼岸。前云廣大心、第一心、常心、不顛倒心，四者具足，即名降伏。既能降伏，即能離相。既能離相，即能行於不住施也。故修行即下所顯示六波羅蜜相應安住、降伏是也。

何謂相應。但行施、戒等，不能離相，或能離相，不行施、戒等，皆非相應。直於行施、戒等處離相，離相處行施、戒等，方得名爲相應行也。故謂菩薩於佛法中不應住於事相而行布施。

施有三種，義該六度，一者資生施，二者無畏施，三者法施。資生施者，施以財物資他生也。無畏施者，由持戒、忍辱故無心害物，設有寃家，亦不讐報，不生怖畏也。法施者，由精進故，於諸善事心不懈退，由禪定故，如鑒止水，善知彼情，由智慧故，如理如事，不顛倒而説法也。

彌勒菩薩偈曰：檀義攝於六，資生無畏法。此中一二三，名爲修行住。一即資生，二即無畏，三即法也。

云何不住於相。謂不住於色、聲、香、味、觸、法等，不希求意外諸境而行布施。一、謂愛著現在自身故而不行施，二、爲報他過去之恩故而行施，三、爲希望未來富饒果報故而行施。此令一切皆遣，不論心境空有，起心動念，即乖法體。直須施時其心平等，不見施物、施者、受者，方成無住也。

彌勒菩薩偈曰：自身及報恩，果報斯不著。護存己不施，防求於異事。爲自身故，即有存己不施之過。爲報恩果報故，即有求於異事之過。

不住色等，但舉六塵一科，若盡舉，自五陰、六根、十八界、十二因緣、四聖諦及三十七助道品，至菩提、涅槃等，凡八十一科，俱應無所住。如是修行六波羅蜜，因得清淨，故曰菩薩應如是布施，不住於相。謂菩薩於第一義中，施者受者及以施物，名義智境諸想不生，是即伏心，因以清淨。

或有難云：既於施等離其相狀，如何當獲福德利益。爲答此故，説生福甚多。彼菩薩不離世諦，故行於布施，不離第一義諦，故不住於相，不住於相即是降伏，布施清淨即是安住。兼福修慧，慧不偏枯，兼慧修福，福難比量。譬如東西南北、四維上下十方虛空，偏一切處，高大殊勝究竟不窮，非思量所及，而菩薩修因清淨，無相可得，其感果報福德難思亦猶乎是。福足慧足，名兩足尊，是極果也，故曰此乘功德滿。於是結勸之曰：菩薩但應如所教住。魏譯云：但應如是行於布施。

據須菩提問處應云何住，惟恐不得其住，而世尊教之行於布施不住於相，令於不住用心，何相反也。蓋不住而住，即住真空，如鳥不住空，却能住空，若住於空，即不住空也。《文殊般若經》云：佛告文殊師利，當云何住般若波羅蜜。文殊言，以不住法，爲住般若波羅蜜。復問，云何不住法，名住般若波羅蜜。文殊言，以無住相，即住般若波羅蜜。《三昧經》云：如來所說法，悉從於無住。我從無住處，是處禮如來。故菩薩當如其所教，以無住爲住可也。

昔洞山問僧甚處來，曰：遊山來。山曰：還到頂麼。曰：到。山曰：頂上有人麼。曰：無人。山曰：恁麼則不到頂也。曰：若不到頂，爭知無人。山曰：何不且住。曰：某甲不辭住，西天有人不肯。山曰：我從來疑著這漢。天童舉趙州云：有佛處不得住，無佛處急走過。拈云：沈空滯迹，犯手傷鋒，俱未是衲僧去就。直須莫入人行市，莫坐他牀榻。正不立玄，偏不附物，方能把住放行有自由分。此二尊宿深明無住之旨，乃知曹洞無上真宗，二邊不立，中道不安，是般若真血脈路。

已上正答竟，此下躡跡斷疑。

通曰：已上問答，遣須菩提之微疑，顯如來之正脈。普度衆生，攝歸於如來藏海，修行無相，玄同於諸佛法身。泯智障於佛地，等法界於虛空。涅槃住而無住，諸法爲而無爲。福德威力一切成就，便合經終，入流通分。緣善現所問，以趨寂違度生，以度生違趨寂，情生分別，兩不圓融。世尊建大法幢，與之決破，謂度而無度，何礙於寂，寂而無寂，何妨於度。要令調伏、布施等事遠離取相之心。

無住而住，即是常住。此中微妙，尤難曉了。念而無念，相而無相，説而無説，證而無證，種種相違，能無疑乎。前疑既息，後疑復生，疑心不息，即非降伏。若謂無疑，執著安住，即是成心。成心不除，住非所住，故種種調伏，凡以斷微細之疑也。

此經但言其斷，不言其起。其起處至微，難以言顯。唯世尊佛眼一一照燭，不待其問而默爲斷之，此等金剛慧，豈凡情所可測耶。

彌勒菩薩偈曰：調伏彼事中，遠離取相心。及斷種種疑，亦防生成心。此偈授之無著，無著轉授之天親。無著於此經分爲十八住，天親於此經分爲二十七斷疑。或一住中有兩疑三疑，或一疑中有三住四住，其論各不同，何哉。無著以第一住配十住發心等位，第二住配十行位中前六行位，第三住配七行位，第四住配八行九行十行位，第五住至第十四住配十迴向位，第十五住配四加行位，第十六住當世第一地，第十七住當初地，第十八住從二地已去乃至佛位通名如來地。是經以無相爲宗，豈合列位淺深。雖則情惑漸薄，位地轉高，義相稍同，略爲配攝，未嘗不可。然牽合他經，滯於名相，而甚深義趣反爲所掩，此天親所以特主斷疑，遵彌勒旨也。後來受持是經者，宜共遵之。

金剛般若波羅蜜經宗通卷一

金剛般若波羅蜜經宗通卷二

○一、斷求佛行施住相疑

此疑從前文不住相布施而來。

功德施菩薩論曰：若菩薩施時法亦不住，云何以相好故行於施耶。百福相等功德法聚，名爲世尊。若不住法，云何得成諸佛體相。爲遣此疑，故經云：

須菩提，於意云何，可以身相見如來不。不

也，世尊。不可以身相得見如來。何以故。如來所説身相，即非身相。佛告須菩提，凡所有相，皆是虚妄。若見諸相非相，即見如來。

傅大士頌曰：如來舉身相，爲順世間情。恐人生斷見，權且立虚名。假言三十二，八十也虚聲。有身非覺體，無相乃真形。

通曰：法身如來者，來而未嘗來也，故曰如來。凡夫見其來，執之爲有相，恒住於有以爲修因。二乘見其不來，執之爲無相，恒住於無以爲修因。菩薩已知報、化非有，離凡夫見，已知法身非無，離二乘見，但趣向佛乘，猶存法愛。今聞六度修行之時，自六塵以至菩提、涅槃，一切諸法不應住著，將何所持循而證法身耶。佛以法身若即相者，則即相可以見如來。法身若離相者，則離相可以見如來。即之不可，離之不可，故不應住於法而證法身也。不即則見其未嘗來，不離則見其未嘗不來，故曰即見如來。三諦圓融，因果一契，方與無上菩提相應也。

《刊定記》曰，佛問須菩提：於汝意中，還可用三十二相之身見法身如來爲不可耶。空生見佛舉相以問，即知不得相求，故答云：不也，不可以三十二相得見如來。恐末代衆生不達此理，取相爲真，故復自徵其意云：以何義故，不可以三十二相見法身如來耶。以如來所説三十二相之身，即非法身之相故。以三十二相者，由多劫修行成就，墮在有爲之數，當爲生、住、異、滅四相所遷。况對機宜有無不定，焉可將此而爲法身。若法身佛體者，非前際生，非後際滅，無有變遷，不可破壞，異此有爲，故説三十二相不是法身相也。

彌勒菩薩偈曰：分别有爲體，防彼成就得。三相異體故，離彼是如來。三相即四相，以住異同時，故合爲一耳。此須菩提所見，已知法身無相，猶未明法身不離乎相也。故佛印可之曰：凡所有相，皆是虚妄。一切有爲之相，皆從妄念而生。妄念本空，無有自性，念尚無性，況所現相而實有耶。不但三十二相如幻不實，凡世出世間一切聖凡等相皆非實也。相既非實，非相即實，將無離此虚妄之相，別求無相之佛耶。故又遮之曰：若見諸相非相，即見如來，所謂法身無相，非離諸相外別有法身也。以色即是空，空即是色故，但亡分別，相自不生，相既不生，唯一真實。此真實者，即寓於虚妄之中，即真即妄，即妄即真。人但見其相，我見其非相，如相馬者，得之牝牡驪黄之外，即見真如自性法身如來也。

寶積如來解曰：如來真身本無生滅，湛然常住，託陰受形，同凡演化，入神母胎。擐此凡相各別，故云如見諸相非相，即見如來。頌曰：凡相滅時性不滅，真如覺體離塵埃。了悟斷常根果別，此名佛眼見如來。不但三十二相相即非相，是名如來，凡世、出世間一切諸相相皆無相，無非真如無爲法體，一真平等，無二無別，總法界性爲一法身。如是見者，由證乃知，故不以虚妄之相見如來，而以微妙之相見如來也。法身既不可以相見，亦不可以離相見，則求佛者固不可以執相求，亦不可以離相求。果本無住，因亦無住。若能遠離衆生希望，不住於有，乃至法身亦無所得，不住於無，恒如是行不住於相，即於佛身速得成滿，又何疑於因果不相符耶。

天童舉經云：若見諸相非相，即見如來。法眼云：若見諸相非相，即不見如來。拈云：不會也相許。萬松自讚其像云：凡所有相，皆是虚妄。若見諸相非相，即見眉毛眼上。世尊説如來禪，法眼説祖師禪，會得甚奇特，不費半星氣力，向釋迦法眼分疆列界處方便講和，一統天下，豈非好事。天童如來禪、祖師禪，更不敢妄生分別。會得奇特且置。

既不會，爲甚也相許。不見道，打破大唐國，覓箇不會底不得。

以上諸尊宿發明諸相非相一種消息，不妨各出手眼，非覿面如來，固不能操縱如此。

○二、斷因果俱深無信疑

此疑從前無住行施、非相見佛兩段經文而來。無住行施，因深也。無相見佛，果深也。如我親承，方能領悟。末世鈍根，云何信受。既不信受，將無空説耶。

須菩提白佛言：世尊，頗有衆生得聞如是言説章句，生實信不。佛告須菩提，莫作是說。如來滅後，後五百歲，有持戒修福者於此章句能生信心，以此爲實。

傅大士頌曰：因深果亦深，理密奥難尋。當來末法世，唯恐法將沈。空生情未達，聞義恐難任。如能信此法，定是覺人心。

當知是人不於一佛二佛，三四五佛而種善根，已於無量千萬佛所種諸善根。聞是章句，乃至一念生淨信者，須菩提，如來悉知悉見，是諸衆生得如是無量福德。

傅大士頌曰：信根生一念，諸佛盡能知。生因於此日，證果未來時。三大經多劫，六度久安施。熏成無漏種，方號不思議。

何以故。是諸衆生無復我相、人相、衆生相、壽者相，無法相，亦無非法相。何以故。是諸衆生若心取相，即爲著我、人、衆生、壽者。若取法相，即著我、人、衆生、壽者。何以故。若取非法相，即著我、人、衆生、壽者。

傅大士頌曰：人空法亦空，二相本來同。偏計虛分別，依他礙不通。圓成沈識海，流轉若飄蓬。欲識無生處，心外斷行蹤。

是故，不應取法，不應取非法。

傅大士頌曰：有因名無號，無相有馳名。有無無別體，無有有無形。有無無自性，妄起有無情。有無如谷響，無著有無聲。

以是義故，如來常説，汝等比丘知我説法如

筏喻者，法尚應捨，何況非法。

傅大士頌曰：渡河須用筏，到岸不須船。人法知無我，悟理詎勞筌。中流仍被溺，誰論在二邊。有無如取一，即被汙心田。

通曰：此段經文括盡一經旨趣，故傅大士頌之極詳。此經以無相爲體，無住爲宗，體無相不可以意想窺，用無住不可以執情度。古德云：如太末蟲處處能泊，唯不能泊於火燄之上，衆生心處處能緣，獨不能緣於般若之上。此其所以爲甚深也。云何無相，謂無人我相，無法我相。云何無住，謂不住於相，不住於法，不住於非法。無相何以爲果，無住何以爲因。法身無爲，不墮諸數，本來無相，只爲心有所住，便於無相之體不得圓滿，所以攝有相歸無相者，在觀照智也。如《象腋經》說，若出生死，證涅槃界，愛非愛果，法非法因，一切皆捨。雖正因正果，尚在所捨。此甚深般若，最爲難信之法也。

《刊定記》云：初，善現聞此因果俱深章句，不勝慶幸。始者但知無相，而不知即相無相之深果。始者但知常住，而不知住而無住之深因。以佛世時尚有難信此深法者，不知現在當來能有衆生聞是章句生真實信心，以爲實有是事否耶。佛爲遣此疑，故訶勸之曰莫作是說。一切衆生皆有佛性，聞法生信，豈謂無人。如佛滅後，後五百歲，凡五箇五百，初五百中解脱牢固，二五百中禪定牢固，三五百中多聞牢固，四五百中塔寺牢固，後五百中鬭諍牢固。此則教力漸衰，正法將滅之時，有持戒修福者，戒定具足，能發慧覺，以此爲實，正解因果甚深義趣而無顛倒之惑者矣。

彌勒菩薩頌曰：說因果深義，於後惡世時。不空以有實，菩薩三德備。

若無戒定慧三德，孰能以此爲實而生信耶。當知是人於多佛所久事善友，習聞正法，則緣勝也。種諸善根，三毒久伏，六度增長，則因勝也。因緣俱勝，方生實信。是知實信誠不易得，無論聞是章句，實信一切諸佛本來清淨，一切衆生盡成佛道，乃至一念淨信此經，是諸佛因，是諸佛果。如是信經之人得福無量，猶如十方虚空不可思量。

彌勒菩薩偈曰：修戒於過去，及種諸善根。戒具於諸佛，亦説功德滿。

如來於彼咸悉知見。凡夫知以比智，見以肉眼，故有不知不見。如來於見處即知，非比智知，知處即見，非同肉眼見，故無所不知，無所不見也。

彌勒菩薩偈云：佛非見果知，願智力現見。求供養恭敬，彼人不能説。

得福有二，謂生得、取得。生者，正修福業，能生善因，即信解持説者也。取者，即今熏成種子，後感將來果報也。此諸供養恭敬，非比智知，非肉眼見，故曰彼人不能説。

以何義故，信經之人得如是無量福德耶。是諸衆生，如是持説，如是熏修，無復我、人、衆生、壽者之相，已得人無我慧。無復執於有爲之法相，亦無執於無爲之非法相，得法無我慧。人法俱空，量等太虚，故其福德不可量也。

四相固云相矣，法與非法屬於分別，何以亦謂之相耶。爲其所分別者，不離我我所相，起法非法想，非於無我土木等生分别也。

彌勒菩薩偈曰：彼壽者及法，遠離於取相。亦説知彼相，依八八義别。

人我四相，法我四相，共成八義，略有淺深。般若能知八義遠離於相，即謂具慧。如執自五藴種種差別爲我，計諸藴既謝復取諸趣爲人，計諸藴流轉相續不斷爲衆生，計一生命根常住爲壽者，此凡夫所著有爲麤相也。彌勒菩薩偈曰：差别相續體，不斷至命住。復趣於異道，是我相四種。此之謂也。

若除四相，即於相除之可也。何爲復不住於法非法耶。若心取於色相者，貪戀五塵之境，以是爲因，即著諸蘊幻質四相。若心取有爲之法，離境求心，以是爲因，即著正悟了覺四相。比例而觀，若心取無爲之法，諸法皆空，以是爲因，即著於捨藏法執四相。其可謂之無相法身乎。彌勒菩薩偈曰：一切空無物，實有不可說。依言詞而說，是法相四種。蓋指此也。

一切空者，即人空、法空見也。人法俱空，都無分別，即實有不可説也。雖不可説，不是頑空，但依世諦言詞而説，即是中道諦也。於此有著有住，不離徧計、依他二執，而圓成實性沈於識海，不能證於無相之果。是故修無上菩提正因者，不應取法，不住於生死法也，不應取非法，不住於涅槃法也。二邊不住，即歸中道，究竟中道亦不應住著也。

彌勒菩薩偈曰：彼人生信心，恭敬生實相。聞聲不正取，正説如是取。此何義耶。謂於般若一念生淨信者，不如言取義，隨順第一義智，以無住爲義故。

如來常説，汝等比丘知我説法如筏喻者，如欲濟川，先應取筏，至彼岸已，即應捨去。欲度煩惱大流，應修一切善法，既登涅槃岸已，法亦應捨。善法尚不應取，以實相無相故，何況不善非法離於實相外者耶。以上有無諸法皆非法也，故不應取。

彌勒菩薩偈曰：彼不住隨順，於法中證智。如人捨船筏，法中義亦然。

彼證智者本不住於隨順相應法中，而未證者必於隨順相應法中而證智，如筏可憑也，亦可捨也。然則文字般若何爲亦應捨耶。爲除信經者微細執故。前以信心清淨，得福無量，非不正因正果。若細執不除，終爲聖道之障。故能於經而離經，於法而離法，但除其病而不除其體，斯善乎甚深般若之旨矣。

僧問同安：依經解義，三世佛冤，離經一字，即同魔説，此理如何。安云：孤峰迥秀，不挂煙蘿。片月横空，白雲自異。丹霞頌云：雲自高飛水自流，海天空闊漾虚舟。夜深不向蘆灣宿，迥出中間與兩頭。只此迥出中間與兩頭一語，括盡般若甚深義。傅大士頌謂中流仍被溺，正謂般若亦應捨也，深哉。

〇三、斷無相云何得説疑

此疑從第一疑中不可以身相得見如來而來。向云佛身無相，若證無相時，法與非法皆捨，即不合有得有説，何故世尊以一念相應正智現覺，於諸法有所説耶。有説即墮有爲，安在其無爲耶。爲遣此疑，故經曰：

須菩提，於意云何，如來得阿耨多羅三藐三菩提耶，如來有所説法耶。須菩提言：如我解佛所説義，無有定法名阿耨多羅三藐三菩提，亦無有定法如來可説。何以故。如來所説法，皆不可取，不可説，非法，非非法。

傅大士頌曰：菩提離言説，從來無得人。須依二空理，當證法王身。有心俱是妄，無執乃名真。若悟非非法，逍遥出六塵。

所以者何。一切賢聖皆以無爲法而有差别。

傅大士頌曰：人法俱名執，了即二無爲。菩薩能齊證，聲聞離一非。所知煩惱盡，空中無所依。常能作此觀，得聖定無疑。

須菩提，於意云何，若人滿三千大千世界七寶以用布施，是人所得福德寧爲多不。須菩提言：甚多，世尊。何以故。是福德，即非福德性，是故如來説福德多。若復有人於此經中受持，乃至四句偈等，爲他人説，其福勝彼。何以故。須菩提，一切諸佛及諸佛阿耨多羅三藐三菩提法，皆從此經出。須菩提，所謂佛法者，即非佛法。

傅大士頌曰：寶滿三千界，齎持作福田。唯成有漏業，終不離人天。持經取四句，與聖作良緣。欲入無爲海，須乘般若船。

通曰：如來無住妙法，大不可思議，論

實際理地，一無所得。以普利羣生之故，不妨現起種種形相言音，凡有見聞，靡不獲益。其實於諸法性，離諸分别，不由作意，得即無得，説即無説，是爲中道第一義諦也。空生但明法身邊事，故以如來無得無説，一切賢聖皆以無爲法而有差别。世尊却指出法身向上事，不妨一切諸佛從此生，無上菩提法從此出。但所謂佛與法者，即非佛與法，皆無所得故。如是妙法，有能信受者，福德真不可量也。

《刊定記》曰，佛問須菩提：於汝意中所謂如何，謂我得菩提，爲不得耶。謂我説法，爲不説耶。須菩提一向解空，豈不知佛有三種，一者法身佛，二者報佛，三者化佛。今世尊即是化身。此乃元非證覺，亦不説法度生，故無有定法名得菩提，亦無有定法如來可説。此何以故。以如來所説無上菩提之法，非耳能聽，不可取故，非口能宣，不可説故。

欲言其有，則無狀無名，一切法無實體相故，本未嘗有也，故曰非法。欲言其無，則聖以之靈，真如無我相實有故，又未嘗無也，故曰非非法。以爲法則又非法，以爲非法則又非非法，説者既不二説，聽者亦不二取，故謂如來無得無説也。

彌勒菩薩偈曰：應化非真佛，亦非説法者。説法不二取，無説離言相。不二取者，不取法非法也。豈惟如來爲然，一切賢聖依真如法清淨得名，皆是此無爲之法。無爲本無所作爲，故不見其有，不見其無。無爲即無可分别，故不得而取，不得而説。彼之自性，遠離言語相，非可説事故，但賢人分證此理，分得清淨。聖位全證此理，具足清淨，皆修證此菩提之法，而果位不無差别耳。如象、馬、兎同渡一河，能渡有差，所渡無别故。世尊以一切無爲法不可立宗，恐人聞説是法無爲，不可取説，便欲一向毀廢，諸佛如來無從出生，無上菩提無從了證，所謂佛法者將不墮於空乎。於是較量持經功德以問須菩提：於意云何，若人以金銀、瑠璃、珊瑚、瑪瑙、赤真珠、玻瓈七寶充滿三千大千世界，由小千而中千，由中千而大千，凡萬億日月，萬億四天下，以如是寶持用布施。寶如是其珍也，布施如是其廣也，所得福報寧爲多否。須菩提言：甚多。以何義故，説多耶。是珍寶廣施之福德但是事福，不能持荷菩提，非般若福德種性。若依般若修行，令自性不墮諸有，是名福德性。肩荷如來，性周沙界，其福德亦如是積聚，是爲理福，不可言福與不福。福既不有，無以言多。世俗有者，有相有爲，可以言福。以有福故，兼可言多，是故如來説福德多。佛即印可之曰：如汝所説。若復有人，於此《般若》章句信受持誦，自利也，爲他人説，利他也。無論全部貫徹始終，乃至隨説四句偈等，不離般若自性以爲功德，其福勝彼以寶施者無量無邊，不可以心所測也。

彌勒菩薩偈曰：受持法及説，不空於福德。福不趣菩提，二能趣菩提。二即受持及説也。

四句偈説者不一，或云無我相四句，或云凡所有相四句，或云若以色見我，及一切有爲法四句，或以一句二句三句至四句，如六祖以《摩訶般若波羅蜜經》爲四句。以上諸説不一，但以佛言隨説四句印之，皆是四句，皆可持説，可無諍論矣。

以何義故，持説此經勝於財施者耶。以無上菩提從此經出，本真之理不生不滅，煩惱覆之則隱，智慧了之則顯。持説此法，妙慧自彰，菩提法身現矣，是名了因。以諸佛如來從此經生，報、化之身本來無有，持説此法，餘者受報，無邊色相以嚴其身，十方國土周行無礙，是名生因。彌勒菩薩偈曰：於實爲了因，亦爲餘生因。

持經功德，能成就一切諸佛菩提法如此，豈世間有漏之福能與之並較哉。若復泥著持經功德，開顯是佛法身，見有性者，於法未悟，反增其障，故復告曰：所謂佛法者，即非佛法。言佛法者，約世諦故有，即非佛法者，約第一義即無。謂俗諦相中，有迷悟、染淨、凡聖之異，故説佛法從經而出。真諦之理離於迷悟、染淨、凡聖之相，畢竟無佛法可得也。

彌勒菩薩偈曰：唯獨諸佛法，福成第一體。論佛與法，出世之福，無與比者，以第一義觀之，一切無有，所謂福成第一體也，均之爲不可取不可説之法。歸之於無爲者，似墮偏空，不如即佛法非佛法，不失爲中道諦也，住而無住，無住而住，其爲至妙至妙者乎。

昔雪峰問德山：從上宗乘，學人還有分也無。山打一棒，曰：道甚麽。曰：不會。至明日請益，山曰：我宗無語句，實無一法與人。峰因此有省。巖頭聞之曰：德山老人一條脊梁骨，硬如鐵，拗不折。然雖如此，於唱教門中猶較些子。法眼云：證佛地者，名持此經。經中云一切諸佛及諸佛阿耨多羅三藐三菩提法皆從此經出，且道喚什麽作此經。莫是黄卷赤軸底是麽。且莫錯認定盤星。又僧問首山：一切諸佛皆從此經出，如何是此經，山曰：低聲低聲。僧云：如何受持。山曰：不染汙。投子頌曰：水出崑崙山起雲，釣人樵父昧來因。只知洪浪巖巒闊，不肯拋絲棄斧聲。若能拋絲棄斧，直窮向上一路，水自我出，雲自我起，又何著於語言文字而自染汙哉。

〇四、斷聲聞得果是取疑

此疑從上所謂佛法即非佛法而來。天親菩薩論曰：向説聖人無爲法得名，以是義故，彼法不可取、不可説。若須陀洹等聖人取自果，云何說彼法不可取。既如證如說，云何成不可說。爲遣此疑，成彼法不可取不可說，故經云：

須菩提，於意云何，須陀洹能作是念我得須陀洹果不。須菩提言：不也，世尊。何以故。須陀洹名爲入流，而無所入，不入色、聲、香、味、觸、法，是名須陀洹。須菩提，於意云何，斯陀含能作是念我得斯陀含果不。須菩提言：不也，世尊。何以故。斯陀含名一往來，而實無往來，是名斯陀含。須菩提，於意云何，阿那含能作是念我得阿那含果不。須菩提言：不也，世尊。何以故。阿那含名爲不來，而實無不來，是故名阿那含。須菩提，於意云何，阿羅漢能作是念我得阿羅漢道不。須菩提言：不也，世尊。何以故。實無有法名阿羅漢。世尊，若阿羅漢作是念我得阿羅漢道，即爲著我、人、衆生、壽者。世尊，佛說我得無諍三昧，人中最爲第一，是第一離欲阿羅漢。世尊，我不作是念，我是離欲阿羅漢。世尊，我若作是念，我得阿羅漢道，世尊即不說須菩提是樂阿蘭那行者。以須菩提實無所行，而名須菩提，是樂阿蘭那行。

傅大士頌前三果曰：捨凡初入聖，煩惱漸輕微。斷除人我執，創始至無爲。緣塵及身見，今者乃知非。七返人天後，趣寂不知歸。

又頌第四果曰：無生即無滅，無我復無人。永除煩惱障，長辭後有身。境亡心亦滅，無復起貪瞋。無悲空有智，翛然獨任真。

通曰：上言無爲法不可取不可說，本須菩提語，何故於自語生疑耶。爲佛說所謂佛法者即非佛法，正破彼無爲之法。彼欲泯諸法而歸於無，佛則現起諸法而不見其有，即無爲法亦不見其有也。故須菩提疑若無爲法亦無性者，則一切賢聖如四果聲聞等各各差別，各有所得，云何既已得果，又非果耶。佛以果未嘗無，但不自作證，即不見有果可得，故以四果有無作念詰之。彼自知原不作念，既不作念，又何果相之有，乃信如來所説即佛法非佛法，真是無住妙法也。

下文以如來有所得法試問之，即知實無所得，又以菩薩莊嚴佛土試問之，即知實非莊嚴。故佛印之曰，應如是生清淨心，應無所住而生其心。非是住於無爲，便可爲賢聖法也。

《刊定記》曰：於意云何，汝謂須陀洹人作念云得須陀洹果否，答云不也。若是者，以何義故得名須陀洹。以從凡夫地，入聖人流類，而心無所得故。云何無得。於色等六塵境界皆無取故。若取六塵，即入凡流，逆聖流。唯不取著，即入聖流，逆凡流也，故名須陀洹。

四果之中，初爲見道，次二修道，後一無學。初見道者，謂十六心斷三界四諦下八十八使分別麤惑。云何十六心。謂欲界四諦下，各一忍一智，以成八心，又合上二界爲一四諦，類下欲界觀斷亦各一忍一智，以成八心，即十六心也。忍即無間道，是正斷惑時，智即解脱道，是斷了時。所謂苦法智忍，苦法智，苦類智忍，苦類智，乃至道法智忍，道法智，道類智忍，道類智。斷至十五心道類智忍，名初果向。至第十六心道類智時，名證初果。人天二別，極七返生。何故七生，餘七結故。七結者何，謂欲界貪、瞋、癡，色無色界愛、掉、慢、無明，從中復斷欲界中修所斷惑有四，即貪、瞋、癡、慢。此是俱生細惑任運起者，以難斷故，分爲九品，所謂上上，乃至下下。此九品惑，二三果人斷之，斷至五品名二果向，斷六品盡名第二果。

向位中有二種家家，謂天及人。天家家者，謂於天趣，或於一天，或二三天，諸家流轉而般涅槃。人家家者，謂於人趣，或於此州，或餘州中，諸家流轉而般涅槃。已損六生，但餘一生，是故一往天上，更須一來人間受生斷餘惑也。如是次第，復斷二品，一生爲間，當般涅槃，是即名三果向。九品永斷，名第三果。更不還生於欲界，杜絶紆絆，故無再來。即以見道八品無爲，及修道九品無爲，爲此果體。此二三果人斷惑，猶如截木横斷而已。

如是復斷初禪地欲，乃至有頂第九品無間道時，一切説名阿羅漢向。此無間道，亦名金剛喻定，以能永壞諸惑隨眠，至解脱道，名盡智，與漏盡得同時生故。如是名住阿羅漢果，總以八十九品無爲爲此果體。不生云者，謂我生已盡，梵行已立，所作已辦，不受後有。然前三句即是盡智，後句即是無生智，謂不向三界之中受有苦身也。以世間因亡果喪，出世間因成果證，應作自他利益事故，應爲一切人天有貪著者所供養故。

如是四人皆不作念我能得果，何以故。在證時無所得故，如云實無有法名須陀洹，至實無有法名阿羅漢。何故不生得果念耶。若是念生，有我等取，無異凡夫。四果人皆離身見，無彼取故，既無取心，證即無證。彌勒菩薩偈曰：不可取及説，自果不取故。

佛於往日曾説於我得是無諍三昧，不惱衆生，能令衆生不起煩惱故。若人嫌立，則復爲坐，乃至不向貧家乞食，皆爲不惱他也。人中第一者，諸大弟子各有一能，皆稱第一，如迦葉頭陀，阿難多聞之類。善現無諍最爲第一，於諸離欲阿羅漢之中稱爲第一。佛雖讚我，我於此時輒無是念。若我當此之時作如是念，我得阿羅漢道，行於無諍，不悟即空，何故如來讚言第一。言第一樂寂靜者，悟即空故。以須菩提不作是念，實無所行，故佛讚我無諍第一也。無諍者，謂離煩惱障，及離三昧障，由離煩惱障，得阿羅漢故，離三昧障，得無諍故。彌勒菩薩偈曰：依彼善吉者，説離二種障。須菩提住於此定，障及諍皆不與俱，故隨俗言無諍行。無諍行也，實無所行，更何疑於得果是取哉。此世尊令彼自解自悟，默除所疑也。

昔翠微無學禪師因供養羅漢，僧問：丹霞燒木佛，和尚爲甚麽供養羅漢。師曰：燒也不燒著，供養亦一任供養。曰：供養羅漢，羅漢還來也無。師曰：汝每日還喫飯麽。僧無語。師曰：少有靈利底。又，長慶有時云：寧説阿羅漢有三毒，不説如來有二種語。不道如來無語，只是無二種語。保福云：作麽生是如來語。慶云：聾人爭得聞。保福云：情知你向第二頭道。慶云：作麽生是如來語。保福云：喫茶去。雪竇頌云：頭兮第一第二，臥龍不鑒止水。無處有月波澄，有處無風浪起。稜禪客，稜禪客，三月禹門遭點額。即此二則公案，俱具金剛般若眼，照用現前，却解得如來語。

〇五、斷釋迦然燈取説疑

此亦從前第三疑中來。

功德施菩薩論曰：若預流等不得自果，云何世尊遇然燈佛獲無生忍，彼佛爲此佛説法，若如是，云何彼法不可執不可取。爲遣此疑，故經云：

佛告須菩提，於意云何，如來昔在然燈佛所，於法有所得不。不也，世尊，如來在然燈佛所，於法實無所得。

傅大士偈曰：昔時稱善慧，今日號能仁。看緣緣是妄，識體體非真。法性非因果，如理不從因。謂得然燈記，寧知是後身。

《刊定記》曰：於汝意云何，謂我昔於然燈佛所，於授記言説之中，有法爲所得爲無所得。答云：不也，如來昔在然燈佛所，於授記言説之中，實無法爲所得。蓋然燈佛所説但是語言，釋迦所聞惟聞語言，語言從緣，緣無自性，言語所説，不取證法故。然所以得記者，但以自無分別智，證自無差別理，智與理冥，境與神會，但一真實，更無枝葉，豈有所說所得耶。是知證法離言說相，故不可說，證法離心緣相，故不可取也。

彌勒菩薩偈曰：佛於然燈語，不取理實智。以是真實義，成彼無取說。

功德施菩薩論曰：復有經說，我所有法，皆不可得。若聲聞、獨覺及以如來。或以言語不能取於證法，非智不取。此說違經。經說第一義非智之所行，何況文字。有餘經中，世尊自釋然燈佛所得無生智，不取於法。如彼經言，海慧當知菩薩有四，所謂初發心菩薩、修行菩薩、不退轉菩薩、一生補處菩薩。此中，初發心菩薩見色相如來，修行菩薩見功德成就如來，不退轉菩薩見法身如來。海慧，一生補處菩薩非色相見，非功德成就見，非法身見。何以故。彼菩薩以淨慧眼而觀察故，依淨慧住，依淨慧行。淨慧者，無所行，非戲論，不復是見。何以故。見非見是二邊，遠離二邊，是即見佛。若見於佛，即見自身。見身清淨，見佛清淨。見佛清淨者，見一切法皆悉清淨，是中見清淨智亦復清淨，是名見佛。海慧，我如是見然燈如來，得無生忍，證無得無所得理。即於此時上昇虗空，高七多羅樹，一切智智明了現前，斷衆見品，超諸分別，異分別、徧分別，不住一切識之境界，得六萬三昧。然燈如來即授記我，汝於來世當得作佛，號釋迦牟尼。是授記聲，不至於耳，亦非餘智之所能知，亦非我惛蒙都無所覺。然無所得，亦無佛想，無授記說、授記想，乃至廣說。言無想者，顯是智證，而無所取故，想者心法，非是語故。當知此中說智之境界，是故言以淨慧眼而觀察故。復次，無生忍者，是心法，非語法故。復次，證於無得無所得者，以法無性，無能取得，此無得理有可得耶。都無所得，豈智能取。復次，斷衆見品，超諸分別，見品分別，智法非語。復次，不住一切識之境界，不言不依一切語境，故無所取，是智境界。

云何餘師因謂遮語。昔師子尊者問於鶴勒尊者曰：我欲求道，當何用心。祖曰：汝欲求道，無所用心。曰：既無用心，誰作佛事。祖曰：汝若有用，即非功德。汝若無作，即是佛事。經云：我所作功德，而無我所故。師子聞是語已，即入佛慧。祖以法眼付之。偈曰：認得心性時，可説不思議。了了無可得，得時不説知。

此無得無爲，須菩提亦知，但須菩提是不退轉菩薩，見法身如來，佛所説一生補處菩薩，非法身見，此其所以異耳。故佛以淨慧眼示之，所謂佛法即非佛法，彼即默然自了，殆非尋常所測。

〇六、斷嚴土違於不取疑

此亦從前第三疑中不可取而來。

功德施菩薩論曰：若智亦不能取諸佛法，何故菩薩以智取佛土功德而興誓願。爲遣此疑，故經云：

須菩提，於意云何，菩薩莊嚴佛土不。不也，世尊。何以故。莊嚴佛土者，即非莊嚴，是名莊嚴。是故，須菩提，諸菩薩摩訶薩應如是生清淨心：不應住色生心，不應住聲、香、味、觸、法生心，應無所住而生其心。

傅大士頌曰：掃除心意地，名爲淨土因。無論福與智，先且離貪瞋。莊嚴絶能所，無我亦無人。斷常俱不染，穎脱出囂塵。

通曰：須菩提謂一切賢聖皆以無爲法而有差别，雖知法不可取，以其無爲而不可取也。世尊以所謂佛法者即非佛法，而不可取不可説即寓於佛法中也。彼惟執著無爲之法不可取中，正是取也。故始而疑四果是取，而信其本不作念即四果，離四果矣。既而疑授記是取，而信其實無所得即授記，離授記矣。既而疑莊嚴是取，而信其即非莊嚴即莊嚴，離莊嚴矣。既而疑報身是取，而信其佛說非身即報身，離報身矣。四果、授記、莊嚴、報身，皆佛法也。即非佛法，指出法身向上事也。須菩提執著法身是有，故欲其住，欲其降伏，而不知無住之爲住也。此無住爲一經之綱宗，爲發最上乘者説，豈可容易解乎。

《刊定記》曰：世尊欲明法性真土，故舉菩薩興功運行、六度齊修、迴向發心、嚴淨佛土以問，須菩提答云不也。以何義故，不取相莊嚴佛土耶。不以相莊嚴是真實也。土有二種：一、法相土，謂有形相可得。二、法性土，謂離一切相，無所見聞。莊嚴亦有二種：一、形相，謂金地寶池等。二、第一義相，謂修習無分别智。通達惟識真實之性，淨智所流，唯識所現，顯發過恒沙功德而爲莊嚴，此即不能有所執取。若言實有形質，是可取性，我能成就國土嚴勝者，斯成妄語。

彌勒菩薩偈曰：智習唯識通，如是取淨土，非形第一體，非嚴莊嚴意。

即非莊嚴者，揀法相土，有色等性非真莊嚴也。是名莊嚴者，顯法性土以一切功德成就莊嚴，無形質可取，是第一莊嚴也。是故下，佛依淨心莊嚴勸也，故曰以是義故，汝諸菩薩應生清淨之心。若人以形相爲真佛土，便欲以形相莊嚴而言我作我成就者，即住於色等境中。既住色已，即是染心，何名淨耶。爲遮此故，故云應如是生清淨心，不應住色等六塵生希望得果心也。不住色等一切諸法，心即無住。無住之心，心即清淨。清淨之心，故應生也。若都無心，便同空見，故令生此真心。天真之心，本不生滅，但緣住境，即不相應。心若不住，般若了然，亦非作意令其生起。恐人迷此，故爲顯而遮之。前不令住色等是遮有，後令生心是遮無。既離有無，即名中道，如斯體達，是真莊嚴，何有佛土而不清淨哉。故《淨名》云：欲淨其土，當淨其心，隨其心淨，即佛土淨。以智成就而不住著，奚但一莊嚴爲然。當隨在生無所住心也。昔五祖爲六祖説《金剛經》，至應無所住而生其心，六祖言下大悟，乃言：何期自性本自清淨，何期自性本不生滅，何期自性本自具足，何期自性本無摇動，何期自性能生萬法。五祖曰：不識自心，學法無益。若言下識自本心，見自本性，即名丈夫、天人師、佛，善自護持。遂以衣鉢付之。偈曰：有情來下種，因地果還生。無情既無種，無性亦無生。南嶽懷讓禪師云：一切法皆從心生。心無所生，法無所住。若達心地，所作無礙。非遇上根，宜慎辭哉。此六祖所得無住生心一語，遂爲南嶽密傳心印云。

金剛般若波羅蜜經宗通卷二

金剛般若波羅蜜經宗通卷三

〇七、斷受得報身有取疑

此疑亦從第三疑中不可取而來。

功德施菩薩論曰：若不取一切法者，云何受樂報佛取自法王身，云何餘世間復取彼是法王身。爲遣此疑，故經云：

須菩提，譬如有人，身如須彌山王，於意云何，是身爲大不。須菩提言：甚大，世尊。何以故。佛説非身，是名大身。

傅大士頌曰：須彌高且大，將喻法王身。七寶齊圍繞，六度次相隣。四色成山相，慈悲作佛因。有形終不大，無相乃爲真。

通曰：須菩提問云何住，云何降伏，是於無上菩提欲有修證而得。世尊以無上菩提不假修證，縱能修證，不是本來自性天真佛也。若修六度萬行無量功德，成就報土，名爲金光莊嚴淨土，成就報身，名爲千丈盧舍那身，終是業力所持，有漏有爲之果，難比清淨本然無漏無爲之果。故清淨本然之土是真淨土，清淨本然之身是真大身，所謂佛身充滿於法界是也。若於此信得及，不假修證，本自圓成，豈非甚難希有者乎。

《刊定記》曰：譬如有人身如須彌山王，如是等句，此喻顯示彼相似法自在之身。以何義故，名之爲大。如須彌山勢力高遠，故名爲大，而不取彼山王體。我是山王，以山無分別故，報佛亦如是。以得無上法王體，故名爲大，而不取彼法王體。我是法王，以無分別故。如何得是無分別耶。以於無量劫修諸福行，萬慮都忘，如智寂然，故無分別。

彌勒菩薩偈曰：如山王無取，受報亦復然。遠離於諸漏，及有爲法故。

如經：何以故，佛說非身，是名大身。非謂有身名爲大身，彼受樂報佛體離於諸漏，若如是即無有物，即是非身。由此非有身說爲有身，以唯有清淨身故，皎然緻淨，實有自體，非是仗他因緣生故，遠離有爲法故，安在其爲有取也。

文殊菩薩問世尊：何名大身。世尊曰：非身是名大身。具一切戒定慧，了清淨法，故名大身。須菩提謂佛說非身是名大身，蓋本於此。僧問大龍：色身敗壞，如何是堅固法身。龍云：山華開似錦，澗水湛如藍。雪竇頌曰：問曾不知，答還不會。月冷風高，古巖寒檜。堪笑路逢達道人，不將語默對。手把白玉鞭，驪珠盡擊碎。不擊碎，增瑕纇。國有憲章，三千條罪。若論宗門中，堅固法身亦不許住著，況非法身者乎。

須菩提，如恒河中所有沙數，如是沙等恒河，於意云何，是諸恒河沙寧爲多不。須菩提言：甚多，世尊，但諸恒河尚多無數，何況其沙。須菩提，我今實言告汝，若有善男子、善女人以七寶滿爾所恒河沙數三千大千世界以用布施，得福多不。須菩提言：甚多，世尊。佛告須菩提：若善男子、善女人於此經中，乃至受持四句偈等，爲他人說，而此福德勝前福德。復次，須菩提，隨說是經，乃至四句偈等，當知此處一切世間天、人、阿脩羅皆應供養，如佛塔廟，何況有人盡能受持、讀誦。須菩提，當知是人成就最上第一希有之法，若是經典所在之處，即爲有佛，若尊重弟子。

傅大士頌曰：恒沙爲比量，分爲六種多。持經取四句，七寶詎能過。法門遊歷處，供養感脩羅。經中稱最勝，尊高似佛陀。

《刊定記》曰：前三疑之後，四果之前，已說寶施之喻。今復說者，豈不重耶。蓋前說一三千界寶施，此說無量三千界寶施，雖則總是多義，總是勝較量，然其後者即多中之多，勝中之勝，故重說也。

彌勒菩薩偈曰：說多義差別，亦成勝較量。後福過於前，故重說勝喻。斯則言說重，而義意不重。

此之勝喻何不先舉。以諸凡夫未見真實，先爲廣說，不生信解。漸次聞之，乃生信故，所重在人通也。又，前喻未說四果無心，釋迦無得，嚴淨國土不嚴而嚴，修證佛身無證而證。後乃既明斯義，法理兼深，所重在法通也。

由是較量之喻亦復殊勝，故問須菩提：如恒河中所有沙數，如是沙等恒河，於意云何，是諸恒河沙寧爲多不。須菩提言：甚多。以殑伽河周四十里，沙細如麪。如是沙等恒河，是諸恒河尚多無數，何況諸恒河中之沙耶，故謂甚多也。

若有善男子、善女人以七寶滿爾所恒河沙數三千大千世界以用布施，得福多不。須菩提言：甚多。但以一恒河沙世界七寶布施，其福已多，況以諸恒河沙數世界七寶布施，豈不甚多。佛言：若但布施而不持經者，不趣菩提，其福德未爲勝也。若善男子、善女人於此經中受持四句偈等，爲他人說，自利利他，能趣菩提，其福德勝前七寶布施之福德，無量無邊，不可數計也。何以見其福德之勝哉。受持福多，凡有十三種勝因而得成福，且以處可恭敬、人可尊崇者言之。

復次，須菩提，隨說是經乃至四句偈等，當知此處即是支提，一切世間皆應供養。如帝釋爲天衆說法，諸天皆向座恭敬作禮，爲重於法，乃尊於處。藏佛舍利謂之塔，奉佛形像謂之廟。說法之處如佛塔廟，明處可敬也。

彌勒菩薩偈曰：尊重於二處。

宣說四句之處尚得天人供養，何況盡此經文能受持耶。前說其處，此說於人，前明四句偈之處，此明盡受持之處，反覆而言，故云何況也。當知是人盡能受持、讀誦，盡能信解般若波羅蜜甚深妙義，以能成就最上法身、第一報身、希有化身，勝出諸乘世間無比之法。若是經典所在之處，隨何方所即爲有佛及諸弟子，明人可尊也。謂報、化必依法身，法身又從經顯，既有能顯之教，必有所顯之佛。又經是教法，佛是果法，果由理顯，理由行致，斯則三佛備足，四法俱圓，所在之處，豈生輕劣。又，一切賢聖皆以無爲法得名，經顯無爲，必有賢聖尊重弟子。又，經即法寶，即爲有佛即佛寶，若尊重弟子即僧寶，經典所在之處，即三寶共居。若彼施寶之人及施寶之地無如是事，故此爲勝。

前說一切諸佛從此經生，猶可信也。今說經典所在即爲有佛，實難信也。前說無上菩提從此經出，猶可信也。今說持說四句即能成就最上第一希有之法，實難信也。此無上妙法，超過一切，豈七寶布施之多可比量哉。

隋時，蜀民荀氏嘗於空地遥望虛空，手寫《金剛般若經》，遂感諸天覆護，遇雨，此地不濕，牧童皆避於此。至唐武德間，有僧語村人曰：此地向來有人書經，諸天設寶蓋於上覆護，不可令人作踐。後設欄圍繞，供養佛像，常聞天樂之聲。此其章明較著者也。

昔臨濟到達磨塔頭，塔主問：先禮佛，先禮祖。濟曰：祖佛俱不禮。主曰：祖佛與長老有甚冤家。濟拂袖便出。此唯成就第一希有之事，故能倒行逆施若此。

爾時，須菩提白佛言：世尊，當何名此經，我等云何奉持。佛告須菩提，是經名爲《金剛般若波羅蜜》，以是名字，汝當奉持。所以者何。須菩提，佛説般若波羅蜜，即非般若波羅蜜。（時本有是名般若波羅蜜句，原本無。）須菩提，於意云何，如來有所説法不。須菩提(二)白佛言：世尊，如來無所説。

傅大士頌曰：名中無有義，義上復無名。金剛喻真智，能破惡堅真。若到波羅岸，入理出迷情。智人心自覺，愚者外求聲。

須菩提，於意云何，三千大千世界所有微塵是爲多不。須菩提言：甚多，世尊。須菩提，諸微塵，如來説非微塵，是名微塵。如來説世界，非世界，是名世界。

傅大士頌曰：積塵成世界，析界作微塵。界喻人天果，塵爲有漏因。塵因因不實，界果果非真。果因知是幻，逍遥自在人。

須菩提，於意云何，可以三十二相見如來不。不也，世尊，不可以三十二相得見如來。何以故。如來説三十二相，即是非相，是名三十二相。須菩提，若有善男子、善女人以恒河沙等身命布施。

傅大士頌曰：施命如沙數，人天業轉深。既掩菩提相，能障涅槃心。猿猴探水月，藺蕩拾華針。愛河浮更没，苦海出還沈。

若復有人，於此經中，乃至受持四句偈等，爲他人説，其福甚多。

傅大士頌曰：經中稱四句，應當不離身。愚人看似夢，智者見唯真。法性無前後，無中非故新。蕴空無實相，憑何見有人。

通曰：須菩提因佛讚歎此經所在之處即爲有佛，當爲人天供養，如佛塔廟，此經最勝，能受持者其福最多，故請此經何名而奉持之。佛以般若波羅蜜於六度中最爲第一，此經名

《金剛般若》，取能斷之義，并其般若而遣之，蓋至尊至貴無上法門也。其名最勝，能爲一切成佛勝因故。名既無名，説亦無説，本性無生，義無有上故。由是觀於微塵世界爲麤相分者，不離煩惱染因。由是觀於三十二相爲親相分者，未爲正覺體性。故持經功德，世界微塵不足爲多，三十二相不足爲奇，以受持是經能爲法身之因，故非世間有爲有漏因果可比也。雖以恒沙身命布施，不如持説四句得福之多，況七寶布施身外之物所得福德豈能及耶。

功德施菩薩論曰：受持福多，以十三種因而得成福，所謂處可恭敬故，人可尊崇故，一切勝因故，彼義無上故，越外内多故，勝佛色因故，越内施福故，同佛出現故，希能信解故，難有修行故，信修果大故，信解成就故，威力無上故。世尊何故慇懃説此諸因相耶。以諸衆生行資生施，求財位果，不持正法，斷諸苦因，故再三讚歎而激勸之也。

所云處可恭敬，人可尊崇，已見上文。

今一切勝因者，須菩提問當何名此法門。佛言經名《金剛般若》，能斷一切惑染疑執。若斷疑執，成佛必矣，豈不勝乎，故當奉持。然諸佛菩薩以般若波羅蜜於世出世法最勝了知，今此法門名曰金剛，有何所以。佛説般若波羅蜜，即非般若波羅蜜，謂三界諸法智能稱量，知不堅固。彼不堅固者猶是此岸，而般若智最堅固者名到彼岸。智功德岸無能量者，彌勒菩薩偈曰彼智岸難量，以第一義中，本性無生，難可思量，云何爲到。即般若智亦須能斷，此法門與一切諸佛如來證法作勝國也。偈云因習證大體，其斯之謂乎。

所謂彼義無上者，佛問須菩提：於意云何，如來有所説法否。須菩提已知如來所説法皆不可取不可説，至是答云如來無所説，言無有法是如來獨説，皆是諸佛共宣揚故。

由諸佛親所證會等流之性，至尊無上，縱有所説，皆如其證，證中無説，豈有異説耶。偈云由等流殊勝，即是義無有上也。

所謂越外内多者，佛問須菩提：於意云何，三千大千世界所有微塵是爲多不。須菩提言甚多。以三千世界散爲微塵，以微塵積爲三千世界，如積微塵功行，得成人天勝果，如是可以爲多乎。彼珍寶布施福德是染煩惱因，以能成就染煩惱果，以能成就染煩惱事故，是因爲有漏之因，果爲有爲之果也。如是微塵世界總皆不實，一俱非有，故如來説爲非塵，説爲非界。然此地塵，不是染等性塵，是故名作地塵。又彼世界非是煩惱染因界，爲此説爲世界。由此言之，彼布施福德乃是煩惑塵坌之因，彼福縱善，與外塵無記等，猶爲劣也，以此比於受持之福不見其多。謂寶施不及塵界，塵界不及持經，由於彼習煩惱而此斷除煩惑故也。偈云彼因習煩惱，經勝所以，豈不昭然。世界有衆生，故名爲内多，微塵但形色，故名爲外多，此持經功德，不落無記性，所以超越外内多也。

所謂勝佛色因者，佛問須菩提：於意云何，可以三十二相見法身如來否。答云：不也，不可以三十二相見法身如來。以何義故，不可以三十二相爲法身如來。如來説三十二相，非是法身無爲之相，但是化身有爲之相故，法身無爲真實性故，色身有爲影像相故。即如修行所有福業能成佛身相，但是應身，此於持説功德能成法身，亦爲是劣。由彼衆相非是正覺體性，而持説能得大覺性故，故謂彼爲劣。彼相雖劣，亦勝過施寶之染福，況爲法身因者而不超越，是故劣亦勝也。偈云此降伏染福，若福德中之勝福，更能降伏可知，故云勝佛色因也。

所謂超内施福者，佛告須菩提：若有善男子、善女人以恒河沙等身命布施，彼以七寶施者是身外之財，此以身命施者是謂内財，不捨身恒河沙數，不爲不多矣，破其慳貪，不謂不盡矣，其獲福報，視彼捨資生珍寶者，其福尤勝。何以故。彼捨身命，苦身心故。偈云：苦身勝於彼。習此苦因，不趨菩提，終爲有漏之果。若復有人於此經中乃至受持四句偈等，爲他人説，是謂法施。自利利他，能趨菩提，終成勝果。故其福勝彼無量阿僧祇，是謂超内施福德也。此約内財較量，倍顯經勝。

然則此經名爲《金剛般若波羅蜜》者，離文字相，故無所説，離煩惱相，故非微塵，離人天相，故非世界，乃至離佛色身，故非三十二相，亦離般若自性，故非般若波羅蜜。如是最上第一希有之法但可自信，但可自悟。如其不悟，雖捐無量七寶以求之，必不可得，雖捨無數身命以求之，必不可得。惟須菩提深契其旨，能不流涕而歎其難遇乎。

黄檗云：佛有三身，法身説自性虚通法，報身説一切清淨法，化身説六度萬行法。法身説法，不可以言語、音聲、形相、文字而求，無所説，無所證，自性虚通而已，故曰無法可説，是名説法。報身、化身皆隨機感現，所説法亦隨事應根以爲攝化，皆非真法。故曰：報、化非真佛，亦非説法者。又云：如來所説，皆爲化人，如將黄葉爲金，止小兒啼，決定不實。若有實得，非我宗門下客，且與你本體有甚交涉。故經云實無少法可得，名爲阿耨菩提。若也會得此意，方知佛道、魔道俱錯。本來清淨皎皎地，無方圓、無長短、無大小等相，無漏無爲，無迷無悟，了了見，無一物，亦無人，亦無佛。大千沙界海中漚，一切聖賢如電拂，一切不如心真實。法身從古至今，與佛祖一般，何處欠少一毫毛。既會如是意，大須努力。黄檗一宗，純是《金剛》大意，故知此經實爲傳佛心印者。

爾時，須菩提聞説是經，深解義趣，涕淚悲

泣而白佛言：希有，世尊，佛説如是甚深經典，我從昔來所得慧眼，未曾得聞如是之經。

傅大士頌曰：聞經深解意，心中喜且悲。昔除煩惱障，今能離所知。徧計於先了，圓成證此時。宿乘無閡慧，方便勸人持。

世尊，若復有人得聞是經，信心清淨，即生實相，當知是人成就第一希有功德。世尊，是實相者，即是非相，是故如來説名實相。

傅大士頌曰：未有無心境，曾無無境心。境忘心自滅，心滅境無侵。經中稱實相，語妙理能深。證知惟有佛，小聖詎堪任。

世尊，我今得聞如是經典，信解受持，不足爲難。若當來世，後五百歲，其有衆生得聞是經，信解受持，是人即爲第一希有。何以故。此人無我相，無人相，無衆生相，無壽者相。所以者何。我相即是非相，人相、衆生相、壽者相即是非相。何以故。離一切諸相，即名諸佛。

傅大士頌曰：空生聞妙理，如蓬植在蔴。凡流信此法，同火出蓮華。恐人生斷見，大聖預開遮。如能離諸相，定入法王家。

佛告須菩提：如是，如是，若復有人得聞是經，不驚、不怖、不畏，當知是人甚爲希有。

傅大士頌曰：如能發心者，應當了二邊。涅槃無有相，菩提離所緣。無乘及乘者，人法兩俱捐。欲達真如理，應當識本源。

何以故。須菩提，如來説第一波羅蜜，即非第一波羅蜜，是名第一波羅蜜。

傅大士頌曰：波羅稱彼岸，於中十種名。高卑緣妄識，次第爲迷情。燄裏尋求水，空中覓響聲。真如何得失，今始號圓成。

通曰：此中深讚持經得福之多者，謂得清淨之福，非世間之福也。受持四句偈等，其福甚多，豈徒取記誦言説便可得福哉。貴在於信，貴在於行，如此領受，如此修行，不著於三十二相，即得實相，與佛何别。不著於我、人、衆生、壽者四相，即不爲世界人天因果拘繫。惟其超三界之外，故界内之福不足以擬之。惟其與佛無別，故福慧兩足，人天莫敢望也。爲此金剛般若即般若離般若，威力無上，是最上第一希有之法。信者誠難，有能信解之者，其福豈可量哉。

所謂同佛出現者，佛興於世，薄福難逢〔三〕，此經亦然，預聞者少。爾時，須菩提聞此法門，深生信解，悲泣雨淚，扪淚而白佛言：希有，世尊，佛説如是甚深經典，謂般若智慧照見五蘊皆空，是深般若。今説即般若非般若，空而不空，是甚深般若。我從昔來所得慧眼，但得人空慧，了偏計空，未曾得聞如是之經。既空其法，復空其空，證於圓成，了無所得。我本羅漢，隨佛出家，於此正法昔尚不聞，是故希有同於佛現。

如是之經云何希有，以上義故。佛説般若波羅蜜即非般若波羅蜜，彼智岸難量，唯佛能知，餘無知者，故曰上義。

所謂希能信解者，若復有人得聞是經，能生信心，此信若生，不信諸法，故云清淨。此中有實相，於餘不共故，除佛法餘處無實故，以彼處未曾有、未曾生，唯信此經，則生實相。偈云：亦不同餘法。故實相者，謂一切法無生，亦無所生，是真如實際之相也。既生實相，則三身功德自此周備。當知是人成就第一希有功德。法本無生，云何生實相耶。所謂實相者，約第一義説，即是非相。蓋此經頓除二執，雙顯二空，空病亦空，悉無所得。既無得無説，何相之有。若一向無相，恐成斷滅，是故如來依世諦故説名實相，雖生實相，不壞無生，故指非相以爲實相也。若人能信諸法無生而不壞假名，即相而離相，即生滅而證不生滅。以是之故，成就第一希有功德，唯佛能證之，非小聖所及，故謂信解希有也。

所謂難有修行者，須菩提言：我今得聞如是法門，堅實深妙，親稟佛言，信解受持，不爲難事。若當來世，最後五百歲時，去聖漸遠，正法將滅，覽斯遺教，信解法空，二邊俱離，如是受持，甚爲希有。是人非徒守記誦空言者比，故謂爲難也。

所謂信修果大者，謂彼信解受持，以何義故稱爲希有。是諸衆生於此經信解及行故，無復我相、人相、衆生相、壽者相，此則了人無我性，不生我等相也。所以令無我等相者，則何以故。有所取我，是中乃生能取之相。我相自體不外心心所法，是心心所法本自非有，但依世俗言説。謂有我相、人相、衆生相、壽者相，若以第一義説，即是非相。此則了法無我故，證於雙空也。以何義故令人法俱空耶。爲未離乎相，即不名佛。惟離人相，離法相，乃至離空相，一切俱離，則名諸佛本來真實之相也。本來雖無一物，不落斷見，實有諸佛體相，名爲大果。信能受持，證是大果，故爲希有也。從爾時須菩提聞説是經到此，言有六重，謂聞法悲啼，信生實相，對彰難易，明無我人，法執兼亡，盡成佛道。如斯所説，皆誠諦之言，故佛印定之曰如是如是。重言云者，表言當之極耳。

所謂信解成就者，佛言：若復有人得聞是經，甚深甚妙，難解難知，乃能當聞法時不生越怖驚愕。於非處生懼，如越正理，可駭可訶，謂於趣生道中而不驚於諸法無生之説也。當思惟時，不生相續怖懼，不斷疑情，怖懼無已，謂於小乘説空説有中而不怖於非空非有中道之説也。當修習時，不生畏阻，不是一向畏懼畢竟驚怖墮故，謂於無上菩提決定向往也。當知是人遠離衆生下劣惶惑之見，已爲希有，更趣無上菩提，肩荷如來，甚爲希有。惟有此不驚、不怖、不畏之心，是於最上一乘，無乘及乘者能不生疑，乃得名爲真信解也。偈云堅實解深義，其斯之謂乎。

所謂威力無上者，以何義故，聞而不驚、

不怖、不畏爲希有耶。以此金剛般若波羅蜜中是第一波羅蜜，偈云勝餘脩多羅故。云何名爲第一。法身最大，由此成就無與等者，一切佛法中至堅至利，清淨最勝故。偈云大因及清淨，以此。又諸佛所共説故，復謂族胄高勝也。若約第一義説，即非第一波羅蜜。昔未曾失，今未曾得，本無能到者，誰爲第一。但約世諦説，以其不可取不可説，故名第一波羅蜜也。説到第一波羅蜜，已是極則，又復遣之曰即非第一波羅蜜，故謂威力無上也。

前門門皆顯經勝，勝之根本不過此門。彼内外財施，在因無破惑之功，在果無法身之德，無有如斯衆德圓備。此福望前福聚，昇沈理别，故受持讀誦之福爲福德中之勝福德也。

前云佛説非身，是名大身，是果無其果也。此云佛説第一波羅蜜，即非第一波羅蜜，是因無其因也。因果俱不可思議，而何以有取乎，故有取之疑可釋也。

僧問黄檗云：文殊執劍於瞿曇前者如何。檗云：五百菩薩得宿命智，見過去生業障者即你五藴身是。以見此宿命障故，求佛求菩提涅槃，所以文殊將智解劍，害此有見佛心故，故言你善害。云：何者是劍。檗云：解心是劍。云：解心既是劍，斷此有見佛心，祇如能斷見心，何能除得。檗云：還將你無分别智，斷此有見分别心。云：如作有見有求佛心，將無分别智劍斷，争奈有智劍在何。檗云：若無分别智害有見無見，無分别智亦不可得。云：不可以智更斷智，不可以劍更斷劍。檗云：劍自害劍，劍劍相害，即劍亦不可得。智自害智，智智相害，即智亦不可得。母子俱喪，亦復如是。唯黄檗洞明金剛般若甚深義，即般若亦不可得，此其所以爲無上法門也。

金剛般若波羅蜜經宗通卷三

校勘記

〔一〕「須菩提」，底本作「菩提提」，據文意改。

〔二〕「蓬」，疑爲「逢」。

金剛般若波羅蜜經宗通卷四

〇八、斷持説未脱苦果疑

此疑從前捨身布施而來。若一切佛法中，般若波羅蜜最爲上者，但持説《般若》足矣，何用勤苦行餘度耶。今持説者，行菩薩行，割股救鴿，投崖飼虎，如是等行皆名苦因，云何前捨身命布施者即成苦果，而此獨不成苦果耶。爲遣此疑，示現般若攝持餘度，故經云：

須菩提，忍辱波羅蜜，如來説非忍辱波羅蜜。時本有是名忍辱波羅蜜句，非。何以故。須菩提，如我昔爲歌利王割截身體，我於爾時無我相、無人相、無衆生相、無壽者相。何以故。我於往昔節節支解時，若有我相、人相、衆生相、壽者相，應生瞋恨。須菩提，又念過去於五百世作忍辱仙人，於爾所世無我相、無人相、無衆生相、無壽者相。

傅大士頌曰：暴虐唯無道，時稱歌利王。逢君出遊獵，仙人横被傷。頻經五百世，前後極時長。承先忍辱力，今乃證真常。

是故，須菩提，菩薩應離一切相發阿耨多羅三藐三菩提心。不應住色生心，不應住聲、香、味、觸、法生心，應生無所住心。若心有住，即爲非住。是故，佛説菩薩心不應住色布施。須菩提，菩薩爲利益一切衆生故，應如是布施。

傅大士頌曰：菩薩懷深智，何時不帶悲。投身憂虎餓，割肉恐鷹飢。精勤三大劫，曾無一念疲。如能同此行，皆得作天師。

如來説一切諸相，即是非相。又説一切衆生，即非衆生。

通曰：上言金剛般若是第一波羅蜜。或謂布施爲第一者，以布施能攝餘度，不知餘度無般若，如闕目而無導師，縱得福報，難證法身。較量優劣，斷乎般若爲第一也。故此以第一波羅蜜能攝餘度，如忍辱即是持戒，顏色不變即是禪定，忍至五百世即是精進，而中無我、人等相即是般若也。故忍辱不住於相，布施不住於相，方證菩提。而所謂不住於相者，非金剛慧國莫能照了也。如是雖行忍辱，亦是般若，以此布施，是真布施，豈彼身命布施求世間福者可同日語哉。

功德施論曰：如來忍辱波羅蜜者，以世諦論則名苦行，便同捨身，俱成苦果。約第一義諦，雖行苦行，有堪忍性故，即忍辱非忍辱，遠離有此分別心故。此名勝事，有二種義，一是善性故，諸波羅蜜皆以善爲體性故。二是彼岸功德不可量，非波羅蜜者無人知彼功德岸故。由斯得名第一最勝義，此苦行勝彼捨身遠矣。

彌勒菩薩偈曰：能忍於苦行，以苦行有善，彼福不可量，如是最勝義。以能離相故也。

如我昔爲仙人，山中修道，值歌利王出獵，疲極就臥，諸妃潛禮仙人。王覺，怒其貪觀女色，乃割截其身體，節節支離解散。我時容顏不變，無有我、人等相，王乃悔過。我言：大王，我心無瞋，亦如無貪。我若真實無瞋恨者，令我此身平復如故。作是語已，平復如故。是時若有我、人等相，應生瞋恨，不得平復如故。以無我、人等相，不見有我身割截，亦不見有王爲割截，亦非愚癡罔然不覺，一切分別都無所有，方成真實忍波羅蜜也。

彌勒菩薩偈曰：離我及恚相，實無於苦惱。共樂有慈悲，如是苦行果。

唯離我故不見苦，唯離恚故不見惱。無苦即見共樂，無惱即見慈悲。心與慈悲相應，雖苦不見其苦也。若菩薩苦行之時見有苦惱，即便欲捨菩提之心，是故應離諸相。若人不生勝菩提心，應生瞋恨。爲防此過故，謂此苦行果非是一時能爲此忍，可暫而不可常。又，念過去往昔未遇惡王，凡五百世作忍辱仙人，已於多生無我、人等相，忍之熟故。人以累苦難忍，而不知累苦能忍也。

彌勒菩薩偈曰：爲不捨心起，修行及堅固。爲忍波羅蜜，習彼能學心。

爲何等心，起行相而修行。爲何等心，堅固勤求不捨菩提。此謂入初地勝義之心，得忍邊際，即忍辱非忍辱，即是此心方便行無住心也。我唯有此離相之行得成於忍，故能與無上菩提相應。是故諸菩薩等應離一切相，發無上菩提心，習彼能學無住之心，但離諸相，即得菩提，如說坐於菩提座，永斷一切想是也。

云何離相耶。謂不應住色生心，不應住聲、香、味、觸、法生心，應生無所住菩提之心。若心有住色等境界，即爲非住菩提也。以住菩提，故無所住。何以故。如是住者即爲非住，如有經説，菩提無住處，是故非住是住，菩提之異名也。然則不住於相是般若智，不但攝忍辱，且攝菩提矣。既攝菩提，何所不攝。以是義故，佛於正答問中説菩薩心不應住色布施，不應住聲、香、味、觸、法布施。布施雖攝六度，然離於施物、施者、受者三種分別，即是般若波羅蜜，故謂般若能攝六度也。

若住色等布施，即有疲乏，而菩提心不生。不住色等布施，即不疲乏，而菩提心生。諸菩薩摩訶薩爲利益一切衆生之故，應如是布施，不住於相。

云何利益衆生修行而不住於衆生事耶。

彌勒菩薩偈曰：修行利衆生，如是因當識。衆生及事相，遠離亦應知。故布施莫大於法施，法施莫大於滅度一切衆生。若見有衆生可度，即是著相。是故如來説一切諸相即是非相，又説一切衆生即非衆生，此故以利益爲修因，衆生及事相皆應遠離也。

何者是衆生事。謂名相衆生及彼陰事故。彌勒菩薩偈曰：假名及陰事，如來離彼相。諸佛無彼二，以見實法故。彼衆生者，唯是名字施設，喚爲衆生。即彼假名無實體故，謂一切相貌即非相貌，如是足明人無我也。世謂衆生爲五陰所成，然彼五陰等法無衆生體，以無實故，無能成之五陰故，謂一切衆生即非衆生，如是足明法無我也。一切如來明彼二相不實，故離彼相。然所以無彼人、法二相者，以見實法故。若彼二實有者，諸佛如來應有彼二相。何以故。諸佛如來實見故。唯諸佛見於實法，故不見有所度之人，亦不見有能度之智，乃能無所住而行於布施。故發阿耨多羅三藐三菩提心者，當離一切相也。

僧問黄檗：如我昔爲歌利王割截身體，如何。檗云：仙人者，即是你心。歌利王，好求也。不守王位，謂之貪利。如今學人不積功累德，見者便擬學，與歌利王何别。如見色時壞却仙人眼，聞聲時壞却仙人耳，乃至覺知時亦復如是，喚作節節支解。云：祇如仙人忍時，不合更有節節支解，不可一心忍，一心不忍也。檗云：你作無生見，忍辱解，無求解，總是傷損。云：仙人被割時，還知痛否。又云：此中無受者，是誰受痛。檗云：你既不痛，出頭來覓箇甚麽。又僧問：何者是精進。檗云：身心不起，是名第一牢强精進。纔起心向外求者，名爲歌利王愛遊臘去。心不外遊，即是忍辱仙人。身心俱無，即是佛道，此金剛第一義也。黄檗把得便用，縱横無礙，是真能信解受持者，甚爲希有。

○九、斷能證無體非因疑

此疑從前第三、第七中來。彼較量内外財施不及持經，以此得菩提故，遂疑言説是因，菩提是果。以言説證果，理則不成。何者。

果是無爲，無爲有體，因是有爲，有爲無體，無體之道，不到果中，故疑其非因也。爲遣此疑，乃説無實無虚，原不屬於有無。故經云：須菩提，如來是真語者、實語者、如語者、不誑語者、不異語者。須菩提，如來所得法，此法無實無虚。

傅大士頌曰：衆生與蘊界，名别體非殊。了知心似幻，迷情見有餘。真言言不妄，實語語非虚。始終無變異，性相本來如。

通曰：每誦此經，如來説一切諸相即是非相，又説一切衆生即非衆生，此等説話其實難信，恐人疑爲誑語，故説如來是真語者云云。以此法無實無虚故，惟其無實，不見有諸相可得，不見有衆生可度，惟其無虚，未嘗不現起諸相，未嘗不現起衆生。即諸相離諸相，即衆生離衆生，是之謂無所住而生其心。雖滅度一切衆生，而不見一衆生得滅度也，此乃一真如法界。如來者，本此如而來，故所説者不異如而説，要令諸菩薩同歸於如如性海也。傅大士偈，始於衆生與蘊界，終於性相本來如，合上文並頌之，大有當於心，最宜詳味。

《刊定記》曰：如來之言真實無異，皆如其事，不誑衆生。今説持經必趣菩提，汝等云何不信。又以如來説於真實等，故名如來爲真實語者。真語者何。謂説佛身大菩提法也，是真智故。實語者何。謂説小乘四諦法也，諦是實義。如語者何。謂説大乘法有真如，而小乘無也。不異語者何。謂説三世受記等事，更無差謬。以上四語所説，不離利生行施等法，是法即道也。菩提妙果雖不住此有爲法中，而利生行施等道實爲菩提之因。此言説有爲之因，能證離言無爲之果，又何疑於因果不相符哉。

彌勒菩薩偈曰：果雖不住道，而道能爲因。以諸佛實語，彼智有四種。實智及小乘，說摩訶衍法。及一切授記，以不虛說故。

秦什譯時，加不誑語，明四語總不誑也。以何法故，不誑於衆生耶。爲如來所得法無實無虛故。云何無實。如來證第一義，一切法本性無生，無生故不曾是有也。云何無虛。既無生，豈有滅，是故非虛。實虛二境皆不可得，於何而見其有爲，於何而見其無爲哉。

彌勒偈曰：順彼實智說，不實亦不虛。如聞聲取證，對治如是說。

如人聞說依言得菩提，便謂言中有菩提，又聞言中無菩提，便謂畢竟無菩提。不達言空而法實，故有此執。今言無實無虛，正所以對治之也。

言說文字，性本非有，言中菩提，亦同言說。如言於火，但有火名，二俱無實。以所說法不能得彼證法，所以對治言中有菩提之說也。言說無體，依而證實，不無離言之法，如言雖非火，不無離言之火。以此所說法，隨順彼證法，證果是實，故非虛也，所以對治言中無菩提之說也。言說非虛非實，利生行施亦非虛非實，究竟菩提亦非虛非實，孰謂持說不能於菩提作因哉。

昔伏馱蜜多尊者付法於脇尊者，偈云：真理本無名，因名顯真理。受得真實法，非真亦非僞。而脇尊者付法於富那夜奢，偈曰：真體自然真，因真說有理。領得真真法，無行亦無止。初，脇尊者至華氏國，憩一樹下，右手指地而告衆曰：此地變金色，當有聖人入會。言訖，即變金色。時有長者子富那夜奢合掌前立，祖問曰：汝從何來。答曰：我心非往。祖曰：汝何處住。答云：我心非止。祖云：汝不定耶。答云：諸佛亦然。祖曰：汝非諸佛。答云：諸佛亦非。祖因說偈曰：此地變金色，預知有聖至。當坐菩提樹，覺華而成已。夜奢復說偈曰：師坐金色地，常說真實義。回光而照我，令入三摩諦。祖遂度出家，以法付之。此無住妙理，從古已然，於斯信入，大不容易。

〇十、斷如徧有得無得疑如徧，亦作真如。

此疑從上不住相布施而來。

功德施菩薩論曰：若所證法無生無性，非實非虛，是即諸佛第一義身，從此爲因，二身成就，菩薩何故捨所證法，住於是等而行施耶。真如一切時處皆有，既徧時處，即合皆得，何故有得有不得者。爲遣此疑，故經云：

須菩提，若菩薩心住於法而行布施，如人入闇，即無所見。若菩薩心不住法而行布施，如人有目，日光明照，見種種色。

傅大士頌曰：證空便爲實，執我乃成虛。非空亦非有，誰有復誰無。對病應施藥，無病藥還袪。須依二空理，顯脱入無餘。

通曰：上言如來所得法，此法無實無虛。六祖云無實者，以法體空寂，無相可得。然中有恒沙性德，用之不匱，故言無虛。惟其有恒沙之用，不妨行於布施，惟其體自空寂，故應不住於法。但知布施而不知離相，即住於實，不免執我之過。但知離相而不知布施，即住於虛，不免證空之失。皆非中道諦也。能離二邊而無住者，非具有根本智及第一般若之力，莫能契其妙也。無上菩提，非實非虛，無住布施，非空非有。此果因一契之理，豈得謂行施便違於真如耶。上無實無虛，承布施而來，此復以布施證明其意，語本聯絡。傅大士偈亦極緜密。

《刊定記》曰：真如徧一切時，徧一切處，有得不得者，由心有住法不住法之異耳。若住法行施，則不得真如，如入闇中，一無所見。若無住行施，則得真如，如太陽昇天，何所不矚。

住法何以不得真如。由無般若觀照之智，即執著色等六塵及空有等法。由執著故，心不清淨，爲塵所染，但見布施，不見餘法，雖得染福，不離苦果。縱有涅槃樂處，近而不達，故如闇中無所見也。

彌勒偈曰：時及處實有，而不得真如。無智以住法，餘者有智得。

不住法何以爲得真如。由於有目，具根本智，又得日光明照，通達般若，心極清淨，決定了知佛法無性，故能悟一切法不滅不生，不斷不常，不一不異，不來不去，速成正覺，得大涅槃。如是行不住施，如見種種色也。

彌勒菩薩偈曰：暗如愚無智，明者如有智。對法及對治，得滅法如是。

明與暗對，是對法也。以有智治無智，是對治也。智生則無智滅，明生則暗滅。證寂滅法亦復如是。真如之理周徧十方，悟亦不增，迷亦不減，得失在人，非法有相違過也。

玄沙云：汝今欲得出今五蘊身主宰，但識取汝祕密金剛體。古人向汝道，圓成正徧，徧周沙界，我今少分爲汝，智者可以譬喻得解，汝還見南閻浮提日麼。世間所作興營，養身活命，種種心行作業，莫非皆承日光成立。祇如日體還有許多般心行麼，還有不周徧處麼。欲識金剛體，亦須如是看。祇如山河大地，十方國土，色空明暗，及汝身心，莫非盡承汝圓成威光所現。直是天人羣生類，所作業次，受生果報，有情無情，莫非承汝威光。乃至諸佛成道成果，接物利生，莫非盡承汝威光。祇如金剛體，還有凡夫諸佛麼，有汝心行麼。不可道無便得當去也。知麼。玄沙以日喻金剛體，暗符甚深般若之旨。心心相印，豈不其然。

須菩提，當來之世，若有善男子、善女人能於此經受持讀誦，即爲如來以佛智慧，悉知是人，悉見是人，皆得成就無量無邊功德。須菩提，若有善男子、善女人，初日分以恒河沙等身布施，中日分復以恒河沙等身布施，後日分亦以恒河沙等身布施，如是無量百千萬億劫以身布施，若復有人聞此經典，信心不逆，其福勝彼，何況書寫、受持、讀誦、爲人解説。

傅大士頌曰：衆生及壽者，藴上假虚名。如龜毛不實，似兎角無形。捨身由妄識，施命爲迷情。詳論福比智，不及受持經。

須菩提，以要言之，是經有不可思議、不可稱量、無邊功德，如來爲發大乘者説，爲發最上乘者説。若有人能受持、讀誦、廣爲人説，如來悉知是人，悉見是人，皆得成就不可量、不可稱、無有邊、不可思議功德。如是人等，即爲荷擔如來阿耨多羅三藐三菩提。何以故。須菩提，若樂小法者，著我見、人見、衆生見、壽者見，即於此經不能聽受讀誦、爲人解説。須菩提，在在處處，若有此經，一切世間天、人、阿脩羅所應供養。當知此處即爲是塔，皆應恭敬，作禮圍繞，以諸華香而散其處。

傅大士頌曰：所作依他性，修成功德林。終無趨寂意，唯有濟羣心。行悲悲廣大，用智智能深。利他兼自利，小聖詎能任。

通曰：如來深讚此經，如日光明照，見種種色，是出世間上上智，聲聞、緣覺所不能窺，唯有大乘菩薩智悲雙運，乃克負荷。若有人能受持此經，莫逆於心，是於多生種諸善根，故聞斯信，信斯解，解斯行，自利利他，不捨菩提。此乃最上乘根器，豈修世間福者可倫哉。

何爲諄諄以布施較量也。布施亦六度之一，祇知布施而不知般若，縱以身命布施至恒沙劫數，終是識情用事，於真性無與。況衆生是假，身命亦是假，處假作爲，勞而罔功。故般若爲布施眼目，能令布施到於彼岸，足知是經是第一波羅蜜，當尊敬而奉持之也。

《刊定記》曰：得真如者爲由心淨，心淨由不住法，不住法緣有智，有智蓋由聞經，故知此經有其勝德。當來之世，若有善男子、善女人能於此經依法修行，其名有三，一、受持，二、讀誦，三、演説。受者受其文，持者持其義。對文曰讀，暗念曰誦。欲受其文故先讀，欲持其義故先誦，是讀誦乃受持之因。然受持者思慧，讀誦者聞慧，若無所聞，憑何讀誦。是則從他聞法，内自思惟，爲得修行智也。此名具三種法，聞、思、修行，爲自身涫熟故，餘者化衆生，廣説法故。

彌勒菩薩偈曰：於何法修行，得何等福德。復成就何業，如是説修行。名具三種法，受持聞廣説。修從他及内，得聞是修智。此爲自涫熟，餘者化衆生。

唯佛智慧悉知悉見是人，既行勝因，必得妙果，當能成就無量無邊功德。然何以顯其功德之殊勝哉。若有善男子、善女人以恒河沙等身命布施，初日分如是，中日分如是，後日分亦如是，一日之間布施無倦，乃至是劫如是，千劫如是，萬劫如是，億劫如是，無量劫中布施無倦。以財施者，有力之家，尚可勉爲。以身施者，不惜性命，實是善行。其得福德，較之於前但以一河沙身命施者，時事皆大，福亦最勝。

彌勒菩薩偈曰：以事及時大，福中勝福德。

云何勝。以事勝故，即一日時捨多身故，復多時故。若復有人聞此經典，如石投水，信心不逆，即此信根能趣菩提。視彼布施未忘於我者，天地懸殊，其福爲尤勝也。何況書寫、受持、讀誦，信而好，好而樂，憶持不忘，浹於心髓，時復爲人解説甚深義趣，不徒自度，且以度人，彼以相施，此以無相施，其功德豈可勝道哉。所云得何等福德者，蓋如此。

又云復成就何業者，何以竟其説耶。以要言之，是經有無量功德不可思議，是經有無邊功德不可思議。無量無邊思議可及者，菩薩二乘或可測度，惟其不可心思，不可擬議，非名相之境，惟證乃知。是功德殊勝，福果堅牢，爲獨性所獲之福，非餘者所知，於聲聞等是不共性故，故此法門，下劣根器，每不欲聞。如來爲發大乘者說。回心向大，入菩薩乘，是由漸而入者。爲發最上乘者說，直趨無上菩提，更不落於階級，是由頓而入者。但一佛乘，更無餘乘。由權教則名之曰大乘，即大乘亦非乘，則名之曰最上乘，是世間希聞希信之法也。

彌勒菩薩偈曰：唯依大人說，及希聞信法。

若有人能聞說此經，受持、讀誦以自利，廣爲人說以利他，二利兼行，不離般若，是故如來悉知是人，悉見是人，智慧增長，福德亦與之增長，皆得成就不可量，至長也，不可稱，至重也，無有邊，至廣也。如是不可思議之功德，偈曰無上因增長，又曰滿足無上界。圓滿資粮，能令佛種不斷。如是人等，則爲荷擔如來無上菩提。背負曰荷，在肩曰擔。謂以大悲下化，以大智上求，以大願雙運，安於精進肩上，從煩惱生死中出，念念不住，直至菩提真性，自他一時解脱，方捨此擔，是名受持真妙法。由彼持法，即是持菩提也。

云何如來唯爲大乘者說，何故持說名爲荷擔菩提耶。以樂小法者著我、人、衆生、壽者等見，不能受持爲人解說。何名小法，誰爲樂小之人。四諦因緣名爲小法，聲聞、緣覺即是樂小之人。滯情於中，乃名爲樂。彼有法執，此顯三空，是其非處，故不能持說也。當知能持説者即是廣大信解，樂大法者即是甚深信解，不著我、人、衆生、壽者等見，能成就最上法器，荷擔如來種種力用，故佛爲説此經也。是一切諸佛從此經生，一切善法從此經出。在在處處，若有此經，一切世間天人等所應供養。此經乃超出三界之法，諸在三界中者應供養也。當知此處即爲是塔，如佛像貌安住於中，皆應恭敬作禮圍繞。人能演法，功與塔等。地雖無思，持説者故，當以種種華香而散其處，如雨華讚歎。重其法，因重其處也。其處尚當恭敬，況人得真實妙法，豈不爲人恭敬而得福報也乎。

彌勒菩薩偈曰：受持真妙法，尊重身得福。所謂成就不可思議功德者，此也。

百丈云：祇如有人以福智四事供養四百萬億阿僧祇世界六趣四生，隨其所欲，滿八十年，後作是念，然此衆生皆已衰老，我當以佛法而訓導之，令得須陀洹果乃至阿羅漢道。如是施主但施衆生一切樂具，功德尚自無量，何況令得須陀洹果乃至阿羅漢道，功德無量無邊，尚不如五十人聞經隨喜功德。《報恩經》云：摩耶夫人生五百太子，盡得辟支佛果而皆滅度，各各起塔供養，一一禮拜，歎言，不如生於一子，得無上菩提，省我心力。

祇如今於百千萬衆中有一人得者，價值三千大千世界。所以常勸衆人，須玄解自理，自理若玄，使得福智，如貴使賤，亦如無住車。若守此作解，名髻中珠，亦名有價寶珠，亦名運糞入。若不守此作解，如王髻中明珠與之，亦名無價大寶，亦名運糞出。佛直是纏外人，却來纏内與麽作佛。直是生死那邊人，直是玄絶那邊人，却來向這岸與麽作佛。百丈故是最上法器，荷擔如來無上菩提，乃能爲人解説，符合《金剛》甚深義趣，不爲樂小法者見解，是最上乘的派也。

復次，須菩提，若善男子、善女人受持讀誦此經，若爲人輕賤，是人先世罪業，應墮惡道，以今世人輕賤故，先世罪業即爲消滅，當得阿耨多羅三藐三菩提。

傅大士頌曰：先當有報障，今日受持經。暫被人輕賤，轉重復還輕。若了依他起，能除徧計情。常依般若觀，何慮不圓成。

六祖口訣云：佛言持經之人，合得一切人恭敬供養。爲多生有重業障故，今生雖持此經，常被人輕賤，不得敬養。自以持經故，不起我、人等相，不問冤親，常行恭敬，有犯不較，常修般若波羅蜜，歷劫重罪悉皆消滅。又約理而言，先世即是前念妄心，今世即是後念覺心，以後念覺心輕前念妄心，妄不能住，故云先世罪業即爲消滅。妄念既滅，罪業不成，即得菩提。此理、事二解，皆約觀行，與傅大士頌無異。梵本中有言此爲善事，謂遭輕辱時，顯被辱之人有福德性故。祖云：自以持經故，不起我、人等相，不問冤親，常行恭敬，正與善事意符合。《大論》云：先世重罪，應入地獄，以行般若故，現世輕受。譬如重囚應死，有勢力護，則受鞭杖而已。持經無我相等，即煩惱障盡，極惡消滅，即業障盡，不墮惡道，即報障盡。三障既滅，三德必圓，故云當得菩提也。

功德施論曰：《如來品》說，若復有人受持此經，乃至演說，是人現世或作惡夢，或遭重疾，或被驅逼，强使遠行，罵辱鞭打，乃至殞命，所有惡業咸得消除。復有頌言：若人造惡業，作已生怖畏。自悔若向人，永拔其根本。將心悔過，尚除根本，何況有人受持正法者乎。如餘教說，業雖經百劫而終無失壞，衆緣會遇時，要必生於果，非有相違，此復云何。且十不善惡趣之業，由持正法，泣悔先罪，惡趣果雖永不生，然於現身受諸苦報，現受諸苦，豈失壞耶。不生惡趣，非拔根耶。若有無間決定業者，命終之後，定生彼故，應住劫受，須臾出故，如阿闍王等，是故無違。持說此經，不但轉重令輕，轉輕令無而已，又謂當得菩提。

彌勒菩薩偈曰：及遠離諸障，復能速證法。唯其能速證法，故諸報障不難離也。

僧問雲居：承教有言，是人先世罪業，

應墮惡道，以今世人輕賤故，先世罪業即爲消滅，此意如何。居云：動則應墮惡道，靜則爲人輕賤。崇壽稠云：心外有法，應墮惡道。守住自己，爲人輕賤。天童頌云：綴綴功過，膠膠因果。鏡外狂奔演若多，杖頭擊著破竈墮。竈墮破，來相賀，却道從前辜負我。雪竇頌云：明珠在掌，有功者賞。胡漢不來，全無伎倆。伎倆既無，波旬失塗。瞿曇瞿曇，識我也無。復云：勘破了也。此諸尊宿，直向自性經中明了受持，無絲毫滲漏，罪福從何而有。此乃超過一切因果之談，是善能持經者。

須菩提，我念過去無量阿僧祇劫，於然燈佛前，得值八百四千萬億那由他諸佛，悉皆供養承事，無空過者。若復有人於後末世，能受持讀誦此經，所得功德，於我所供養諸佛功德，百分不及一，千萬億分，乃至算數譬喻所不能及。須菩提，若善男子、善女人於後末世有受持讀誦此經，所得功德，我若具説者，或有人聞，心即狂亂，狐疑不信。須菩提，當知是經義不可思議，果報亦不可思議。

通曰：真如雖徧一切處，要假修持而得，非是無修而自得也。修之云者，熏修此般若智，不住於相，即合無生之理，非是修住相功行所可得也。緣此般若無相，非思議所及，故持經功德亦非思議所及，不但先世罪業默爲消除，雖先世供佛功德亦難比量。何者。彼有爲之業恒小，而無爲之理恒大也。

《刊定記》曰：我念過去無量阿僧祇劫，於然燈佛前，得值多佛，一一供養承事。因地修行，經三無數劫，第一劫滿，遇寶髻如來。第二劫滿，遇然燈如來。第三劫滿，遇勝觀如來。今云然燈前者，即第二劫中也。那由他者，數當萬萬，而又有八百四千萬億之多。供佛功德最大，供養多佛，則功德最多，尚且經無數劫方能成佛。若復有人，於後末世正法將滅之時，能受持此經，廣爲人説，所得功德能證菩提。偈云速獲智通性，以多福德莊嚴速疾滿足故。視我供養諸佛功德，不啻百倍千萬億倍，乃至算數譬喻所不能及。如微塵數、恒河沙數，皆數中之譬喻也。

然所以不能及者，有二義：一、彼得福德，此得菩提故。二、彼有我相，此無我相故。無相似性，故不相及。以上凡五度較量，尚未具説。若具説者，人心狐疑惑亂，聞此功德威力，於前福聚殊絶懸遠，修福之人決不能信。當知是經義無量無邊不可思議，持説是經者所得果報亦無量無邊不可思議。

彌勒菩薩偈曰：成種種勢力，得大妙果報。所謂攝受四天王、釋提桓因、梵天王等成就勢力故，即是世妙事圓滿，果報極尊貴。

又曰：如是等勝業，於法修行知。謂於此法修行，應知獲斯業也。惟其無量無邊，故曰大，即是多性，惟其不可思議，故曰妙，即是勝性，皆非凡情所測。持經功德，其勝不可具説如此。

前五度較量，謂外財兩度，内財兩度，佛因一度。且第一以一三千界七寶布施較量不及，第二以無量三千界寶施較量不及，第三以一河沙數身命布施較量不及，第四以無量河沙數身命布施較量不及，第五以如來因地供養諸佛功德較量不及。此五重較量，至於算數譬喻所不能及，其勢亦不能具説。所以者何。因不同故。此持經少分福，於最勝果即成因性，總前布施福聚，亦不成因，不能得真實果故。況修世福者，沈酣世福中無窮無盡，寧有轉頭時耶。宜乎信受此經者之難其人也。

僧問洛浦：供養百千諸佛，不如供養一無心道人，百千諸佛有何過，無心道人有何德。浦云：一片白雲横谷口，幾多歸鳥盡迷巢。丹霞頌云：拾得疏慵非覺曉，寒山懶惰不知歸。聲前一句圓音美，物外三山片月輝。

若果如寒山、拾得，證於無心地位，則供養百千諸佛亦分外事耳。

金剛般若波羅蜜經宗通卷四

金剛般若波羅蜜經宗通卷五

○十一、斷住修降伏是我疑

此疑從前文無我人等相而來。謂如所教住、修、降伏，遠離前十種疑執過患，豈是無我。若無我者，教誰住、修、降伏耶。此疑甚微細，要離我住、我修、我降伏心，方得修因清淨，故重申前請。

爾時，須菩提白佛言：世尊，善男子、善女人發阿耨多羅三藐三菩提心，云何應住，云何降伏其心。佛告須菩提，善男子、善女人發阿耨多羅三藐三菩提心者，當生如是心：我應滅度一切衆生，滅度一切衆生已，而無有一衆生實滅度者。何以故。須菩提，若菩薩有我相、人相、衆生相、壽者相，則非菩薩。所以者何。須菩提，實無有法發阿耨多羅三藐三菩提心者。

傅大士頌曰：空生重請問，無心爲自身。欲發菩提者，當了現前因。行悲疑似妄，用智最言真。度生權立我，證理即無人。

通曰：須菩提重立問端。説者謂前段説人無我，此段説法無我，古德相傳，不爲無見。但人無我云者，謂斷見惑。法無我云者，謂斷思惑。須菩提示阿羅漢果，已證人法雙空，何須更問。第所問菩薩位中，自初地至七地，有俱生我執，自八地至十地，有俱生法執。俱生我執者，雖已斷前七識，尚執藏識爲我。至八地捨藏，尚執能捨之者，是爲法執。其間執情最爲微細，非金剛慧莫能破之。故自初地至等覺，立爲金剛十種深喻，皆所以蕩除此執也。須菩提前所問者，降伏俱生我執之意居多，後所問者，降伏俱生法執之意居多。二執雖略有淺深，至金剛道後異熟空，則降伏殆盡而證於常住真心矣。

須菩提問如來所説安住降伏之法，至不可思議境界，必無我相可得。又説果報亦不可思議，然則受果報者誰乎。若果無我以受果報，則修因之時，誰爲安住，誰爲降伏。隱然有一法我在也。佛説若是菩薩發無上菩提心者，何嘗有我。當生如是無我之心，謂我應滅度一切衆生，令入無餘涅槃。滅度一切衆生已，而不見有一衆生實滅度者，内不起於能度之心，外不見於可度之衆。念既不生，即是無我，無我斯名菩薩也。以何義故普度衆生而不起衆生之念耶。若菩薩有我度衆生之念，即是我相。有衆生爲我所度之念，即是人相。人我未忘，即是衆生相。有涅槃可入，即是壽者相。有此四相，是顛倒行，非清淨因，不得名爲發心菩薩也。

彌勒菩薩偈曰：於内心修行，存我爲菩薩。此即障於心，違於不住道。

惟其與無住相違，故遠於無上菩提也。

夫滅度衆生者是廣大心，令入涅槃者是第一心，不見滅度者是常心，遠離四相者是正智心，生如是四種利益衆生之心，方可謂與無上菩提相應。設有一法能發是心者，則謂之有我可也。以今觀之，前無所化之境，次無能化之心，心境俱忘，能所俱寂，實無有法發菩提心者。以第一義中，即最初一念發菩提心者尚自無有，而又誰爲之我耶。唯無有一法能發菩提心，故菩提不可得。菩提不可得，故衆生不可得。衆生不可得，故四相不可得。實際理地，一法不存，此其所以爲金剛般若甚深義也。

黄檗云：爲汝起心作佛見，便謂有佛可成。作衆生見，便謂有衆生可度。起心動念，總是汝見處。若無一切見，佛有何處所。如文殊纔起佛見，便貶向二鐵圍山。僧云：今正悟時，佛在何處。檗云：問從何來，覺從何起。語默動靜，一切聲色，盡是佛事，何處覓佛。虚空世界皎皎地，無絲毫許與汝作見解。所以一切聲色是佛之慧目，法不孤起，仗境方生，爲物之故，有其多智。終日説，何曾説。終日聞，何曾聞。所以釋迦四十九年説，未曾説著一字。僧云：若如此，何處是菩提。檗云：菩提無是處，佛亦不得菩提，衆生亦不失菩提。不可以身得，不可以心求。一切衆生，即菩提相。僧云：如何發菩提心。檗云：菩提無所得。你今但發無所得心，決定不得一法，即菩提心。菩提無住處，是故無有得者，故云我於然燈佛所無有少法可得，佛即與我授記。明知一切衆生不應更得菩提，你今問發菩提心，謂將一箇心學取佛去，唯擬作佛道，任汝三祇劫修，亦祇得箇報化佛，與你本源真性佛有何交涉。故云外求有相佛，與汝不相似。妙哉論也，足爲此段疏義。

○十二、斷佛因是有菩薩疑

此疑從上實無有法發菩提心者而來。

功德施論曰：若無菩薩發趣大乘，則無有因證於佛果，成滿四種利益之事。云何世尊然燈佛所而得授記，汝於來世當得作佛號釋迦牟尼，能成四種利益衆生事。爲遣此疑，故經云：

須菩提，於意云何，如來於然燈佛所，有法得阿耨多羅三藐三菩提不。不也，世尊，如我解佛所説義，佛於然燈佛所，無有法得阿耨多羅三藐三菩提。佛言：如是，如是，須菩提，實無有法如來得阿耨多羅三藐三菩提。須菩提，若有法如來得阿耨多羅三藐三菩提者，然燈佛則不與我授記：汝於來世，當得作佛，號釋迦牟尼。以實無有法得阿耨多羅三藐三菩提，是故然燈佛與我授記，作是言：汝於來世，當得作佛，號釋迦牟尼。

通曰：須菩提之爲有我疑者至微矣。始而疑安住降伏者存我，是以降伏之智爲我也。

既聞實無有法發菩提心者，智實不生，安得有我。已又疑若不發心，即無菩薩，誰作佛因。不知佛於然燈佛所，實無有法發菩提心，又何疑於菩薩乎。是無一法可得者，正作佛之因也。已又疑無法可得，無佛可成，將不墮於空見乎。不知諸法如義，不有不無，正是中道第一義。惟其不有不無，故一切法即佛法，非大身名大身，何至絶無佛法也。佛既如是，菩薩亦如是。若有一法可得，即著四相，即非莊嚴。惟其即佛法非佛法，即莊嚴非莊嚴，即通達無我之義，方得名爲菩薩，方得成作佛之因也。此四段疑，本屬一氣，故總括於此。

《刊定記》曰：汝意之中頗謂我於然燈佛所得菩提否。我昔買華供佛，布髮掩泥，蒙佛授記，當得作佛，號釋迦牟尼，汝以爲是行菩薩行耶，於無上菩提有所得耶。須菩提答云：不也，我意不謂如來得菩提也。我已解佛所説之義。夫菩提之法，寂滅無生，離諸分別。佛於然燈佛所，見身清淨，見佛清淨，無能得之心，亦無所得之法。是授記聲不至於耳，實無有法得無上菩提。佛即印定之曰：如是，如是，如來實無有法得無上菩提。若存能所，心境不亡，則是有法。由有法故，不順菩提，佛即不與授記。唯離能所，心境兩忘，則無有法。由無法故，則順菩提，故佛與之授記。我於彼時所修諸行，實無有一法得菩提者，以行而言，行行無得，以念而言，念念無得。

彌勒菩薩偈曰：以後時授記，然燈行非上。謂然燈授記釋迦後當作佛，非有勝上因行可於彼處證得菩提。惟無所得，故蒙授記，而又何疑於菩薩發無上菩提心者實無有法乎。

玄沙問鏡清：古人道，不見一法，是大過患，你且道不見甚麽法。清指露柱云：莫是這箇法麽。沙云：浙中清水白米從你喫，佛法未夢見在。天童拈云：鏡清當時恁麽答，玄沙末後恁麼道，還相契也無。然則鏡清久不作佛法夢，也須是玄沙同參始得。

○十三、斷無因則無佛法疑

此疑從上釋迦於然燈行因實無有得而來。若無行因，則不得阿耨菩提，若無菩提，即無諸佛如來，寧不一切皆無耶。爲遣此疑，故經云：

何以故。如來者，即諸法如義。若有人言如來得阿耨多羅三藐三菩提，須菩提，實無有法佛得阿耨多羅三藐三菩提。須菩提，如來所得阿耨多羅三藐三菩提，於是中無實無虚。是故，如來説一切法皆是佛法。須菩提，所言一切法者，即非一切法，是故名一切法。須菩提，譬如人身長大。須菩提言：世尊，如來説人身長大，即爲非大身，是名大身。

通曰：上言以無所得故得授尊記，所云無所得者，豈同龜毛兎角一無所有哉。真如性體，周徧法界，如如不動，即是諸經所言法法皆如之義。真如者無實無虚，若有可得者，得即言實，失即言虚。唯無所得，此二俱遣，正顯中道第一義諦也。

何以謂之無實。即一切法非一切法，即大身非大身，即是無實也。何以謂之無虚。即非一切法是名一切法，非大身是名大身，即是無虚也。無實無虚，遠離空有二邊，固知所云無得者，殆超出有無之表，不可以有無論也。

功德施論曰：佛者覺也，菩提者亦覺也，覺不應更得覺，故如來無一法可得。雖無一法可得，未嘗無如來，以真如是佛故。真如者即諸法如義，如來即是實性，真如異名。本自不生，本自不滅，以無顛倒，故名實性。以無改變，故名真如。若有人言，既有如來，既有菩提，以得菩提，方名如來。若如來於然燈佛所不見有法能得菩提，昇於覺座，無有是處。是人以彼實有菩薩行者，非實語也。

以彼於菩提有所得者，亦非實語也。法即菩提之法，佛即菩提，豈有得耶。偈曰菩提彼行等故，若是菩薩行行之時，實無可行。諸佛亦爾，無法可證正等菩提。然則如來終不得菩提耶。然如來所得無上菩提，得即無得，於是中無實無虛故。是故如來所得菩提，非實有爲相故。有爲相者，謂由因造，如五陰等。彼菩提法無色等相，故曰無實。彼即於色等非相，色等相無，是其自相，彼即菩提相故。偈言：彼即非相相，以不虛妄説。故曰無虛。非謂證於無所得法，而不該於一切也。是故佛説一切法皆是佛法。一切凡聖等法非以自體爲體，並以真如爲體，真如但是佛所覺悟，故一切法名爲佛法。

彌勒菩薩偈曰：是法諸佛法，一切自體相。然所言一切色聲等法者，未曾一法有可得性。惟無性即不能持其自體相，即非一切法也。若一切色聲等法皆不是法，云何名一切法耶。於無性中假言説故，由不是法即非是有爲相故。此成其法，是一切即真如之一切，是諸法即真如法自性也。以無彼法相，常不住持彼法相，畢竟能持非有之相，真如法身之體固自如是。

譬如人身長大，如前文身如須彌山王，不自分別而成大體，依彼法身説此大身喻也。何以謂之大身耶。謂煩惱障、所知障，二障無故，名圓具身，即是具足法身也。此有二種義：一者徧一切境，謂真如之性隨於所在而不異故，一切衆生咸共有故。二者功德大，謂修行功德不可思議，與大體相應，以是之故，説名大身也。須菩提深契此意，故謂如來所説人身長大，非徒爲有身説也。以色身依實義説，真如性中無有有爲諸相，不見其生，安有於大，即爲非大身也。以有真如體故，即是無生之性，謂之非身。即此非身，名爲妙大之身，非色身之謂也。

彌勒菩薩偈云：依彼法身佛，故說大身喻。身離一切障，及徧一切境。功德及大體，故即說大身。非身即是身，是故說非身。

能知非身之爲大身，足信無得之爲真得也已，又何疑於無佛法哉。

僧問雲門：如何是一代時教。雲門云：對一說，此即一切法之謂也。雪竇頌云：對一說，大孤絶，無孔鐵鎚重下楔。閻浮樹下笑呵呵，昨夜驪龍拗角折。別別，韶陽老人得一橛。僧問雲門：不是目前機，亦非目前事，如何。門云：倒一說，此即非一切法之謂也。雪竇頌云：倒一說，分一節，同死同生爲君訣。八萬四千非鳳毛，三十三人入虎穴。別別，擾擾怱怱水裏月。又僧問雲門：如何是清淨法身。門云：華藥欄，此即人身長大之謂也。僧云：便恁麼去時如何。門云：金毛獅子，此即爲非大身之謂也。雪竇頌云：華藥欄，莫顢頇，星在秤兮不在盤。便恁麼，大無端，金毛獅子大家看。此諸法如義，甚深甚密，須從雲門葛藤穿過，方許少分相應。

〇十四、斷無人度生嚴土疑

此疑同十二疑，皆從第十一疑中實無有法發心者而來。若無有法發菩提心者，即無菩薩，教誰度生，教誰嚴土哉。前疑無佛，此疑無菩薩，故曰菩薩亦如是。爲遣此疑，故經云：

須菩提，菩薩亦如是。若作是言，我當滅度無量衆生，則不名菩薩。何以故。須菩提，實無有法名爲菩薩。是故，佛說一切法無我、無人、無衆生、無壽者。須菩提，若菩薩作是言，我當莊嚴佛土，是不名菩薩。何以故。如來說莊嚴佛土者，即非莊嚴，是名莊嚴。須菩提，若菩薩通達無我法者，如來說名真是菩薩。魏、陳、唐三譯重菩薩二字。

傅大士頌曰：人與法相待，二相本來如。法空人是妄，人空法亦祛。人法兩俱實，授記可非虛。一切皆如幻，誰言得有無。

通曰：前説菩薩發菩提心，尚有菩提可得，至此則實無有法發心者，發心且無，而況於菩提乎。前説菩薩不見有衆生可度，尚有菩薩可得，至此則實無有法名爲菩薩，菩薩且無，而況於衆生乎。故知前所斷者俱生我執，此所斷者俱生法執，蓋微乎其微矣。傅大士云：人法兩俱實，授記可非虛。唯人法俱虛，故授記非實也。通前三疑，一口道盡。

功德施論曰：上所説因清淨相，義未圓滿，爲滿足故，再申前意，故謂如來於然燈佛所無少法可得。修因清淨，不但如來爲然，諸菩薩亦如是。若作是言，我當滅度無量衆生，則見我爲能度，衆生爲所度，心境未忘，即是顛倒，不得名爲菩薩也。

何故一作是念便不名菩薩耶。真如性中，毫末不存，實無少法可得名爲菩薩。若舉心動念，即乖法體，是故佛説一切法即是佛法。

無我、無人、無衆生、無壽者，第一義中，無菩薩，無凡夫，真界平等，不宜自生分別。故違之則見有四相，即是衆生，順之則不見四相，即是菩薩，畢竟無一法可得也。

若菩薩作是言，所修六度萬行爲欲莊嚴佛土，不有淨因，安得淨果，是於色等聚所成佛土染著因故，亦不名爲菩薩也。何故莊嚴亦不名爲菩薩耶。如來所説莊嚴佛土者，第一義中，不見有能嚴、所嚴，實義無生故，即非莊嚴也。本既無生，何爲復有是名。但依俗諦言説，故以是非莊嚴者，嚴與不嚴等無有二，是名真莊嚴也。

彌勒菩薩偈曰：不達真法界，起度衆生意。及清淨國土，生心即是倒。

夫上嚴佛土，是爲大智，下度衆生，是爲大悲。此皆菩薩分内事，一作於念，便非菩薩。然則起何等心，方名爲菩薩耶。若有衆生及菩薩通達無我法者，無我法有二種：

一是衆生所有法，一是菩薩所有法。若能自智信者，若世間智，若出世間智，信解一切法無性。一切法無性，不但離於人我，抑且離於法我，終日莊嚴而未嘗莊嚴，終日度生而未嘗度生，是真無相，是真無住，如來説名真是菩薩。重説菩薩，一是攝世諦菩薩，一是出世諦菩薩，真可授記作佛者也。

彌勒菩薩偈曰：生衆及菩薩，知諸法無我。非聖自智信，及聖以有智。

雖非菩薩，而自智能信，即是菩薩，以有智慧故也。

黄檗云：諸佛菩薩與一切蠢動含靈同此大涅槃性。性即是心，心即是佛，佛即是法。一念離真，皆爲妄想。不可以心更求於心，不可以佛更求於佛，不可以法更求於法。故學道人直下無心，默契而已，擬心即差。以心傳心，此爲正見。慎勿向外逐境，認境爲心。爲有貪瞋癡，即立戒定慧，本無煩惱，焉用菩提。故祖師云：佛説一切法，爲除一切心。我無一切心，何用一切法。本源清淨佛上，更不著一物。譬如虚空，雖無量珍寶莊嚴，終不能住。佛性同虚空，雖無量功德智慧莊嚴，終不能住。但迷本性，轉不見耳。所謂心地法門，萬物皆依此心建立，遇境即有，無境即無，不可於淨土上轉作境解。所言定慧，鑑用歷歷，寂寂惺惺。見聞覺知並是境上作解，暫爲中下根人説即得。若欲親證，皆不可作如此見解。盡是境法有没處，没於有地，但於一切法不作有無見，即見法也。黄檗直從貼體法見上刮併殆盡，真所謂通達無我法者。

〇十五、斷諸佛不見諸法疑

此疑從上菩薩不見衆生可度、佛土可淨而來。若菩薩不見彼是衆生，不見我爲菩薩，斯則不見自他等相矣。若如是，諸佛不見諸法，都無智眼，爲有境可得耶，無境可得耶。此中説無境界，故經云：

須菩提，於意云何，如來有肉眼不。如是，世尊，如來有肉眼。須菩提，於意云何，如來有天眼不。如是，世尊，如來有天眼。須菩提，於意云何，如來有慧眼不。如是，世尊，如來有慧眼。須菩提，於意云何，如來有法眼不。如是，世尊，如來有法眼。須菩提，於意云何，如來有佛眼不。如是，世尊，如來有佛眼。

傅大士頌曰：天眼通非閡，肉眼閡非通。法眼唯觀俗，慧眼直緣空。佛眼如千日，照異體還同。圓明法界內，無處不含容。

日月殊光如來解曰：言肉眼者，照見胎、卵、濕、化色身起滅因緣也。言天眼者，照見諸天宮殿、雲雨明暗、五星二曜旋伏因緣也。言慧眼者，照見衆生慧性淺深、上品下生、輪迴託蔭因緣也。言法眼者，照見法身徧充三界，無形無相，盡虚空徧法界因緣也。言佛眼者，照見佛身世界無比，放光普照破諸黑暗，無障無礙圓滿十方，尋光見體，知有涅槃國土也。此五眼如來，其中若有上根上智之人，能識此五種因緣，即名爲大乘菩薩也。

須菩提，於意云何，如恒河中所有沙，佛説是沙不。如是，世尊，如來説是沙。須菩提，於意云何，如一恒河中所有沙，有如是沙等恒河，是諸恒河所有沙數佛世界，如是寧爲多不。甚多，世尊。佛告須菩提，爾所國土中所有衆生若干種心，如來悉知。何以故。如來説諸心，皆爲非心，是名爲心。所以者何。須菩提，過去心不可得，現在心不可得，未來心不可得。

傅大士頌曰：依他一念起，俱爲妄所行。便分六十二，九百亂縱横。過去滅無滅，當來生不生。常能作此觀，真妄坦然平。

通曰：前云以佛智慧悉知是人，悉見是人，所重在佛眼也。佛眼者，四皆殊勝，佛眼之外，無別四眼。如來知見無二，故前説五眼，後説若干種心，如來悉知。以衆生心皆真心所現少分之法，如來證真實心，豈有諸妄而不覩耶。故能通達無我法者，正與如來真心相應，所以能悉知悉見也。

《刊定記》曰：諸佛菩薩遠離能所分别，不見一法可得，豈都無所見耶。然真實智眼照了前境，略有五種：一者，肉團中有淨色根，見障内色，名爲肉眼。佛具諸根，故有肉眼。二者，於肉眼邊引淨天眼，見障外色，名爲天眼。三者，以根本智洞析真理，名爲慧眼。四者，以後得智説法度人，名爲法眼。前四在佛，迥異二乘、菩薩所得，總名佛眼。如來具足五眼，無所不矚。此約能見五眼以名見淨，下約所知諸心以明智淨。

彌勒菩薩偈曰：雖不見諸法，非無了境眼。諸佛五種實，以見彼顛倒。

欲明如來之智微妙能知，故約所知之境廣多以顯。於意云何，如恒河中所有沙數，佛説是沙不，如是，世尊，如來説是沙，此約一箇恒河以數沙也。於意云何，如一恒河中所有沙數，如是沙等恒河，此約一河中沙以數河也。是諸恒河所有沙數，佛世界如是，寧爲多不，是約諸恒河中沙以數界也。佛告須菩提，爾所國土中所有衆生，若干種心，約爾所界中衆生心量若是其多也。若干種心不出於染淨二種，而如來悉能知之者，則何以故。彼等諸心取著妄境，皆是六識顛倒，爲心流轉，種種差别。何故如來説名非心。由無持故，心即流散，以彼住於虚妄，不住於真實，非心所住也。

彌勒菩薩偈曰：種種顛倒識，以離於實念。不住彼實智，是故説顛倒。

若如是不住者，遠離彼四念處，既無執持，隨緣常轉，即是相續顛倒，名虚妄性。所以説諸心爲顛倒識者，何謂也。以於過、現、未來求不得故，過去心已滅故，未來心未生故。即過去、未來以驗現在，其現在虚妄分别，即是徧計所執，自性非有，故此流轉之心皆是妄識所緣，無有三世性故。故如來悉知悉見，説名非心。所貴佛眼者，不取其能知衆生之妄心，取其知妄心皆不可得也。妄心既不可得，即是真心，真心不滅，是名爲心。此之謂正知正見，豈彼肉眼比智可及乎。

昔有西天大耳三藏到京，云得他心通，肅宗命忠國師試驗。三藏纔見師，便禮拜，立於右邊。師問曰：汝得他心通那。對曰：不敢。師曰：汝道老僧即今在甚麼處。曰：和尚是一國之師，何得去西川看競渡。良久再問：汝道老僧即今在甚麼處。曰：和尚是一國之師，何得却在天津橋上看弄猢猻。師良久復問：汝道老僧只今在甚麼處。藏罔測，師叱云：這野狐精，他心通在甚麼處。藏無對。後僧問仰山曰：大耳三藏第三度爲甚麼不見國師。仰曰：前兩度是涉境心，後入自受用三昧，所以不見。又有僧問玄沙，沙曰：汝道前兩度還見麼。玄覺云：前兩度見，後來爲甚麼不見，且道利害在甚麼處。又僧問趙州：大耳三藏第三度不見國師，未審國師在甚麼處。州云：在三藏鼻孔上。後僧問玄沙，既在鼻孔上，爲甚麼不見。沙云：只爲太近。天童拈云：三藏不見國師則且置，你道國師自知下落處麼。若謂自知，則百鳥銜華，諸天供養，未有休日。且道正當恁麼時，落在什麼處。

昔德山至澧陽，路上見一婆子賣餅，因息肩買餅點心。婆指擔曰：這箇是甚麼文字。山曰：《青龍疏鈔》。婆曰：講何經。山曰：《金剛經》。婆曰：我有一問，你若答得，施與點心。若答不得，且別處去。《金剛經》道，過去心不可得，現在心不可得，未來心不可得，未審上座點那箇心。山無語，遂往龍潭，發明己事，將《疏鈔》堆法堂前，舉火炬曰：窮諸玄辨，若一毫置於太虛，竭世樞機，似一滴投於巨壑。遂焚之。故了知不可得心，若忠國師、德山者，可謂具佛眼矣。

〇十六、斷福德例心顛倒疑

此疑從上心住顛倒而來。如來悉知衆生若干種心，又悉知成就無量福德。心既流轉，是虛妄性，所有福聚亦並成虛。此既是妄，即同顛倒，何名善法。然則修行諸善法，不落於空乎。爲遣此疑，故經云：

須菩提，於意云何，若有人滿三千大千世界七寶以用布施，是人以是因緣得福多不。如是，世尊，此人以是因緣得福甚多。須菩提，若福德有實，如來不說得福德多，以福德無故，如來說得福德多。

自在力王如來解曰：此雖如是布施，只是有礙之寶，不是無爲清淨功德，是故如來不說多也。若有菩薩以盧舍那身中七覺菩提持齋禮讚，從其心燈，化生功德，不生不滅，堅如金剛，乘香華雲，入無邊界，起光明臺，供養十方一切諸佛，此是無爲功德，見性之施，化爲菩薩。頌曰：廣將七寶持爲施，如來不說福田多。若用心燈充供養，威光偏照滿娑婆。

通曰：前須菩提說是福德即非福德性，是故如來說福德多。以福德性不墮諸數，故非多寡可論。說福德多者，但指世福言也。須菩提以真諦較俗諦，故以世福之多不如其無，世尊則以真諦即俗諦，惟以福德之無故言其多。且福德有性，即是福德有實，今并其性而無之，不住於真，不住於俗，正以顯中道諦也。

《刊定記》曰：流轉之心，可是於妄。所言福聚，體不是虛。如以布施爲因，以七寶爲緣，施偏於大千世界，則福亦偏於大千世界，豈不甚多。然無正覺智慧所持，成有漏因，得福雖多，有福德實性可得，如來不謂之多也，以住相布施是其顛倒故。若不住相而行布施，由是正覺智慧所持，成無漏因，雖無福德可得，以無福德實性，故其多不可量也。是故如來說得福德多，以第一義中本無取蘊，故無有實。以依俗諦，但有言說，故言其多。是即智之所持，非顛倒也。前衆生心住於相，是名顛倒，以其違於本來空寂之體故。此布施不住於相，非是顛倒，以其順於本來空寂之體故。

彌勒菩薩偈曰：佛智慧根本，非顛倒功德。以是福德相，故重說譬喻。

如是五眼所見，都無所得，是佛境界。以是應知離相淨因，無境可得，故通達無我法者，無知而無乎不知，無見而無乎不見也。

德山上堂：若也於己無事，則勿妄求。妄求而得，亦非得也。汝但於事無心，無心於事，則虛而靈，空而妙。若毛端許言之本末者，皆爲自欺。何故。毫釐繫念，三塗業因，瞥爾情生，萬劫羈鎖。聖名凡號，盡是虛聲，殊相劣形，皆爲幻色，汝欲求之，得無累乎。及其厭之，又成大患，終而無益。德山故熟於《金剛》之旨，不覺縷縷而出如上名言。一一得無惑去，方可名般若智也。

金剛般若波羅蜜經宗通卷五

金剛般若波羅蜜經宗通卷六

〇十七、斷無爲何有相好疑

此疑從前如來者即諸法如義而來。如義者，如如不動義也，即是無爲法。既言無爲法身是佛，何以成就相好亦名爲佛。此約法身疑色身也，故經云：

須菩提，於意云何，佛可以具足色身見不。不也，世尊，如來不應以具足色身見。何以故。如來說具足色身，即非具足色身，是名具足色身。須菩提，於意云何，如來可以具足諸相見不。不也，世尊，如來不應以具足諸相見。何以故。如來說諸相具足，即非具足，是名諸相具足。

傅大士頌曰：八十隨形好，相分三十二。

應物萬般形，理中非一異。人法兩俱遣，色心齊一棄。所以證菩提，實由諸相離。

通曰：傅大士本彌勒化身，應此方機，頌出《金剛般若》甚深義，實此經之鎓鑰也。諸相非相之旨，言之不啻再三，豈至重出而無意味。緣須菩提已得人空，故知三十二相即是非相，明得法身邊事，至此又空其法，故知非相是名爲相，明得法身向上事，所謂人法兩俱遣也。明得非相，已棄色矣，明得非非相，又棄心矣，所謂色心齊一棄也。人法俱空，色心齊棄，所以證於菩提，非空非色，非一非異。説法身非是色身，而色身未嘗不是法身，法身固不可以相見，而亦不可以離相見。相而無相，無相而相，其斯爲至妙至妙者乎。

功德施論曰：法身畢竟非色身，如三十二相、八十種好，皆色身也。法身畢竟非法相，如具足八萬四千相好，具足十身靈相，皆法相也。

彌勒菩薩偈曰：法身畢竟體，非彼相好身。以非相成就，非彼法身故。

所以經云不應以具足色身見，不應以具足諸相見也。然此相好二種，亦非不佛，此二不離法身故，如金畢竟非師子，亦非無金，以師子不離於金故。

彌勒菩薩偈曰：不離於法身，彼二非不佛。故重説成就，亦無二及有。

所以經云是名具足色身，是名諸相具足也。依第一義，不應以色相見於法身，故説非身。依世俗言説，即於色相而見法身，故説具足。亦得言無，亦得言有，故曰亦無二及有也。無而不無，是謂真無，有而不有，是謂妙有，非具甚深般若智，固難了此。

黄檗云：十方諸佛，實無少法可得，名爲阿耨菩提，祇是一心，實無異相，亦無光彩，亦無勝負。無勝故無佛相，無負故無衆生相。

僧云：心既無相，豈得全無三十二相、八十種好，化度衆生耶。檗云：三十二相屬相，凡所有相，皆是虚妄。八十種好屬色，若以色見我，是人行邪道，不能見如來。黄檗此語，單明非句，令人直下見性。

僧問洞山：如何是佛。山云：麻三斤。雪竇頌云：金烏急，玉兎速，善應何曾有輕觸。展事投機見洞山，跛鱉盲龜入空谷。華簇簇，錦簇簇，南地竹兮北地木。因思長慶陸大夫，解道合笑不合哭。咦。

僧問智門：洞山道麻三斤，意旨如何。智門云：華簇簇，錦簇簇，會麽。僧云：不會。智門云：南地竹兮北地木。僧回舉似洞山。山云：我不爲汝説，我爲大衆説。遂上堂云：言無展事，語不投機。承言者喪，滯句者迷。

又陸亘大夫久參南泉。泉遷化，亘入寺下祭，却呵呵大笑。院主云：先師與大夫有師資之義，何不哭。大夫云：道得即哭。院主無語。亘大哭云：蒼天蒼天，先師去世遠矣。後來長慶聞云：大夫合笑不合哭。雪竇牽合，成此一頌，後下一咦字，却與洞山相見，於此明得，方知所謂麻三斤云者，是相是非相，是可見佛是不可見佛，當别具一隻眼。

○十八、斷無身何以説法疑

此疑從上身相不可得見而來。若第一義佛境界，不可以身相得見，如來亦必離身相而説法也。聲不自聲，依色而發。既無所依之色，何以有能依之聲。爲遣此疑，故經云：

須菩提，汝勿謂如來作是念，我當有所説法。莫作是念。何以故。若人言如來有所説法，即爲謗佛，不能解我所説故。須菩提，説法者無法可説，是名説法。下段魏譯。爾時，慧命須菩提白佛言：世尊，頗有衆生於未來世聞説是法，生信心不。佛言：須菩提，彼非衆生，非不衆生。何以故。須菩提，衆生衆生者，如來説非衆生，是名衆生。唐長慶二年，釋靈幽暴亡，見閻羅天子。問幽：習何行業。幽對曰：常持《金剛般若經》。天子合掌賜坐，命幽朗誦一徧。天子曰：念此經中而少一章，如貫華之線，中有不續。真本在濠州鍾離寺石碑上，可往查對，徧告人間。幽既還魂，奏聞其事，增入此段。

通曰：如來不可以身相見，亦不可以離身相見，非身而身，是爲妙身。如佛法亦然，佛法不可以言説顯，亦不可以離言説顯，無説而説，是爲妙説。前謂無有定法如來可説，法無定法，猶帶法在，説無定説，猶帶説在。不能無説，焉可無身。既已無身，將誰説法。至此一法也無，本無可説，身即無身之身，説即無説之説，非上聖之資，固難信也。

《刊定記》曰：汝勿謂如來有所説法。法身無爲，實無能説之者，猶如空谷響答，實無作響之者。凡有所説法，必先作是念，佛雖説法而無説法之心，猶如谷雖應聲而無應聲之念，能説所説二種差別皆無所有。汝莫作是念，謂如來有所説法也。以何義故莫作是念耶。如來本際不離於法界，法界平等，語即默，默即語，説無自相，即本無説。若謂如來有所説法者，即謗佛也，不能解我無説之説故。夫説法者，當如法説，名真説法。法本離一切名相分別，不見少有真實體性而可説者。説既無體，將何爲説。若稱此説，是如法説，故名説法也。

彌勒菩薩偈曰：如佛法亦然，所説二差別。不離於法界，説法無自相。

法身既不離法界，所説之法亦復不離法身，故成非有。夫説法如是，何嘗有所説哉。須菩提解空第一，以慧爲命，聞説是法，信心不逆，未足爲難。故問未來衆生，正法日遠，頗有聞是言説而生信心者乎。世尊則以衆生非一定是衆生也，一切衆生皆有佛性，安知其無能信者，故謂彼非衆生，非不衆生。言彼能信者，原有聖體，非是衆生。然未離凡品，非不是衆生也。以何義故説非衆生又名衆生耶。衆生衆生云者，如來説非衆生，以第一義中，即五蘊異五蘊，推求其體，悉不可得，故說非衆生也。云何非不衆生。以俗諦言說依於五蘊業果相應施設，故說是名衆生也，是則名衆生，實不衆生。衆生具有聖性，能爲信之根本，何患其不能信此甚深法界耶。

彌勒菩薩偈曰：所說說者深，非無能信者。非衆生衆生，非聖非不聖。

謂非衆生之衆生，不可謂聖，未嘗不可爲聖也。能如是觀於衆生，即衆生離衆生，又何疑於無說之說哉。須菩提尊者在巖中宴坐，諸天雨華讚歎，者曰：空中雨華讚歎，復是何人，云何讚歎。天曰：我是梵天，敬重尊者善說般若。者曰：我於般若未嘗說一字，汝云何讚歎。天曰：如是，尊者無說，我乃無聞，無說無聞，是真說般若。

又維摩詰問文殊師利：何等是菩薩入不二法門。文殊師利曰：如我意者，於一切法無言無說，無示無識，離諸問答，是爲入不二法門。於是文殊師利問維摩詰言：我等各自說已，仁者當說何等是菩薩入不二法門。維摩默然。天童頌云：曼殊問疾老毗耶，不二門開看作家。泯表粹中誰賞鑑，忘前失後莫咨嗟。區區投璞兮楚庭臏士，璨璨報珠兮隋城斷蛇。休點破，絶玼瑕，俗氣渾無却較些。然則無說之說，諸佛菩薩皆然，又何疑於世尊。

○十九、斷無法如何修證疑

此疑從前十二、十三疑中無法得阿耨菩提而來。

功德施論曰：若第一義佛境界，色身、言說身皆不可得，曾無有法是所覺知者，云何離於正知次第而名無上正等覺耶。既無法體，其誰修證。爲遣此疑，故經云：

須菩提白佛言：世尊，佛得阿耨多羅三藐三菩提，爲無所得耶。佛言：如是，如是。須菩提，我於阿耨多羅三藐三菩提，乃至無有少法可得，是名阿耨多羅三藐三菩提。復次，須菩提，是法平等，無有高下，是名阿耨多羅三藐三菩提。以無我、無人、無衆生、無壽者，修一切善法，即得阿耨多羅三藐三菩提。須菩提，所言善法者，如來説即非善法，是名善法。

唐譯云：復次，善現，是法平等，於其中間無不平等，故名無上正等菩提。以無我性、無有情性、無命者性、無士夫性、無補特伽羅等性平等，故名無上正等菩提。一切善法無不現證，一切善法無不妙覺。善現，善法善法者，如來一切説爲非法，是故如來説名善法善法。

傅大士頌曰：水陸同真際，飛行體一如。法中何彼此，理上豈親疏。自他分别遣，高下識情除。了斯平等性，咸共入無餘。

通曰：前十二、十三疑中，如來説實無有法得無上菩提，須菩提豈不信其無，第恐未來衆生以非身非説一切皆無，遂謂法身亦無，故問佛得無上菩提爲無得耶。其所云無得者良是，非謂其無得而遂無無上菩提也，故曰是名無上正等菩提。有少法在，即有高下，惟一法也無，故一切平等。以平等故，聖凡一體，以此自證，即無身相可得，以此度生，即無言説相可得。令一切衆生皆入無餘涅槃，實無一衆生得滅度者，蓋以此也。

秦譯云修一切善法，則得阿耨多羅三藐三菩提，前云無有少法，此云修一切善法，前云無得，此云則得，覺語意相戾。唐譯云以平等故名無上正等菩提，一切善法無不現證，一切善法無不妙覺，此於菩提但言名而不言得，一切善法但言證而不言修，似於向上一路更爲精切。

《刊定記》曰：前文中皆言無法得菩提，若如來不得一法，云何轉捨二障，轉得二果。既若轉得菩提，豈是不得一法。佛答有三：一答無法可得爲正覺，二答平等爲正覺，三答正助修善爲正覺。初答如文可見。無有少法可得者，即菩提處也。無有少法可證菩提，即無有少法能過之者，故名無上。此以無法爲正覺也。復次須菩提下四句，以平等爲正覺也。如來清淨法身平等無差别故，其法無不齊等，無有少增，故名無上，在聖不增故無高，居凡不減故無下。一切平等，本來不失，更何有得。

彌勒菩薩偈曰：彼處無少法，知菩提無上。法界不增減，淨平等自相。

然雖無法，然雖平等，非謂不修得成正覺。又復其法是無我等相，遠離諸相，即是平等。又彼法無我，目體真實，竟無一法可得，故名無上。又復於諸方便，亦是無上，所有善法皆圓滿故，名爲無上。云何善法有體可得而能證無所得理。法不相似，豈得成因。所言善法者，如來説爲非法，由有漏性不能持故，説名非善。由無漏性決定能持，是善性故。彼漏非是淨法，此離於漏法，即是清淨法，故曰彼法。若有漏法故，名非善法。以無有漏法故，是故名爲善法，以決定無漏善法故，猶云君子人與君子人也。

彌勒菩薩偈曰：有無上方便，及離於漏法。是故非淨法，即是清淨法。

故修證平等性者，雖非淨法，然修而無修，證而無證，即無有少法可得，故謂之曰清淨也。

溈山一日指田問仰山曰：這丘田，那頭高，這頭低。仰曰：却是這頭高，那頭低。溈曰：你若不信，向中間立，看兩頭。仰曰：不必立中間，亦莫住兩頭。溈曰：若如是，著水看，水能平物。仰曰：水亦無定，但高處高平，低處低平。溈便休。甚矣，證平等之難也。住兩頭則不平，立中間則不平，以水能平，物則不平。乃至無有少法則平，高也平，低也平，惟如是見得，足知自他同一涅槃性海也。

〇二十、斷所説無記非因疑

此疑從上修善法而來。如云修一切善法

則得菩提者，是善法攝，非無記攝也。若前所云持説四句偈等，但以名、句、文三者無記性攝，無記性法中無因果故，豈有能得菩提之理耶。爲遣此疑，故經云：

須菩提，若三千大千世界中所有諸須彌山王，如是等七寶聚，有人持用布施，若人以此《般若波羅蜜經》，乃至四句偈等，受持讀誦，爲他人説，於前福德百分不及一，千萬億分，乃至算數譬喻所不能及。

傅大士頌曰：施寶如沙數，唯成有漏因。不如無我觀，了妄乃名真。欲證無生忍，要假離貪瞋。人法知無我，逍遥出六塵。

通曰：較量寶施何啻再三，而此又舉之，以破無記非因之疑，謂修一切善法，不著於相，是爲菩提因，固矣。然佛所説法，皆自無漏善性中流出，離言説相，而持説者，實能示菩提之因。此可見般若之妙，不但一切善法以離相故而證菩提，雖文字無記性法，亦以無相故而證菩提也。此豈寶施如沙成有漏因者可及哉。故佛舉三千大千世界，一世界中有一須彌山王，高廣無量，而七寶聚積與之齊等，有人持此布施，福德可謂多矣。若人以此無相無住《般若波羅蜜經》乃至四句偈等，以之受持，自利也，以之演説，利他也。此於經中於詮真理，因之悟解起行，能趣菩提，由非離此，能得菩提，故知藉斯菩提方契。故此宣説法寶，量等虚空，不可思議，於前無數寶施福德，不啻千百萬億倍，算數譬喻皆不能及。

彌勒菩薩偈曰：雖言無記法，而説示彼因。是故一法寶，勝無量珍寶。數力無似勝，無似因亦然。一切世間法，不可得爲喻。

謂是算、勢、類、因四種差別，無有其喻能比況者。一者數勝，乃至算數所不能及。二者勢勝，如强弱力不相並。三者類勝，如貴賤人不相似。四者因勝，言彼不可與此爲因。

持説之功德若是，可不益勤精進勇猛心哉。

昔香至王施無價寶珠於二十七祖般若多羅尊者，祖以所施珠問三王子曰：此珠圓明，有能及否。第一王子、第二王子皆曰：此珠七寶中尊，固無踰也，非尊者道力，孰能受之。第三王子曰：此是世寶，未足爲上，於諸寶中，法寶爲上。此是世光，未足爲上，於諸光中，智光爲上。此是世明，未足爲上，於諸明中，心明爲上。此珠光明，不能自照，要假智光，光辨於此。既辨此已，即知是珠，既知是珠，即明其寶。若明其寶，寶不自寶，若辨其珠，珠不自珠。珠不自珠者，要假智珠以辨世珠，寶不自寶者，要假智寶以明法寶。然則師有其道，其寶即現，衆生有道，心寶亦然。祖歎其辨慧，乃復問曰：於諸物中，何物無相。曰：於諸物中，不起無相。又問：於諸物中，何物最大。曰：於諸物中，法性最大。祖知是法嗣，以如來正法眼付之。後六祖亦曰：乘船永世求珠，不知身是七寶。是二祖師，深明法寶，非世寶可及。

〇二十一、斷平等云何度生疑

此疑從第十九疑中是法平等而來。

功德施論曰：是法平等，無有高下，即無衆生可度。若如來説非衆生者，云何不與餘教相違。如有經言，無量衆生以得我爲善知識故，生等諸苦，並皆解脱。既度衆生，即有高下，何爲平等。爲遣此疑，故經云：

須菩提，於意云何，汝等勿謂如來作是念，我當度衆生。須菩提，莫作是念。何以故。實無有衆生如來度者。若有衆生如來度者，如來則有我、人、衆生、壽者。須菩提，如來説有我者，即非有我，而凡夫之人以爲有我。須菩提，凡夫者，如來説即非凡夫，是名凡夫。

通曰：此疑雖以平等而疑度生，實以度生而顯平等也。

彌勒菩薩偈曰：平等真法界，佛不度衆

生。以名共彼陰，不離於法界。

夫一真法界之中，五蘊皆空，聖名凡號一無所有。衆生待蘊而成，既無五蘊，即無衆生。衆生名且無，何從而度之。故實無衆生得滅度者，是真證平等法界性也。

《刊定記》曰：於意云何五句，遮其錯解也。何以故二句，示其正見也。徵意云：以何義故，令不作是念。釋意云：以實無衆生爲如來所度故。一真法界，原自平等。佛是極證之人，已全是法界，衆生雖未得證，然緣生無體，亦同法界，豈可將法界度於法界。故無衆生如來度也。若實有衆生異於如來爲所度者，此則不如法界，不了緣生，便有我、人、衆生、壽者等相。爾餤未忘，名爲我取，如來無是也。

彌勒菩薩偈曰：取我度爲過，以取彼法是。取度衆生故，不取彼應知。

彼即指上四相也。如來何以無我取耶。如來所説有我者，無體性義，即爲非我，本自無我，又安所取。故無我、人、衆生、壽者等相，無體可得故。若如來取有衆生爲我度者，此即是取相之過，以著彼五陰法是衆生故，即與我執過同。欲令衆生得解脱者，有如是相，故不應取。既無我執，何用更言不取耶。以諸凡夫顛倒妄取，執爲有我，不能解脱，故説妄取有我。是凡夫之人，未爲聖者，不能生聖法，故名凡夫也。彼凡夫各封於我，差别而生，名凡夫生。然第一義中，更無凡夫可得，但以世俗言説，名凡夫生耳。以上展轉拂迹，謂如來本來無我，但凡夫執之爲我，故説無我法以度凡夫。究竟凡夫亦本無我，不但無我，且無凡夫，如夢人見虎，虎與夢人皆不可得，何處更有衆生可度耶。

前後四處，皆説度而無度。最初令離我度生，十一疑能度者是我，十四疑無我而誰度，此疑真界平等，不合度生，至是發明實無衆生得滅度者，極詳且著矣。

溈山餧鴟生飯，回頭見仰山，曰：今日爲伊上堂一上。仰曰：某甲隨例得聞。溈曰：聞底事作麼生。仰曰：鴟作鴟鳴，鵲作鵲噪。溈曰：爭奈聲色何。仰曰：和尚適來道甚麼。溈曰：我秖道爲伊上堂一上。仰曰：爲甚麼唤作聲色。溈曰：雖然如此，驗過也無妨。仰曰：大事因緣，又作麼生驗。溈竪起拳，仰曰：終是指東畫西。溈曰：子適來問甚麼。仰曰：問和尚大事因緣。溈曰：爲甚麼唤作指東畫西。仰曰：爲著聲色故，某甲所以問過。溈曰：並未曉了此事。仰曰：如何得曉了此事。溈曰：寂子聲色，老僧東西。仰曰：一月千江，體不分水。溈曰：應須與麼始得。仰曰：如金與金，終無異色，豈有異名。溈曰：作麼生是無異名底道理。仰曰：瓶盤釵釧券盂盆。溈曰：寂子説禪，如師子吼，驚散狐狼野干之屬。於此明得無異名底道理，方知以名共彼陰，不離於法界，是最上第一義。

〇二十二、斷以相比知真佛疑

此疑從第十七疑中如來不應以色身諸相見而來。前文云即非具足色身，又云是名具足色身，既云即非諸相具足，又云是名諸相具足。彼中意者，法身畢竟非相好，相好亦非不佛，由無相故現相，不離法身。所以疑云：既無相故，方能現相，則但見於相，便知無相也。法身既不離於色相，則知法身爲福相成就，似可比類而知。爲遣此疑，故經云：

須菩提，於意云何，可以三十二相觀如來不。須菩提言：如是，如是，以三十二相觀如來。佛言：須菩提，若以三十二相觀如來者，轉輪聖王則是如來。須菩提白佛言：世尊，如我解佛所説義，不應以三十二相觀如來。爾時世尊，而説偈言：若以色見我，以音聲求我，是人行邪道，不能見如來。

唐譯云：佛告善現：於汝意云何，可以諸相具足觀如來不。善現答言：如我解佛所說義，不應以諸相具足觀於如來。佛言：善現，善哉善哉，如是如是。如汝所說，不應以諸相具足觀於如來。善現，若以諸相具足觀如來者，轉輪聖王應是如來，是故不應以諸相具足觀於如來，如是應以諸相非相觀於如來。爾時世尊而說偈曰：諸以色觀我，以音聲尋我，彼生履邪斷，不能當見我。應觀佛法性，即導師法身。法性非所識，故彼不能了。

傅大士頌曰：涅槃含四德，唯我契真常。齊名八自在，獨我最靈長。非色非聲相，心識豈能量。看時不可見，悟理即形彰。

通曰：上言平等法界，無佛無衆生之謂也。如來說凡夫即非凡夫，已無衆生相可得。雖無衆生，豈無如來乎。然諸相即如來所現，所謂無相而相也。諸相即不離法身，所謂相而無相也。既可以無相顯相，亦可以相顯無相，比類而觀，似可以相知佛。不知諸相無性，非真實法體，故不可有比觀。而真實法性不但離於聲色，亦且遠於知見，將何從而觀之。故知所謂我者，即涅槃四德之我，本非所識。識且不能，安見其有。此併其度衆生之我而無之也。秦譯偈四句，但離聲色之我耳。唐譯後四句，乃離知見之法身也。合而觀之，其義始足。又須菩提言如是如是，以三十二相觀如來，與前所答相左，不知唐譯省之爲是。

《刊定記》曰：於意云何二句，謂可以相比觀無相法身如來否。須菩提言三句，謂法身既流出相身，即由此相知佛證得無相法身。佛言三句難聖凡不分也，謂輪王亦有此相，應是如來，則色身相不可比知如來矣。且輪王與佛色相雖同，相之所依二各有異，佛相即法身所現，王相依業因而生，凡聖雲泥，復何準的。

彌勒菩薩偈曰：非是色身相，可比知如來。諸佛唯法身，轉輪王非佛。非相好果報，依福德成就。而得真法身，方便異相故。

須菩提白佛言四句，悟佛不可以相見也。意云緣聞依真現假，假不離真，及乎約假求真，真不由假。彼依福德而成就者，是果報身，非真法身。由此言之，福德力但能成是相，而福德力不能得大菩提，佛固不可以相見也。爾時世尊五句，即見聞所不能及也。真如法身非是識境，離一切相及言説故，但是真智之境，乃能證知，所以色見聲求者不知佛也。《華嚴》云：色身非是佛，音聲亦復然。又云：不了彼真性，是人不見佛。即此謂也。

彌勒菩薩偈曰：唯見色聞聲，是人不知佛，以真如法身，非是識境故。

功德施論曰：以色見我等，其義云何。謂有見光明相好，言見於佛，及有聽受經等文字，言我隨逐而得如來。彼於相好身及言説身，攀緣修習。爲除此見，故曰是人行邪道，不能見如來。色及文字性非真實，於中取著，是邪道故。行於此道，何能見佛。云何見耶。經云：如來法爲身，但應觀法性。法性者，所謂空性、無自性、無生性等。此即諸佛第一義身，若見於此，名爲見佛。攀緣法性，將非取著。以淨智心，了知法性，法性豈是所了知耶。是故經言法性非所見，彼亦不能知。如有經言一切法性猶如虚空等，與衆物爲所依止，而其體性非是有物，亦非無物，能於中寂然無知，名爲了知。故名爲知者，但隨世俗言説故。功德施解後四句極詳，最宜玩味。

昔馬祖在衡嶽山常習坐禪，南嶽讓禪師知是法器，往問曰：大德坐禪，圖甚麼。祖曰：圖作佛。師乃取一磚，於彼庵前石上磨。祖曰：磨作甚麼。師曰：磨作鏡。祖曰：磨磚豈得成鏡。師曰：磨磚既不成鏡，坐禪豈得成佛。祖曰：如何即是。師曰：如牛駕車，若車不行，打車即是，打牛即是。祖無對。師又曰：汝學坐禪，爲學坐佛。若學坐禪，禪非坐臥。若學坐佛，佛非定相，於無住法，不應取捨。汝若坐佛，即是殺佛。若執坐相，非達其理。祖聞示誨，如飲醍醐，禮拜問曰：如何用心，即合無相三昧。師曰：汝學心地法門，如下種子。我説法要，譬彼天澤。汝緣合故，當見其道。又問：道非色相，云何能見。師曰：心地法眼，能見乎道。無相三昧，亦復然矣。祖曰：有成壞否。師曰：若以成壞聚散而成道者，非見道也。聽吾偈曰：心地含諸種，遇澤悉皆萌。三昧華無相，何壞復何成。祖蒙開悟，心意超然。

雲門垂語云：人人盡有光明在，看時不見暗昏昏，作麼生是諸人光明。自代云：廚庫三門。又云：好事不如無。雪竇云：自照列孤明，爲君通一線。華謝樹無影，看時誰不見。見不見，倒騎牛兮入佛殿。合二則觀之，無相三昧雖以心地法眼能見，然見而不見，如倒騎牛，乃可觀於如來也。

金剛般若波羅蜜經宗通卷六

金剛般若波羅蜜經宗通卷七

○二十三、斷佛果非關福相疑

此疑從上不應以相觀如來而來。同一三十二相也，在佛則謂之佛果，在輪王則謂之福相，既果位不同，但當修慧，不必修福，似不必具丈夫相而證菩提也。如是修行諸菩薩，則失功德，及失果報。爲遣此疑，故經云：

須菩提，汝若作是念，如來不以具足相故得阿耨多羅三藐三菩提，須菩提，莫作是念，如來不以具足相故得阿耨多羅三藐三菩提。須菩提，汝若作是念，發阿耨多羅三藐三菩提心者説諸法斷滅，莫作是念。何以故。發阿耨多羅三藐三菩提心者，於法不説斷滅相。須菩提，若菩薩以滿恒河沙等世界七寶持用布施，若復有人知一切法無我，得成於忍，此菩薩勝前菩薩所得功德。何以故。須菩提，以諸菩薩不受福德故。須菩提白佛言：世尊，云何菩薩不受福德。須菩提，菩薩所作福德，不應貪著，是故説不受福德。

通曰：須菩提一向解空，一向謂不應以三十二相觀如來，佛即印可之曰，若以相觀者，輪王亦應是佛，而又申之以偈曰：色見聲求，是行邪道。所爲破相之談，可謂極矣。若執著破相爲是，即類偏空，即至斷滅因果。若發菩提心者，智悲雙運，應不如是。雖不藉福德而證菩提，亦不失福德而昧因果，但於福德無取著耳。唯其有而不受，因爲淨因，果爲淨果，所得三十二相，自與輪王福相不同也。

《刊定記》曰：汝若作是念八句，遮毀相之念，意云：汝若謂如來不以具足相故得菩提，莫作是念。文勢似重，意實不重，但前敘後遮也。汝若作是念五句，出毀相之過。蓋定有則著常，定無則著斷。今若作無相解，正當斷見，斯則於果損福德莊嚴，於因損五度之行，壞俗諦也。諸法斷滅，是二乘偏空見解，無有菩薩見法斷故。何以故。以生故即有斷，一切法是無生性，所以遠離常斷二邊，遠離二邊，是法界相。故發無上菩提心者，要與法界相應，必依悲智行願，作利益衆生事，不説諸法斷滅相也。

彌勒菩薩偈曰：不失功德因，及彼勝果報。

惟諸法不可斷滅，故智慧莊嚴，功德莊嚴，皆能有所成就。何以明其得勝果耶。若菩薩以恒河沙等世界七寶持用布施，所得世間福德固不可量，若復有人知一切法無我，即無我等相，得成於忍。無我者，人無我、法無我也。得此二空，更不復生，名之爲忍。既得無生法忍，所修福德清淨無垢，視彼住相行施墮於有漏者，不啻百千萬億倍，故曰勝前菩薩所得功德。

彌勒菩薩偈曰：得勝忍不失，以得無垢果。

唯無我能趨無上菩提，故稱爲勝。若一切法無生者，所有福德皆應斷絶，云何而有福德生耶。以諸菩薩不受福德故，明不受故不失福也。然不受者，不著生死故。若住生死，即受福德，非第一義中有福可取故，云何菩薩不受福德耶。釋意云：菩薩作福，若生貪著，則因既有漏，果亦有漏，凡所招報，是可厭故。當知彼取即是越取，此則因果俱失，成其所疑。今所作福，不生貪著，則因既無漏，果亦無漏，此福德無報，無彼有漏報故。如是取者，非爲越取，云何疑其失因及果耶。

彌勒菩薩偈曰：示勝福德相，是故説譬喻。是福德無報，如是受不取。

福德未嘗不作，以俗諦故，既作不應貪著，以第一義諦故，所以諸法不應斷滅也。然則佛果與福相，又何礙之有。

僧問雲巖晟禪師：二十年在百丈巾缾，爲甚麼心燈不續。巖云：頭上寶華冠。僧云：頭上寶華冠，意旨如何。巖云：大唐天子及冥王。僧問九峰虔禪師：大唐天子及冥王，意旨如何。峰云：却憶洞上之言。丹霞頌云：玉鞭高舉擊金門，引出珊瑚價莫論。迴古輪王全意氣，不彰寶印自然尊。又，僧問長沙岑禪師：本來人還成佛否。沙云：你道大唐天子還割茆刈艸否。投子頌曰：苔殿重重紫氣深，星分辰位正乾坤。金輪不御閻浮境，豈並諸侯寶印尊。由二則觀之，輪王之福德已超出諸侯之上，而況如來福德超出輪王之上者乎。既已無我，得成於忍，自不爲割茆刈艸事，所以不受福德爲至福也。

○二十四、斷化身出現受福疑

此疑從上不受福德而來。

功德施論曰：若第一義無福可取，何故餘經作如是説，如來福智資糧圓滿，坐菩提座趣於涅槃。爲遣此疑，故經云：

須菩提，若有人言：如來若來若去，若坐若臥，是人不解我所説義。何以故。如來者，無所從來，亦無所去，故名如來。

通曰：如來既不可以色相觀，又不可以斷滅説，爲其不住生死，不住涅槃，常從真如而來度生故。然涅槃無有真實處所而至於彼，名之爲去，生死亦無真實處所而從彼出，名之爲來，不去不來，是如來義。故執相求之不可，離相求之亦不可。當知化身出現，現而未嘗現也。果中原無受用，因中豈有受取耶。

《刊定記》曰：若人言如來出現而來，入滅而去，住於世間，若坐若臥，皆不解我所説義。以何義故名爲如來耶。以真佛本來無來去故，去來化身佛也。如來即是法身，本來不動。若如來有去來差別，即不得言常如是住。常如是住者，不變不異故。

彌勒菩薩偈曰：去來化身佛，如來常不動。

此非異而異也。或問曰：既無佛來去，何以出現受福，爲衆生受用耶。答曰：此由衆生心水清淨，則見佛來，來無所從。心水垢濁，則見佛去，去無所至。是佛任運無心，但隨衆生所見耳。尚無出現之佛，寧有受福之事哉。

彌勒菩薩偈曰：是福德應報，爲化諸衆生。自然如是業，諸佛現十方。

如餘經言，應物現形，如水中月，水中之形有去來，而月常不動也。

陸亘大夫問南泉曰：弟子家中有一片石，有時坐，有時臥，欲鐫作佛，得否。泉云：得。陸云：莫不得否。泉云：不得。雲巖云：坐則佛，不坐則非佛。洞山云：不坐則佛，坐則非佛。天童拈云：轉功就位，轉位就功，還他洞上父子，且道南泉意作麼生，直是針錐不得。五祖演云：大衆，夫爲善知識，須明決擇，爲什麼他人道得也道得，他人道不得也道不得。還知南泉落處麼。白雲不惜眉毛，與汝註破。得又是誰道來，不得又是誰道來。汝若更不會，老僧今夜爲汝作箇樣子。乃舉手云：將三界二十八天作箇佛頭，金輪水際作箇佛脚，四大神州作箇佛身。雖然作此佛兒子了，汝諸人却在那裏安身立命。大衆還會也未。老僧作第二箇樣子去也。東弗于逮作一箇佛，南贍部洲作一箇佛，西瞿耶尼作一箇佛，北鬱單越作一箇佛。草木叢林是佛，蠢動含靈是佛。既恁麼，又喚甚麼作衆生。還會也未。不如東弗于逮還他東弗于逮，南贍部洲還他南贍部洲，西瞿耶尼還他西瞿耶尼，北鬱單越還他北鬱單越，草木叢林還他草木叢林，蠢動含靈還他蠢動含靈。所以道，是法住法位，世間相常住。既恁麼，汝喚甚作佛。還會麼。忽有箇漢出來道，白雲休寱語，大衆記取這一轉。以上諸尊宿於本源自性天真佛，各出手眼，互爲鑽研，若於此參透，方名見如來也。

○二十五、斷法身化身一異疑

此疑從上法無斷滅，法無去來而來。

功德施論曰：若生死涅槃不可得，故無去來者，如來豈如須彌山等積聚一合而安住耶。爲遣此中是一是常，無分有分，一合見故。言微塵衆多者，遣無分一合見也。非微塵衆者，遣有分一合見也。是名微塵衆者，我非有分物執之爲衆，復爲遣積聚見也。故經云：

須菩提，若善男子、善女人以三千大千世界碎爲微塵，於意云何，是微塵衆寧爲多不。甚多，世尊。何以故。若是微塵衆實有者，佛則不說是微塵衆。所以者何。佛說微塵衆，即非微塵衆，是名微塵衆。世尊，如來所說三千大千世界，即非世界，是名世界。何以故。若世界實有者，則是一合相。如來説一合相，即非一合相，是名一合相。須菩提，一合相者，即是不可説，但凡夫之人貪著其事。

傅大士頌曰：界、塵何一、異，報應亦同然。非因亦非果，誰後復誰先。事中通一合，理則兩俱捐。欲達無生路，應當識本源。

通曰：不應以相見如來，似與化異。於法不説斷滅相，似與化一。化身有去來，而法身常不動，中間實無一異之相。故佛以法界明之，彼去來坐臥即微塵相也。去來坐臥不離於法身，如彼微塵不離於法界也。法身現起去來坐臥，如世界碎爲微塵，不可謂異。煩惱盡而證於法身，如微塵碎而同於太虚，不可謂一。彼太虚空，非有以合之而後成，非有一性故也。彼微塵聚，非有以散之而後顯，非有異性故也。如來遠離煩惱障，住彼法界中，非一處住，亦非異處住，是不可思議境界，豈可言説。但凡夫執著事相，謂有分合可得。若見於實相者，一真平等法界，本自無生，誰爲去來，誰爲不動。但可謂之如來而已。

《刊定記》曰：初須菩提至貪著其事，約塵界以破一異，以三千大千五句，標塵一異以顯無性。言世界者，喻法身也。微塵者，喻應身也。世界一也，微塵異也。碎界作塵，塵無異性，合塵爲界，界無一性。故彌勒菩薩偈曰：去來化身佛，如來常不動。於是法界處，非一亦非異。

何以故至是名微塵，此釋微塵喻應身無異性也。若知碎世界作微塵，微塵全是世界，則塵無實性，故曰則非微塵，非實微塵也。以離性計而説微塵，是空微塵也，故曰是名微塵。此喻全法起應，應即是法，何異性之有。世尊至貪著其事，此釋世界喻法身無一性也。若知微塵爲世界，非唯所起微塵是空微塵，抑亦能起世界是空世界。夫世界全是微塵，則世界無實性，故曰則非世界，以離性計而說世界，故曰是名世界。

彌勒菩薩偈曰：世界作微塵，此喻示彼義。微塵碎爲末，示現煩惱盡。非聚集故集，非唯是一喻。聚集處非彼，非是差別喻。

非微塵有性合成世界，故曰非一。非世界有性散爲微塵，故曰非異。徵意云：以何義故，說世界耶。釋意云：世界若實有者，則是一合相。今所云一合相者，一之而不二，合之而不分，乃衆塵和合爲一世界。作此見者即爲非見，於非有中而妄見故。故如來說非一合相，是空無離性。名之一合者，但俗諦言說，非真實有，故曰是名一合相也。此一合相，無體可說，第一義中，一切諸法本性無生，無生故不可得，不可得故離於言說。但爲凡夫不了，執之爲實，貪著其相，於中妄取，猶彼小兒如言執物。

彌勒菩薩偈曰：但隨於音聲，凡夫取顛倒。

若無取著，即不落於事相。此喻全應是法，法不離應，何一性之有。法不離應，應不離法，故知如來非一處住，亦非異處住也。

金海光如來解曰：世界者，如來自說盧舍那佛住持三千大千世界，身上化生菩提之樹，號蓮華藏世界，不說窒礙世界也。一合相者，一切衆生身中佛性，與盧舍那法身是一合相也。頌曰：如來自説蓮華藏，負荷三千擐大千。菩薩了空歸一合，凡夫貪著被魔纏。此解亦翻騰可玩。

昔秦跋陀禪師問生法師：講何經論。生曰：《大般若經》。師曰：作麼生說色空義。曰：衆微聚曰色，衆微無自性曰空。師曰：衆微未聚，喚作甚麼。生罔措。又問：別講何經論。曰：《大涅槃經》。師曰：如何說涅槃義。曰：涅而不生，槃而不滅，故曰涅槃。師曰：這箇是如來涅槃，那箇是法師涅槃。曰：涅槃之義，豈有二耶。某甲祇如此，未審禪師如何說涅槃。師拈起如意，曰：還見麼。曰：見。師曰：見箇甚麼。曰：見禪師手中如意。師將如意擲於地。曰：見麼。曰：見。師曰：見箇甚麼。曰：見禪師手中如意墮地。師斥曰：觀公見解，未出常流，何得名喧宇宙。拂衣而去。其徒懷疑不已，乃追師扣問：我師說色空、涅槃不契，未審禪師如何說色空義。師曰：不道汝師說得不是。汝師祇說得果上色空，不會說因中色空。其徒曰：如何是因中色空。師曰：一微空故衆微空，衆微空故一微空。一微空中無衆微，衆微空中無一微。至哉言乎。須於此透入，方信得平等法界，非一非異真切處。

須菩提，若人言佛說我見、人見、衆生見、壽者見，須菩提，於意云何，是人解我所說義不。不也，世尊，是人不解如來所說義。何以故。世尊說我見、人見、衆生見、壽者見，即非我見、人見、衆生見、壽者見，是名我見、人見、衆生見、壽者見。須菩提，發阿耨多羅三藐三菩提心者，於一切法，應如是知、如是見、如是信解，不生法相。須菩提，所言法相者，如來說即非法相，是名法相。

通曰：須菩提前說我相即是非相，乃至壽者相即是非相，離一切相則名諸佛，世尊既印可之矣，何爲又有此叮嚀也。前但破相，此乃破見，見相略有淺深，故重破之也。彼證悟了覺爲四相，如《圓覺》所說，未嘗不是四見，但能不作是見者，猶是法相見也。始而有人、我相者，則非菩薩，既而通達無我法者，是名菩薩，猶有遺我見在。今細查考四見本無，又何用遣。此乃最上般若，不可不如是知、見、信解也。如是知，知不離真如，如是見，見不離真如，如是信解，解不離真如。一真平等，分別不生，豈但界塵一異之相了不可得，即貼體微細法相亦自不生，其斯爲無住真際乎。

《刊定記》曰：若人言佛説以下，遣除我法，以顯本寂也。意云：前凡夫貪著其事，所緣一異之境，由有能緣我法見心也。見心不破，一異分別不除，故今破之，令除分別入聖道也。

彌勒菩薩偈曰：非無二得道，遠離於我法。

謂非無人法俱空二智而能得道者，須遠離我法四相而後可也。佛説我見至是名我見，先明離我見也。若人謂佛真實説有我、人等見者，斯則謬解，故云不解如來所説義也。以何義故説爲不解耶。佛説我、人等見者，非實我、人等見，但是假名我、人等見耳。夫真如性中，原無所見，佛本欲顯示無見之真，故説我、人等見，以明皆空無實，由衆生不見真如，妄分別見耳。

彌勒菩薩偈曰：見我即不見，無實虚妄見。

見我即不見真如。若見真如，即遠離虚妄見矣。

發阿耨以下，次明離法見也。意云：如來説法，要令衆生修行契理，故發菩提心者，即見於真如，於一切法，當如是知、如是見、如是信解。此三種，名依止方便不同。知依奢摩他即是定，由定起知，見依毗鉢舍那即是慧，由慧發見，解依三摩提即是定、慧，等持增上，知、見、勝解能緣真如，此即三昧方便也。由此三昧力，能不生法相。言不生法相者，不於法非法有所取著，除分別見也。

著於證悟了覺者，即是我相。不著於證悟了覺者，即是法相。所言法相者以下，正顯本寂意。所言法相，非實有之法相，是本無之法相也。勝義諦中，不容他故，離性離相，非和合故，但依俗諦説名法相耳。性起爲相，相不離性故，如前喻金中無器，器不離金也。

彌勒菩薩偈曰：二智及三昧，如是得

遠離。

二智，即人無我、法無我。三昧者，即知、見、解也。如是乃能遠離我、人、衆生、壽者等見，不生法相。此一段文雖正釋離於俱生法執，亦是總結降住正行。由經初善現請問，若人發無上菩提心者，應云何住，云何降伏其心，如來答云應如是住，如是降伏其心，故今結云：應如是知、見、信解，不生法相，此之謂降伏，此之謂無住也。

傅大士一日披衲、頂冠、靸履見梁武帝。帝問：是僧耶。士以手指冠。帝曰：是道耶。士以手指靸履。帝曰：是俗耶。士以手指衲衣。古德頌云：道冠儒履釋袈裟，合會三家作一家。忘却率陀天上路，却來雙樹待龍華。此渾身般若作用，了無法相可得。無住真宗，唯大士暴露殆盡。

○二十六、斷化身説法無福疑

此疑因上真化非一非異之喻而來。意云：若就非一，化唯虚假。若就非異，又唯冥合。歸一法身，即化身終無自體。若爾，則能説之佛既虚，所説之教豈實。持説不實之教，寧有福耶。爲遣此疑，故經云：

須菩提，若有人以滿無量阿僧祇世界七寶持用布施，若有善男子、善女人發菩薩心者，持於此經，乃至四句偈等，受持讀誦，爲人演説，其福勝彼。云何爲人演説。不取於相，如如不動。

通曰：以布施較量持經功德，凡八見矣，無非重重發明應無所住而行於布施之意。知布施而不知般若，即住於相。能持經而不住於相，即真布施。始以七寶布施，不如持經之能至寶所也。既以身命布施，不如持經之能證法身也。既以供養諸佛，不如持經之能自得佛也。得成於忍，能作佛之因，豈布施之因可比乎。如如不動，能證佛之果，豈布施之果可同乎。重重讚歎，意各不同。持經者爲人演説，即是法施。不取於相，如彼真如湛然不動。説法者如，傳法者如，能使人人皆證法身，功德可勝道哉。

《刊定記》曰：若有人至其福勝彼，明説法功德也。發菩薩心者，謂有菩薩濟生利物之心，故能以此受持，亦能以此爲人演説。經文但明持説功德，而論乃謂化佛説法有無量功德者何。蓋化佛是説法教主，持説是弘經之人，所弘之經是佛所説，佛之所説離言相故，功德無量。弘經之人若能離著言説，其福勝彼無數世界七寶布施者也。

彌勒菩薩偈曰：化身示現福，非無無盡福。

謂持經者，亦即化身之示現也，故獲福無盡。云何演説便獲如是功德耶。如無演説，是名爲説。

彌勒菩薩偈曰：諸佛説法時，不言是化身。以不如是説，是故彼説正。

謂第一義中，無世出世，若法若物，少有可説，能如實義，如是説者，是名爲正。上如即似義，下如即真如，似於真如，故曰如如。謂佛有説，皆如真實。説法之人，如彼真如無有分別，不取能所説相，不説我是化身，不説我是説法之人，將不知誰是法身，誰是化身，誰是能説，誰是所説。如斯演説，量等虚空，其獲福無盡以此。

傅大士一日講經次，梁武帝至，大衆皆起，唯士端坐不動。近臣報曰：聖駕在此，何不起。士曰：法地若動，一切不安。此所謂如如不動者，非徒言之，實允蹈之矣。

又，佛鑑和尚示衆，舉僧問趙州如何是不遷義，州以手作流水勢，其僧有省。又僧問法眼：不取於相，如如不動，如何不取於相，見於不動去。法眼云：日出東方夜落西。其僧亦有省。若也於此見得，方知道旋嵐偃岳，本來常靜，江河競注，元自不流。如或未然，不免更爲饒舌。天左旋，地右轉，古往今來經幾徧。金烏飛，玉兎走，纔方出海門，又落青山後。江河波渺渺，淮濟浪悠悠，直入滄溟晝夜流。遂高聲云：諸禪德，還見如如不動麼。若於諸尊言下，能於動處識取不動，又何疑於化身非是法身。

〇二十七、斷入寂如何説法疑

此疑從上演説與不動而來。既言不取於相，如如不動，則佛應常住爲衆生説法，何故又有入寂之相。未入寂時，尚能演説，既入寂已，如何説法。將謂無法可説，即成斷滅，將謂法身説法，何故入寂。不知甚深般若之智，不如是觀也。爲遣此疑，故經云：

何以故。一切有爲法，如夢幻泡影，如露亦如電，應作如是觀。

唐譯云：復次，善現，若菩薩摩訶薩以無量無數世界盛滿七寶，奉施如來應正等覺，若善男子或善女人，於此《般若波羅蜜多經》中，乃至四句伽陀，受持讀誦，究竟通利，如理作意，及廣爲他宣説開示，由此因緣所生福聚，甚多於前無量無數。云何爲他宣説開示。如不爲他宣説開示，故名爲他宣説開示。爾時世尊而説頌曰：諸和合所爲，如星翳燈幻，露泡夢電雲，應作如是觀。

傅大士頌曰：如星翳燈幻，皆爲喻無常。漏識修因果，誰言得久長。危脆同泡露，如雲影電光。饒經八萬劫，終是落空亡。

通曰：此經名《金剛般若》，甚深十喻，乃其本旨。所謂觀一切業如幻，一切法如燄，一切性如水中月，妙色如空，妙音如響，諸佛國土如乾闥婆城，佛事如夢，佛身如影，報身如像，法身如化，唯除妙音如響，餘列爲九喻。雖名相稍有不同，大都可以意會。此甚深般若觀智，雖佛事如夢，雖佛身如影，正達一切業如幻。自三十七助道品，乃至菩提、涅槃，一切如幻，本大般若破相宗也。持經説法者深解義趣，能爲人演説，不取於相，如如不動，是能善觀一切有爲之法，如夢幻等皆無實性，倏生倏滅。愚人見之謂有生滅，智者觀之原自非動。本未嘗生，本未嘗滅，既無生滅，即無來去。以是諸佛涅槃，不住於有爲法中，亦不住於無爲法中，既不住於生死涅槃，常自如如，塵説剎説，本未嘗間，又何泥於入寂之相哉。

彌勒菩薩偈曰：非有爲非離，諸如來涅槃。九種有爲法，妙智正觀故。見相及於識，器身受用事。過去現在法，亦觀未來世。觀相及受用，觀於三世事。於有爲法中，得無垢自在。

此明諸佛涅槃非有爲法，亦不離有爲法，以不住涅槃，不住世間故，特示現世間行，爲利益衆生故。所以不住於有爲法者，以有妙智觀察九種法故。九者謂何。一觀見如星，能見心法，非不烱烱，正智日明，即隱不現。觀相如翳，所緣外境，皆是妄現，如毛輪等，原非實有。觀識如燈，依止貪愛，非不照了，念念遷謝，相續不已。觀器界如幻，世間種種從妄緣生，幻力變起，無一體實。觀身如露，暫時住故，見日即晞，一遇無常，便從衰謝。觀所受用如泡，由根、境、識三事和合，苦樂受用，各成各散。觀過去如夢，所有集造，同如夢境，因憶乃生，原無實事。觀現在如電，生時即滅，剎那不住，雖暫時有，倏忽便亡。觀未來如雲，識含種子，若雲含雨，能與一切爲其根本。若能以金剛般若妙智，觀於此九種法。一、觀見、境、識，即是觀察集造有爲之相。二、觀器界及身受用，以何處住，以何等身，受用何等，即是觀其目前受用之法。三、觀三世差別，是何有爲行，即是觀其遷流不住之法。由此觀故，便能於諸有爲法中獲無障礙，隨意自在，爲此縱居生死塵勞，不染其智，設證圓寂灰燼，寧昧其悲。故得無垢常自在者，即是如如不動，本無入寂之相也。若能作如是觀者，既不住於有爲而取於相，亦不住於無爲而離於相，以此自度，即以此度人。所以護念付囑諸菩薩者，唯此一偈，最爲喫緊，豈可以麤淺之見妄窺測乎。

昔梁武帝請傅大士講《金剛經》。士纔陞座，以尺揮案一下，便下座。帝愕然。誌公曰：陛下還會麽。帝曰：不會。誌公曰：大士講經竟。雪竇頌云：不向雙林寄此身，却於唐土惹埃塵。當時不得誌公老，也是栖栖去國人。此揮尺一下，如電如幻，將《金剛》大意，彈指道破，非誌公妙智，幾乎虚發矣。

又，長沙岑禪師因僧亡，以手摩之曰：大衆，此僧即真實爲諸人提綱商量，會麽。乃有偈曰：目前無一法，當處亦無人。蕩蕩金剛體，非妄亦非真。又，僧問：亡僧遷化後，向甚麽處去也。沙曰：不識金剛體，却喚作緣生。十方真寂滅，誰在復誰行。雪峰亦因見亡僧，作偈曰：低頭不見地，仰面不見天。欲識金剛體，但看髑髏前。又，僧問法眼：亡僧遷化，向甚麽處去。眼云：亡僧幾曾遷化。僧云：爭奈即今何。眼云：汝不識亡僧。此諸尊宿發明金剛之體原無生滅去來，故知如如不動，是古今説法式也。

佛説是經已，長老須菩提及諸比丘、比丘尼、優婆塞、優婆夷，一切世間天、人、阿脩羅，聞佛所説，皆大歡喜，信受奉行。

《刊定記》曰：佛説是經已者，本爲空生致問，故佛答降、住、修行。答問既終，便合經畢，仍以躡跡起疑，連環二十七斷，洎乎此文，疑念冰釋。既善吉無問，故能仁杜宣。一卷經内，雖兼有師資，以其就勝，故但云佛説。皆大歡喜信受奉行者，有三種義歡喜奉行：一、説者清淨，不爲取著利養所染故。二、所説清淨，以如實知法體，説理如理，説事如事故。三、得果清淨，依解起行，得無漏故。

其在會者，比丘、比丘尼、近事男、近事女，名爲常隨四衆，聞是經典，信心不逆，可勿論已。若一切世間天、人、阿脩羅等，上自無色界及色界、欲界諸天，所謂有色無色、有想無想、非有想非無想，兼在其中矣。但舉人及阿脩羅，所謂胎、卵、濕、化兼在其中矣。一切皆能信受奉行，所謂令入無餘涅槃而滅度之者，已灼然可據。然則世尊所以護念付囑諸菩薩者，寧有外此施設哉。

古靈贊禪師遇百丈開悟，却回受業。本師問曰：汝離吾在外，得何事業。曰：並無事業。遂遣執役。一日因澡身，命師去垢，師乃拊背曰：好所佛堂，而佛不聖。本師回首視之，師曰：佛雖不聖，且能放光。本師又一日在窗下看經，蜂子投窗紙求出，師覩之曰：世界如許廣闊，不肯出，鑽他故紙，驢年去。遂有偈曰：空門不肯出，投窗也大癡。百年鑽故紙，何日出頭時。本師執經，問曰：汝行脚遇何人，吾前後見汝發言異常。師曰：某甲蒙百丈和尚指箇歇處，今欲報慈德耳。本師於是告衆致齋，請師説法。師乃登座，舉唱百丈門風曰：靈光獨耀，迥脱根塵。體露真常，不拘文字。心性無染，本自圓成。但離妄緣，即如如佛。本師於言下感悟，曰：何期垂老得聞極則事。百丈數語固足檃括《金剛》要旨，能令聞者惕然感悟，不復向故紙中鑽求。誰謂後五百世生信心者難其人哉。

金剛般若波羅蜜經宗通卷七

金剛般若波羅蜜經偈釋上 宗通卷八（二）

彌勒菩薩八十行偈

無著菩薩頌　唐法師義淨譯

天親菩薩頌　魏菩提流支譯

明菩薩戒弟子南嶽山長曾鳳儀釋

此經文句義次第　世無明慧不能解

法門句義及次第　世間不解離明慧[三]

稽首於此教我等　無邊功德所生身

大智通達教我等　歸命無量功德身

具如斯德應禮敬　彼之足跡頂戴持

應當敬彼如是等　頭面禮足而頂戴

覺轅難駕彼能乘　要心普利諸含識

以能荷佛難勝事　攝受衆生利益故

偈曰：

勝利益應知　於身并屬者
得未得不退　謂最勝付囑
巧護義應知　加彼身同行
不退得未得　是名善付囑

此釋善護念諸菩薩、善付囑諸菩薩二種義也。護念爲攝受根已熟者。如來善巧神力加被於彼，於彼身中令其佛法成就。於彼屬同行者，令其教化利益，自利利他，與佛無異。付囑爲哀彼根未熟者。已得不退位者，令之不捨大乘。未得不退位者，令於大乘更趣殊勝。以勝付囑而相付囑，欲其轉化無窮也。

於心廣最勝　至極無顛倒
利益意樂處　此乘功德滿

廣大第一常　其心不顛倒
利益深心住　此乘功德滿

此釋所有一切衆生之類至即非菩薩。四種心也，若胎、卵、濕、化，至若非有想非無想，盡乎三界衆生矣。悉在所度之中，是廣大心也。皆令入無餘涅槃，盡成佛果，是第一心也。實無衆生得滅度者，但是寂滅已身，無別有情，是常心也。何以故？菩薩取一切衆生，猶若我身，常不捨離，故名爲常。若有我、人、衆生、壽者四相，依止身見，故我等想生，是名顛倒。無此四相，是不顛倒心也。如是四種利益意樂，圓滿果因，應無所住，行於布施，住無所住，名深心住。此菩薩乘，功德圓滿，量等虚空。如是降伏，如是安住，是如來所爲善護念、善付囑諸菩薩者也。

六度皆名施　由財無畏法
此中一二三　名修行不住

檀義攝於六　資生無畏法
此中一二三　名爲修行住

此釋應無所住行於布施義也。布施是檀波羅蜜，無住是般若波羅蜜，何以行施處離相？離相處行施，名爲相應行，以檀施能攝六波羅蜜故。施有三種：一者資生施，二者無畏施，三者法施。此中資生施但攝布施一波羅蜜，無畏施攝持戒、忍辱二波羅蜜，法施攝精進、禪定、智慧三波羅蜜。此三種施，皆得名施，亦皆得名智。以智攝五波羅蜜，即無所住而行於布施等，諸菩薩修行當住於此也。

爲自身報恩　果報皆不著
爲離於不起　及離爲餘行

自身及報恩　果報斯不著
護存己不施　防求於異事

此釋布施不住於相之義也。凡人行施，多爲現在自身及報過去之恩、希望未來之果三者而已。於此三世事中，悉皆不著。所謂不住於事者，依資生施説，謂於所施財，心無愛著。無所住者，依無畏施説，謂修戒忍時，不望報恩。不住色等者，依法施説，謂説法之人，心不希求可意諸境，凡現生果報及他生果報，皆不著也。復以何義不住彼耶？心存於已不起施心故，或復施已還追悔故，爲護此事，於身不著。若有希求，即爲餘事而行惠施，退失菩提故。爲防是行，於事不著，此布施等不應住於相也。

攝伏在三輪　於相心除遣
後後諸疑惑　隨生皆悉除

調伏彼事中　遠離取相心

及斷種種疑　亦防生成心

此釋布施離相獲福，復斷後後疑惑也。度生而著四相，即布施而住於相。此取相之心，故當降伏。即彼布施等事中，不見施物、受者及施者。於此三輪，除著想心。但應如所教住，謂以無住爲住也。此中有疑，若離施等相想，云何能成施福？不知如是布施，其福轉多，量等虛空，不可思量。此即斷疑之端也。向後層見疊出，所有經文皆爲除遣後後疑惑，如云莫作是念等，如云勿謂如來有所説法度生等，皆防生成心之謂也。

若將爲集造　妙相非勝相

三相遷異故　無此謂如來

分別有爲體　防彼成就得

三相異體故　離彼即如來

此釋不可以身相得見如來之義也。如來三十二相，是由施等因緣集造，墮在有爲之數，由多劫修行，乃得成就。若分別有爲體是如來，便見如來有其勝相。若望如來真如之性，即無此勝相。何以故？此有爲體，當爲生、住、異、滅四相所遷。此云三相異體者，以住、異同時故。若法身如來者，本自無生，離彼有爲，本無所爲，離彼成就，非前際生，非後際滅，本無變遷，離彼異體，謂三相異如來故。是法身無相，不應以身相見也。若於是處無三相可得，足知如來不是有爲造作因緣所成。如是見已，雖爲佛果而行布施，非著法施，成如是斷疑故。

因與果甚深　於彼惡時説

此非無利益　由三菩薩殊

説因果深義　於彼惡世時

不空以有實　菩薩三德備

由於先佛所　奉持於戒學

并植善根故　名具戒具德

修戒於過去　及種諸善根

戒具於諸佛　亦說功德滿

此釋頗有衆生至種諸善根義也。無住而住，因深也。相而無相，果深也。於彼鬬諍牢固惡世之時，有能不以此爲空談而生實信者，是末代菩薩持戒修福，具戒、具德、具慧。三德完備，故能信也。當知是人修戒於過去，承事多佛，種諸善根，其來久矣。供養諸佛有三種義：一者、給侍左右，二者、嚴辨所須，三者、詢承法要。能守護故，名曰尸羅，謂能善守六情根故。修復有三種：一、能離於十不善業故，二、能作於菩提分業故，三、能趣於第一義諦故。如是修戒而行恭敬承事，即持戒具足。如是供養而種植善根，即功德具足。次下明其具慧，能於菩提生於實相，功德圓滿，其福固無量也。

能斷於我想　及以法想故

此名爲具慧　二四殊成八

彼壽者及法　遠離於取相

亦說知彼相　依八八義別

別體相續起　至壽盡而住

更求於餘趣　我想有四種

差別相續體　不斷至命住

復趣於異道　是我相四種

皆無故非有　有故不可說

是言說因故　法想有四種

一切空無物　實有不可說

依言詞而說　是法相四種

此釋無我、人、衆生、壽者四相及無法相亦無非法相義也。上言菩薩三德備，由戒生定，由定生慧，所謂有智慧者。了知人無我，故無壽者四相。了知法無我，故無法非法四相。彼壽者及法，八相俱離，不復取著，誰其知彼相而遠離之？唯具慧者，依於八相，了知八相義別，所謂我相四種者何？中有主宰，名之爲我。今觀色、受、想、行、識諸蘊，各各差別，各無主宰，故無我相。安住常性，名曰衆生。今諸蘊無常，相續流轉，無有一法是安住性，故無衆生相。脈脈不斷，乃名命住。今至壽盡而住，如有經言，汝今剎那亦生亦老亦死，故無壽者相。諸蘊循環，受諸異趣，名曰人相。是中無人能取諸趣，譬如因質而現於像，質不至像而有像現。由前蘊故，後蘊續生，前不至後，而後相續，是無人相也。此謂了知人無我性也。所謂法相四種者何？《經》云：無法想，亦無非法想。無想，亦無非想。諸譯皆然，唯秦略其後二。此復云何？第一義諦，法本不生，能取所取，諸法皆無，故無法想。以不生故，亦無有滅，彼法無物，而空實有，故亦無非法想。此偈所謂一切空無物也。法與非法分別離故，不可說有，不可說無，非言所詮故，故無想。此偈所謂實有不可說也。所言無想，但顯想無，非謂有法而名非想。雖第一義離一切想，而依世間言語想說，以於無言處依言相說。是不可言顯者，實言說之因也。亦無非想。此偈所謂依言辭而說也。是謂了知法無我性也。壽等四相易知，法等四相難晰。彼知遠離我、人、衆生、壽者四相，即謂之法相，并其法相而空之，即謂之非法相。有是有非，未離分別，法與非法，二者俱泯，無可言說，是謂俱空。若一向是空，破滅諸相，恐墮偏空，故依俗諦說，亦無非相。有而不有，無而不無，是中道諦也。此非法相，遣法也。無相，遣非也。亦無非相，遣非非也。秦譯但以非法相該之。

由彼信解力　信故生實相
不如言取故　取爲正說故

彼人依信心　恭敬生實相
聞聲不正取　正說如是取

此釋不應取法，不應取非法義也。彼人持戒修福，能起深信。依彼信心，恭敬多佛，種諸善根，聞此經典，乃至一念生淨信者，信心清淨，能生實相。由具慧者，不如言取義，隨順第一義智，取爲正説故，名爲實相，爲斯理故。説彼八相遠離之後，便云不取於法相，亦不取於非法相，法與非法，總未離於聲教，彼不以所聞聲教而正取之也。不正取於法，不正取於非法，二相遠離，即是實相。正説如是取，是以不取取之也。彼菩薩聞説章句，能生實相如此，何患其後有聞者不生實信乎？

佛了果非比　由願智故知
爲求利敬者　遮其自説故

佛不見果知　願智力現見
求供養恭敬　彼人不能説

此釋如來悉知悉見義也。謂佛知即是見，見即是知，非如肉眼，但見麤近物，至細障遠處則不能知。非如比智，見煙知火，不能照了諸相差別。彼具戒等人所有果報，佛一一知，佛一一見。若不言見，或謂比知，若不言知，或謂肉眼等見，是故知見並言。然由願智現量而了，惟佛具廣度衆生大願力故，具一切智智大智力故，於諸境界朗然現覺，不但現生福果，洞燭無差，即將來所感果報，爲人供養恭敬等，無量福德，一一了知。何故如來作如是説？彼具戒等欲得福德，彼人則不能説，是人自知故。諸佛如來、善知彼何等人？有何等行？是故彼人不能自説。得福有二：生者能生因故，取者熏修自體果義故。

證不住於法　爲是隨順故
猶如捨其筏　是密意應知

彼不住隨順　於法中證智
如人捨船栰　法中義亦然

此釋法尚應捨，何況非法義也。謂文字般若脩多羅等法，非證智者所住處故。既得證已，應捨彼法，如到彼岸，應捨其筏。然欲證智，非法不可。於增上證，是隨順故，應須收取，如未達岸，必憑其筏，是名密意。

一筏之上，有其取捨，故名爲密。是般若法，於無相菩提相應者，尚在所捨，何況我相四種及法相四種？與實相不相應者，其可取著而不捨乎？不悟而隨順於法者，即名識。悟而能轉乎法者，即名智。轉識成智，即法中義也。

化體非真佛　亦非説法者

説法非二取　所説離言詮

應化非真佛　亦非説法者

説法不二取　無説離言相

此釋如來所説法，皆不可取不可説，非法非非法義也。此須菩提所解如來無得無説義。應化非法身，原不證法，亦不説法。故謂無定法可得，亦無定法可説。其義維何？以如來所説真如之法，非耳能聽，不可取故，非口能宣，不可説故。是故應知非法非非法。此據真如道理而説。彼非是法，謂是法無爲其性故。復非非法，由彼無自性，體是有故。

二邊俱離，即無可説。是無上菩提，離言説相，從來無有得者。既無所得，更何説哉？此無得無説，須菩提所爲解空第一也。

自受爲他説　非無益集福

福不持菩提　彼二能持故

受持法及説　不空於福德

福不趣菩提　二能趣菩提

得自性因故　此餘者是生

唯是佛法故　能成最勝福

於實名了因　亦爲餘生因

唯獨諸佛法　福成第一體

此釋若人滿三千大千世界七寶以用布施至所謂佛法者即非佛法義也。寶滿三千界，持用布施，非不得福甚多，以其不趣菩提，唯成有漏之業而已。若受持此經，爲他人説，自利利他二者，能趣菩提，肩荷佛道，福德積聚，勝彼寶施者無量，曷言乎福德之勝也？一切無上菩提，皆從此經發明，現證無爲實體，永斷生死苦因，故曰於實爲了因。一切諸佛皆從此經熏修身語，律儀圓滿，出生報化之身，故曰亦爲餘生因。持説此經者，成就第一之法，成就希有之佛，世間之福，孰有過於此者？然所謂佛法者，即佛法非佛法，以所覺之法，唯佛能證。佛不自有，由不共性，以能作第一法因。是故彼福德中，此福最勝，故曰福成第一體也。

不取自果故　非可取可説
解脱二障故　説妙生無諍

不可取及説　自果不取故
依彼善吉者　説離二種障

此釋須陀洹能作是念我得須陀洹果不至須菩提實無所行而名須菩提是樂阿蘭那行義也。一切聖賢，皆以無爲法而有差別。今日所謂佛法者即非佛法，是無爲法，亦不可取及説也。所謂不可取者，非謂無其果也。如四果人各證自果，但不自作念謂得是果，即是不取。彼於證時，離取我等隨眠煩惱，是故無如是心我能得果。此不取者，即四果離四果，如依須菩提説得無諍三昧也。無諍者，謂離煩惱障及離三昧障故。由離煩惱障，得羅漢果。由離三昧障，得無諍行。蓋人法兩空矣，更何取乎？

在然燈佛所　言不取證法
由斯證法成　非所取所説

佛於然燈語　不取理實智
以是真實義　成彼無取説

此釋如來在然燈佛所於法實無所得義也。然燈生時，身光如燈，以至成佛，亦名然燈。釋迦如來於彼授記成佛。然佛於然燈授記語中，不取於法，無佛想、無我想，無授記説、授記想，顯是智證而無所取故，但以無分別實智，證無差別真理。以是真實之義，離心緣相，成其無取，離言説相，成其無説，所以如來昔在然燈佛所，於法實無所得也。

智流唯識性　國土非所執
無形故勝故　非嚴許嚴性

智習唯識通　如是取淨土
非形第一體　非嚴莊嚴意

此釋莊嚴佛土者即非莊嚴是名莊嚴義也。淨土有二種：一、法相土，謂有形相可得。二、法性土，謂離一切相，無所見聞。莊嚴亦有二種：一、形相莊嚴，謂金地、寶池等。二、第一義莊嚴，謂修習無分別智，通達唯識真實之理，顯發過恒沙功德而爲莊嚴。如是而取淨土，非有形之淨土，乃第一體之淨土也。如是莊嚴，不取相而爲莊嚴，是真莊嚴也。依第一義諦，無有形質可取，即非莊嚴。依俗諦，如是無莊嚴，是名莊嚴。若執有佛土形勝莊嚴，云我當成就，彼即於色等境界有住著心。爲遮此見，故下承以應無所住而生其心也。

譬如妙高山　於受用無取
非有漏性故　亦非是因造

如山王無取　受報亦復然
遠離於諸漏　及有爲法故

此釋佛說非身是名大身義也。佛報身如須彌山王者，須彌雖大，而不取我是山王，以山無分別性故。報佛亦然，不取我是法王，以無分別故。如何得是無分別耶？第一義中，山及色身皆無體性故。佛說非身，是名大身，以受樂報佛遠離諸漏，即無有物，即是非身。由此非有身，說爲有身，唯有清淨身故。自體是有，非由因造，遠離有爲法故。是大身，即法身也。

爲顯多差別　及以成殊勝
前後福不同　更陳其喻說

說多義差別　亦成勝較量
後福過於前　故重說勝喻

此釋如恒河中所有沙數至勝前福德義也。前已說寶施之喻，今復說者，豈不重耶？前説一三千界寶施，此説無量三千界寶施，雖則總是多義，總是勝較量，然其後者即多中之多，勝中之勝，故重説也。後福何以過於前耶？前福差別不明成立之因，爲於菩提無有荷持之用。今欲顯其能立因相，更將別喻隨事而言，故較量之喻亦復殊勝。

兩成尊重故　由等流殊勝
煩惱因性故　由劣亦勝故

尊重於二處　因習證大體
彼習煩惱因　此降伏染福

此釋隨説是經乃至四句偈等至是名三十二相義也。二處者，一是隨説四句偈等之處，一是經典所在之處。四句偈處，一切天人皆應供養如佛塔廟，已尊重矣。經典之處，則爲有佛若佛弟子，又尊重之至也。彼以七寶等施，施寶之地及能施者，無如是事，故謂持説勝也。又此經名《金剛般若波羅蜜》，即般若離般若，能與一切諸佛如來證法作勝因故。又一切諸佛所共説故，皆以修習般若爲因，證會等流之性，發明大事，無説可説，故曰因習證大體也。彼七寶布施福德，是染煩惱因，以能成就煩惱事故。如積微塵以成世界，不離人天因果，是因果皆非實有，故曰非微塵、非世界。然是微塵非貪等煩惱體，是世界非煩惱染因界，故名微塵世界。是世塵無記，非彼染煩惱所及，縱能獲福，與微塵世界等，亦同於無記性，極爲微劣。況此持經功德能遠離煩惱因，能成佛菩提及成就三十二相，非福德中之勝福德乎？又三十二相，非是正覺之體性，故名三十二相。比於持説法門，能得大覺性，亦爲是劣。此佛身相雖劣，亦是出世之福，實勝過施寶所得世間之染福，況法身因？而不超越此三十二相，能降伏染福，而持經功德，更能降伏之也。

彼果勝苦故　難逢勝事故
境岸非知故　於餘不共故

苦身勝於彼　希有及上義

彼智岸難量　亦不同餘法

是甚深性故　勝餘略詮故

冑族高勝故　望福福珠勝

堅實解深義　勝餘脩多羅

大因及清淨　福中勝福德

此釋以恒河沙等身命布施至是名第一波羅蜜義也。彼捨無量身命以用布施，視乎捨資生財寶者，所得果報福德，此福勝彼福。何以故？彼捨身命，苦身心故，然是苦因，終招苦果。若以四句偈施，脱離苦海，其福不尤勝乎？爾時須菩提尊重法故，遂便墮淚。此法門希有，雖有智眼，亦未曾聞，復是難逢，復是勝事。云何爲勝？以上義故。如經説般若波羅蜜，即非般若波羅蜜，彼智岸無人能量，云何爲到？由其所知境岸唯佛，餘無能知者，故曰上義。又，此法門不同餘法，此中有實相故。除佛法，餘處無實故，故信

心清淨，不信餘法，則生實相。言實相者，唯此處有。言非實者，餘處不生。能生是相，當能成就第一希有功德。又此法門是甚深性，故有能受持此經，思量修習，不起我等相者。是於可取境界，無有顛倒，得人無我也。又，我等相即是非相，是於我取無有顛倒，得法無我也。此二如其次第，明我空、法空，以至空空，能離一切諸相，則名諸佛。故謂真實堅固甚深之義也。佛乃印可須菩提所説。若復有人聞説是經，始焉不驚，既焉不怖，終焉不畏，彼於無上菩提，不以其希有而驚之，不以其甚深而怖之，不以其難成而畏之，是於此經能生淨信，更無疑沮，其能生實相而成就無量功德也必矣。此所謂堅實解深義者，後五百世寧無是人哉？特希有耳。又，此法門勝餘脩多羅，佛説第一波羅蜜，非第一波羅蜜故。又云大因者，以第一波羅蜜能爲諸佛修證大體之因。又云清淨者，以無量諸佛

所共説故。族胄高勝，極其清淨，彼以珍寶施者，無有如斯衆德圓備，此所得福，望前福聚，不啻霄壤，故謂彼福德中之勝福德也。

彼行堪忍時　雖苦行善故
彼德難量故　由斯名勝事

能忍於苦行　以苦行有善
彼福不可量　如是最勝義

由無恚怒情　不名爲苦性
有安樂大悲　行時非苦果

離我及恚相　實無於苦惱
共樂有慈悲　如是苦行果

此釋忍辱波羅蜜至應生瞋恨義也。謂彼持經者，行苦行時，雖同苦果，而此苦行不疲倦，以有堪忍性故，名到彼岸。彼岸有二種義：一是善性故，由諸波羅蜜皆以善爲體性故。二是彼德難量故，由彼德岸曾無知者，故言非波羅蜜。此苦行勝彼捨身遠矣。如我於爾時無我、人、衆生、壽者相，離於我相也。及王悔過，我心無瞋，離於恚相也。無我則無受苦者，無瞋則無惱彼者。但見共樂，不見有苦，但見慈悲，不見瞋恨。如是苦行果，由與勝法相應，雖曰忍辱到彼岸，其實般若到彼岸也。豈同恒沙身命布施所得果哉？

生心因不捨　是故應堅求
謂是得忍邊　及此心方便

爲不捨心起　修行及堅固
爲忍波羅蜜　習彼能學心

此釋又念過去於五百世作忍辱仙人至不應住相布施義也。佛無我、人等相，自五百世以來，修行堅固，故能與菩提相應。若有菩薩不離我相等，苦行之時，見有苦惱，便欲捨菩提之心，是故應離諸相。若未生第一菩提心者，有如是過，故偈言：生心因不捨，是故應堅求。爲何等心？是此心生因，而遣堅固勤求。復於何處？是不捨菩提心因，令進求也。偈言：爲忍波羅蜜，習彼能學心。

此謂入初地勝義之心，得忍邊際，行無住心，故經言發無上正等覺心。何以故？示不住生心義故。若心住色等，此必不能進求佛果。故菩薩應無所住而行布施，即是生起無住著心方便。謂得忍已，雖復遭苦，而不棄捨大菩提心，故曰習彼能學心也。

應知正行者　是利生因故
於有情事相　應知徧除遣

修行利衆生　如是因當識
衆生及事相　遠離亦應知

彼事謂名聚　最勝除其想
諸世尊無此　由真見相應

假名及陰事　如來離彼相
諸佛無彼二　以見實法故

此釋爲利益一切衆生至即非衆生義也。

云何爲利益衆生修行，復遣不住利益衆生事耶？爲斷此疑，故經言，爲利益衆生，應如是布施。言此正行者，是利益衆生因，非取衆生相事故。何者是衆生事？偈言：假名及陰事，如來離彼相。彼衆生者，唯名字施設，喚爲衆生，即是假名，原無實體。故如來説一切相貌，即非相貌，如是足明人無我也。又，衆生所依，謂由五陰所成，諦觀五陰，各無主宰，實無成衆生事。故如來説一切衆生，即非衆生，如是足明法無我也。諸佛明彼二相不實，故無彼二相，以見於實相無相故。若見於真實，即不見有所度之人，亦不見有能度之智。一切無所住著，是真般若法也。

果不住因位　是得彼果因
世尊實語故　應知有四種

果雖不住道　而道能爲因
以諸佛實語　彼智有四種

立要説下乘　及説大乘義
由諸授記事　皆無有差舛

實智及小乘　説摩訶衍法
及一切受記　以不虛説故

此釋如來四語義也。如來言説，不離利生行施等事，即是道也。菩提妙果，雖不住於言説道中，而言説之道，能爲菩提之因，以諸佛真實語言，能證離言之果故也。彼言説有四種智，彼真語者，但説真體實智，如華嚴境界，與大菩薩共也。實語者，如四諦、因緣等法，與小乘共也。如語者，説大乘等法，與衆菩薩共也。不異語者，如一切受記等語，唯諸如來乃能究盡，所謂不共法也。以此四者，不虛誑於衆生，秦譯加一不誑語，非四者外別有不誑語也。語本無誑，即不虛説，何慮其因果不相符耶？

不得彼順故　是非實非妄
如言而執者　對彼故宣説

隨順彼實智　説不實不虛
如聞聲取證　對治如是説

此釋此法無實無虛義也。順彼實智第一義，説一切法本性無生。無生即無有，故無實。既無生，豈有滅？故無虛。上言我是真實語者，今又説無實無虛，一説兩兼，理難成信。由此答云：如言而執者，對彼故宣説，如依聲教得證菩提，便謂言中有菩提，又聞言中無菩提，便謂畢竟無菩提，不達言空而法實故。爲破此二執故，説無實者，以所説法不能得彼證法，所以對治言中有菩提之説也。又説無虛者，以此所説法隨順彼證法，證果是實，所以對治言中無菩提之説也。惟其無實無虛，故一切應無所住。

當時諸處有　於真性不獲
由無知有住　智無住得真

時及處實有　而不得真如
無智以住法　餘者有智得

無智由如闇　當闇智若明
能對及所治　得失現前故

闇如愚無智　明者如有智
對法及對治　得滅法如是

此釋心住於法而行布施至見種種色義也。一切時者，謂過、現、未來。一切處者，謂三界。衆生實有真如法，真如有得不得者，由心有住法、不住法之異耳。無般若之智而住於法，心不清淨，如闇中無所見，雖有解脱之時，雖有涅槃之處，冥然罔覺，故不得真如也。有般若之智而不住於法，心得清淨，如有目者，當夜盡日出，見種種色，時時解脱，處處涅槃，洞然無礙，故得真如也。明與闇對，是對法也。以有智治無智，是對治也。明生則暗滅，智生則愚滅，由其有目，顯得能對，如夜分已盡，顯所治闇法盡故，如日光明照，顯能治法現前故，得失現前。奈何不習般若智乎？

由如是正行　獲如是福量

於法正行者　業用今當説

於何法修行　得何等福德

復成就何業　如是説修行

於文有三種　受持讀演説

義得由從他　及已聞思故

名字三種法　受持聞廣説

修從他及内　得聞是修智

此謂熟内己　餘成他有情

此爲自湻熟　餘者化衆生

此釋能於此經受持讀誦至成就無量無邊功德義也。持經功德，較量殊勝，是修何等行耶？是得何等福德耶？復成就何等事業耶？修持説行，是爲正行。證真如果，是大福德。成就威力殊勝，是大事業。如是修行，皆自聞經始也。名字有三種：曰受持，曰讀誦，曰演説。欲受持其義，廣爲人説，先須讀誦其文。是讀誦者，聞慧也。受持者，思慧也。從他聞法，内自思惟，兼此二者，是得修行智也。此聞思修智，不爲耽玩文字故，爲自湻熟般若性智故。以其有餘化導衆生，常以所聞廣爲人説，俾人人皆能成就最上第一之果，是爲無量無邊功德也。

金剛般若波羅蜜經偈釋上宗通卷八

校勘記

〔一〕《金剛般若波羅蜜經偈釋》，底本原單行，實爲《金剛經宗通》卷八、卷九，故録於此。

〔二〕爲示區分，小字部分爲無著菩薩頌，大字部分爲天親菩薩頌，下同。

金剛般若波羅蜜經偈釋下宗通卷九

由時事大性　望福福殊勝

非境性獨性　能依是大人

以事及時大　福中勝福德

非餘者境界　唯依大人説

及難可得聞　無上因增長

若但持正法　所依處成器

及希聞信法　滿足無上界

受持真妙法　尊重身得福

此釋初日分以恒河沙等身布施至以諸華香而散其處義也。以恒河沙等身布施，其事甚大。初日分如是，乃至百千萬億劫如是，其時甚大。是人所得福，乃福中之勝福德也。以如是勝福德，較量持經功德，尚不能及。然則是經大不可思議，非餘者所知。餘指聲聞、緣覺樂小乘者。此顯獨性所獲之福，於聲聞等是不共性，故唯依大人説。爲發大乘者説，非發心入菩薩位不能聞也。爲發最上乘者説，非發心入佛地不能聞也。大乘教名極上乘，大乘行名最勝乘。若能於此希聞之法，能生信心，受持讀誦，廣爲人説，是於大乘最上乘法人所難信者，信心不逆。由彼持法，即是持菩提也。能荷擔如來無上菩提，滿足無上法界，非同二乘但樂小法，以自滿足而已。故能受持如是真妙之法，惟大乘爲最真，唯最上乘爲最妙。以此爲人解説，一切天人皆應供養，如佛塔廟，以諸華香而散其處，處尚尊重，人有不尊重者乎？人既尊重，其得福德亦不可思議，豈彼勝福所可及哉？

蠲除諸業障　速獲智通性
及遠離諸障　復能速證法

此釋先世罪業至當得阿耨多羅三藐三菩提義也。持説此經，不但獲福，亦能消罪。先世罪障，應墮惡道者，以今世人輕賤故消，是轉重而爲輕也。重者既輕，則輕者必無，是遠離諸障也。此顯淨除業障。言此爲善事者，謂遭輕辱時，顯被辱之人有福德性，故言此爲善事。此又不徒消罪，且能證法也。能速證法，當於較量供佛功德中見，持經功德大不可思議如此。

世妙事圓滿　異熟極尊貴
於此法修行　應知獲斯業
成種種勢力　得大妙果報
如是等勝業　於法修行知

此釋我念過去無量阿僧祇劫至果報亦不可思議義也。佛於然燈佛以前，供養多佛，經無數劫，方能成佛。受持此經，速證菩提，視供養諸佛功德，不啻千萬億倍，乃至算數、譬喻所不能及，是種種勢力不能及也。所得果報無量無邊，不可思議，即是世妙事圓滿，果報極尊貴，謂於護世帝釋、婆羅門等，所有圓滿皆當攝取故。惟其無量無邊，故曰大，即是多性。惟其不可思議，故曰妙，即是勝性。皆非凡情所測，是得大妙果也。如是成就無量無邊最勝事業，皆由於正法修行，便能安住如是衆德。故持經者，依聞、思、修三法修行，乃能生無住妙智，證於無上妙果。當知是經義不可思議，而果報亦不可思議，惟修行者自知之耳。

由自身行時　將己爲菩薩
説名爲心障　違於無住心
於内心修行　存我爲菩薩
此即障於心　違於不住道

此釋云何應住至實無有法發阿耨多羅三藐三菩提心者義也。前應云何住，欲其降伏而安住也。此云何應住，疑其降伏而安住也，爲有我存也。若内心修行有法我在，即著我、人、衆生、壽者四相，此即智障，能障於心，與無住之道實相違背，不得名爲菩薩。若論第一義本自無生，實無有法能發菩提心者，即最初一念發菩提心，尚自無有，寧有我爲之安住而降伏者乎？惟無有我，即無所住，此内心修行相應之行，菩薩應如是住也。

授後時記故　然燈行非勝

以後時授記　然燈行非上

菩提彼行同　非實由因造

菩提彼行等　非實有爲相

無彼相爲相　故顯非是妄

由法是佛法　皆非有爲相

彼即非相相　以不虛妄説

是法諸佛法　一切自體相

此釋如來於然燈佛所至是故名一切法義也。昔然燈授記釋迦後當作佛，在然燈時，非有勝上行因可於彼處證得菩提，故蒙授記。若菩提非有者，佛亦是無，爲斷此疑，故言如來者即是真如。雖無一法可得，不無如來，故如來即是實性真如。謂無顛倒名爲實性，謂無改變名爲真如。若有人言如來得無上菩提，謂行菩薩行是實有者，此則虛妄。若言於無上菩提實有得者，此亦虛妄。偈言菩提彼行等故，法即菩提之法，佛即菩提，豈有得耶？若無行無得者，如來終無所得耶？爲斷此疑，故説如來所得菩提之法，無實無虛故。所云無實者，偈言非實有爲相故。有爲相者，如五陰等，實由因造。彼菩提法，無色等相故。色等相無，是其自相，彼即菩提相故。偈曰：無彼相爲相。又曰：彼即非相相，以不虛妄説。故曰無虛。無實無虛，得即無得。然是無所得法，非謂但證空理，而不該於一切也。

佛説一切法，並以真如爲體。真如唯佛所證，故云皆是佛法。然是一切色、聲等法，本無自性，不能持其自體，即非一切法。以是非一切法，但是真如，故名一切法也。是一切即真如之一切，是諸法即真如自體相也。故曰：是法諸佛法，一切自體相。

謂以法身佛　應知喻丈夫

無障圓具身　是偏滿性故

依彼法身佛　故説大身喻

身離一切障　及偏一切境

及得體大故　亦名爲大身

功德及大體　故即説大身

非有身是身　説彼作非身

非身即是身　是故説非身

此釋譬如人身長大至是名大身義也。前文佛説非身，是名大身，但以非身顯法身，指空如來藏而言。此如來説人身長大，即爲非大身，是名大身，兼人身長大顯法身，指不空如來藏而言。佛法偏一切處，即真如偏一切處，是真如法身最大。譬如人身長大，依法身而説大身，猶不離人身而説大身也。法身不能外一切而自顯其大，故能遠離煩惱障、所知障，即具足法身。一者、偏一切處，真如之性在諸法中，無有異性故。二者、功德大，修行功德無量無邊不可思議。能與大體相應，即是證得大體。以是之故，説名大身也。須菩提深明此意，故謂如來説法身偏一切處，猶如人身長大。然法身雖偏一切處，以非有爲身故，是爲非大身也。即此非大身，名爲妙大之身，即真如性故。是身即非身，非身即身，是故説非身，依彼法身而説也。法身不離乎一切，一切不離乎法身，豈偏空非身之謂哉？

不了於法界　作度有情心

及清淨土田　此名爲誑妄

不達真法界　起度衆生意

及清淨國土　生心即是倒

於菩薩衆生　諸法無自性

若解雖非聖　名聖慧應知

衆生及菩薩　知諸法無我

非聖自智信　及聖以有智

此釋菩薩亦如是至真是菩薩義也。上言無一法可得，而一切法即是佛法。此真法界，唯如來所證，不但如來爲然，而菩薩亦如是也。真界平等，無我、人、衆生、壽者等相，實無有法名爲菩薩。若不達乎此，起心動念，欲度衆生，欲莊嚴佛土，心境未忘，即是顛倒。顛倒即名凡夫，非菩薩也。若通達無我、法者，無我、法有二：一是衆生所有法，一是菩薩所有法。若有自智能信者，若世間智，若出世間智，信解一切法無性。一切法無性，不但離於人我，亦且離於法我。此雖非聖，已具有聖慧，故言即是菩薩。一是攝世諦菩薩，一是出世諦菩薩，故重言此真是菩薩菩薩也，與如來真法界何以異乎？

雖不見諸法　此非無有眼

佛能具五種　由境虛妄故

雖不見諸法　非無了境眼

諸佛五種實　以見彼顛倒

種種心流轉　離於念處故

彼無住常轉　故説爲虛妄

種種顛倒識　以離於實念

不住彼實智　是故説顛倒

此釋五眼義也。諸佛菩薩了無一法可得，豈都無所見耶？照了前境，有五種真實智眼，見即是知，知即是見，故衆生若干種心，悉能知之。以彼諸心住於虛妄，不住於真如實智故，説名非心，以遠離四念處故。既無執持，隨流常轉，故名爲流散心也。流散心即是顛倒，何以明其顛倒耶？以過去、現在、未來皆無心可得故。即過去、未來以驗現在，種種分別皆是虛妄，終歸無有，了無三世性可得，故名之曰顛倒也。如來證真實心，而衆生種種妄心，皆真心中所現少分之法，豈有不悉知悉見者乎？

應知是智持　福乃非虚妄

顯此福因故　重陳其喻説

佛智慧根本　非顛倒功德

以是福德相　故重説譬喻

此釋若有人滿三千大千世界至得福德多義也。彼住相布施，無智慧根本，成有漏因。雖有福德實性，是顛倒功德也，故不足爲多。若不住相而行布施，有正覺智慧所持，成無漏因，雖無福德取藴，其福德固不可思議也，非彼衆生顛倒心識可以例論。雖重説譬喻，義略不同。前須菩提以真諦較俗諦，故以世福之多，不如其無。此佛以真諦即俗諦，惟以福德之無，故言其多。如來悉知悉見得福無量，豈彼種種妄心不可得者比乎？

謂於真法身　無隨好圓滿

亦非是具相　非身性應知

法身畢竟體　非彼相好身

以非相成就　非彼法身故

於法身無別　非如來無二

重言其具相　由二體皆無

不離於法身　彼二非不佛

故重説成就　亦無二及有

此釋佛可以具足色身見不至是名諸相具足義也。法身如來之體，畢竟空寂，非彼三十二相八十種好之身也。以法身之體，非有爲之相所能成就，故相好之身非彼法身。所以《經》云不應以具足色身見，不應以具足諸相見也。然此相好二種，亦非不佛。此二不離於法身故，即相好即法身，故重説成就。所以《經》云是名具足色身，是名諸相具足也。依第一義，不應以色相見於法身，故説非身。依俗諦，即於色相而見法身，故説具足，亦得言無，亦得言有。故曰：亦無二及有。如是無住妙法，豈易解乎？

如來説亦無　説二是所執
由不離法界　説亦無自性

如佛法亦然　所説二差別
不離於法界　説法無自相

此釋汝勿謂如來作是念我當有所説法至是名説法義也。色相之身，不離於法身，即無身相可得。如佛法亦然，一者所説法，二者所有義。二種差別，不離於法界，無有説法自相可得。若言無有世尊是能説者，所説之法亦復不離法身，故成非有。若法界離一切名相分別，即無有一法可説。無法可説，是真説法。彼謂如來有所説法者，是以如來離於法界也，即爲謗佛。

能説所説雖甚深　然亦非無敬信者
由非衆生非非生　非聖聖性相應故

所説説者深　非無能信者
非衆生衆生　非聖非不聖

此釋頗有衆生至是名衆生義也。説而無説，是爲真説。此甚深經典，末世衆生能信及此乎？佛以一切衆生具有如來智慧德相，非無能信者，彼其具有聖體，原非衆生，但其未離凡夫，非不衆生也。是非衆生之衆生，不可謂聖，未嘗不可謂聖也。安知其無能信此甚深經典者乎？此段秦譯缺，以魏譯補之，而彌勒偈甚妙，固不當遺也。

少法無有故　無上覺應知
由法界不增　清淨平等性

彼處無少法　知菩提無上
法界不增減　淨平等自相

及無上方便　由漏性非法
是故非善法　由此名爲善

有無上方便　及離於漏法
是故非淨法　即是清淨法

此釋佛得阿耨多羅三藐三菩提至是名善法義也。因上言非身非説，一切皆無，遂謂佛得菩提亦無有耶？佛以雖無一切，不無菩提，彼無有少法可得，即菩提處，是無上菩提，即法界性。法界平等，在聖不增，在凡不減，以無我、人、衆生、壽者等相，清淨平等自相故，故名無上菩提。所云得菩提者，非可修爲造作而得之。當有無上方便，一切善法無不現證，一切善法無不妙覺，及遠離於一切我、人、衆生、壽者有漏之法，而證於無漏之果。無漏即善也。然是善法者，如來説爲非法，以善法有體而證無所得理，法不相似，即爲非淨。然由彼有漏，可曰非善。即彼無漏決定是善，故彼漏非是淨法，而此法離於有漏，即是清淨法故。所以修一切善法，是名善法。修而無修，證而無證，是即無上方便，是即清淨法也。以此爲因，即無所得，而無上菩提更何有少法可得乎？

説法雖無記　非不得應知
由斯一法寶　勝彼寶無量

雖言無記法　而説示彼因
是故一法寶　勝無量珍寶

於諸算勢類　因亦有差殊
尋思於世間　喻所不能及

數力無似勝　無似因亦然
一切世間法　不可得爲喻

此釋若三千大千世界中至所不能及義也。使一切善法則得菩提，是善法攝，非無記攝也。若持説四句偈等言語文字是無記攝，何以得菩提耶？雖言説屬無記法，而言説能示菩提之因，是言説即法寶也。此一法寶，足勝三千大千世界無量珍寶。故持説者所得福德之多，一切世間無有其喻能比況者。一者，數勝，乃至算數所不能及。二者，力勝，如强弱力不相等。三者，類勝，如貴賤人不相似。四者，因勝，言彼不可與此爲因。故謂喻所不及也。菩提無上，而言説文字亦無上，所以謂之法寶。此豈可以無記法並論乎？

法界平等故　佛不度衆生
於諸名共聚　不在法界外

平等真法界　佛不度衆生
以名共彼陰　不離於法界

若起於法執　與我執過同
定執脱有情　是無執妄執

取我度爲過　以取彼法是
取度衆生故　不取彼應如

此釋汝等勿謂如來作是念至是名凡夫義也。《經》云實無有衆生如來度者，謂平等一真法界之中，佛此法界，衆生此法界，寧有法界度法界耶？故佛不度衆生。以衆生之名，名無其名，衆生待五蘊而成，蘊無其蘊，總不離乎法界，何必度耶？若見有衆生可度，是取我能度衆生也。是即有取相之過，以著彼五陰等法是衆生故。即與我執過同，欲令衆生決定得解脱者，有如是相，故不應取。然如來雖無我取而嘗説有我者，但爲凡夫顛倒妄取有我，故説有我。未爲聖者，未生聖人之法，故名凡夫。欲令衆生同歸於無我，爲度衆生之故，而説於我，其無我取可知。彼凡夫爲我所封，如來説即非凡夫，第一義中更無凡夫可得，但以俗諦名凡夫耳。既無凡夫，何處有我耶？是凡夫之名不離於法界，凡夫之我蘊亦不離於法界，故佛不度衆生也。

不應以色體　準如來法身
勿彼轉輪王　與如來齊等

非是色身相　可比知如來
諸佛唯法身　轉輪王非佛

即具相果報　圓滿福不許
能招於法身　由方便異性

非相好果報　依福德成就
而得真法身　方便異相故

唯見色聞聲　是人不知佛
此真如法身　非是識境故

唯見色聞聲　是人不知佛

以真如法身　非是識境故

此釋可以三十二相觀如來不至不能見如來義也。佛問：可以色身之相比觀無相法身如來不？須菩提即知非是色身相可比知如來。佛乃然之，謂若以三十二相觀佛者，與轉輪聖王何以別乎？且轉輪聖王不得名佛者，謂諸佛真如法身，非相好果報而得，非福德成就而得。彼轉輪相好，但是果報，依多生所修福德成就，但得相好而不得真如法身。如來得真如法身，方便示現三十二相，實與轉輪之相異也。夫真如法身，不係於相，其可以色身之相比觀乎？故說偈曰：唯見色聞聲，是人不見佛。秦譯止此，而唐譯又云：應觀佛法性，即導師法身。法性非所識，故彼不能了。偈云，以真如法身，非是識境故，實指後譯。蓋如來法爲身，但應觀法性。法性者，所謂空性、無自性、無生性等。此即諸佛第一義身。若見於此，名爲見佛。然則攀緣法性，將非取著，以淨智心了知法性，而法性豈是所了知耶？是故經言，法性非所見，彼亦不能知。凡可見者，即是識境。法身非是識境，故不可了知也。了知既不可得，而法身其可以相比觀耶？故《經》云，應以諸相非相觀於如來，義備於此。

其福不失亡　果報不斷絕

得忍亦不斷　以獲無垢故

不失功德因　及彼勝果報

得勝忍不失　以得無垢果

更論於福因　爲此陳其喻

彼福無報故　正取不越取

示勝福德相　是故說譬喻

是福德無報　如是受不取

此釋汝若作是念至是故說不受福德義也。如來固不可以相見，若執著破相爲是，謂不必具丈夫相而證菩提，如是則失功德修因及失成就勝果報，是二乘偏空見也。菩薩發心者，必依智悲雙運，不説諸法斷滅相。智慧莊嚴，即是功德之因。福德成就，即是勝果報。不失功德而證菩提，此其所以爲勝因勝果也。故七寶布施，雖得福德，不離有漏。若知一切法無我，得成於忍，是不住相布施，證二空智。所得福德，清淨無垢，非世福所及。以是勝忍，得無垢果，是勝福德相，故曰勝前菩薩所得功德。何以明其爲勝耶？菩薩一切無我，雖有福德，而不受其報故。所以不受者，不見福德可貪著故。若取福德，即住生死，雖得福報，但同輪王，不名爲佛。惟其不取，即證無生，因既無漏，果亦無漏，雖不失功德，及彼勝果報，實不受報，無彼有漏報故。如是取者，名爲正取，故名無垢果。此其所以爲勝也。

彼福招化果　作利有情事

彼事由任運　成佛現諸方

是福德應報　爲化諸衆生

自然如是業　諸佛現十方

去來等是化　正覺常不動

去來化身佛　如來常不動

此釋若有人言至故名如來義也。上言不受福德，何故如來化身出現受福耶？不知如來福德應報種種莊嚴，但爲化導衆生之故，任運無心，有感即應。所以諸佛出現十方，如月印千江，乃自然而然有此事業，非真有去來於其間也。去來乃化身佛耳，化如幻化，本非真有。若法身如來，清淨周徧，來無所從，去無所至，常自不動，豈有去來坐臥之相耶？若能解佛所説如來之義，是出現之佛尚自無有，寧有受福之事哉？

彼於法界處　非一異應知

微塵將作墨　喻顯於法界

於是法界處　非一亦非異

世界作微塵　此喻示彼義

此論造墨事　爲障煩惱盡

非聚非集性　顯是非一性

微塵碎爲末　示現煩惱盡

非聚集故集　非唯是一喻

於彼總集性　明其非異性

不了但俗言　諸凡愚妄執

聚集處非彼　非是差別喻

但隨於音聲　凡夫取顛倒

此釋以三千大千世界碎爲微塵至貪著其事義也。即上言化身有去來，法身常不動，中間實無一異之相，故佛以法界明之，去來坐臥不離於法身。譬如微塵不離於世界，不可謂一，不可謂異，故諸佛如來於真如法界中，非一處住，亦非異處住。何以明其非一亦非異也？彼世界碎爲微塵，所以喻彼法身現起去來坐臥之義也。微塵碎爲末，而成一虛空世界，所以喻彼煩惱盡而證於無相法身也。彼太虛空，非以微塵聚集之故集成世界，是微塵本自無性，非有以合之而成世界。此不可爲一之喻也。又，微塵聚集處，非彼世界能作微塵，是世界本無自性，非有以散之而成微塵。此不可爲異之喻也。法身即是化身，非一處住，化身即是法身，非異處住，孰見其分合之事哉？但凡夫不悟世界本空，以爲實有一合之相，是於非有中見有也，是於不可說中而妄說也。但隨世俗音聲取著顛倒不實之事，猶彼小兒如言執物，惡知其非真哉？一合且非真，又何有於差別？

斷我法二種　非證覺無故

是故見無見　無境虛妄執

非無二得道　遠離於我法

見我即不見　無實虛妄見

由此是細障　如是知故斷

由得二種智　及定彼方除

此是微細障　見真如遠離

二智及三昧　如是得遠離

此釋若人言佛說我見等至是名法相義也。

無上菩提之道，雖無一法可得，須得人空智、法空智乃能證入，故曰非無二智可以得道，須遠離於我相四種、法相四種而後可證也。若見有我、人、衆生、壽者，即不見於菩提。不知是四相者本非實有，以其無實，即是無物。故説我見，即是虚妄見。若見有法相者，亦不見於菩提。故發菩提心者，應如是知、見、信解，不生法相。以見法相，即不見相，如彼我見，即不見故。何故此二見説名不見？此是微細智障，俱生人執，俱生法執。此名細障，見於真如，即得遠離此障。何以得見真如耶？謂如是知、如是見、如是信解，即得人空慧，即得法空慧，是謂二智。知依定生，見依慧生，信解依定、慧等持而生，是謂三昧。有是二智及三昧，即於法而離法，於相而離相。不生法相，即無所住，而能降伏其心矣。何二障之有哉？

陳福明化身　非無無盡福

諸佛説法時　不言身是化

化身示現福　非無無盡福
諸佛説法時　不言是化身

由不自言故　是其真實説

以不如是説　是故彼説正

此釋若有人以滿無量至如如不動義也。化身雖無自體，然示現説法所得福報，非悉歸於空也。彼以無量無數世界七寶布施，得福無盡，而發菩薩心者持説此經，即代化佛而説法也。所得福報，勝彼無量布施，非無無盡之福也。云何演説即勝彼耶？謂諸佛説法時，皆如真實，不取於相，不言我是化身，有能説、所説之相。今演説者，如彼真如，不取於相，亦無能説、所説之相。如不爲他宣説開示，故名爲他宣説開示。以不如是説，由作如是不正説故。是故彼説正爲此名彼以爲正説也。如是演説，即是無法可説，與化佛無異，其得福無盡何疑哉？

如來涅槃證　非造亦不殊
此集造有九　以正智觀故

非有爲非離　諸如來涅槃
九種有爲法　妙智正觀故

見相及與識　居處身受用
過去并現存　未至詳觀察

見相及於識　器身受用事
過去現在法　亦觀未來世

由觀察相故　受用及遷流
於有爲事中　獲無垢自在

觀相及受用　觀於三世事
於有爲法中　得無垢自在

此釋何以故至應作如是觀義也。演説者既如如不動，何故如來入涅槃耶？然如來涅槃，不住於有爲，亦不離於有爲。如九種有爲法，以般若妙智觀之，常即無常，無常即常，故化身不礙於法身，而法身不礙於涅槃也。所云九種者，如星、翳、燈、幻、露、泡、夢、電、雲。單指一事一喻，則如甚深十喻，所謂一切業如幻等。謂見如星，智出則没。謂相如翳，由病目生。謂識如燈，念念相續。謂器如幻，無一體實。謂身如露，暫時住耳。謂受用如泡，滴成即散。謂過去如夢，但由憶生。謂現在如電，刹那不住。謂未來如雲，含潤爲雨。具如前解。愚謬解謂見分、相分，及於八識微細之事。相分所攝，謂外而器界，内而根身，及資財受用等，固是有爲之法。見分所攝，過去所作善惡業緣，及現在作用諸法，藏於八識田中，復爲未來世種種受用，亦是有爲之法。觀相及受用，横亘十方，觀於三世事，竪窮三際，能以妙智觀之，如夢如幻等，倏生倏滅，本未嘗有。是於有爲法中，得清淨無垢也。既無生滅，如如不動，是於有爲法中，得大自在也。是真如法身，本非有爲，亦非離於有爲。惟其非有爲也，本未嘗來。惟其不離有爲也，本未嘗去。是如來者如本無去來，法説者如如本自不動，塵説刹説，本無間斷，又何泥於入涅槃之相哉？作如是觀者是爲正觀，非般若妙智，其孰能如是？

由斯諸佛希有法　陀羅尼句義深邃

諸佛希有總持法　不可稱量深句義

從尊決已義廣開　獲福令生速清淨

從尊者聞及廣説　迴此福德施羣生

曾鳳儀曰：此偈乃彌勒菩薩授之無著，無著授之天親者也。其中微詞奥義，未易曉了，賴無著、天親各著論。論各簡密，疏者數十餘家，唯長水子璿《刊定記》號爲精當，中引彌勒偈殊未盡。近得廬陵賀德輝居士所刻《金剛經》與偈俱，復不載彌勒授受因緣，且偈不分疏，讀者難之。儀不敏，謬爲《金剛宗通》，并録此偈重釋之，以請正於四方善知識。

金剛般若波羅蜜經偈釋下宗通卷九終

（李勁整理）

〇二四五

釋金剛經（存目）〔一〕

明真可撰

校勘記

〔一〕此本出《紫柏尊者全集》卷一一。《紫柏尊者全集》已收入《中華大藏經（漢文部分）》正編第八三册第一七五九號。此處存目。

○二四六

金剛決疑〔一〕

刻金剛決疑題辭

明德清撰

般若爲諸佛母，菩薩之真因，衆生之佛性，生靈之大本也。由向背之分，故有聖凡之别。是知衆生日用現前，見聞知覺，皆般若之光，端在信不信耳。故曰：諸佛智海，以信得入。靈山一會，得度弟子，雖出生死，而不信此法，無成佛之分。勞我世尊，多方淘汰，種種彈呵，而劣解之徒展轉生疑，以爲非己智分，以疑根未拔，故本智不現。及至般若會上，如來以金剛智而決斷之，直使聖凡情盡，生滅見亡，而本有智光豁然披露，始信自心清淨，了無一法爲己障礙。

此《金剛般若》，直拔疑根，爲發最上乘者説，殊非淺識薄德所能解。故黄梅以此印心，以其一法不立，是爲宗門正眼也。昔天親列二十七疑，解此一經。以疑潛言外，而此方義學，執筌失指，從前得意忘言者希。予自幼能誦，而長不解，每思六祖大師一言之下頓了此心，何世無悟入之人？由正眼不開，返爲性障。因住曹溪，偶爲大衆發揮一過，恍然有悟，而言外之疑頓彰心目。信乎！此法離文字相，非思量分别所能解也。因拈示一斑，以當法施。初刻之嶺南，再刻於五雲，又刻於南嶽。門人方玉，見而信受，兹復刻於吴門，將廣願四衆，同開金剛正眼，的信自心，則成佛正因將以是爲嚆矢也。

丙辰長至月憨山清道人撰

校勘記

〔一〕底本據金陵刻經處刻陳寶晉、鄭學烺校刊本《金剛決疑》。

金剛決疑

姚秦三藏法師鳩摩羅什譯
明曹溪沙門憨山釋德清撰

金剛般若波羅密經

金剛二字，解者都以堅利能斷爲義，此泛説也。然西域實有金剛寶，此寶最堅不可壞，且能壞一切物。謂取此寶以喻般若能斷煩惱，此雖近理，總非佛意，特尋常宿習知見耳。

蓋般若，此云智慧，乃是佛的心，所謂佛智慧也。波羅密，義云到彼岸，乃指此心極盡處也。今題云金剛般若波羅密，標此經所説，特顯佛一片金剛心耳。且金剛心乃佛修因證果之本心，今出世教化衆生，全用此心，今教菩薩以金剛心爲本修因，爲入大乘之初門，故特示之以斷疑也。以此心不是世間衆生常情，故舉世不能知佛。且佛原不是世間人，而今平空走到人間來，則人人見而生疑矣。及其日用行事，件件不與人同，説話不同，規矩不同，事事法法與世間相反，故動而見疑。宜其諸天、魔王皆欲害，調達、阿闍皆要殺，而一切人皆生謗也。故曰：我出世間，一切天、人、阿修羅、外道、魔王，皆當驚疑是也。不但天、人生疑，即弟子中上首如迦葉等，舉皆疑佛。以所説法，乍空乍有，乍是乍非，或讚或斥，或獎或呵，全無一定之言，而諸弟子聞者，皆疑而不信，故曰：將非魔作佛，惱亂我心耶？上首尚乃如此，則新學可知，以佛所説法難信難解故。然佛出世，一番説法，則今已三十年矣。弟子猶且懷疑而不信，是則佛之含寃，蓋已久矣。今日幸喜空生，有些見處，窺見世尊一斑，忽生讚歎。故世尊因其疑而決破之，乃披露自己一片金剛真心，表白與他，使其了悟不疑，令諸聞者羣疑頓斷。

故此經乃佛的示自心，以斷弟子學佛者之疑，不是説般若能斷衆生煩惱也。如其不然，但看經中一一皆是空生之疑，疑佛之心。佛表此心以破彼疑，何嘗説以智慧斷衆生煩惱耶？故此經題單是法，非以喻也。但斷得弟子疑，就斷得衆生煩惱。此經一味只是斷疑生信爲主，以學道之人以信爲本，以疑作障。故疑有三種，謂疑人、疑法、疑己。疑人謂認人不真，即如弟子聞佛説色身、法身、大身、小身，不知那箇是真佛，此疑人也。且其説法，方纔説有，却又説空，方纔説空，却又説不空，以其言不一，故最可疑，此疑法也。或有聞而能信，不疑於法，又見其法大，則疑自己根小，不堪領荷，不能修行，此疑己也。今此經中，三疑都有。佛隨空生所疑處，即便逐破，頓斷彼疑。所謂疑悔永已盡，安住實智中，此經之旨也。

此經，此方解者極多，都不合佛意。獨西域天親菩薩，以二十七疑分經，極是。但意出於聖人，而論傳此方，已經翻譯，且譯人有巧拙不同，言不達意，反生滯礙，使學人難省。此微妙幽旨，非口所宣，一落言詮，便成渣滓。况著粗浮文字，何以達妙？此註述之難，於描寫佛心，不無效顰之醜。即如世人作行狀，但可述事，不能傳神，此其難也。故今決疑解，妙在先得空生之疑爲主。若疑情全露，則佛破疑之説，不待解而自明矣。故此解先出疑在本文之前，節節按跡而破之，忘言領悟，自得其宗。

如是我聞，一時佛在舍衛國，祇樹給孤獨園，與大比邱衆千二百五十人俱。

解：此是佛住世説法儀式，諸説備釋，此不繁衍。

爾時，世尊食時，著衣持鉢，入舍衛大城乞食。於其城中，次第乞已，還至本處。飯食訖，收衣鉢，洗足已，敷座而坐。

解：此是佛住世，家常過活，日用處動容，與衆一般，更無別奇特。只是就裏一點與人不同，知之者希。

時長老須菩提，在大衆中，即從座起，偏袒右肩，右膝著地，合掌恭敬，而白佛言：希有，世尊，

解：如來住世，日用尋常，與人一般，就裏一點不同處，人人對面不知。今日忽被空生勘破，故歎曰希有。嗟乎，如來與諸弟子周旋三十年矣，一向不知佛行履處。不知故作等閒放過，只道與衆人一般，所以凡佛所言，多疑而不信。若不是空生覷透，則終無知佛者耶！

如來善護念諸菩薩，善付囑諸菩薩。

解：此空生歎佛希有處，正是親見如來此一片苦心也。菩薩乃學佛之弟子，即昔在小乘中，初發大乘心者，乃空亂意菩薩也。一向佛爲護念此輩，更無別意，只是要付囑此心耳。護念者，以佛出世本願，只欲令一切衆生與佛無異，人人成佛，方盡此心。但衆生德薄垢重，心志怯弱，不能擔荷，如嬰兒一般。佛如慈母之護念嬰兒，則無一息放下，種種周悉，調護愛念，故如保赤子。所謂護念，只欲一切衆生，直至成佛而後已，故曰付囑。然不敢明言，但密密方便而將就之，故曰善。經云：我以無量無數方便，引導衆生，欲令一切衆生，皆悉到於一切智地，是謂護念付囑。

世尊，善男子，善女人，發阿耨多羅三藐三菩提心，云何應住，云何降伏其心？

解：此空生特問安心之方法也。以初在小乘時，單肯自度，不肯度生，故心小。今蒙如來二十餘年多方淘汰，激起度生之心，故名大心衆生。爲菩薩，要令下化衆生，將以上求佛果，此輩已肯利生，故曰發菩提心。此空生已信佛心矣，但見初發大心菩薩，未悟實相真空，與前所取偏空，二者難辨。以

前小乘涅槃，可以取著安住其心，今既捨前空而未得真空，所謂進無新證，退失故居，名空亂意。以一向執著名言，習氣未忘，要有住著，又執著一定有佛果可求，將謂求至佛果，便是住處耳。且要上求佛果，必欲下化衆生，衆生度盡，方得成佛。而今滿眼看見三千大千世界衆生無量無邊，幾時能度得盡？衆生不盡，如何得成佛果？以求住之心急，故此心不安，不能降伏。故空生特爲請安住其心，降伏其心之方法耳。然空生已見佛心而嘆希有矣，且開口單問此二語者，何也？以衆心各謂世尊今日是已成之果矣，故我見世尊如此日用安心自在，即今初發心求佛果之人，其心不定，當如何安住，如何降伏耶？此問意也。安心者，如二祖侍達磨，乞安心法。磨云：將心來，與汝安。祖云：覓心了不可得。磨云：與汝安心竟。然在祖師門下，一言便了，所以爲宗。今世尊便説了許多安心之法，婆心漏逗，所以爲教，到底只是箇覓心了不可得。故四祖以前，皆以《楞伽》印心，至黄梅六祖，皆以《金剛》印心。故此經非文字相，不可作言語文字看，全在離言之妙。其經中，凡言於汝意云何，皆反徵其疑也。以衆心隨語起疑，雖未吐露，而心已動念，謂之意言分別，正是名言習氣耳。

佛言：善哉善哉！須菩提，如汝所説，如來善護念諸菩薩，善付囑諸菩薩，汝今諦聽，當爲汝説。善男子，善女人，發阿耨多羅三藐三菩提心，應如是住，如是降伏其心。

解：空生所問，意謂發心菩薩，不得似佛這等安心自在，將謂若求作佛，必須象佛日用行履一般，方纔是佛。我觀佛心如此安閒，而菩薩心不得安住，如何降伏使心安耶？佛答意云，菩薩要求心安作佛，不必别求，只如汝會得我護念付囑之心，其心自安，亦不必别樣降伏。故云如汝所説，但得心安足矣，更何降伏耶！只當如此而已，故云如是。

唯然，世尊，願樂欲聞。

解：唯然者，空生直信佛心無疑矣。已見佛心，似不必説，但諸菩薩未領其旨，更欲樂聞也。

佛告須菩提：諸菩薩摩訶薩，應如是降伏其心。

解：此佛指示安心之方法也，義在下文。前問安住、降伏二事，今只許説降伏，不言安住者，以凡夫二乘，一向執著住處，此名言習氣也。今趣進大乘者，先要遣此習氣，以衆生涅槃俱非實法，皆不可得，但以名言爲體耳。名言既捨，習氣頓空，其心不待降伏而自安恬寂滅矣。故但教降心，不言其住者，恐引習氣。所謂狂心不歇，歇即菩提，但盡凡情，別無聖解。佛不以實法繫著於人，故不言住。

所有一切衆生之類，若卵生，若胎生，若濕生，若化生，若有色，若無色，若有想，若無想，若非有想，若非無想，我皆令入無餘涅槃而滅度之。如是滅度無量、無數、無邊衆生，實無衆生得滅度者。何以故？須菩提，若菩薩有我相、人相、衆生相、壽者相，即非菩薩。

解：此世尊直示安心觀法也。然菩薩發心，所求者佛果，所化者衆生，二者而已。所以於心不安者，以未見衆生如故，滿目都是衆生，何時方得度盡？衆生不盡，則佛果難求，轉見長遠。因此其心不安而汲汲不休，故求降伏此心。今佛教以度生之方，以觀察無我爲主。且菩薩所見衆生之多，難盡度者，以有我相，則見人相。人人相對，則三千界内衆生何限。且生生不已，宜怖其難盡也，殊未見衆生本自如如耳。然衆生雖多，總十二類，縱有無量，亦只十二。就十二類一一觀之，收於胎、卵、濕、化四生而已。四生之内，不過色、心二法而已。在色則不過有色、無色，論心亦不過有想、無想。縱到極頂，則止於非有、非無。如此十二，則盡衆生界矣，又何多耶。况十二類名爲衆生，衆生色心本是假合。既爲假合，則衆生本無。衆生本無，但妄見有。苟以本無而觀衆生，則衆生本自如如。衆生既如，俱成寂滅，即此盡皆令入無餘涅槃矣，又何難哉！《淨名》云：一切衆生畢竟寂滅，不復更滅。如此滅度無量、無數、無邊衆生，其實無一衆生得滅度者。何以故？本無我故。以有我則有人，有人則有衆生、壽者，但有此四相，則不名爲菩薩矣，何言度生？是故菩薩度生，當觀無我，無我則無人，既無我無人，則衆生界自然寂滅。衆生寂滅，則佛果非遥，又何怖其長遠耶！是故菩薩當觀無我。下文云，知一切法無我，得成於忍，此真菩薩也。

△疑曰：佛教菩薩度生，以布施爲本，其所施者皆衆生也，今衆生皆空，則所作布施誰爲受者？故下文答云：菩薩布施，不必著衆生相。

復次，須菩提，菩薩於法，應無所住，行於布施，所謂不住色布施，不住聲、香、味、觸、法布施。須菩提，菩薩應如是布施，不住於相。

解：此破著相之疑也。空生因聞衆生皆空則疑，謂衆生既空，則菩薩布施無有受者。以六塵非有，衆生本空，故云應無所住，此教不可著衆生塵相也。又伏疑云，若不住相，何以有福？故下答以離相之福更大。

何以故？若菩薩不住相布施，其福德不可思量。須菩提，於意云何，東方虚空可思量不？不也，世尊。須菩提，南西北方、四維上下虚空可思量不？不也，世尊。須菩提，菩薩無住相布施，福德亦復如是不可思量。

解：此破著相之疑，示以離相妙行也。然菩薩布施，專爲求福，若求福之心著相，則福不大。故世尊權指離相之福更大，使其安心。然著相布施局於有相，而衆生之相一微塵耳，縱能獲福，其福幾何？今若正施衆生時，不見有施者、受者，亦不見有所施之物，如此三輪皆空，無相可住，不住相之福，其福不可思議矣。故以虛空喻之。

須菩提，菩薩但應如所教住。

解：此結示安心之法也。前問心不能安住，故須降伏，世尊教以降伏之方，只是以觀無我爲主。無我則無人，人我兩忘，則自心寂滅。自心寂滅，則一切衆生皆寂滅矣。衆生既寂，則佛不必求。此則馳求心息，取捨情忘，内外皆空，一心不動，是則名爲安心之法，故結云如。

△疑：前以布施作福，下化衆生，只爲上求佛果。今既衆生相空，三輪體寂，是則因爲虛設矣。無相之因，何以上求有相之果乎？况現見如來身相宛然，不是無相之因可得，此以相見如來也，故佛破云。

須菩提，於意云何，可以身相見如來不？不也，世尊。不可以身相得見如來。何以故？如來所說身相，即非身相。佛告須菩提：凡所有相，皆是虛妄。若見諸相非相，即見如來。

解：此直指無相妙行也。空生由聞無相之因，遂疑此因不能求有相之佛果，是以相見如來也。此乃著佛應、化之相，未見法身真體。世尊徵破見相，空生領旨，故佛直告不可以相見如來。以如來所說之身即法身也，故云非身。然法身亦非有相，即於諸法相上見其非相，即見如來矣，不是如來法身，捨諸法之外，别有一相狀也。此則無相之因，契無相之果，明矣。

△疑云：若以無相之因，契無相之果，此義甚深，難信難解，遂疑。

須菩提白佛言：世尊，頗有衆生，得聞如是言說章句，生實信不？佛告須菩提：莫作是說。

如來滅後，後五百歲，有持戒修福者，於此章句能生信心，以此爲實，當知是人，不於一佛二佛，三四五佛而種善根，已於無量千萬佛所種諸善根。聞是章句，乃至一念生淨信者，須菩提，如來悉知悉見，是諸衆生得如是無量福德。何以故？是諸衆生無復我相、人相、衆生相、壽者相，無法相，亦無非法相。何以故？是諸衆生若心取相，則爲著我、人、衆生、壽者。若取法相，即著我、人、衆生、壽者。何以故？若取非法相，即著我、人、衆生、壽者。是故不應取法，不應取非法。以是義故，如來常説，汝等比邱，知我説法如筏喻者，法尚應捨，何況非法！

解：此直示佛之知見也。由前空生初執有相之因，佛以不住相布施破之。復疑無相之因，不能契有相之果，蓋執佛有相狀也，佛以法身非相破之，是以無相之因，契無相之果，明矣。如此則因果俱空，人法雙泯，此義甚深，難信難解，故疑問佛，不知可有人能信此法不？頗，猶可也。言説章句，即指前無相因果之説。佛答謂，豈無其人？但信此法者不是尋常之人，乃是持戒修福者方能信耳。此人亦非於一佛二佛，三四五佛而種善根，蓋從無量千萬佛所而種根者，所謂久種深根，乃能信耳。此等大根衆生，即一念信心，我悉知見其所得福已無量矣。此無相之福，勝過有相所求之福，明矣。何故契無相者能得多福耶。蓋此衆生無復我、人、衆生、壽者之相矣。不但無此四相，即一切有無諸相，悉皆空矣。故云，無法相，亦無非法相。以此衆生心不取相故，一切皆離。苟一念取著法非法相，即著四相。以不取相故，心境皆空，得福殊勝之若此耳。此是如來真知見力，故我教菩薩不應取法非法相。何以故？以一入此法，則人法皆空，頓離諸取，便超諸有矣，豈細事哉！故我常教弟子當捨法也。然捨法即捨情，情忘則智圓矣，故曰：

法尚應捨，何况非法！

△疑：空生因聞佛説佛非色相，法不可取，遂起疑云：若佛與法二皆無相，是無佛無法矣，爭柰現見佛成菩提，現今説法，何以言無？此疑佛自語相違也，故下按破。

須菩提，於意云何，如來得阿耨多羅三藐三菩提耶，如來有所説法耶？須菩提言：如我解佛所説義，無有定法名阿耨多羅三藐三菩提，亦無有定法如來可説。何以故？如來所説法，皆不可取，不可説，非法，非非法。所以者何？一切賢聖，皆以無爲法而有差别。

解：此雙遣佛法知見也。空生心中纔萌有佛有法之念，所謂意言分别也，含而未吐，佛逆破之，故召而詰之曰，於意云何，謂汝意下作何分别耶？且佛菩提果有所得耶，如來果有所説法耶？此審而詰之，以勘其意。空生領旨，故陳其悟，謂已解佛説，原無定法，即是菩提，亦無有定法如來可説。此空生深領如來不取之旨。不但如來，即一切賢聖，皆以無爲法有差别故，故非可取。此開權顯實之意，已露一斑矣。

△疑：空生已領無佛無法之旨，但不知契無爲者如何得福殊勝，故下如來以離相破之。

須菩提，於意云何，若人滿三千大千世界七寶以用布施，是人所得福德甯爲多不？須菩提言：甚多，世尊。何以故？是福德，即非福德性，是故如來説福德多。若復有人於此經中受持，乃至四句偈等，爲他人説，其福勝彼。何以故？須菩提，一切諸佛，及諸佛阿耨多羅三藐三菩提法，皆從此經出。須菩提，所謂佛法者，即非佛法。

解：此以無相之福，以顯無相之法爲最勝也。空生已悟無相之理，但不知契無相之理，得無相之福，此福如何勝彼有相耶？故佛先以有相布施，較量其福，不如持四句偈之福殊勝者，以一切諸佛皆從此般若而出生故。故云般若是諸佛母，所以福大，如俗所云母因子貴故也。是則般若乃是能出生佛法者，而般若本非佛法也，故云：所謂佛法者，即非佛法。

△疑云：既法無可説，佛無可成，俱不可得矣，且世尊昔日爲我等聲聞説四諦法，乃是法也，我等依之而修，是得果也，我等依涅槃而住，此有所住也，如何世尊一切皆非？此大衆意言分別也，故世尊逆舉小果，逆問空生，而代破之。

須菩提，於意云何，須陀洹能作是念，我得須陀洹果不？須菩提言：不也，世尊。何以故？須陀洹名爲入流，而無所入，不入色、聲、香、味、觸、法，是名須陀洹。須菩提，於意云何，斯陀含能作是念，我得斯陀含果不？須菩提言：不也，世尊。何以故？斯陀含名一往來，而實無往來，是名斯陀含。須菩提，於意云何，阿那含能作是念，我得阿那含果不？須菩提言：不也，世尊。何以故？阿那含名爲不來，而實無不來，是故名阿那含。須菩提，於意云何，阿羅漢能作是念，我得阿羅漢道不？須菩提言：不也，世尊。何以故？實無有法名阿羅漢。世尊，若阿羅漢作是念，我得阿羅漢道，即爲著我、人、衆生、壽者。世尊，佛説我得無諍三昧，人中最爲第一，是第一離欲阿羅漢。世尊，我不作是念，我是離欲阿羅漢。世尊，我若作是念，我得阿羅漢道，世尊則不説須菩提是樂阿蘭那行者，以須菩提實無所行，而名須菩提，是樂阿蘭那行。

解：此的示無住真宗也。大衆因聞佛不可求，法非可取，斯則進取無可住矣，爭柰世尊昔日教我聲聞，令離生死，安住涅槃，非無法無果可住也，而今世尊何以言佛法皆非。此小乘未忘名言習氣，執有實法，難入般若，故多起疑。世尊假空生之悟，爲衆旁通，故舉昔果逆徵之曰，於意云何，謂於汝意下如何也。梵語須陀洹，此云入流。入，逆也，謂逆生死流也。然言逆流，但約不入六塵名爲逆，非是實有此可逆，有彼可入，而住之也。斯陀含，此云一往來，謂有欲界一品殘思，但只消一來欲界斷之，則從此長往矣，此亦非有來往實住處也。阿那含，此云不來，謂永不來欲界受生，如此而已，亦非有不來之處可住也。阿羅漢，此云不生，以見彼諸法一切皆無，實無諸法，一心不生，如此而已，亦未嘗作念我是阿羅漢，亦非有可住之羅漢地也。若阿羅漢自己作念，認着我是羅漢，此則與衆生知見一般，即著四相矣。空生以己驗之，即如世尊每每稱我得了無諍三昧，又讚我是人中最上之人，又説我是第一離欲阿羅漢，十蒙世尊如此極口稱讚，然我自忖己心，並不曾一念生心，執著我是離欲羅漢也。若我有此念，世尊則不説我是樂寂靜行者。以我而觀，昔日涅槃元無住處，足知如來菩提必無可住之理矣，復何疑哉？此決佛果有住之疑，下決佛定有成之疑。

△疑云：聞上開示，佛果無住明矣。既果無所成，爭柰現見如來從燃燈受記，是則佛定有成。既有可成之佛，豈無可住之果？下答以無所得。

佛告須菩提：於意云何，如來昔在燃燈佛所，於法有所得不？不也，世尊。如來在燃燈佛所，於法實無所得。

解：此示究竟無得之旨也。以聞無住之談，已悟菩提無住，遂疑菩提雖無住而佛果必定是有成。若佛無成，如何傳授？故世尊逆問空生而決之。以燃燈佛雖云授記，但印契此心而已，實無所得。若有所得，則燃燈必不與我授記。

△疑云：菩提無住，佛果無得，如此則不必莊嚴佛土矣，而世尊何以教我行菩薩行、莊嚴佛土耶？

須菩提，於意云何，菩薩莊嚴佛土不？不也，世尊。何以故？莊嚴佛土者，即非莊嚴，是名莊嚴。是故，須菩提，諸菩薩摩訶薩，應如是生清淨心：不應住色生心，不應住聲、香、味、觸、法生心，應無所住而生其心。

解：此直示安心之法也。空生疑謂佛既無成，涅槃無住，若如此又何須莊嚴佛土耶？執此疑者，謂度生之行，實要莊嚴佛土，如修寺一般，此執相之愚也。故世尊疑問空生，菩薩果有莊嚴佛土不？空生領旨，答言即非莊嚴，是名莊嚴。何以明之？然而佛土者，淨土也，且此淨土豈可以七寶累砌而爲莊嚴也。以衆生所見者穢土，乃惡業莊嚴，種種苦具。在諸佛所居淨土，但以清淨覺心，淨彼諸染，染業既空，則土自淨，是以清淨心而爲莊嚴。然此莊嚴非同彼也，故曰即非莊嚴，是名莊嚴。如此看來，菩薩莊嚴佛土，不假外來，只是自淨其心，心淨則土自淨，故曰但應如是生清淨心而已，不必別求莊嚴也。又疑，既云清淨，如何生心？佛言：清淨如何生心，但不當生六塵染心而已，非有清淨可住而生心也。所謂執謝情忘，淨心自現，故曰：應無所住而生其心。三祖云：莫逐有緣，無住空忍。此爲無住生心，安心之法，妙不過此，故六祖一聞，言下頓悟。

△疑云：既不莊嚴佛土，是無佛土也，且千丈大身之佛又何所居耶？此疑報身必居實土。

須菩提，譬如有人，身如須彌山王，於意云何，是身爲大不？須菩提言：甚大，世尊。何以故？佛説非身，是名大身。

解：此示法身真土也。因聞佛土非可莊嚴，遂疑報身必居實土。若不莊嚴，向何居住？佛以法身非身破之，意謂非土之土常寂光也，非身之身乃法身也，法身非相，真土無形，然身既不可以相見，而土又何可以莊嚴耶？

此從離六塵相，離心緣相以來，所破羣疑，直至身土皆空，心境雙絶，始是般若極則，以顯法身無住之理。故開導至此，理極忘言。但有信此法者，其福無量，故下較量福德。

須菩提，如恒河中所有沙數，如是沙等恒河，於意云何，是諸恒河沙，甯爲多不？須菩提言：甚多，世尊。但諸恒河尚多無數，何況其沙。須菩提，我今實言告汝，若有善男子、善女人，以七寶滿爾所恒河沙數三千大千世界，以用布施，得福多不？須菩提言：甚多，世尊。佛告須菩提：若善男子、善女人，於此經中，乃至受持四句偈等，爲他人説，而此福德，勝前福德。復次，須菩提，隨説是經，乃至四句偈等，當知此處一切世間天、人、阿修羅，皆應供養，如佛塔廟，何況有人盡能受持、讀誦？須菩提，當知是人，成就最上第一希有之法。若是經典所在之處，則爲有佛，若尊重弟子。

解：此以喻顯法殊勝也。説四句之福，勝河沙七寶者，以此法乃最上第一希有之法也，以此四偈即法身全體故，如佛住世與弟子宣説無二故也。前顯法身已圓，羣疑頓破，言忘理極，故空生領旨，遂請結經名。

爾時，須菩提白佛言：世尊，當何名此經，我等云何奉持？佛告須菩提：是經名爲《金剛般若波羅密》，以是名字，汝當奉持。所以者何？須菩提，佛説般若波羅密，即非般若波羅密，是名般若波羅密。

解：此指歸般若實際也。空生領悟般若全體已露，更無餘法，故問結經名。世尊但告之曰，是經名爲《金剛般若波羅密》，意謂此法無名，但此心耳。又問如何奉持，告以即以此心奉持此法。以心本非心，而法亦非法，故曰般若即非般若波羅密。前未聞此法時，其心未安，故初請降伏。以所知所見滿目塵境，生、佛迢然，淨穢殊途，取舍異趣，故其心不安，難以降伏，特起種種疑情。

初疑衆生難度，則告以衆生本空。又疑佛果難求，則告以佛不必求。次疑布施難周，則告以三輪空寂。次疑佛土難嚴，則告以心淨則嚴。次疑報身無寄，則告以法身無依。到此空生伎倆已窮，羣疑冰釋，佛心已盡披露，無復遺餘，所以聞者心安而自降伏矣，故問結經名。世尊不以實法贅人，但名此心而已，故以此結之。下文乃單示法身極則，所謂百尺竿頭更進一步，只須具金剛眼，始得極盡相應。故空生感悟流涕，讚歎難量，似久客還家，宜其見慈母而生悲泣也，直至不可思議而後已。

須菩提，於意云何，如來有所說法不？須菩提白佛言：世尊，如來無所說。

解：空生已悟法身之理，遂疑法身非相，誰當説法，此計法有所説也。故佛徵詰，乃悟身既非身，法亦無説。

△疑云：法身非相，然非相即墮斷滅，斷滅無相，當於何處見法身耶。衆有此疑，故佛徵破。

須菩提，於意云何，三千大千世界所有微塵，是爲多不？須菩提言：甚多，世尊。須菩提，諸微塵，如來説非微塵，是名微塵。如來説世界，非世界，是名世界。

解：此示諸法雖空，不入斷滅也。聞説法身非相，遂疑墮斷滅，斷滅則無處覓法身矣。世尊示以塵塵刹刹皆法身也，故詰之曰：三千大千世界所有微塵是爲多不？答言甚多。若以微塵世界而觀，則滿目塵境，萬象樅然。若以非微塵世界而觀，則一道虚閒，真空冥寂。所謂寂滅靈虚，寄森羅而顯象，縱横幻境，在一性而融真。所以青青翠竹，總是真如，鬱鬱黄花，無非般若。山河及大地，全露法王身。要見法身，須具金剛正眼始得。故曰：世界非世界，是名世界。

△疑：所聞法身非相，方名爲佛，

若非相是佛，即今現前三十二相之佛，豈非佛耶？此認化身爲真佛也。下以法、化一體破之。

須菩提，於意云何，可以三十二相見如來不？不也，世尊。不可以三十二相得見如來。何以故？如來説三十二相，即是非相，是名三十二相。

解：此示法、化冥一也。莫謂有相非佛，即今三十二相本非有相。相即非相，則應身即法身矣。到此三身一體，身土皆空，理極情忘，言詞相寂，故但讚歎能契此理，轉教之者，其福無量。

須菩提，若有善男子、善女人，以恒河沙等身命布施，若復有人於此經中，乃至受持四句偈等，爲他人説，其福甚多。

解：此顯法空勝益也。世尊顯理已極，羣疑已破，四相頓空，我執既亡，法身獨露。故世尊較量布施恒沙身命之多，不若深心受持四句偈，爲他人説，其無相之福，真不可量矣。空生全領此旨，感激未聞，故涕淚悲泣，讚歎希有。此正前云善護念、善囑付者，以此故也。

△已前領悟

△已下陳情

爾時，須菩提聞説是經，深解義趣，涕淚悲泣而白佛言：希有，世尊，佛説如是甚深經典，我從昔來所得慧眼，未曾得聞如是之經。世尊，若復有人得聞是經，信心清淨，即生實相，當知是人成就第一希有功德。世尊，是實相者，即是非相，是故如來説名實相。世尊，我今得聞如是經典，信解受持，不足爲難。若當來世，後五百歲，其有衆生得聞是經，信解受持，是人即爲第一希有。何以故？此人無我相、人相、衆生相、壽者相。所以者何？我相即是非相，人相、衆生相、壽者相即是非相。何以故？離一切諸相，即名諸佛。佛告須菩提：如是，如是，若復有人得聞是經，不驚、不怖、不畏，當知是人甚爲希有。何以故？須菩提，如來説第一波羅密，即非第一波羅密，是名第一波羅密。

解：此即契佛心，入佛知見也。若空生輩，諸小乘人，與諸衆生，皆執相之徒也。即佛出世以來二十餘年所説諸法，未曾離相，恐生驚疑，故竅而教之，多方淘汰，至今方始露出本心。何以故？以佛本願欲令一切皆趣大乘究竟之地，故今將引昔小乘，發大乘心，特以此金剛心地爲本修因，故先用此心斷彼羣疑，令生正信。故此般若乃入大乘之初門，爲菩薩發覺之初心。所謂護念、付囑者，此心也。以小乘弟子一向未聞而今始聞之，從昔未解而今始悟之，如失乳兒忽遇慈母，所以空生一聞，感激涕零，宜其然也，故讚歎希有。前歎希有，乃忽爾覿見世尊此一片心，尚未備聞其説。今蒙世尊吐露，重重逐破，消盡羣疑，此真希有之心也。蓋從昔已來所未聞者，誠希有之法也。空生自陳已悟，又激發同輩，意謂我聞而悟，自謂希有矣，若再有一人聞而能信自心清淨如此者，則實相現前，諸妄消滅，此人亦自希有之人矣。何以故？以離相之法最難信解故也。且我輩親見如來，雖是難信，然聞佛妙音，即信解亦不難。若佛滅後，去聖時遥，後五百歲，五濁惡重，魔強法弱之時，能信此法者，甚爲難也。苟有能信者，則爲第一希有之人也。何以故？以此人能離四相故。然四相本是如如，了此即見法身矣。故曰：能離一切相，即名爲佛，此真希有也。世尊聞説，乃印許之曰，如是如是。誠如所説，以此法大機小，聞者皆生驚疑怖畏故也，苟聞而不驚疑怖畏者，甚希有也。以我所説，不在言故，故曰：即非第一，是名第一。

△疑：前言布施乃六塵受用之物，外施也，一向難捨，已捨即捨，亦要求福。

世尊已教不許住相，已説無相之福更大。既而又説，不但七寶布施不比無相之福，即將恒沙身命布施之福，亦難比之。以身命内施也，故空生遂疑謂外施可忘，身命難捨，如何能捨耶？世尊逆知其意，故特説忍辱行以破之，割截身體而不瞋恨，則我空矣。此是當機疑意如此。其經中密意，乃世尊密破菩薩我、法二執。然我執即五藴身心，且此五蘊身有假名，有實法。前破假名，今以割截身體驗破五蘊實法也。

須菩提，忍辱波羅蜜，如來説非忍辱波羅蜜，是名忍辱波羅蜜。何以故？須菩提，如我昔爲歌利王，割截身體，我於爾時無我相，無人相，無衆生相，無壽者相。何以故？我於往昔節節支解時，若有我相、人相、衆生相、壽者相，應生瞋恨。須菩提，又念過去於五百世作忍辱仙人，於爾所世，無我相，無人相，無衆生相，無壽者相。是故，須菩提，菩薩應離一切相，發阿耨多羅三藐三菩提心。不應住色生心，不應住聲、香、味、觸、法生心，應生無所住心。若心有住，即爲非住。是故，佛説菩薩心，不應住色布施。須菩提，菩薩爲利益一切衆生故，應如是布施。如來説一切諸相，即是非相，又説一切衆生，即非衆生。

解：此破五蘊實法，結答云何應住之問也。空生一聞身命布施，不達五蘊本空，遂疑而不信，甚以爲難，謂外施七寶不住於相，猶可能也，若捨身命，則不能矣。不捨身命，則我相未空，既然著相，難契真空，故世尊特説忍辱之行。當歌利王割截身體之時，若我四相未忘，則生瞋恨矣。所以不瞋者，以達五蘊本性空故，所謂割水吹光，湛然不動者，以離一切相也。是故我教菩薩當離一切相發菩提心者，不應住於六塵生心，應當生無所住之心也。此結前文，總會離相之旨，以答云何應住之問也。又示之曰：若心有住，則心境俱妄，則爲非住。是故佛説菩薩不應住於色相而行布施者，此也。然菩薩既爲利益一切衆生，應當如是布施，方爲妙行，不可執著，别生臆見也。以如來説一切相皆是真如，説一切衆生即是真如，所以前云若見諸相非相即見如來。故結示云，諸相即是非相，衆生即非衆生。

△疑：既云不住於相，則一切皆空，空即能證之智亦空無體矣，無體之法，安可作因而取果耶？答意誡令但當諦信佛言，是如來自證境界，決不虚妄。

須菩提，如來是真語者、實語者、如語者、不誑語者、不異語者。須菩提，如來所得法，此法無實無虚。

解：此結令諦信也。空生聞佛所説因果皆空，疑謂果空則不必用因，因空則不能得果，今因中行施，况不住生心，則無實果可證矣。世尊誡以但當諦信佛言，不必多起疑念，以如來所得之法非實非虚，不可以執著之情而求之也，以此破之。

△疑：不住相布施生心，即此不住生心，何以得合般若？下答破。

須菩提，若菩薩心住於法而行布施，如人入暗，則無所見。若菩薩心不住法而行布施，如人有目，日光明照，見種種色。

解：此示無住之益也。有住之心，屬於無明，爲心境障故，如人入暗，一無所見。無住之心，諸障盡撤，人我兩忘，如日升天，朗照萬象，故此無住之心即真實般若。佛所證者，此心而已。

△疑：且此無住之心縱是般若，如何能契佛心？下答破。

須菩提，當來之世，若有善男子、善女人，能於此經受持、讀誦，即爲如來以佛智慧，悉知是人，悉見是人，皆得成就無量無邊功德。須菩提，若有善男子、善女人，初日分以恒河沙等身布施，中日分復以恒河沙等身布施，後日分亦以恒河沙等身布施，如是無量百千萬億劫，以身布施，若復有人聞此經典，信心不逆，其福勝彼，何況書寫、受持、讀誦、爲人解說。

解：此示心佛平等也。空生之疑將謂已智不能契合佛智。佛意般若無文字，文字即般若，然我說此經，即全體般若，但有人能信受者，則爲妙契佛智，而佛以本智了知其人無量功德矣。此一念頓契佛心之功德，縱使一日三時以恒沙身命布施功德，其福固多，但不若有一念信心，隨順般若而不逆者，可謂善入佛慧矣，其福更大，何況書寫、受持、讀誦、爲人解說耶？

〇下讚般若殊勝

須菩提，以要言之，是經有不可思議、不可稱量無邊功德，如來爲發大乘者說，爲發最上乘者說。若有人能受持讀誦，廣爲人說，如來悉知是人，悉見是人，皆得成就不可量、不可稱、無有邊、不可思議功德。如是人等，即爲荷擔如來阿耨多羅三藐三菩提。何以故？須菩提，若樂小法者，著我見、人見、衆生見、壽者見，即於此經不能聽受、讀誦、爲人解說。

解：此讚般若獨被上上根人。前屢言著四相，故麄。今言著四見，故細。

須菩提，在在處處，若有此經，一切世間天、人、阿修羅所應供養。當知此處，即爲是塔，皆應恭敬，作禮圍遶，以諸華香而散其處。

解：此讚般若法身常住。

復次，須菩提，善男子、善女人，受持讀誦此經，若爲人輕賤，是人先世罪業，應墮惡道，以今世人輕賤故，先世罪業則爲消滅，當得阿耨多羅三藐三菩提。

解：此讚般若有離障出纏之益，不但滅罪，且得勝果。

須菩提，我念過去無量阿僧祇劫，於燃燈佛前，得值八百四千萬億那由他諸佛，悉皆供養承事，無空過者。若復有人於後末世，能受持讀誦此經，所得功德，於我所供養諸佛功德，百分不及一，千萬億分乃至算數、譬喻所不能及。須菩提，若善男子、善女人，於後末世，有受持讀誦此經，所得功德，我若具説者，或有人聞，心則狂亂，狐疑不信。須菩提，當知是經義不可思議，果報亦不可思議。

解：此讚悟般若者，一念頓生佛家，生生世世永不離佛，故此功德最爲殊勝也。後世末法之中有能信者，其功更大，以此般若之德不可思議，故果報亦不可思議。

從初問云何應住，云何降伏其心以來，通破凡夫中大心衆生修菩薩行者所執之疑。然所執我、法二執有麄有細。已前破麄二執，以所執五蘊身心爲我執，我所作爲緣塵六度之行欲求菩提者爲法執。然此二執皆著相故，是破初發心菩薩未悟般若者之疑，但意顯下不見有衆生可度也。此後乃破微細我、法二執，是已悟般若之菩薩，但執有能證之智爲我，有所證真如爲人，能證能悟爲衆生，證悟未忘，潛續如命爲壽者，而此四相最極微細，故爲微細二執。所謂存我、覺我，故向下發揮，但標我字。若破此我執，則上不見有佛果可求也。經文與前問同意別，觀者應知。

爾時，須菩提白佛言：世尊，善男子、善女人發阿耨多羅三藐三菩提心，云何應住，云何降伏其心？佛告須菩提：若善男子、善女人發阿耨多羅三藐三菩提心者，當生如是心：我應滅度一切衆生，滅度一切衆生已，而無有一衆生實滅度者。何以故？須菩提，若菩薩有我相、人相、衆生相、壽者相，即非菩薩。所以者何？須菩提，實無有法發阿耨多羅三藐三菩提心者。

解：從此以下，徵破微細我、法二執也。經初問云何應住，云何降伏其心者，以初發心菩薩乃凡夫中大心衆生，始發度生之心，故種種著相，以依著自己五蘊色身修行。其所行布施乃執著六塵麄物而求福果，其所求菩提乃執著化佛色相之身，其土乃寶物莊嚴之土，種種所行，皆不離相，故去般若遠甚。空生起疑，被佛重重破斥，直至一切色相皆離，方契真如般若實智。而空生已悟，大衆疑消，此經文不可思議。已前半卷，皆此意也。其所破我，依凡夫見起，即五蘊色相之我，其四相皆麄。今此經文以下，乃是破已悟般若之菩薩，但能證之智未忘，以此執著爲我。此是存我、覺我之我，乃微細我、法二執，四相皆細，故此經中標出一我字爲首，但云我應滅度衆生，更不言布施。是知功行已圓，唯有生、佛之見未泯耳，故前麄後細。

問：然此細智爲我，而又問云何應住，云何降伏其心，與前問意同者，何也？

答：此問住，蓋此菩薩已離五蘊，但習氣未忘，故於真如智中亦求安住。且急急欲求菩提，執謂菩提有所住處，求而不得，其心不安，故問降伏。此求佛之心未安，以生、佛之見未泯，不達平等一如耳。問同意别。故世尊破云，發菩提者，當作此觀，我滅度一切衆生已，實無有一衆生得滅度者。以衆生本自如如，不待更滅。若執有滅度，則著四相，非菩薩矣。此不見有衆生可度也。然生、佛本來平等，若衆生既無可滅，而此中實無有法可容菩薩發心求菩提者。何以故？以衆生本自寂滅，即是菩提，又何容其更求耶？此不見有佛果可求也。

△疑：既實無法可得菩提，且我所悟之般若，豈非法耶？即世尊於燃燈佛所，因得此法，乃得成佛，豈非得菩提耶？何言無法可得？故下破之。

須菩提，於意云何，如來於燃燈佛所，有法得阿耨多羅三藐三菩提不？不也，世尊。如我解佛所説義，佛於燃燈佛所，無有法得阿耨多羅三藐三菩提。佛言：如是，如是，須菩提，實無有法如來得阿耨多羅三藐三菩提。須菩提，若有法如來得阿耨多羅三藐三菩提者，燃燈佛即不與我授記：汝於來世，當得作佛，號釋迦牟尼。以實無有法得阿耨多羅三藐三菩提，是故燃燈佛與我授記，作是言：汝於來世，當得作佛，號釋迦牟尼。

解：此示菩提無得，以破執佛之疑也。空生疑佛於燃燈佛所實有法可得，世尊展轉逐破妄計，正顯實無一法可得。

△疑謂：般若之法乃成佛真因，今又云無法則無因矣，無因如何得菩提果？下以法身不屬因果破之。

何以故？如來者，即諸法如義，若有人言如來得阿耨多羅三藐三菩提，須菩提，實無有法佛得阿耨多羅三藐三菩提。須菩提，如來所得阿耨多羅三藐三菩提，於是中無實無虛。是故，如來説一切法皆是佛法。須菩提，所言一切法者，即非一切法，是故名一切法。須菩提，譬如人身長大。須菩提言：世尊，如來説人身長大，則爲非大身，是名大身。

解：此顯法身不屬因果也。空生不達法身真體，不屬因果，乃執定如來是有修有得，故佛以無所得破之矣。猶恐不悟，乃直示之曰：何故言菩提無所得耶？以如來者，非色相之稱，乃是諸法當體如如之義耳。且諸法本自如如，豈假修爲證得耶？故我説菩提實無有法容佛可得。宗門謂向上一路，三世諸佛不許覷著，覷著則眼瞎，以此中無你取覓處故也。如來菩提並無甚奇特，但於諸法不起斷常顛倒見耳，故言無實無虛，以一切法皆非法故。若知大身非身，則知諸法非法。

△疑：因聞實無有法容其發心，遂疑云，以我有此度生之法，方名菩薩。既無有法，何以得菩薩之名耶？下以無法無我破之。

須菩提，菩薩亦如是，若作是言，我當滅度

無量衆生，即不名菩薩。何以故？須菩提，實無有法名爲菩薩。是故，佛說一切法無我、無人、無衆生、無壽者。須菩提，若菩薩作是言我當莊嚴佛土，是不名菩薩。何以故？如來說莊嚴佛土者，即非莊嚴，是名莊嚴。須菩提，若菩薩通達無我法者，如來說名真是菩薩。

解：此示法身無我，例破菩薩微細二執也。空生執有法度生方名菩薩，世尊告以實無有法以遣法執。恐疑無法度生如何莊嚴佛土，故世尊示以常寂光土不假莊嚴，以遣住心破我執。此二無我也。苟不達此理，則非真菩薩矣。故云通達無我法者，如來說名真是菩薩。

△疑：若菩薩不見衆生可度，無土可淨，如此如來要五眼作麽？下約知衆生心爲眼，非實有五眼破之。

須菩提，於意云何，如來有肉眼不？如是，世尊，如來有肉眼。須菩提，於意云何，如來有天眼不？如是，世尊，如來有天眼。須菩提，於意云何，如來有慧眼不？如是，世尊，如來有慧眼。須菩提，於意云何，如來有法眼不？如是，世尊，如來有法眼。須菩提，於意云何，如來有佛眼不？如是，世尊，如來有佛眼。須菩提，於意云何，如恒河中所有沙，佛說是沙不？如是，世尊，如來說是沙。須菩提，於意云何，如一恒河中所有沙，有如是沙等恒河，是諸恒河所有沙數佛世界，如是寧爲多不？甚多，世尊。佛告須菩提：爾所國土中所有衆生，若干種心，如來悉知。何以故？如來說諸心，皆爲非心，是名爲心。所以者何？須菩提，過去心不可得，現在心不可得，未來心不可得。

解：此示心、佛、衆生三無差別也。空生疑佛具五眼，將謂有法可見，有世界衆生當情，世尊告以所具五眼非眼也，但約見衆生心爲眼耳。且如恒沙世界，無量衆生，若干種心，如來悉知悉見者，以衆生乃如來自心之衆生，故衆生凡動一念，即如來自心動也，如何不知不見耶？又疑衆生心有生滅，如來心亦生滅耶？故世尊言此中衆生心本自如如，了無生滅，與如來心寂滅平等。故如來衆生，湛然不動，絶無生死去來之相。所謂心、佛與衆生，是三無差别，故三際求心了不可得。

△疑：世尊一往破執，謂無土可嚴，無生可度，恐空生聞而轉計，將謂生、土皆空，則布施無福，亦不必修矣。故世尊以無福之福，其福甚大破之。

須菩提，於意云何，若有人滿三千大千世界七寶以用布施，是人以是因緣得福多不？如是，世尊，此人以是因緣，得福甚多。須菩提，若福德有實，如來不説得福德多，以福德無故，如來説得福德多。

解：此示無相之福也。空生執著有相布施，將謂實有福德，殊不知能施六塵本空，則所得福德非有，故世尊以福德無故福德多破之。所言無者，非絶無也。以心量如空，故得福益大。

△疑：空生因聞不許住相度生嚴土，遂起疑云，且度生嚴土乃成佛之因，所感萬德具足莊嚴之果，今云無生可度，無土可嚴，是絶無因也，又云無菩提可證，是無果也，因果皆絶，是無佛矣，即今現見如來具足色相，又從何而有耶？故佛以不應具足色相見如來破之。

須菩提，於意云何，佛可以具足色身見不？不也，世尊，如來不應以具足色身見。何以故？如來説具足色身，即非具足色身，是名具足色身。須菩提，於意云何，如來可以具足諸相見不？不也，世尊，如來不應以具足諸相見。何以故？如來説諸相具足，即非具足，是名諸相具足。

解：此破執報身色相之見，以顯法、報冥一也。具足色身者，萬德莊嚴報身佛也。以多劫度生，莊嚴佛土，感此果報，以酧因故，如來説具足色身，且此報身本法身也，故云即非具足色身。法、報冥一，故云是名具足色身。此破所見之相，下破能見之見。以報身即法身故，無相可見。智體如如故，見病消亡。境、智冥一故，法身自顯。凡言是言非者，皆遮救之辭也。恐落是非窠臼，故左右遮之遣之。故如來説法本無可説，但遮護衆生之心病，不容起見。遣其執情，令不住著，如此而已，學者應知。

△疑：空生聞説佛本無相可見，遂疑既無身相，誰當説法？故佛以無可説破之。

須菩提，汝勿謂如來作是念，我當有所説法。莫作是念。何以故？若人言如來有所説法，則爲謗佛，不能解我所説故。須菩提，説法者，無法可説，是名説法。

解：此破報身如來有所説法之疑也。如來出世，本無法可説，但就衆生所執之情，隨宜而擊破之。唯一字而已，凡曰非曰不，乃遮止之辭，以遮止衆生之妄想耳。正是護念之意也，故曰是名説法。

△疑：空生已悟法身之理無説無示，以此法甚深，但未來衆生不知可能信受不？故起此疑。向下以無衆生破之。

爾時，慧命須菩提白佛言：世尊，頗有衆生於未來世聞説是法，生信心不？佛言：須菩提，彼非衆生，非不衆生。何以故？須菩提，衆生衆生者，如來説非衆生，是名衆生。

解：此示生、法一如，以破衆生見也。空生妙悟法身，已能信能受矣。第此法甚深，不知可有衆生於未來世能信此法不？此空生生滅之見未亡，故起未來衆生之見。世尊答以衆生本如，與法平等，何有未來之相耶？以衆生如如，三際平等，此實般若究竟之極則也。彼非衆生等六句，謂衆生本自如如，故曰彼非衆生。以真如隨緣而成衆事，故曰非不衆生。乃復釋之曰：所言衆生，乃是真如隨緣，衆法和合而相生，故云衆生者。以假名衆生，故如來説非實是衆生。以非實有生，是故名爲衆生耳。

△疑：法身無相，無法可得，如何言修一切善法證得菩提耶？下以無得平等破之。

須菩提白佛言：世尊，佛得阿耨多羅三藐三菩提，爲無所得耶？佛言：如是，如是，須菩提，我於阿耨多羅三藐三菩提，乃至無有少法可得，是名阿耨多羅三藐三菩提。復次，須菩提，是法平等，無有高下，是名阿耨多羅三藐三菩提。以無我，無人，無衆生，無壽者，修一切善法，即得阿耨多羅三藐三菩提。須菩提，所言善法者，如來説即非善法，是名善法。

解：此破佛法見也。空生已悟法身清淨，無法可得，翻疑佛説修一切善法而得菩提是有得也，豈如來菩提果無所得耶？佛言實無所得，以生、佛平等，無二無別，即是菩提，如此而已，豈實有所證得耶？所言修善法而得菩提者，但以離四相而修。以修即無修，故得亦無得。以無所得故，是名真善法也。

△疑：善法既非，何法爲勝？下以達般若者最爲殊勝。

須菩提，若三千大千世界中所有諸須彌山王，如是等七寶聚，有人持用布施，若人以此《般若波羅蜜經》，乃至四句偈等，受持、讀誦，爲他人説，於前福德百分不及一，百千萬億分，乃至算數、譬喻所不能及。

解：此讚般若離相之功最勝也。且修善法不得菩提，是則善法非殊勝矣，又以何法爲殊勝耶？佛言達般若者最爲殊勝。三千世界中有百億須彌山，以七寶等，此可謂多矣，以此布施之福，不如達般若四句之福，以彼執相貪求利益故。般若離相，故超勝無量，非喻可及。

△疑：空生聞前説生、佛平等，然既平等則無衆生矣，何言如來當度衆生，是有我人之相也？下以人我兩忘破之。

須菩提，於意云何，汝等勿謂如來作是念，我當度衆生。須菩提，莫作是念。何以故？實無有衆生如來度者，若有衆生如來度者，如來即有我、人、衆生、壽者。須菩提，如來説有我者，則非有我，而凡夫之人以爲有我。須菩提，凡夫者，如來説即非凡夫，是名凡夫。

解：此破佛有人我之疑，以顯法身真我也。所云生、佛平等，平等則無佛無衆生，何言我當度衆生耶？衆生，人也。我度衆生，則有我矣。人、我宛然，則四相不泯。此正宗門所謂得到法身邊，未透法身向上句也。故世尊以言遣之，故云勿謂如來我有度生之念。我有此念，即是凡夫。然如來説凡夫，尚非凡夫，豈可如來尚存我見耶？此則聖凡俱泯，一道齊平，般若玄旨，於斯極矣。

△疑：法身既非有我，報身不可以相見，即今三十二相豈非佛耶？

須菩提，於意云何，可以三十二相觀如來不？須菩提言：如是，如是，以三十二相觀如來。佛言：須菩提，若以三十二相觀如來者，轉輪聖王則是如來。須菩提白佛言：世尊，如我解佛所説義，不應以三十二相觀如來。爾時世尊，而説偈言：若以色見我，以音聲求我，是人行邪道，不能見如來。

解：此示應、化非真，以顯法身離相也。空生已悟法身無我，報身非相，是爲真佛，遂疑現見三十二相是何佛耶？是有佛見也。世尊詰之曰：果可以三十二相見如來乎？空生執以三十二相必定是佛，世尊以轉輪聖王破之，遂悟不可以三十二相觀如來。世尊示之以離相偈云：若以色見我，以音聲求我，是人行邪道，不能見如來。

△疑：空生聞説法、報無相，應、

化非真，故起法身斷滅之見。以不達法身真我，故佛以不斷滅破之。

須菩提，汝若作是念，如來不以具足相故，得阿耨多羅三藐三菩提，須菩提，莫作是念，如來不以具足相故，得阿耨多羅三藐三菩提。須菩提，汝若作是念，發阿耨多羅三藐三菩提心者，說諸法斷滅，莫作是念。何以故？發阿耨多羅三藐三菩提心者，於法不說斷滅相。須菩提，若菩薩以滿恒河沙等世界七寶，持用布施，若復有人，知一切法無我，得成于忍，此菩薩勝前菩薩所得功德。何以故？須菩提，以諸菩薩不受福德故。須菩提白佛言：世尊，云何菩薩不受福德？須菩提，菩薩所作福德，不應貪著，是故說不受福德。

解：此破斷滅見也。空生聞說當以離相見佛，遂起斷滅見，謂如來不以具足相故得菩提。佛教之曰：莫作是念。若作是念，則說諸法斷滅矣。然發菩提心者，於法不說斷滅相，但說知一切法無我而已。若復有人知一切法無我，得成于忍，此菩薩勝過滿恒沙界七寶布施之功德，以不受福德故也。所言不受者，非絶無也，但不貪著福德耳。所謂無作無造無受者，善惡之業亦不忘。世尊出世，說法四十九年，止說一無字而已。以九界衆生通執一切法有我，如來但以無字破之。此金剛正眼直觀向上一路，故宗門單傳直指唯從此入。

△疑：既言無我無受福者，則現見如來行住坐臥豈非如來之我耶？此乃三身一異之見未泯，未悟平等法身故也。

須菩提，若有人言：如來若來若去，若坐若臥，是人不解我所說義。何以故？如來者，無所從來，亦無所去，故名如來。

解：此會歸法身真際也。空生向以威儀動靜者爲如來，此特去來之見耳。如來豈有去來耶？至此執謝情忘，動靜不二，如如實際，妙極于斯。但一異之見未忘，三身一體之義未契，故下以微塵世界破之。

須菩提，若善男子、善女人，以三千大千世界碎爲微塵，於意云何，是微塵衆甯爲多不？須菩提言：甚多，世尊。何以故？若是微塵衆實有者，佛即不説是微塵衆。所以者何？佛説微塵衆，即非微塵衆，是名微塵衆。世尊，如來所説三千大千世界，即非世界，是名世界。何以故？若世界實有者，即是一合相。如來説一合相，即非一合相，是名一合相。須菩提，一合相者，即是不可説，但凡夫之人貪著其事。

解：此破一異見也。空生未契三身一體，故世尊以微塵世界非一非異示之。言微塵則非一，世界即非異。微塵聚而爲世界，即異而不異。世界散而爲微塵，即一而不一。由是觀之，一異之相了不可得。以不可得故，非實有也。若實有一異之相，即爲一合相矣。一合者，邊見也，以合一即不能異，合異即不能一故。若微塵實有，即不能聚而爲世界，若世界實有，則不能散而爲微塵，愚夫以此爲一合相。如來説一合相則不然，以離二邊，故名一合。二邊既離，即是不可説矣。但凡夫之人不能遠離有無一異二邊，貪著其事，故不能達三身一體，平等法身之理也。

△疑：既平等法身一切皆非，即不可見，又何以佛説有四相見耶？故下伏破。

須菩提，若人言，佛説我見、人見、衆生見、壽者見，須菩提，於意云何，是人解我所説義不？不也，世尊，是人不解如來所説義。何以故？世尊説我見、人見、衆生見、壽者見，即非爲遣衆生之我見、人見、衆生見、壽者見耳，以此是名衆生之我見、人見、衆生見、壽者見。原非佛説有此四見也。須菩提，發阿耨多羅三藐三菩提心者，於一切法，應如是知，如是見，如是信解，不生法相。須菩提，所言法相者，如來説即非法相，是名法相。

解：此破執有離相之見也。空生已悟平等如如法身之理，遂疑法身之體既不可以相見，如何世尊説離四相之見耶？佛恐空生伏懷此疑，故詰之曰：假若有人言世尊説有四相之見者，汝謂此人解我所説之意不？空生遂悟佛意，答言此人不解如來所説義。何以故？以世尊説有四相之見者，非是實有相見可指説也，將爲遣有相見者之執情耳，故曰非。此非字與諸非字不同。前屢言非，皆不是之義。今此非字乃遣絶之辭，謂遣衆生心中所執之相見耳。非佛説有此相見，乃衆生之相見耳，故曰是名。此是名二字亦與屢説者不同，宜深觀之。蓋一切衆生迷倒於相見之中，所執堅固難破，故佛以金剛心智以逐破之，令見本智法身真體。初執見有五蘊身心及六塵相，故著相行施以求佛福德，世尊以無住破之。次執有菩提相，佛以無所得破之。次執布施有莊嚴佛土相，佛以無土可嚴破之。次執福德以感報相，佛以非具足色身破之。次執如來定有三身相，佛以應化非真、報身離相破之。次執定有法身相，佛以法身非相破之。次執法身定有實我相，佛以一切法無我破之。次執如來定有三身相，佛以非一非異破之。重重逐破，一切皆非，諸相銷亡，一心無寄，理極情忘，直指法身實際。以所見之妄相既空，則能見之妄見亦泯。此真實般若，究竟極則，直透法身向上一路。故佛誡之曰：發菩提心者，於一切法應如是知，如是見，如是信解，不生法相。到此始是真知真見，真信真解，則永不起一切法相知見矣。斯則人法雙忘，聖凡俱泯，言語道斷，心行處滅。舉心即錯，動念即乖。故復遣之曰，所云法相，亦非法相，始是真實法相，非妄見者可比也。般若玄旨，妙極於斯。

△疑：空生已悟法身全體，遂疑法身不會説法，其説法者，乃化身耳，且

化身所説之法，不達法身境界，如何持此法者得福德耶？下以化身所説即真實法，以三身一體故。

須菩提，若有人以滿無量阿僧祇世界七寶持用布施，若有善男子、善女人發菩提心者，持於此經，乃至四句偈等，受持讀誦，爲人演説，其福勝彼。云何爲人演説？不取於相，如如不動。

解：此示化身佛説如如法也。空生疑化身佛所説之法不到法身境界，如何得福？佛言，化身説即法身説，以三身不異故。即於此法能持四句爲人演説，其福最勝，以不取於相如如不動故，到此塵説、刹説、熾然説也。

△疑：法身寂滅，如何寂而能説。

下示正觀。以般若空寂，從假觀入。從假入空，故名真空，以假即真故。

何以故。一切有爲法，如夢幻泡影，如露亦如電，應作如是觀。

解：此入般若真空妙觀也。以真空冥寂，藉假而觀，若六喻觀成，則真空自現，一往俱顯理體。此則正示觀法。諸修行人當從此入，法身真境，極盡於斯。

佛説是經已，長老須菩提，及諸比丘、比丘尼，優婆塞、優婆夷，一切世間天、人、阿修羅，聞佛所説，皆大歡喜，信受奉行。

解：此結經者常規也。凡所聞歡喜，必妙契於心。契則信之真，受之切，而奉行不虚矣。

（李勁整理）

○二四七

金剛般若波羅蜜經鎞[二]

明廣伸述

金剛鎞序

帝堯不可無虞舜，文王不可無孔子，道有所傳故也。迦葉不能無迦文，迦文不能無彌勒，亦道有所傳故也。是以道之不見於堯者，得聞於舜，不見於文者，得聞於孔，而不悟於迦文者，得明於彌勒，乃有外彌勒以明迦文，是猶却孔子而究文王，舍大舜以辨唐堯矣，有是理乎。況迦文所演《金剛》一經，最爲微妙不可思議，登地大聖，猶然難之，而求明於彌勒，博地凡夫，何乃叛其說，任己見以爲之解耶。辭愈新而義愈匿，文彌彩而旨彌昏，鬪諍競起，壇幟橫興，末法之弊極矣。

雲棲空大師，遠窮大藏，深究微言，反復諸家，博綜羣典，依彼本論，求通彌勒之偈，復循彌勒，用達迦文之經，取其意以解文，引其言而證解。辭不欲華，恐翳理也，言不欲多，恐憚繁也，科不欲細，恐間隔其文勢也。庶天下後世，知彌勒之偈不異於迦文之經，空師之解盡由於彌勒之偈。由解以知偈，因偈以知經，則後之不明於迦文者，得明於彌勒，得明於彌勒者，乃所以善明於迦文也。失其意者，非此解，非非空師，得其意者，是此解，是是彌勒也。於戲，古今註《金剛》者，無慮千百函，獨我雲棲大師《摸象》一記，寔得慈氏不傳之秘。而空師即法門龍象，親承提命，俾註斯經。會淵匠既傾，亡羊多岐，廣揞忝附禪誦之末，往來從臾。空師因之鈎玄纂要，摧一删繁，集諸家之大成，補《摸象》之未備，心燈相照，如印印泥。然後知迦文同彌勒，同百千諸佛，言中之意，與夫言之所不能盡，意之所不能致者，無不咸歸於大同，近可證之於雲棲，遠可證之於兜率。述者之旨，豈徒爾哉。

萬曆戊午秋日虎林洪瞻祖廣揞撰

校勘記

〔一〕底本據《卍續藏》。

金剛般若波羅蜜經鎞卷上

古杭雲棲弟子廣伸述

△將釋此經，總分爲三：初、題目，二、譯人，三、本文。

初、題目

金剛般若波羅蜜經

金剛者，金中之剛，最堅至利，五金莫及，天帝所有之寶，力士所持之杵也。般若者，衆生之心，而有實相、觀照之殊。實相者，心本無相，以遠離虚妄，真實有體，不可破壞，無相之相，强名實相，所謂本來面目是也。觀照者，心本非照，以遠離分別，真明皎然，妍醜自現，無照之照，强名觀照，所謂照本來面目是也。喻如珠體珠光，從體發光，光還照體，體用交輝，不一不異。波羅蜜者，云彼岸到，謂到真空實際之彼岸也。金剛般若者，般若如金剛也。蓋言觀照之用，全依實相體起，體既堅利，用亦堅利。堅故不爲一切所壞，利故能壞一切，猶如金剛，莫可嬰鋒。是故觸有有壞，觸空空敗，觸著中道，粉虀爛碎，無明結業，擬之則當下冰消，生死涅槃，觸處則隨鋒瓦解，是名金剛般若。

而曰金剛般若波羅蜜者，即此般若。壞迷悟聖凡之此岸，到非迷非悟廓然無聖之彼岸，壞空有中道之此岸，到非空非有中亦不安之彼岸，壞生死涅槃之此岸，到生死涅槃如夢、衆生本來成佛、諸法如義之彼岸。如經謂般若波羅蜜，遠有所離，遠有所到是也。

然即此即彼，非離此有彼，即離即到，非離後有到也。其説到者，從畢竟空中建立一切言説，正説之時，非有説，非無説，非可説，非不可説，無有定法可説。如尊者不見一法，名爲轉教，如來不説一法，名爲轉輪是也。其用到者，於絶思議内，得心應手，左右逢源，提得便行，不存軌則，如德山用捧，臨濟行拳，道吾舞笏，石鞏張弓是也。説不到，不可以爲教，用不到，不可以爲宗。説用雖殊，總之一柄金剛王寶劍。如永嘉云：大丈夫，秉慧劍，般若鋒兮金剛燄。非但空摧外道心，早曾落却天魔膽。故名金剛般若波羅蜜。

良以即今方寸心中，金剛正眼，人人本具，各各不無。從本已來，離言説相，離名字相，離心緣相。非能離，非所離，性本離故。性既本離，離亦不立。離既不立，一切渾融。一切既融，則無一法可遣可立，亦無一法可住可得矣。孰此孰彼，孰離孰到，孰可壞孰不可壞，繁興大用，舉必全真，百草頭邊，光明爍爍。奈何本起無明，爲己主宰，凡所施爲，動成窠臼。甘心苦趣，與溺志偏乘者，置之無論。即備修萬行，廣度羣迷，期以疾證菩提，而有生可度，有行可修，有法可得，其於無住無得之本真，蓋不啻千里萬里矣。是以此經徹底掀翻，和盤托轉，一味鞭撻妄情，直下如迅雷杲日、古鏡太阿。無夢不驚，無幽不燭，無微不照，無物不摧，直使法法皆無所得，頭頭始是家珍，而本來清淨之體顯矣。

至此，則何期自性，本自清淨，何期自性，本自具足，彼此離到者，可得而名言之哉。展鷲峯無作之機，啓少室不傳之妙，不歸此經，將誰歸乎。黄梅般若，良有以也。

經者，常義，法義。日可令冷，月可令熱，衆魔無能壞此真説，是之謂常。佛從此生，法從此出，萬德楷模，衆生軌則，是之謂法。願以此常法之古教爲明鏡，照見自心，即以此自心爲智燈，燭經幽旨，庶幾乎昔日之在黄梅鷲嶺者，儼然今日於目前矣。有志於般若者，宜盡心焉。

△二、譯人

姚秦三藏法師鳩摩羅什譯

姚秦，代名，即後主姚興。必曰姚者，揀非周之嬴秦，南北朝之苻秦也。三藏法師者，以通三藏之德，模範衆生也。鳩摩羅什者，具云鳩摩羅耆婆什，上五字，此云童壽，什者，深善此方文字之什，華梵合舉，稱羅什也。譯者，易梵成華也。《周禮》：掌四方之語，各有其官，北方曰譯。今經自西來而云譯者，以北方之官，兼善西語，摩騰始至，遂稱爲譯，今仍之也。按師七歲，隨母入寺，見鐵鉢，試取加頂，俄念此鉢甚重，我何能舉，即不勝重，遂悟萬法唯心。博學强記，人莫能及，以童年高德，故云童壽。

後興主請師入關，奉爲國師。師閱舊經，義多紕僻，不與梵本相應。乃集沙門八百餘人，新譯經論三百九十餘卷，並暢神源，發揮幽旨。師未終少日，集衆謂曰：願所宣譯傳之後世，咸共流通，今於衆前，發誠實誓，若所傳無謬，當使焚身之後，舌不焦爛。以弘始十一年八月二十一日，卒於長安。闍維，薪盡形滅，舌根儼然。今經譯於此師，當與如來真語實語等無有異，可弗信歟。

△三、本文。三：初、序分，二、正宗分，三、流通分。初序分，二：初、證信，二、發起。

初、證信

如是我聞：一時，佛在舍衛國祇樹給孤獨園，與大比丘衆千二百五十人俱。

證信者，言如是之法我從佛聞。彼一時，釋迦在舍衛國之祇園，與諸大衆同居而共聽者也。信聞時主，歷然可徵，處及聞人，皎然足證，俾遐方異世，諦信無疑，故名證信。然亦名通序，以諸經通有故。

若離釋之，則如是者，指法之辭，雖前此無法，而逆指下文所説正宗之法也。我聞者，我自親聞，非轉聞於人，我自親聞，非讀古而聞。一時者，師資會合，説聽之一時也。不名某年日月者，以十方時分不一，兩土正朔不同故。又或聽者時長，説者時短，抑或聽者時短，説者時長，故但言一時也。佛者，覺義，覺自本性，覺人本性，覺自與人，皆盡其性故。

舍衛，此云聞物，以國豐四德，譽動五天，曰聞物也。祇樹給孤獨園者，梵語祇陀，此云戰勝，以交戰勝時而生，喜以爲名也。今單言祇者，取文省故。給孤表德，即須達多。蓋祇陀施樹，給孤買園，兼二爲名，故云祇樹給孤獨園也。

梵語比丘，此云乞士，乞食資身，乞法資心故。亦云怖魔，離欲學道，與魔相反故。亦云破惡，破煩惱惡，斷除結使故。而云大者，天王、大人所共敬仰，非小德故，内外教典，無不博通，非寡解故，超出九十六種外道之上，非劣器故，總名大也。千二百五十人者，一、優樓頻螺，於火龍窟有五百弟子，二、迦耶，於象頭山有三百弟子，三、那提，於希連河有二百弟子，後皆皈佛，故有千衆。目連舍利，共有二百五十，亦來皈佛，成千二百五十也。

問：佛度比丘甚多無量，何獨舉此。以此千二百五十者最先皈佛，又常不離佛，直至佛滅。其他散在四方，雖千里面談，而據迹成文，法自應爾。如仲尼之徒，蓋三千焉，而獨舉七十子者，亦以久在泗濵，相依陳蔡，亦常隨故。

△二、發起

爾時世尊，食時，著衣持鉢，入舍衛大城乞食。於其城中，次第乞已，還至本處，飯食訖，收衣鉢，洗足已，敷座而坐。

發起者，聖言殊非率爾，教起必藉由興，

如《法華》放光，啓一乘之教，《維摩》示疾，開不二之談，故名發起。亦名別序，以諸經發起，有無各別，有仍別也。今以乞食爲發起者，蓋顯色身僞跡，假飲食以生育，法身真理，由智慧以照成。羣生迷真保僞，諸佛假僞引真，故示乞食以資色身，發起智慧以生法身也。色身無食則死，法身無智不生。故經云：一切諸佛，及諸佛阿耨多羅三藐三菩提，皆從此經出。

食時者，辰時也，以當日初分，乞食易施。歸園正當午前，如常齋法。著衣者，著九條至二十五條，福田衣也，以製像水田，見生福故。持鉢者，紺瑠璃鉢，乃四天王所奉維衛佛之遺鉢也。必持著者，以在家好尚華綺，太著於樂，出家外道躶形，太著於苦，今處中行，離二邊也。且有威可畏，有儀可像，範我形軀，肅他敬信，豈徒爲持著已哉。乞食，是頭陀行。頭陀，此云抖擻，以煩惱根心，未易卒遣，茲欲抖擻，必在躬行。行雖無量，攝以十二。曰藍若，曰樹下，抖擻居處之煩惱也。曰繩牀，曰瓦鉢，抖擻器用之煩惱也。曰三衣，曰乞食，抖擻衣食之煩惱也。而乞食一行，不惟遠除貪慢，亦且生長福田，資斂身心，離四邪命。故如來示現，軌範後昆，使知佛尚且然，況其他乎。故嘗自謂，頭陀行存，我法則存，頭陀行滅，我法則滅，誠重於此也。次第乞者，淨穢不分，貧富俱入，以内證平等之理，外忘差別之相故也。收衣鉢者，收大衣，著七條，息緣慮也。洗足者，淨身業，敷座而坐，正入定矣。敷座者，如來每説般若，皆自敷坐具。爲般若出生諸佛，即是佛母，表敬法故。而云坐者，雙趺也。必雙趺者，《智論》云：見畫跏趺坐，魔王尚驚恐，何況入道人，端身不傾動。是以結跏趺坐，不唯形相端嚴，令人敬信，諸聖所稱，外道所罕，而復能經時久，不速疲勞，攝斂身心，輕安易發。四威儀中，以坐爲勝，良有以也。況乎鏡對面住，面則自彰，念對理住，理豈不自彰乎。故諸經每欲説法，多先入定。今經演説，如如不動，亦可著衣持鉢，次第行乞，通名爲戒。敷座而坐，乃名爲定，意顯戒能生定，定能發慧，則又以戒定爲智慧之發起也。

問：《瓔珞女經》云：佛身如全段金剛，無生熟二臟，何用食爲。《阿含經》云：佛行離地四指，蓮華承足，皮膚不染，何用洗爲。又那伽常在定，無有不定時，則又何以息緣趺坐爲哉。不知諸佛實受用身，清淨微妙，本無有此，但以大慈悲故，於後得權智之中，示現與諸衆生同事，以便攝化耳。是以入城出城，騰騰任運，持鉢洗鉢，任運騰騰，及時中節，曾何一毫思惟計較於其間哉。即此家常茶飯，儼然劫外風光。金牛云：吃飯來，趙州云：洗鉢去，有味乎其言之也。又世尊坐處，如洪鐘高掛，待扣而鳴，古鏡空懸，任形而現，隱然示空生以啓請説法之時也。

△二、正宗分，四：初、當機申請，二、如來讚許，三、當機佇聞，四、如來正説。初、當機申請，二：初、修敬讚佛，二、正陳所問。

初、修敬讚佛

時，長老須菩提，在大衆中，即從座起，偏袒右肩，右膝著地，合掌恭敬，而白佛言：希有，世尊，如來善護念諸菩薩，善付囑諸菩薩。

善現仰觀調御，宛然待叩之心，俯察羣機，正是當聞之際，故修敬讚德，爲發問之端也。時，指趺坐之時。長老，謂德臘俱尊。又單德冠衆，獨臘先人，亦名長老。須菩提，云空生，緣生時庫藏皆空，乃以爲名。按《西域記》，云是東方青龍陀佛，影現釋迦之會，示跡聲聞，發揚空理，十方諸佛，法皆爾也。從座起者，師資之分，上下秩然，有所諮詢，不應坐故，如曾子避席而起，曰從座起也。

袒肩膝地，是彼方儀，然必取於右者，順從意故。合掌者，形約不散，心凝不放故。上皆身業，恭敬是意業，而白佛言下是口業。此皆修敬，下乃讚德。希有者，難得意，略有四種：一、時希有，曠劫難逢，如優曇華故。二、處希有，大千世界，中唯一佛故。三、德希有，福慧超絶，殊勝無比故。四、事希有，用大慈悲，極巧度生故。四雖畢具，而當機正意在事，故下護念付囑正是希有之事也。如來者，從真如起，來成正覺，故名如來。菩薩，云覺有情，謂上求佛覺，下化有情，又雖求佛覺，尚餘生情，皆覺有情也。善護念者，對三賢已上信根成熟永無退轉菩薩，與實智力，令證真如，與權智力，令化衆生，曲盡其心，無不至也。如彌勒云：巧護義應知，加彼身同行。謂加彼證真之力，同於自利行，加彼教化之力，同於利他行，加與行同而不悖，故云巧也。善付囑者，以十信菩薩亂修六度，心若輕毛，升沉未保，佛恐退失，故付託於大，囑大化小，令不退轉，妙適其宜，無不當也。如彌勒云：不退得未得，是名善付囑。謂於已得功德不退，不捨大乘故，未得功德不退，勝進上求故。夫已得而守之不退固難，未得而上求不退爲尤難。今皆不退，故名爲善。問：何不以護念屬初機，合經無住修行，以付囑屬久機，合經降伏度生耶。答：準《華嚴》，八地始蒙佛護，則三賢已上尚未全蒙，況初機乎。雖春育海涵，至慈無擇，而蒙潤承休，必須時節因緣。如經云：金翅鳥王，先觀大海諸龍命將盡者，乃以兩翅擘海，取而食之。信知此法，決非根未熟者所能承當，則蒙其護者即可以當其囑，非初機也。況無住、降伏，分而不分，尤不可以判然乎。登地大聖，補處慈尊，言猶在耳，幸虛心平氣，展卷一觀之。又已上乃出世已來通皆如是，若夫只就此經亦可。如來惟恐衆生於我法有所取著，於因果有不離相，念念隄防，無所不至，是名善護。以善護故，即善爲教誡。而云不應住色生心，不應住聲、香、味、觸、法生心，應無所住而生其心，乃至一切有爲法如夢幻泡影，如露亦如電，應作如是觀，頻頻不倦，再四叮嚀，不至於洗刷殆盡不已也，豈非善付囑耶。護屬於心，囑屬於口，有是心必有是口矣。然問必先讚者，弟之於師，臣之於君，分位懸隔，式應爾故，言易進故。又獨舉此二法爲讚者，以此二法一期度生最切要故，今經之中，尤最要故。

△二、正陳所問

世尊，善男子、善女人發阿耨多羅三藐三菩提心，應云何住，云何降伏其心。

此正問發心者修行之法也。凡夫能發佛心名發心，住、修、降伏名修行。應云何住，云何降伏，名修行之法也。意謂既發佛心，須修佛行，欲修佛行，責得其方，故問應云何等也。若詳釋之，則梵語阿耨，此云無上。梵語多羅三藐三菩提，此云正徧正覺。正者，正智覺理，非如凡夫之邪。徧者，徧智覺事，非如二乘之偏。既正且徧，理事圓照，方名正覺，總之是無上正徧之正覺，即佛智果也。發心者，十信凡夫，發求佛果之心，即以佛心爲心，名爲發心。住者，安住真境。降伏者，克制妄心。應云何等者，謂未發心前，住著塵境，既發之後，於何境界方應安住。未發心前，隨逐妄心，既發之後，妄心若起，云何制伏。蓋問冥真之道、制妄之方，正修行之要也。然必先言發心者，《華嚴》云：忘失菩提心，修諸善業，魔所攝持。夫忘失尚致落魔，況不發而修乎。是以空修大行，不發大心，譬如終日奔馳，元無定趣。空發大心，不修大行，譬如終日思歸，曾不向往。發之與修，如鳥二翼，如車兩輪，必不可缺，故必舉發心問修也。問頓教先悟次發，後修萬行，今但舉發問修而略最初者，一以問修但當齊發爲言故，二以舉發則悟必曾先故，又空生至後方悟是權非實故。新本云何應住，今依古本仍以應字冠上，則二云何中皆有應義，且與下文云何應住不同，觀者毋忽。

△二、如來讚許

佛言：善哉，善哉，須菩提，如汝所説，如來善護念諸菩薩，善付囑諸菩薩。汝今諦聽，當爲汝説。善男子、善女人發阿耨多羅三藐三菩提心，應如是住，如是降伏其心。

此如來因問而讚印誡許也。重言善哉，是讚。如汝所説，是印。汝今諦聽，是誡。當爲汝説等，是許。然印其所説必先讚者，以佛種不斷，全在護囑。今舉讚佛，是美得其要，雅契佛心，故善之也。許爲彼説，必先誡者，《智論》云：聽者端視如渴飲，一心入於語義中，踊躍聞法心歡喜，如是之人可爲説。故誡俾諦聽，毋以生滅心聆此實相法也。應如是住，如是降伏其心者，逆指下文所答無住、降伏之詳，總爲如是二字與之標約也。如云我應爲汝如是住，如是降伏一一詳明也。但直模題渾然順去，不可大講如是，以犯下文。

△三、當機佇聞

唯然，世尊，願樂欲聞。

唯，禮應，阿，俗應，皆順從之辭。故《老子》云：唯之與阿，相去幾何。論其心也。聞有三種，曰聞言，聞義，聞意。聞意則聞道矣。聞言者，耳根發識，但聞於言，了不解義。聞義者，意識於言，採取其義，不但聞言。聞意者，神凝心一，尋義取意，得意捨義，而忘於言。良以意中現義，方發於言，言中有義，義中有意，本一貫耳。特以聽者資質浮沉，或好樂不切，雖聞其言，糊塗於義，求其精分真似，見析秋毫而聞義者亦已寡矣，況能即言聞義，即義以聞其意乎，無異於了義之爲言詮也。今曰願樂欲聞，正《華嚴·十地品》中，如饑思食，如渴思飲，如病思藥，如蜂思蜜，惟恐不得，惟恐不速，惟恐不多，惟恐其或盡也。故不特聞言聞義，而卒至於涕淚悲泣，豁然洞然，深入玄微，情消執謝者，良有以也。今之學者，且無論其天資不一，反是好樂之不切矣。獨且奈之何哉。不知聞法是成佛最初一著工夫，打頭錯過，已後皆虚設矣。痛宜勉旃。

△四、如來正説，二：初、正答所問，二、躡跡斷疑。初、正答所問，二：初、舉總標別以牒問，二、約别顯總以答問。

初、舉總標别以牒問

佛告須菩提，諸菩薩摩訶薩，應如是降伏其心：

住、修不同名别，住、修皆有降伏名總。如魏譯之意云：心於布施名修，心於度生名住。而施無施相，度無度相，總名降伏。又住、修以降伏爲竟，若以施爲施，反益慳、貪，以度爲度，徒增人、我。必施降施相，度降度相，始名究竟。又住、修、降伏，意實相融，如度降度相，亦名無住，施離施相，亦名降伏。是以此經宗於離相，正是降心本意。欲明降心，須假住、修而顯，住、修、降伏，元不相離。有此多義，故獨標降伏之總以該住、修之别也。又對下所有一切衆生等解釋之文名標，對上應如是住、如是降伏之標約名牒。菩薩易善人者，空生指發心之前名善人，如來據已發之後名菩薩。然則名爲菩薩已具發心，故文中但牒降心，不牒發心。又原離相實德，故彰菩薩大名，名爲菩薩，宛然離相，故下云若有四相，即非菩薩。其心有二，近約此章，乃含四種，謂狹隘心、卑劣心、著相心、顛倒心，即下度生廣大第一常等之所降者。遠約次章，即下文布施住相之心，修行之所離者。

△二、約别顯總以答問，二：初、答安

住降心，二、答修行降心。

初、答安住降心

所有一切衆生之類，若卵生，若胎生，若濕生，若化生，若有色，若無色，若有想，若無想，若非有想非無想，我皆令入無餘涅槃而滅度之。如是滅度無量、無數、無邊衆生，實無衆生得滅度者。何以故。須菩提，若菩薩有我相、人相、衆生相、壽者相，即非菩薩。

文分二節：初、正明，二、反釋。如來意謂，汝問應云何住，云何降伏，將無謂降、住判然乎。不知發心菩薩住於度生則降伏度念，住於布施則降伏施心，如是住即如是降，不相離也。試以度生言之。則應所有一切衆生之類無不度脱，安住於廣大心。度皆入於無餘涅槃，安住於第一心。而實無生可度，安住於真常心。遠離四相，安住於不顛倒心。住於廣大，如是降伏狹隘之心。住於第一，如是降伏卑劣之心。住於真常，如是降伏無常之心。住於不倒，如是降伏顛倒之心。故名如是降伏其心。又所有一切衆生之類，我皆令入無餘涅槃而滅度之，名爲度生。實無衆生得滅度者，名爲降伏。若實有度，即非降伏。是知安住度生，可言降伏。若無於住，何處明降。故答安住、降心，正明如是住即如是降，如是降方能如是無住而住也。豈離安住而有降心也哉。如彌勒云：廣大第一常，其心不顛倒，利益深心住，此乘功德滿。無著亦云：此名第一發心住，良有以也。以上總括大意，俾血脉貫通，取其易解耳。若欲詳明，所有一切衆生之類者，總舉其多也，卵等九類者，別列其名也。列卵等者，名受生差別，謂一念思業爲因，卵、胎、濕、化爲緣，因緣和合，受生於卵，受生於胎，受生濕、化，差別無量，天眼之莫窺也。列有色等者，明身見差別，謂有色四禪具色心以爲身，無色四天單識心以爲身，有想無想，非有無想，更明無色四天單具識心，又各各其不同也。無餘涅槃者，無妄可斷，無真可證，不著于有，不滯乎空，寂寥於萬化之域，動用於一虛之中也。實無衆生得滅度者，真實性中本來寂滅，不復更滅，實智證真，證而無證，權智度生，度而無度，如實知生及與己身，真如平等，無别異也。我相、人相等者，能度是我相，所度是人相，多度是衆生相，恒常度是壽者相，統一我相，約義而爲四也。亦可所有一切衆生之類，是名生死，我皆令入無餘涅槃而滅度之，是名涅槃。如是滅度無量無數無邊衆生，實無衆生得滅度者，則生死涅槃兩不可得，正金剛般若波羅蜜也。問：五性差别，八難紛紜，云何乃言我皆令入。答：《圓覺》云：有性無性，齊成佛道。則凡是有心定當作佛，亦何差别之有。若夫八難，則可度者度之，不可度者爲作得度因緣，則亦終歸於度脱耳。何不可皆入之有。故爲菩薩者，但當發此滿足之心，行此滿足之行，不必其一時即有此滿足之事也。地獄未空，誓不成佛，一夫不被，若己溺之。試觀其一時即能全空而無不被否，可例知矣。

△二、答修行降心，三：初、正答，二、顯益，三、總結。

初、正答

復次，須菩提，菩薩於法應無所住行於布施。所謂不住色布施，不住聲、香、味、觸、法布施。須菩提，菩薩應如是布施，不住於相。

文分三節：初標，次釋，末復勸顯。如來意謂，發心菩薩應住度生，降伏度相。又復菩薩應住修行，降伏修心。是故於法應無所住，行於布施。行於布施，是名修行。應無所住，是名降伏。無所住者，不住色等。不住等者，不著自身不行於施，不爲報恩而行於施，不貪果報故行於施，是名不住六塵，正行於施。如彌勒云：自身及報恩，果報斯不著，護存己不施，防求於異事。又色等是境，住著名心，心境是相，不住名空。空對於有，空亦是相。故復勸云應如是施，即復顯云不住於相，意使正施之時，施受之人彼此皆空，中間施物當體全空。此空不住，空亦復空，是名布施，不住於相。故彌勒云：調伏彼事中，遠離取相心。亦可應無所住，是不著有，而行布施，是不著空。不著於有，則不住生死。不著於空，則不住涅槃。生死、涅槃兩不可得，正金剛般若波羅蜜也。問：誠如所言，瞥爾情生，則非無住，且衆生心行，任運無常，若待相應，畢竟無分，一向不施，又非佛因，若行布施，即墮住相，進退不可，其事云何。答：欲求佛果，必以施先。但初施時，難頓相應。要須用心方便隨順，任運起念，作意遠之。用心既久，自然任運得與理合，從微至著，漸漸相應。問：萬行甚多，何獨言施。施名修行，何得言住。答：萬行雖多，不出六度，六度雖多，不出檀度。檀名修行，亦名爲住。如無著亦云：相應行住。彌勒亦云：檀義攝於六，資生無畏法。此中一二三，是名修行住。

△二、顯益

何以故。若菩薩不住相布施，其福德不可思量。須菩提，於意云何，東方虚空可思量不。不也，世尊。須菩提，南西北方、四維上下虚空可思量不。不也，世尊。須菩提，菩薩無住相布施，福德亦復如是不可思量。

佛意住相人之所知，無住人之所昧，故特爲徵明以顯難量。復舉虚空，以喻難量，使其由喻以識難量之妙，由無住以得此難量之福也。若詳釋之，則徵意蓋謂若存施想，斯有施因，以有施因，方有福果。今施既無住，即無施想，既無施想，即是無記，無記無因，果從何立。故佛與斷云：若施不住相，則了無分別。其心平等，順於本性，不唯有福，福且難量。譬如虛空，色非色中，皆有空故，名周徧不可思量。無住之施，近感十王色身中福，遠感法身無住之福，亦如虛空周徧不可思量。譬如虛空，橫該竪徹，三災不壞，名勝大不可思量。無住之福，深無止極，廣莫邊涯，四相不遷，亦如虛空勝大不可思量。譬如虛空，世界有盡，空無有盡，名究竟不可思量。無住之福，無漏無爲，永無終窮，亦如虛空究竟不可思量，故經云亦復如是不可思量，又何必以無福爲疑耶。是知住相之福是偏非偏，是小非大，是劣非勝，是不究竟而非究竟。修施者宜何如哉，當知所從矣。

△三、總結

須菩提，菩薩但應如所教住。

魏譯云：菩薩但應如是行於布施。以此參會，始知前教不住，今云住者，謂令住於所教之不住耳。不住而住，住於真空。如鳥不住空，即能住空，若住於空，即不住空。取要言之，無住布施是佛所教，但應如其所教，住於不住而行布施。蓋安住之住，非住著之住也。以上答意，蓋顯發心菩薩應住度生，即降度心，應住修行，即降修相。無降則住非究竟，無住則降無所施。降、住必不可離，而乃有以見經文獨標於降，遂以度生單答降心，獨結乎住，即以布施但酧應住。不知實無得度，既是降心，應無所住，豈非降伏。無住布施，名如教住，無度度生，豈不名住。灼知皆名爲住，皆名爲降，而前文猶標於降者，欲以降總度修，見度修之皆有降也。後文單結乎住者，欲以住貫修度，見修度之皆有住也。特其文簡義豐，彰乎玄妙，而或者不察，竟以己意離之。是度生全無應住，修行竟絶降心，外調攝以問和平，去音聲而求清濁，有是理乎。前正答既竟，即當便入流通。下又重重問答者，有實有權。實則空生於答處生疑，所以爲斷。斷已又起，展轉滋多，執盡疑除，方名終盡。

權則青龍陀佛，疑自何生，以諸衆生從無始來，住著之心浸入骨髓，慣習性成，不膠於因，即滯於果，剛脱於凡，便纏於聖，出此入彼，莫可誰何。故特示現疑情，設爲問答，頭頭截斷，處處拈空，直使於一切法上無住無依，不取不捨而後已耳。如國手奕棋，見在數著之先，知其勢所必到，猛地一著，預與截斷來由耳。又如老將提兵，準在數年之前，知其機所必發，驀地一刀，暗與勦絶根株耳。故此後名躡跡斷疑，謂躡前語跡，斷彼疑情，起伏循環，節次非一。經中雖不顯有疑辭，而伏在文内，故但言斷而不言起。又蘊在識田未發起者，名未起種子疑。今則遮其種子，不令起於現行，即經中二十四疑，空生皆無問辭者是也。於動心形口已發起者，名現起現行疑，則斷其現行，使自降於種子，即經中第二、第十一、第十九，空生自陳疑處者是也。但在當時，有已起、未起之分。若以後代望於當時，皆名現行，以當時望於後代，盡名種子。斯則斷現行時，即是遮於種子，後意彌爲切故。如彌勒云：調伏彼事中，遠離取相心。及斷種種疑，亦防生成心。是則經中有疑伏于文内，彌勒方云斷種種疑，彌勒偈云斷種種疑，天親方開二十七疑，非突然創爲之也。故今於躡跡斷疑一科之中，具列二十七疑，便作二十七科，使經文章目分明，觀者易於參考。

△二、躡跡斷疑分，二十七：初、斷求佛行施住相疑，二、斷因果俱深難信疑，三、斷無相云何得説疑，四、斷聲聞得果是取疑，五、斷釋迦燃燈取説疑，六、斷嚴土違於不取疑，七、斷受得報身有取疑，八、斷持説未脱苦果疑，九、斷能證無體非因疑，十、斷如遍有得無得疑，十一、斷住修降伏是我疑，十二、斷佛因是有菩薩疑，十三、斷無因則無佛法疑，十四、斷無人度生嚴

土疑，十五、斷諸佛不見諸法疑，十六、斷福德例心顛倒疑，十七、斷無爲何有相好疑，十八、斷無身何以説法疑，十九、斷無法如何修證疑，二十、斷所説無記非因疑，二十一、斷平等云何度生疑，二十二、斷以相比知真佛疑，二十三、斷福果非關佛相疑，二十四、斷化身出現受福疑，二十五、斷法身化身一異疑，二十六、斷化身説法無福疑，二十七、斷入寂如何説法疑。

初、斷求佛行施住相疑

須菩提，於意云何，可以身相見如來不。不也，世尊，不可以身相得見如來。何以故。如來所説身相，即非身相。佛告須菩提：凡所有相，皆是虚妄。若見諸相非相，即見如來。

佛意謂汝聞布施不住於相，將無疑行施本爲求佛。既有所求，即是住相。況佛果是相，云何因行不住于相耶。不知果海不明，因地斯昧，欲明無住，須見如來。故舉有相之佛，用顯無相之真。乃空生既悟身相爲非，如來遂印其虚妄爲是。且復爲指出云：若見諸相非相，即見如來，色即是空，不必別求無相真佛也。此統括大意。若夫詳釋，則身相是應身有爲，似鏡中之影，如來是法身無相，乃鏡體之光。第恐認影爲光，故於疑處爲問。如彌勒云：分別有爲體，防彼成就得，是也。所説身相即非身相者，上身相是生滅之影，下身相是無爲之真，所説即非，妄異於真也，如彌勒云：三相異體故。凡所有相皆是虚妄者，意謂鏡中人影既已非真，鏡中諸影又豈是實。如《起信》謂一切境界皆從心起，妄念而生，若離妄念，則無一切境界之相。則能現之心尚且是妄，所現之境豈得爲真。故擴充其言印定之也。若見諸相非相即見如來者，意謂人影非處，既全鏡明，若見諸影非影，豈不即見鏡明乎。如《首楞》自住三摩地中，根、境、識三如虚空華，本無所有，元是菩提妙淨明體。亦如《起信》離念相者，等虚空界，無所不遍，即是如來平等法身。故彌勒云：離彼是如來。下文云離一切相即名諸佛，亦可若見諸相非相是破相，即見如來是顯性，破相即顯性故。又此即見，即洞山見水，靈雲見桃，迦文見星，無見之真見也。又既云即見，雖顯法身，應身自在，以果海真應，如金與器本不相離。《涅槃》云：吾今此身，即是常身。下文云，莫作是念，不説斷滅。又此即見由于離相，離相因于諸相。以故二十七疑只一相字盡之，斷二十七疑只一破字盡之。從始至終，不獨破生死相，亦破涅槃之相，不獨破煩惱相，亦破菩提之相。因相、果相，有相、無相，一異諸相，無不破之。直至破無可破，而本來清淨之見顯矣。然則佛果離相，施因離相，果從因顯，本自非求，因自果生，從來無作住相云乎哉。疑可釋矣。

△二、斷因果俱深難信疑，四：初、無信爲疑，二、遮疑顯信，三、深詳信因，四、結歸離相。

初、無信爲疑

須菩提白佛言：世尊，頗有衆生得聞如是言説章句，生實信不。

空生意謂，信淺法易，信深法難。今佛説無住之施是因深，無相之佛是果深。因果俱深，求之現在，尚難其人，況未來乎。故疑云：頗有衆生聞是言説章句，生信心否。實信者，萬法如幻名虚，般若有體名實，信萬法者名虚信，信般若者名實信。必了萬法皆虚，方能一實之信。故《大品》云：不信一切，名信般若。此名現行疑，以空生現動於心，形之於口故也。

△二、遮疑顯信

佛告須菩提，莫作是説。如來滅後，後五百歲，有持戒修福者於此章句能生信心，以此爲實。

初五百歲解脱堅固，次五百歲禪定堅固，三五百歲多聞堅固，四五百歲塔寺堅固，後五百歲鬭諍堅固，名五五百歲。而佛意蓋謂莫作此無信之説，且無論現在之時有信者，滅後之初有信者，滅後中間有信者，縱至滅後之後後五百歲鬭諍堅固極惡之時，尚有持戒修福者能生信心，以此因果爲實，何必以無信爲疑也。能生者，戒定既具，智慧自生。智慧既生，自能照彼萬法皆空，唯此般若真實。是則能信必生於戒定，戒定之不可不修也明矣。最後尚有信機，信機之不必有疑於現在也又明矣。故彌勒云：説因果深義，於後惡世時。不空以有實，菩薩三德備。

△三、深詳信因，二：初、善根深遠，二、福慧圓具。

初、善根深遠

當知是人不於一佛二佛，三四五佛而種善根，已於無量千萬佛所種諸善根。聞是章句，乃至一念生淨信者，

佛意謂，持戒修福者能生信心，以此爲實矣。然其修持，豈於一生一劫，三四五佛種諸善根者之所能耶。已於無量百千萬億佛所，方能聞是章句，恒常信，少時信，乃至一念生淨信者，其所由來舊矣。根者，能生義。善根者，《論》云：善謂信、慚、愧、無貪等三根，以貪、瞋、癡三，善與不善皆由此生。今多劫修持，久伏三毒，善從此發，故曰種諸善根。是則多佛無量，外緣熏習之力既勝，三毒永沉，内因熏習之勢愈堅。因緣俱勝，此信方生，實信豈易得哉。故彌勒云：修戒於過去，及種諸善根。戒具於諸佛，亦説功德滿。

△二、福慧圓具

須菩提，如來悉知悉見，是諸衆生得如是無量福德。何以故。是諸衆生無復我相、人相、衆生相、壽者相，無法相，亦無非法相。何以故。

是諸衆生若心取相，則爲著我、人、衆生、壽者。若取法相，即著我、人、衆生、壽者。何以故。若取非法相，即著我、人、衆生、壽者。

承上實信固生於戒定，然必久事修持，深種善根而後可能者，正以善根純熟則福慧圓具，遠離諸相，得佛知見，始是成就淨信之本耳。若夫一有未空，則諸相紛然，無相之智遂隱，其何能生此離相之實信耶。故彌勒云：彼人依信心，恭敬生實相。如是無量謂同上無住布施之福，猶如虛空不可思量也。得如是無量者，魏譯云：生如是福德，取如是福德。生，謂善根信心正現行時，能爲生福之因也。取，謂現行謝滅，熏成種子，藴於識田，能感取當來現行之果報也。生、取總是得意。悉知悉見者，知謂知其心，而曰悉者，生心動念無不知也。見謂見其形，而曰悉者，動用施爲無不見也。又悉知者，凡夫比量之知，有所不知，佛於知處全見，乃古鏡現量之知，見盡於知，曰悉知也。又悉見者，凡夫肉眼之見有所不見，佛則見處全知，是佛眼圓明之見，知盡於見，曰悉見也。彌勒云：佛不見果知，願智力現見。故曰悉知悉見，得如是無量福德也。何以故者，徵，謂善根固能淨信，福德何便難量。正釋云：以諸善根成熟衆生，正生信心之時，無我相以及壽者之相。我執既寂，無法相亦無非法相，法執亦空。諸相既離，智慧即顯。智慧既顯，實信正生，正空正信，全信全空，順性周圓，故福如虛空不可思量也。次徵云：斯則空我足矣，何爲法亦空耶。反釋云：若法不空，心必有取。若心取相，即著我等，若取法相，即著我等。一取即著，殊無後先。是法存，我必不空，故我法雙空也。後復徵云：取相取法，乃名法執，何故便著我耶。乃以細釋粗云：若取非法相，即著我、人、衆生、壽者。意謂法根我苗，法執既有粗細，則不但取相取法相之粗，能生我執，即取非法相之細，亦生我執也。故無我相，無法相，亦無非法相也。問：何名法相等。曰：能取之心，所取之境，心境皆有，名爲法相。能取之心，所取之境，心境皆空，名非法相。曰：然則又云若心取相者何也。曰：亦可相是空，法相是有，非法相是非空有。如魏譯開爲四相，第一法相是有，第二非法相是非去其有，第三相是執空爲相，第四非相是非去其空。什師開合無常，欲人知此意耳。然總是無空有，無非空有，而顯真空妙有也。問：據修證則不無，縱登地上，亦未全空我法，今何言俱無耶。曰：圓頓行人，縱或未盡俱生我法，亦能圓伏，故義言無耳。問：二乘未斷法執，何以我執不生。答：以二乘從初修行，偏斷我執，至無學位，粗細盡除。是故雖有法執，不起我執。大乘學者，雙斷二執，分别並遣，俱生兩存，由是二執，任運而起。故無著云：以我相種子不斷，則有我取。

△四、結歸離相

是故，不應取法，不應取非法。以是義故，如來常説，汝等比丘知我説法如筏喻者，法尚應捨，何況非法。

夫一取即著，所以不應取法著於空有之相，不應取非法著非空有之相。以是義故，如我常説，汝等比丘知我所説教法，如筏喻者，渡河之時，須用此筏，既登岸已，則捨此筏，而亦復不住於岸。未證之時，須用此教，既證智已，則捨此教，而亦復不住於證。夫實相智法，真實有體，乃名爲法。實相之外，餘皆魔事，盡名非法。實相智法，無相無得，尚應不住而捨，何況實外所有非法而不捨耶。故彌勒云：彼不住隨順，於法中證智。如人捨船筏，法中義亦然。故知法無言象，不離言象，離言象而倒惑，執言象而迷真，不執不離是謂得之。今聞是章句，是所説之法也，能生實信，是不取於法，不取非法也。然則必由不取而後可以信生，又必由持戒修福，久種善根，而後可以不取，修持其要矣夫。

△三、斷無相云何得説疑，二：初、問答斷疑，二、校量顯勝。初、問答斷疑，二：初、約疑處爲問，二、順實理爲酧。

初、約疑處爲問

須菩提，於意云何，如來得阿耨多羅三藐三菩提耶，如來有所説法耶。

佛意謂，汝聞不可以相見佛，則佛非有爲，應無得説，將無疑我于樹下是得菩提，于諸會是説法耶。故即其疑處問云：於意云何，我於菩提樹下得菩提耶，不得菩提耶，於諸會之中是説法耶，是不説法耶。密自審之，明以告我，不唯自斷疑根，而現前後世亦因此以無惑矣。但於其中，辭雖得否雙兼，意則在於無得。

△二、順實理爲酧，二：初、略標正意，二、究竟根由。

初、略標正意

須菩提言：如我解佛所説義，無有定法名阿耨多羅三藐三菩提，亦無有定法如來可説。

空生意謂，佛以果之得否，法之説否爲問，如我解佛所説義，得非自得，得因於果，必有果而後可以言得，先是無一定之法名果，何可得也。説非空説，説即是法，必有法而後可以有説，先是無有一定之法名法，何可説也。無有定法四字雖詳下文，而空生開口之時，已先暗暗指定無爲法身之性，不定於有，不定於空，不定於此，不定於彼，微妙難思，以斷有取有説之疑矣。故彌勒云：應化非真佛，亦非説法者。天親云：迦文化身不證菩提，亦不説法。

△二、究竟根由

何以故。如來所説法，皆不可取，不可説，非法，非非法。所以者何。一切聖賢皆以無爲法而有差別。

上但標無定，此徵其所以不定之故。乃以說取驗之，若果可取說，即非不定。今則如來所說之法，皆不可作有取，不可作無取，不可作法說，不可作非法說，微妙難言，幽深罔措。如彌勒云：說法不二取，謂說者不取於法之有，不取於非法之無，聽者亦如是也，何可定也。又究其所以不可取說之由者，以一切聖賢皆以無爲法而有差別，無爲離言，何可說也，無爲離相，何可取也。如彌勒云：無說離言相。差別者，三乘聖賢所證淺深，故曰差別。然皆以無爲而有差別，則聖人固此無爲，賢人亦此無爲，其何差別之有。譬如衆器所現方圓之空，故曰差別。然皆以虛空而有方圓，則方固此空，圓亦此空，則亦何差別之有。故自其差別而觀之，則因機有說，因說有得，不無說證之未[二]，自其皆以無爲而有差別觀之，則說固此無爲，證亦此無爲，則亦何取說之有。

△二、校量顯勝

須菩提，於意云何，若人滿三千大千世界七寶以用布施，是人所得福德寧爲多不。須菩提言：甚多，世尊。何以故。是福德，即非福德性，是故如來說福德多。若復有人於此經中受持，乃至四句偈等，爲他人說，其福勝彼。何以故。須菩提，一切諸佛及諸佛阿耨多羅三藐三菩提法，皆從此經出。須菩提，所謂佛法者，即非佛法。

此較量財法以顯勝，復遣佛法以顯玄也。夫說法未幾，遽較量者，以無住、降伏是實相般若之行。若見諸相非相即見如來，是實相般若之理。無有定法名菩提，是實相般若之果。無有定法可說，是實相般若之法。教、行、理、果四法既備，大旨已彰，故即較量其宏功，以啓發乎真信耳。是福德即非福德性者，以福德性是勝義空，絶相無爲，不可言福與不福，況可言多，故云即非福德性也。是故如來說福德多者，是世俗有，有相有爲，可以言福，兼可言多，故云如來説福德多也。意謂是甚多福德，言不約勝義空説多，是約世俗有説多耳。持説四句偈者，一句詮一義，四義方成一偈。今上有乃至，則由一部一章而至於一偈，下有等字，則由一偈半偈而至於一句皆可也，非定以四句爲言也。若但取四句爲偈，必詮義究竟而后可。如凡所有相皆是虚妄，若見諸相非相即見如來，此爲最妙。以第一是有句，第二是無句，第三是亦有亦無句，第四是非有非無句。文義既備，有是即無之有，無是即有之無，雙存即是雙泯，雙泯不異雙存，四過皆離。般若如清涼池，四門皆可入也。一有所闕，則偏枯滲漏，四過叢生。般若如大火聚，四門皆不可入也。受持解説，其福勝彼者，寶施但得人天有漏之福。今以般若之法自利利人，得大菩提，福慧圓具，無漏清淨，豈止空得有漏之福而已耶。如彌勒云：受持法及説，不空於福德，福不趣菩提，二能趣菩提，故勝彼也。然其所以能趣者，佛及阿耨菩提從此經出。菩提名法身，本無生滅，而以煩惱覆之則隱。今以持説之力，妙慧自彰，觀破煩惱，法身顯現，如燈了物，名爲了因，是法從此出也。報化名福身，本無所有，萬行乃生，今以持説之行，能感福身，如種得水土，芽苗自發，乃名生因，是佛從此出也。故彌勒云：於實爲了因，於餘爲生因。然又云所謂佛法即非佛法者，猶云所謂佛法最爲玄妙，餘人不得，唯佛能得，能作第一法因，福中殊勝無比者也。故彌勒云：唯獨諸佛法，福成第一體。亦可既云第一即圓覺，一切如來妙圓覺心，本無菩提及與涅槃，亦無成佛及不成佛義也。

△四、斷聲聞得果是取疑，二：初、斷三果疑，二、斷四果疑。

初、斷三果疑

須菩提，於意云何，須陀洹能作是念我得須陀洹果不。須菩提言：不也，世尊。何以故。須陀洹名爲入流，而無所入，不入色、聲、香、味、觸、法，是名須陀洹。須菩提，於意云何，斯陀含能作是念我得斯陀含果不。須菩提言：不也，世尊。何以故。斯陀含名一往來，而實無往來，是名斯陀含。須菩提，於意云何，阿那含能作是念，我得阿那含果不。須菩提言：不也，世尊。何以故。阿那含名爲不來，而實無不來，是故名阿那含。

四果分二段者：一、均其廣略故，二、前三文相同故。如來意謂，汝聞無爲不可取說，將無疑聲聞各證無爲之果，如證而說是取說耶。若正證時能作是念。我得某果，則有我相，乃名爲取。汝試一思之，從初至四，皆能作是念不。空生一一皆云不也。及究其所以爲不者，於初果則曰須陀洹，名爲入流而實無所入，不入色、聲、香、味、觸、法，是名須陀洹。意謂入流者，入聖流也，不入者，逆凡流也。逆凡者，以博地凡夫從無始來，綢繆我見，於六塵境，無任膠粘。今須陀洹，以諸忍智，十六種心，斷三界中四諦之下八十八使，則分別我見，既已盡除，雖對色等攀緣不起，故云不入。是則不入，即是逆凡。逆凡即名入聖，非別有所入也。無所入，則無能入，既無能入，誰作是念而曰我得須陀洹耶。於二果則曰斯陀含，名一往來而實無往來，故名斯陀含。一往來者，一往天上，一來人間也。實無往來者，以初果須陀洹於斷見之外六番往來，進斷欲界思惑，貪、瞋、癡、慢九品之中，前六品盡，雖餘後三，須一往來而後能斷。然三界分別之我既已全盡，初地俱生之我又且分除，雖見往來，以無我故，實無往來之者。如刻木爲人，雖見運動，以無心念，實無運動之者。既無往來，誰爲作念而曰我得斯陀含耶。於三果則曰阿那含，名爲不來而實無不來，名阿那含。不來者，不來欲界及人間也。實無不來者，以初果七番往來，欲界九品思惑斷盡，雖住四禪，進斷上二界中七十二品思惑，而以三界之見既寂，下地之思且空，雖住不來，以無我故，實無不來之者。既無不來，誰能作念而曰我得阿那含耶。是則非不證果，但於證時無取心耳。唯其不取，方成證義，則亦何取之有耶。

△二、斷四果疑

須菩提，於意云何，阿羅漢能作是念我得阿羅漢道不。須菩提言：不也，世尊。何以故。實無有法名阿羅漢。世尊，若阿羅漢作是念我得阿羅漢道，即爲著我、人、衆生、壽者。世尊，佛説我得無諍三昧，人中最爲第一，是第一離欲阿羅漢。我不作是念，我是離欲阿羅漢。世尊，我若作是念，我得阿羅漢道，世尊則不説須菩提是樂阿蘭那行者。以須菩提實無所行，而名須菩提，是樂阿蘭那行。

阿羅漢，此云殺賊，見思煩惱已斷盡故。亦云無生，超出三界，不受後有故。亦云應供，堪爲人天良福田故。若順前須陀洹名爲入流而無所入，是名須陀洹，乃至阿那含名爲不來而實無不來，是名阿那含，則此應云阿羅漢，名爲殺賊等而實無殺賊等。是名阿羅漢，今云實無有法者，意欲以法字總該三種。取文省故，文雖省而義無殊也。良以四果斷七十二品思惑既盡，不受後有，正證盡智無生智時，而實無盡可盡，無生可生，了無所得，是謂證耳。若纔作是念，我能得果，則著我、人，與凡夫何異。用此驗之，的知無念。此正答斷疑已竟。下復引己所證，令人生信。三昧之言定也。曰無諍者，以内無能所，外忘角立，不與物競，故人中最爲第一。復曰第一離欲阿羅漢者，以離三昧障盡，名無諍三昧，離貪欲障盡，名離欲阿羅漢。離欲則羅漢所同，無諍乃空生所獨，故又曰第一離欲阿羅漢也。

我不作是念，我是離欲阿羅漢者，言佛雖嘆我第一，而我於此時輒無是第一之念也。若作是念者，反言之也。實無所行者，順言之也。阿蘭那，此云寂靜，即無諍也。大意謂我雖親證第一，佛雖印我第一，而我於此時了無是第一之念，即可以知其不作是念矣。故有念佛則不印，無念乃得佛印。無念則無取，唯其不取，方成證義。夫何疑取之有。如彌勒云：不可取及説，自果不取故。依彼善吉者，説離二種障。然則四果不同，同歸無取，無取則無得，無得則無説矣。無得而得，無説而説，又何以得説爲疑耶。

△五、斷釋迦然燈取説疑

佛告須菩提：於意云何，如來昔在然燈佛所，於法有所得不。不也，世尊，如來在然燈佛所，於法實無所得。

佛意謂，汝前聞如來所説法皆不可取、不可説，將無疑我於然燈佛所授記言説之中有法爲所得，然燈有法爲所説耶。得與不得，於汝意中作何見解。其自審之，明以告我。乃空生斷其疑云：不也，世尊，如來在然燈佛所，於授記言説之中，實無法爲所得。以語從緣生，無有自性，舉體全空，空故無得，斯則聞而無聞，説而無説。意謂佛得記者，但以自無分別智，證自無分別理，智與理冥，境與神會，離言説相是不可説，離心緣相是不可取。如彌勒云：佛於然燈語，不取理實智。以是真實義，成彼無取説。按，坡僊謂，如來得阿耨多羅三藐三菩提，以無所得故而得。舍利弗得羅漢道，亦以無所得故而得。如來與舍利弗若是均乎。曰，何獨舍利弗，至于百工賤技，承蜩意鉤，履豨畫墁，未有不同者也。夫道之大小，雖至于菩薩，其視如來，猶若天淵，及其以無所得故而得，則承蜩意鉤、履豨畫墁，未有不與如來同者也。斯言其近之。

△六、斷嚴土違於不取疑，三：初、問，

二、答，三、結。

初、問

須菩提，於意云何，菩薩莊嚴佛土不。

如來意謂，汝聞法不可取，又將無疑菩薩莊嚴淨土是違於不取之言乎。於意中云何，是莊嚴耶，是不莊嚴耶。莊嚴佛土是取相莊嚴，問但詞，雖舉相，意欲明性。相謂寶池金地，性謂真如實理。理雖不外於事，而住著於事爲之行，成就形相之土，是住色生心，名爲有取。若以無爲之智而契真如之理，事即全是于理，而以無嚴之嚴，是無住生心，名爲無取。言中帶嚮，句内含機，故曰云何及不，探其解也。

△二、答

不也，世尊。何以故。莊嚴佛土者，即非莊嚴，是名莊嚴。

空生遂斷云：不也，世尊，不莊嚴佛土。復徵云：何故不嚴而墮斷滅之見耶。即釋云：莊嚴佛土者，即非形相莊嚴，乃無相莊嚴，是名莊嚴也。謂修習無分別智，通達真唯識性，心外無土，以智契理，無嚴而嚴，空有一味，如是以取淨土耳，豈離體性而著形相以論莊嚴耶。故彌勒云：智習唯識通，如是取淨土。非形第一體，非嚴莊嚴意。問：諸佛身土，性相具足，方爲了義。今既唯嚴於性，豈不闕於相耶。答：身土之相，唯心之影，心淨方能現之。苟能清淨其心，身土自然顯現。其猶磨鏡，塵盡像生，法爾如然，良非造作。故《唯識》云：大圓鏡智能現身土智影。況是即相亡相，非謂棄相取性，但無執情，何礙於相。

△三、結

是故，須菩提，諸菩薩摩訶薩應如是生清淨心：不應住色生心，不應住聲、香、味、觸、法生心，應無所住而生其心。

即非莊嚴，是名莊嚴，乃清淨心，是故

勸云菩薩摩訶薩應如是生清淨心也。若分別佛土是有爲形相而言我成就者，彼住色等是染污心，故誡云不應住色等生心也。應無所住而生其心者，其心指本有無住之真心，以諸衆生住著於境，則真心隱而不現，名曰不生。今應順性而修，如古鏡之明。雖現衆相，無相可得，不住於有。雖本無相，能現衆相，不住于空。應如是無所住著，以顯現本有之真性而生其心也。故經云：一切法不生，是般若波羅蜜生。又不住色等是遮於有，而生其心是遮於無。既離有無，即名中道，如是體達，是真莊嚴。故《淨名》云：欲淨佛土，當淨其心。隨其心淨，則佛土淨。今離有無，正是淨心。又應無所住而生其心，是一經要旨，六祖悟門，般若菩薩特宜知此。

△七、斷受得報身有取疑，二：初、問答斷疑，二、校量顯勝。

初、問答斷疑

須菩提，譬如有人，身如須彌山王，於意云何，是身爲大不。須菩提言：甚大，世尊。何以故。佛説非身，是名大身。

佛意謂，汝又將無疑受得報佛是取自法王身，乘前所説不可取耶。須菩提，譬如有人身如須彌山王，於汝意云何，是如須彌之報身爲大耶，爲不大耶。報身譬須彌者，一顯大義，二無取義。大謂稱性大行既已周圓，所感自受用身於色究竟處示現一切世界最高大身，故名爲大。無取者，以山王雖大，毫無分別，不取我是山王，法王雖大，萬慮都忘，不取我是法王，故名爲取。如彌勒云：如山王無取，受報亦復然。故知纔下身如須彌山王六字，不但形彼報身之大，而無取之意已昭然矣。空生即會其意曰：甚大，世尊。然其所以爲甚大者，以佛説非身，是名大身，故甚大也。佛説非身者，非有漏有爲身，是名大身者，是無漏無爲身。如彌勒云：遠離於諸漏，及有爲法故。然則報身既非生滅有爲，生死有漏，則純一清淨，唯如如及如如智獨存，理智渾融，妙凝無間，尚無無取，況有取耶。

△二、校量顯勝，二：初、外財校量顯經勝，二、內財校量顯經勝。初、外財校量顯經勝，二：初、正校顯勝，二、別顯經勝。

初、正校顯勝

須菩提，如恒河中所有沙數，如是沙等恒河，於意云何，是諸恒河沙寧爲多不。須菩提言：甚多，世尊，但諸恒河尚多無數，何況其沙。須菩提，我今實言告汝，若有善男子、善女人以七寶滿爾所恒河沙數三千大千世界，以用布施，得福多不。須菩提言：甚多，世尊。佛告須菩提，若善男子、善女人於此經中，乃至受持四句偈等，爲他人說，而此福德勝前福德。

此第二番校量顯勝也。如恒河中所有沙者，約一恒河中之沙也。如是沙等恒河者，約一河之沙數恒河也。是諸恒河沙寧爲多不，至爾所三千大千世界者，約諸河之沙數世界也。世界之多無量，悉以七寶滿之而施，福之多也甚矣。乃於此經持說四句偈等，其福勝彼，則經之功德爲何如哉。問：何不於初校量中，即說無量世界以顯其勝耶。答：爲漸化衆生，漸信上妙義故。又法雖無二，所顯不同，如四果無心，迦文無得，嚴淨國土，不嚴而嚴，修證報身，無證而證。前喻之前，皆所未顯，今既顯明，故喻復殊勝。如彌勒云：說多義差別，亦成勝校量。後福過於前，故重說勝喻。

△二、別顯經勝五：初、尊處嘆人顯經勝，二、約義辯名顯經勝，三、佛無異說顯經勝，四、施福劣塵顯經勝，五、感果離相顯經勝。

初、尊處嘆人顯經勝

復次，須菩提，隨說是經，乃至四句偈等，當知此處一切世間天、人、阿修羅皆應供養，如佛塔廟，何況有人盡能受持、讀誦。須菩提，當知是人，成就最上第一希有之法。若是經典所在之處，則爲有佛，若尊重弟子。

上已總校經福殊勝。若别顯之，復次須菩提，隨機隨處因時致宜而隨説是經，從多或寡，乃至四句偈等。當知此處一切世間天、人、阿修羅，皆應供養如佛塔廟。説經之處尚宜尊敬若此，何況盡能受持讀誦之人乎。當知是人成就最上第一希有之法，而其恭敬供養又當何如。是以此經所在之處即佛與文殊等尊重弟子之所在，以一切聖賢皆證無爲，經顯無爲，豈非聖賢所在。故當恭敬其有法之處，恭敬其受法之人。如彌勒云：尊重於二處，謂人與處也。若施寶之處、施寶之人，豈當如是恭敬，豈能如是恭敬乎。經之勝于寶施，此其一也。又最上第一希有是極嘆其妙，若分之，亦可最上是法身，第一是報身，希有是應身，以持經能顯法身，能生福身故也。

△二、約義辯名顯經勝

爾時，須菩提白佛言：世尊，當何名此經，我等云何奉持。佛告須菩提，是經名爲《金剛般若波羅蜜》，以是名字，汝當奉持。所以者何。須菩提，佛説般若波羅蜜，則非般若波羅蜜。

當機聞法殊勝如此，乃因勝問名，并求奉持之法也。此經名金剛等者，以般若觀照之功，堅故不爲一切所壞，利故能壞一切，惑染擬之則消，結業攖之則碎。故云以是名字之義，汝當奉持。又恐疑云佛凡説法，名相皆空，今特立此名，豈不違於空義。故復徵云：以何所以立此名耶。乃云佛説般若波羅蜜，即非般若波羅蜜。般若等者，名也，則非般若等者，無名也。無名之名，何違空義。又因名顯義，義實名虚，若執虚名，豈有實義。故佛説金剛般若波羅蜜，則非金剛般若波羅蜜。是則寶施特救濟于一時，而般若斷煩惱于永劫。經之勝于寶施者，此其二也。問：正宗尚未，遽問名者何也。答：以總該别故。

經有題目，則已說者有所統總而不忘，未說者有所貫攝而易曉，故先問也。

△三、佛無異説顯經勝

須菩提，於意云何，如來有所説法不。須菩提白佛言：世尊，如來無所説。

佛意謂，須菩提，汝既知名即無名，便可悟説即無説矣。於汝意云何，如來除所證法外，爲有別異之説耶，爲説全是證，更無別異之説耶。空生即悟其意而白佛言：世尊，如來無所説。意以有説皆如其證，證中無説，豈有異耶。故自其言辭觀之，不無差別之殊，自其實證而有言辭以觀之，説全是證，則何一毫別異于其間哉。諸佛證同説同，皆説般若，皆無所説，故云如來無所説。如彌勒連前金剛般若名字而爲偈云因習證大體，言持習金剛般若大因，能證金剛般若大體也。彼寶施之因，豈能證大體，豈能證大體而説即無説，豈能説即無説而使衆生皆歸於一實之證耶。

經之勝於寶施者，此其三也。

△四、施福劣塵顯經勝

須菩提，於意云何，三千大千世界所有微塵是爲多不。須菩提言：甚多，世尊。須菩提，諸微塵，如來説非微塵，是名微塵。如來説世界，非世界，是名世界。

佛意謂，須菩提，於汝意中作何見解，前聞持説大勝於寶施，得無尚有未能盡信於此者乎。不知持説固勝於寶施，勝寶施者且不必於持説，寶施固劣於持説，劣持説者猶高論其寶施也。試以塵界言之，三千大千世界所有微塵，如是界塵是爲多不。須菩提言：甚多，世尊。佛言：須菩提，汝須知有情塵界不同於無情。有情以煩惱爲塵，染因爲界，無情以無記爲塵，無記爲界。今如來説微塵，非寶施貪欲果報之煩惱塵，是名無情無分別之無記塵。説世界，非寶施遷流隔別之染因界，是名無情無分別之無記界。故彌勒云彼因習煩惱，謂習彼寶施之因而生煩惱也。然則無情塵界是無分別，比諸寶施福德爲近，寶施福德既有煩惱，比諸無情世界爲遠。寶施尚劣於塵界，安得不劣於持經。持經尚勝於塵界，而豈得不勝於寶施耶。如百姓不及宰相，宰相不及天子，天子尚過於宰相，豈得不過百姓乎。噫，可無惑矣。經之勝於寶施者，此其四也。

△五、感果離相顯經勝

須菩提，於意云何，可以三十二相見如來不。不也，世尊，不可以三十二相得見如來。何以故。如來說，三十二相即是非相，是名三十二相。

如來意謂，須菩提，於意云何，我適言寶施能生塵界，得無施者聞之，將謂我寶施求成佛相，豈生煩惱，欲以三十二相見法身如來乎。且無論住相之福，能成佛不，即此三十二相可以見真如來否耶。汝其言之，以開施者之迷也。乃空生斷其不可，復究其不可者，以如來說三十二相非是法身無爲之相，是名化身有爲之相故也。是知三十二應身之佛相，尚非無相法身之真佛，況著相之施所成轉輪之王相乎。轉輪之王相尚非三十二應身之佛相，況無相法身之真相乎。如天冠地履之不相侔矣，何可見也。今持說此無相之經，不唯能感三十二大人之妙相，且能顯本有清淨法身之實相，其勝寶施爲何如哉。故彌勒云：此降伏染福，謂施寶之福是染，持說之福是淨，福中之福能降彼染。經之勝於寶施者，此其五也。

△二、内財校量顯經勝，二：初、正爲校量，二、別顯殊勝。

初、正爲校量

須菩提，若有善男子、善女人以恒河沙等身命布施，若復有人於此經中，乃至受持四句偈等，爲他人說，其福甚多。

如來意謂，我以無量世界寶施校量，不

及持説此經，是雖過前世界之校，而終爲外財，猶不足以顯其勝也。若有以恒河沙等身命布施，則是内非外，是多非寡，是至爲殊勝之福，而殊非恒沙外財之可比者矣，宜無有以勝之者矣。不知若復有人於此經中乃至受持四句偈等，爲他人説，而其福德比此福德猶爲甚多，則持説之勝爲何如哉。故彌勒云苦身勝於彼，言住相捨身猶感苦果，而持説勝彼苦身之行也。

△二、別顯殊勝，四：初、泣歎深法顯經勝，二、今信得益顯經勝，三、當信同佛顯經勝，四、但聞不動顯經勝。

初、泣嘆深法顯經勝

爾時，須菩提聞説是經，深解義趣，涕淚悲泣而白佛言：希有，世尊，佛説如是甚深經典，我從昔來所得慧眼，未曾得聞如是之經。

當佛正校量時，聞之深解涕泣者，以從首章至此，義趣微妙，莫可思量。不解者漠然不動於中，淺解者動而不切。今惟智與理冥，境與神會，如久閉囹圄，忽承解脱之方，素遭貧乏，乍獲摩尼之賜，凄然惕然，動於中，發於外，自不覺其喜極而悲深也。又傷彼捨命河沙劣於持説，不達深旨，徒自疲勞，尤可悲也。希有世尊，如是甚深者，正義趣之深解。從昔慧眼未曾得聞者，乃涕泣之真情。是知聞若尋常，教或粗淺，感悲流涕，豈不深玄。又庸人流涕，猶未可徵，善吉傷悲，寧非勝妙。故彌勒云：希有及上義，彼智岸難量。此其勝於身施之別可顯者一也。

△二、今信益顯經勝

世尊，若復有人得聞是經，信心清淨，則生實相，當知是人成就第一希有功德。世尊，是實相者，則是非相，是故如來説名實相。

空生意謂，我今信心清淨，理已顯矣。若復有人得聞是經，即了一切悉皆虚妄，無體可得，唯此般若真實有體而信心清淨。即此清淨能信之處，二執皆空，二執空處，即是實相。故云即生實相，非更别有所生也。又云則是非相者，以體是實相，唯證相應，故言非相。是故如來説名實相者，假以言顯，言非實相，豈得一聞實相之名，便生實相之想而有影像以當情乎。故曰是名也。成就第一希有功德者，總之極嘆功德之妙。分之則如前，最上是法身，第一是報身，希有是化身。此三不一不異，而生實相者，能成就乎此也。又生實者，以今經有實相故，如彌勒云：不同於餘法。不同者，論云：此中有實相，餘者非實相。此經勝於身施之别可顯者二也。

△三、當聞同佛顯經勝

世尊，我今得聞如是經典，信解受持，不足爲難。若當來世，後五百歲，其有衆生得聞是經，信解受持，是人則爲第一希有。何以故。此人無我相、人相、衆生相、壽者相。所以者何。我相即是非相，人相、衆生相、壽者相即是非相。何以故。離一切諸相，即名諸佛。佛告須菩提：如是，如是。

文分三節：初標，次釋，三印。我今得聞等者，以我爲羅漢，親稟佛言，信解受持，不足爲難。當來惡世，去聖時遥，覽佛遺言，信解法空，領受任持，依解起行，深足爲希有耳。即徵其所以便名希有者，何耶。釋云：以信解受持，必無我等諸相，故名希有也。又徵，謂我等諸相何故必欲無耶。釋云：以我苗法，根體是心心所法，全一虚妄非相，本無妄有，故須無也。又復徵云：以何義故，無有我法之相便名第一希有。釋意云：有相名凡，無相名聖。我法二相，盡收一切。我法既空，空相亦空。離一切相，即名諸佛。諸佛豈非第一希有耶。如是如是者，謂從聞法悲啼，信生實相，對彰難易，我法兼亡，直至相盡名佛，語語真誠，言言見諦，故佛重言以印其至當也。是則解持離相，即名爲佛。

此經勝於身施之別可顯者三也。

△四、但聞不動顯經勝

若復有人得聞是經，不驚、不怖、不畏，當知是人甚爲希有。何以故。須菩提，如來説第一波羅蜜，非第一波羅蜜，是名第一波羅蜜。

此甚言信經者之難得，復究其所以難也。意以此經深玄微妙，但能聞不驚怖已甚希有，況信解受持乎。驚者如行未由之路，愕然而怪，非處生懼也。怖者如自念言何爲至此，或進或退，疑莫能決也。畏者一向怕怖，或反而不進，或一向發狂，以至墮坑落塹，其心畢竟生於驚怖也。良以人天教中説有，小乘教中説空，是昔日曾由之路也。空有雙非，中道實相，曾未經歷，今忽聞之，從昔日執著之流皆愕然而驚，凜然而怖，莫能前進。從此墮凡夫之坑，二乘之塹，菩提永失矣。若不生驚怖，則必向菩提，寧不甚爲希有哉。然又究其所以爲希有者，以此經是諸波羅蜜中之第一故。第一者，六波羅蜜中般若最勝，三身之中法身最勝。六度若無般若，則在因無破惑之功，在果無法身之德。唯般若能得法身，則般若是法身之因，故名第一。又云非第一者，約本體離言説相故。又云是名第一者，以名字約言説相故。蓋欲人因名會體，不可如名言以生分別想也。是則經既第一，信者豈不第一。今但聞而不驚不怖，雖未即信，亦必終歸於信也。法身清淨之因，良在於此。故彌勒云：大因及清淨，福中勝福德。又亦可從譬如有人身如須彌山王以下至此，二番校量，九次顯勝，皆各是一義，而未的出其勝之根由，今與前文總爲勝因亦可也。此其勝於身施之別可顯者四也。

金剛般若波羅蜜經鎞卷上

校勘記

〔一〕「未」，底本原校疑爲「末」。

金剛般若波羅蜜經鎞卷下

古杭雲棲弟子廣伸述

△八、斷持説未脱苦果疑，二：初、明無相以爲忍，二、勸離相以修忍。初、明無相以爲忍，二：初、略標忍體，二、舉行釋成。

初、略標忍體

須菩提，忍辱波羅蜜，如來説非忍辱波羅蜜。

佛意謂，汝聞恒沙命施全勝外財，而猶感人天苦果，故名爲劣，將無疑菩薩爲法忘軀，損[二]身半偈等，亦名苦行，而亦當感苦果也耶。不知住相捨身，不達無相，故招苦果。今菩薩苦行，名爲忍辱。忍到於至靜無相之岸，名忍辱波羅蜜。而復忍無可忍，彼岸非岸，名非忍辱波羅蜜也。尚無靜境，豈有動心。直造非靜非動之本源，苦果將安在哉。故彌勒云：能忍於苦行，以苦行有善。彼福不可量，如是最勝義。

△二、舉行釋成

何以故。須菩提，如我昔爲歌利王割截身體，我於爾時無我相，無人相，無衆生相，無壽者相。何以故。我於往昔節節支解時，若有我相、人相、衆生相、壽者相，應生瞋恨。須菩提，又念過去於五百世作忍辱僊人，於爾所世無我相，無人相，無衆生相，無壽者相。

徵其所以忍辱非忍辱者，是已行之行，久驗之方也。如我昔爲歌利王割截身體，了無我人等相，是忍辱波羅蜜，即非忍辱波羅蜜也。又究其所以便無我等者，以若有我相，應生瞋恨，今既無瞋，足知無我矣。且此忍辱之行，非一時，非偶然。又念過去於五百世作忍辱僊人，於爾所世，皆無我人等相，則煉深相伏，心境素與之兩忘，習慣性成，物我渾同於一味。不唯無苦，而且有樂，不唯無瞋，而且有慈。如彌勒云：離我及瞋恚，實無於苦惱。共樂有慈悲，如是苦行果。又割截之事，按《涅槃經》云：我念往昔生南天竺富單那城婆羅門家，是時有王名迦羅富，其性暴惡，憍慢自在。我於爾時爲衆生故，在彼城外寂然禪思。爾時彼王，春木華敷，與其眷屬宫人綵女出城遊觀，在林樹下，五欲自娱。其諸綵女捨王遊戲，遂至我所。我時爲欲斷彼貪故而爲説法。時王見我，便生惡心，而問我言：汝今已得阿羅漢果耶。我言不得。復言已得不還果耶。我言不得。復言：汝既年少，未得如是二果，則爲具有貪欲煩惱，云何恣情觀我女人。我即答言：大王，當知我今雖未斷貪欲結，然其内心實無貪著。王言：癡人，世有僊人服氣食果，見色尚貪，況汝盛年未斷貪欲，云何見面而當不著。我言：大王，見色不貪，實不由於服氣食果，皆由繫念無常、不淨。王言：若有輕他而生誹謗，云何得名修持淨戒。我言：大王，若有妬心，則爲誹謗，我無妬心，云何言謗。王言：大士，云何名戒。我言：忍名爲戒。王言：若忍是戒，當截汝耳，若能忍者，知汝持戒。即截我耳。時我被截，容顔不變。時王羣臣，見是事已，即諫王言：如是大士，不應加害。王告諸臣：汝等云何知是大士。諸臣答言：見受苦時，容顔不變。王復語言：我當更試，知變不變。即劓其鼻，刖其手足。爾時菩薩已於無量無邊世中修習慈悲，愍苦衆生。時四天王心懷瞋忿，雨砂礫石。王見事已，心大怖畏，復至我所，長跪而言：惟願哀愍，聽我懺悔。我言：大王，我心無瞋，亦如無貪。王言：大德，云何得知。我即立誓：我若真實無瞋恨心，令我此身平復如故。發是願已，身即平復。問：經謂慈心功德，水不能溺，火不能燒，毒不能中，國王不能得其便。今歌利得便割截支體，何也。曰：試觀完膚於立誓之頃，懺謝於雨砂之時，是實爲慈忍者得其便矣，王何便之有。慈心之時義，大矣哉。

△二、勸離相以修忍，二：初、總標，二、別顯。

初、總標

是故，須菩提，菩薩應離一切相發阿耨多羅三藐三菩提心。

夫佛行忍辱無相如此，所以菩薩應離相以發心也。阿耨菩提是佛智果，解見上文。一切相者，我相、法相、空相也。離一切相者，無此三相也。應離一切相發心者，勸應離相發心，如我修行無相之忍辱也。問：上文秖無四相我執而已，此何名離一切相耶。答：即此而觀，灼知上文言略而意該也。以大心菩薩因地之時，粗細無明皆圓伏故。問：正言忍行，何爲離相發心耶。答：以未修行時先當發心，正修行時全體發心，乃至果地不離發心，是以勸其離相發心，蓋貫乎修證，非偶然也。

△二、別顯

不應住色生心，不應住聲、香、味、觸、法生心，應生無所住心。若心有住，則爲非住。是故，佛説菩薩心不應住色布施。

此別示誡勸，引前説以策離相之行也。住色生心等者，住中主宰，名人我相。住色等以爲實有，名法我相。不應住色等者，誡著相生心而修行也。應生無所住者，勸離相生心而修行也。若心有住，則爲非住者，謂住於色等，即不住於菩提，入此出彼，謹幾微也。是故佛説菩薩心不應住色布施者，引前佛説，見當離相以修行也。夫不住生心，曰堅固心。心堅固，菩提則不退矣。不住之行，曰堅固行。行堅固，彼岸則可登矣。故彌勒云：爲不捨心起，修行及堅固。爲忍波羅蜜，習彼能學心。

須菩提，菩薩爲利益一切衆生，應如是布施。如來説一切諸相，即是非相。又説一切衆生，則非衆生。

此出施因以勸離相，引佛説以顯本空也。如是布施者，離相施也。爲衆生應如是布施者，布施因也。良以衆生著相，故受苦果。我能離相，令彼得益。今雖布施，我相不空，反增彼著相之心矣，利益將安在。故爲利益衆生，應如是離相布施。如彌勒云：修行利衆生，如是因當識。何况佛説一切諸相即是非相，法本空乎。一切衆生即非衆生，我本空乎。勸其離相，不過以完其本空耳，非有所加也。故彌勒云：衆生及事相，遠離亦應知。

△九、斷能證無體非因疑，二：初、正斷疑情，二、對治邪執。

初、正斷疑情

須菩提，如來是真語者、實語者、如語者、不誑語者、不異語者。

佛意謂，汝聞校量持經能得菩提，寶施不及持説，將無疑果是無爲有體，言是有爲無體，無體之言不到果中而不能爲證果之因耶。不知如來是真語、實語、如語、不誑語、不異語者。真，不僞義，報法合論，説大菩提爲真智，乃名如來爲真語者。實，不虚義，因果合論，説小乘道四種諦實，乃名如來爲實語者。如，不變義，三空合論，説窮源底，究竟真如，乃名如來爲如語者。異謂差異，不異者，三乘授記，劫國名等，了無差異，乃名如來不異語者。誑者誑妄，不誑者，真則不誑，實則不誑，如則不誑，不異不誑，通名不誑語也。意謂如來説此四事，既皆不誑。今説受持此經能得菩提，豈成誑妄。雖言是有爲無體，而能爲因道，使由此以證離言無爲有體之果也。故彌勒云：果雖不住道，而道能爲因。以諸佛實語，彼智有四種。實智及小乘，説摩訶衍法。及一切授記，以不虚說故。亦如《淨名》云：文字性空，無離文字而說解脱。又真實及如，表德爲名，不異不誑，遮非立號。

△二、對治邪執

須菩提，如來所得法，此法無實無虚。

恐聞依言得菩提，便謂言中有菩提，則實[三]矣。恐聞言中無菩提，便謂畢竟無菩提，則虚矣。故對治其執云無實無虚。無實者，說從緣生，本無實體，則言中菩提亦同言說，豈有實果。如聞火聲，但有火名，火不燒口，豈有實火。無虚者，言雖畢竟無體，菩提決定不無，豈是虚耶。但以不在言中，不無離言之法。如火之不在聲中，不無離聲之火，由是聲中雖無火，不妨因聲以得火。經中雖無菩提，不妨因經以證菩提。然則不應言中執有，離言執無，達此有無，乃能離執。故彌勒云：隨順彼實智，說不實不虚。如聞聲取證，對治如是說。然經不言所說法而言所得法者，說其所得，所說即所得也。又所得即實智，順彼實智而說，故標所得也。

△十、斷如遍有得無得疑，二：初、舉喻斷疑，二、讚經功德。

初、舉喻斷疑

須菩提，若菩薩心住於法而行布施，如人入闇，則無所見。若菩薩心不住法而行布施，如人有目，日光明照，見種種色。

如來意謂，汝聞前一切聖賢皆以無爲法而有差别，將無疑無爲即真如，如既周遍，即合無有不得之者，而乃有得與不得，何耶。不知真如無異住與不住之不同耳。法者，六塵空有一切法也。住於法者，以無般若之智，照彼本空，執以爲實，由執著故，爲塵所染。正智不生，理無由證，故不得也。若夫不住，則正智清淨，得真如矣。故彌勒云：無智以住法，餘者有智得。如人入闇，則無所見，喻無智不得真如也。如人有目，日光明照，見種種色，喻有智能得真如也。有智名對法，則能對治惑闇，俾惑消滅。如彌勒云：闇如愚無智，明者如有智。對法及對治，得滅法如是。是則真如本遍，得失在人，但能依經無住，自得真如，何疑不得之有。然獨云不住布施者，布施爲六度之首，不住是般若之智，於此不住，餘可知矣。況施該六度，不住布施，即是不住般若，不住諸度。

△二、讚經功德，二：初、總讚經德，二、别顯其德。

初、總讚經德

須菩提，當來之世，若有善男子、善女人能於此經受持讀誦，則爲如來以佛智慧，悉知是人，悉見是人，皆得成就無量無邊功德。

夫能得真如，由於心淨。心淨由於不住，不住由於有智，有智又因於聞經，經之功德爲何如。故須讚嘆以啓當來致力於此也。受持讀誦者，欲受其文故先讀，欲持其義故先誦。對本曰讀，離本曰誦。讀誦爲因，受持爲果。然受持修行，是若文與義總能領納，名總持修行，亦名思慧。讀誦但是廣多讀習，名讀誦修行，亦名聞慧。以無所聞，憑何讀誦。然皆曰修行者，是約通相而論，非聞、思、修三慧之修也。以修慧與理相應，唯局無漏，出於讀誦受持之表。故彌勒云：名字三種法，受持聞廣説。修從他及内，得聞是修智。名字是經。三種者，謂一受、二持、三讀誦也。聞廣説，即是讀誦，即是聞慧，謂聞他人廣説而讀誦也。修，謂受持、讀誦二種之修。從他者，從他人聞也。及内者，因聞而内自受持思惟也。得聞是修智者，從他聞法，内自思惟，得是二種修行智也。功德曰無量無邊者，不可思也。知見曰以佛智慧者，餘無能知也。成就曰是人，離經則無如是之功德也。然則此經之讀誦受持獨不要歟。

△二、别顯其德，九：初、校量顯福勝，二、

餘乘莫測勝，三、所爲機宜勝，四、具德能傳勝，五、在處如塔勝，六、離障得果勝，七、超事多佛勝，八、具説驚人勝，九、總結幽深勝。

初、校量顯福勝

須菩提，若有善男子、善女人，初日分以恒河沙等身布施，中日分復以恒河沙等身布施，後日分亦以恒河沙等身布施，如是無量百千萬億劫以身布施，若復有人，聞此經典，信心不逆，其福勝彼，何況書寫、受持、讀誦、爲人解説。

此第四番校量也。能所校量之中，各有勝劣。能校量中，恒沙身施，一日三時，劫經無量，以比恒沙，一度之施，則前之時事皆小名劣，今之時事皆大名勝。所校量中，信心不逆，特不謗議而已，以比受持、讀誦、爲人解説，則二利者深而勝，不逆者淺而劣。前以能校之劣而校所校之勝，所校已勝之勝矣。今以能校之勝而校所校之劣，則所校之勝爲何如，而況以所校之勝乎。前淺後深，展轉殊勝，誠天冠地履之不相侔矣。故彌勒云：以事及時大，福中勝福德。則今經之福，何其勝也。

△二、餘乘莫測勝

須菩提，以要言之，是經有不可思議、不可稱量、無邊功德。

是經即文字之中所詮實相般若也。不可思者，以心思但能及於相境，實相非相，則不可思，心欲緣而慮忘也。不可議者，以言議但能及於名境，今既非名，則不可議，口欲談而詞喪也。稱者揚其德，不可稱則讚莫能盡也。量者校其德，不可量則校莫能窮也。故知不可思議是自證境界，不可稱量是無等及勝，意謂若具顯此經之德則不能盡。以要言之，但是不可思議等功德也。證不思議，極難稱量，是佛境界，二乘菩薩皆所不能。故彌勒云：非餘者境界，則今經之德何其勝也。

△三、所爲機宜勝

如來爲發大乘者說，爲發最上乘者說。

實相體用，周徧法界，曰大。一切諸佛本所乘故，一切菩薩皆乘此法到如來地，故曰乘。又曰最上乘者，以大乘名通權實，今揀非權，故曰最上，即一實之大乘也。意謂佛說此經，不爲小乘而爲大乘，不爲權淺之大乘而爲發最上一實之大乘，即發阿耨多羅三藐三菩提心之機也。故彌勒云：惟依大人說。魏譯云：爲住第一大乘衆生說。則今經之機，何其勝也。

△四、具德能傳勝

若有人能受持、讀誦、廣爲人說，如來悉知是人，悉見是人，皆得成就不可量、不可稱、無有邊、不可思議功德。如是人等，則爲荷擔如來阿耨多羅三藐三菩提。何以故。須菩提，若樂小法者，著我見、人見、衆生見、壽者見，則於此經不能聽受讀誦、爲人解說。

有人之人即最上乘機，持誦及說是自他二利，不可量等功德是菩提之因。故彌勒云：滿足無上界。滿足即成就義，界即因義，謂二利修行，能成滿無上菩提之因。荷擔者，大悲下化，大智上求，以二利之擔安於精進肩上。從煩惱生死中出，念念不住，直至菩提，自他一時解脫，方捨此擔。由是能令佛種不斷，名曰荷擔菩提。如彌勒云：受持真妙法。菩提名真妙法，荷擔名受持也。何以故者，徵意謂云何唯爲大乘者說，何故持說名爲荷擔菩提。以樂小法者，著我、人等見，不能聽受、讀誦、爲人持說故也。樂謂情滯於中，小法謂生滅四諦。樂小者，聲聞、緣覺。而曰著我不能聽受等者，以小乘情專自利，但空我執，未空法執，此經乃顯三空，機淺教深，兩不相逗，故不能也。問：著我者不能持說，乃小乘空我，而又云著我，何耶。曰：經中此類甚多，一者取其辭便，二者文略意該，但言我執，而法亦在其中矣，故曰人我，曰法我。是知樂小者不能持説，故持説者必大乘，必最上乘，其爲荷擔，其爲功德，不亦宜乎。則今經之任，何其勝也。

△五、在處如塔勝

須菩提，在在處處，若有此經，一切世間天、人、阿修羅所應供養。當知此處，則爲是塔，皆應恭敬，作禮圍繞，以諸華香而散其處。

承上謂經既殊勝如此，隨所在處，一切世間所當供養恭敬者也。當知此處則爲是塔者，出應供之故。如《法華》云：若人有福，曾供養佛。今經在處則爲是塔，正顯即佛全身，供養尊重，福寧可量。故天親云：是人必定成就無量功德。彌勒云：尊重身得福。按《纂靈記》云，隋朝益州新繁縣王李村，有書生姓荀，未詳其名，於彼村東空中四面書之。村人謂曰：書者何也。曰：我書《金剛般若經》。曰：何用焉。曰：與諸天讀之。時人見聞，若存若亡。彼屬霖雨，流水霶霈，唯此地方丈餘間，如堂閣下，竟無沾濕，於是牧童每就避雨。時人雖恠，莫知所由。至武德初，有西梵僧至，神貌頗異，於此作禮。村人謂曰：前無殿塔，爲何禮耶。曰：君是鄉人耶。曰：然。僧曰：君大無識。此有《金剛般若經》，諸天置蓋其上，不絶供養，云何汙踐至此乎。村人乃省荀生寫經之處，自此遂甃甓嚴欄護之，不令汙踐。荀至齋日每常供養，瞻禮者往往有聞天樂之聲。迄今其處雨不能濕。且空書無迹尚乃如斯，况紙素分明而不能爾，則今經之處何其勝也。

△六、離障得果勝

復次，須菩提，善男子、善女人受持讀誦此經，若爲人輕賤，是人先世罪業，應墮惡道，以今世人輕賤故，先世罪業則爲消滅，當得阿耨多羅三藐三菩提。

上明經有勝益，乃有受持此經反爲人輕

賤者，何耶。故云以先世罪業之因，應墮惡道之果，而以今生持經之力，但爲人輕賤而已，是轉重報受輕受也。先世罪業則爲消滅，則惡道之因永寂也。諸障既盡，三德自圓，故曰當得無上菩提。如彌勒云：及遠離諸障，復能速證法。則今經之轉證，何其勝也。又此受持，非獨總其文義而已。故古云：登佛地者，名持此經，入息不居陰界，出息不涉衆緣。其庶幾乎。

△七、超事多佛勝

須菩提，我念過去無量阿僧祇劫，於然燈佛前，得值八百四千萬億那由他諸佛，悉皆供養承事，無空過者。若復有人於後末世，能受持讀誦此經，所得功德，於我所供養諸佛功德，百分不及一，千萬億分，乃至算數譬喻所不能及。

梵語僧祇，此云無數，乃《雜華》十大數中之第一僧祇。僧祇爲一，無量乃十大數中之第二，今云無量，即彼第二。又以修行必三大阿僧祇劫論之，則第一劫滿，遇寶髻如來。第二劫滿，遇勝觀如來。第三劫滿，遇然燈如來。今云然燈，知是第二阿僧祇劫也。那由他者，十億爲洛叉，十洛叉爲俱胝，十俱胝爲一那由他，則已千億矣。今云得值八百四千萬億那由他諸佛悉皆承事，佛既無量，福亦無量。而以末世持經功德校之，供佛功德百分不及一，千萬億分不及一，乃至算數譬喻所不能及者，正以福不至菩提，經能至菩提故也。如彌勒云：復能速證法。亦可從第一三千世界寶施校量，不及持說此經。二以無量三千世界寶施校量，不及持說此經。三以一恒河沙身施校量，不及持說此經。四以無量恒河沙身施校量，不及持說此經。五以如來因地供養諸佛功德校量，不及持說此經。校量之極，無可比況，故云乃至算數譬喻所不能及也。是知從淺至深，五番次第，乃正校功德之勝，至矣盡矣，更無有以復加矣。至果報亦不可思議之後，雖有多種校量，乃隨時略舉，各是一意，以之斷疑等云爾，實非若前之五重次第，以爲校量讚嘆也。不然，是極爲殊勝之後，却翻舉劣福以爲次第，先恭後倨，有是理乎。然則今經德無可況，何其勝也。

△八、具說驚人勝

須菩提，若善男子、善女人於後末世有受持、讀誦此經，所得功德，我若具說者，或有人聞，心則狂亂，狐疑不信。

前雖極口校量，猶未具說，苟若詳陳曲盡，具足圓滿而說，則聞者之心狂亂失守，狐疑不信矣，我何可以具說也哉。問：前言後五百歲尚有信者，今何言疑。曰：此約具說驚人，極嘆功德之勝耳，何乖於有信。然則今經必難具說，何其勝也。

△九、總結幽深勝

須菩提，當知是經義不可思議，果報亦不可思議。

前校量不及，佛未具說。若但以要言之，當知是經義不可思議，果報亦不可思議。不可思議者，以經義爲福田所依，是無相故，何可思議。果報是佛菩提，最勝妙故，何可思議。故彌勒云：成種種勢力，得大妙果報。已上雖是近結第十種疑，亦可通結前之五番校讚，先博後約，文理自然，則今經德無能到，何其勝也。

△十一、斷住修降伏是我疑，二：初、問，二、答。

初、問

爾時，須菩提白佛言：世尊，善男子、善女人發阿耨多羅三藐三菩提心，云何應住，云何降伏其心。

此空生現起之疑也。疑云：如來正答之中即無四相，斷疑之内皆空我、人。既無有我，誰爲降住，誰爲修行，誰離疑執過患耶。故問云何應住，云何降伏其心。言無我則不可以言住，無我則不可以言降，微明主以論安邦，捨先鋒而談克敵，豈理也哉。是必有住之降之之人，而曰我能住我能降也。不知雖離凡夫識境，對人有我之粗我，又墮菩薩智境，存我覺我之細我矣。如彌勒云：於内心修行，存我爲菩薩。此則障於心，違於不住道。

△二、答

佛告須菩提，若善男子、善女人發阿耨多羅三藐三菩提心者，當生如是心：我應滅度一切衆生，滅度一切衆生已，而無有一衆生實滅度者。何以故。若菩薩有我相、人相、衆生相、壽者相，則非菩薩，所以者何。須菩提，實無有法發阿耨多羅三藐三菩提心者。

我應之我，名字我及真我也。名字者，對人言己，假名稱謂之我也。真我者，本有之性，常、樂、我、淨之我也。以破彼細我，必以真我，欲顯真我，不離名我，故纔言我應，二雙具也。我應滅度一切衆生，實無衆生得滅度者，順顯無所度之境。若有我、人等相，即非菩薩者，反顯無能度之人。實無有法名發心者，總顯了無能所之法。此正不住之道，無降之降，無我之我，菩薩所當生之心也。若外見所度，内有能度，能所宛然，而曰我住、我降，是彌勒所謂存我爲菩薩，則乖於不住之道，菩薩所不當生之心也。汝何於平等無住了無一法可得之中，而自生障礙乎。又我應之我，與當生之心，名別體同，以此心即真我，真我即此心，但我中兼名字我爲異耳。

△十二、斷佛因是有菩薩疑，四：初、舉疑爲問，二、決疑爲答，三、印定其答，四、反覆申明。

初、舉疑爲問

須菩提，於意云何，如來於然燈佛所，有法得阿耨多羅三藐三菩提不。

如來意謂，汝聞實無有法發菩提心者，

得無錯會其意，謂是一向無菩薩乎。得無疑我於然燈佛所行菩薩行，是有菩薩，而與此相違乎。汝試思之，如來於然燈佛所，有法得菩提耶。無法得菩提耶。審而決之可也。問：上云實無有法發菩提，今云有法得菩提。前後皆云菩提，當云疑無菩提方是，而乃云疑無菩薩者，何也。曰：上發菩提心者，者字指人，猶云實無有法。發心菩薩，今文中之如來，即因中之菩薩，況得菩提不得菩提亦屬於人，故仍論中所疑。

△二、決疑爲答

不也，世尊，如我解佛所説義，佛於然燈佛所，無有法得阿耨多羅三藐三菩提。

前佛云不，今答云不，疑念已決矣。解佛所説義，即真如不思議之義也。無有法得菩提者，無能得之心、所得之境，寂然無相，離諸分別，得無所得而靈心挺然。如《華嚴》云：能見及所見，二者悉除遣。不壞於真見，是名真見者。豈竟斷滅之無名爲無法發菩提者耶。

△三、印定其答

佛言：如是，如是，須菩提，實無有法如來得阿耨多羅三藐三菩提。

重言以印，深當之也。實無有法得菩提者，謂我於然燈佛所了無一法可得。若施行得菩提，何須戒忍等。如前念得菩提，何須後念等。行行皆空，心心無住，實無有法，得三菩提。

△四、反覆申明

須菩提，若有法如來得阿耨多羅三藐三菩提者，然燈佛則不與我授記：汝於來世，當得作佛，號釋迦牟尼。以實無有法得阿耨多羅三藐三菩提，是故然燈佛與我授記，作是言：汝於來世，當得作佛，號釋迦牟尼。

此約授記以詳顯無法可得也。授，與也。記，曰記莂，名、號、劫、國，預先與之記莂而不差也。然有四種：一、未發心授記，以觀當來必發心得菩提故。二、適發心授記，以有慈悲心住不退地故。三、密授記，以六度將滿，天龍疑其當得菩提，佛遂記莂，以斷衆疑，而菩薩尚不知故。四、無生忍記，即今布髮掩泥，依有漏心，得無生記，於大衆中分明顯授故。若有法得菩提則不得授記者，反釋也。謂若有法可得，則内有能得之心，外有所得之境，與寂滅無相菩提極相違逆，則不得記也。以實無有法即得佛記等者，覆釋也。謂空多兩忘，能所俱寂，妄惑盡處，真智現前，妙契本心，故佛爲證明，義言得耳，豈真有一法爲所得哉。是知無菩提故得菩提之記，則知正以無法名菩薩，故曰實無有法發菩提心者，何即以無菩薩爲疑耶。又然燈不授記於現在而授記於當來者，以迦文行雖無得，猶未滿其量，造其極故。如彌勒云：以後時授記，然燈行非上，正顯因行之菩薩也。

△十三、斷無因則無佛法疑，三：初、斷無佛疑，二、斷無法疑，三、喻真佛法。

初、斷無佛疑

何以故。如來者，即諸法如義。若有人言如來得阿耨多羅三藐三菩提，須菩提，實無有法佛得阿耨多羅三藐三菩提。

何以故者，意謂汝聞無菩提可得，將無疑果法號曰菩提，證得始名爲佛，既無菩提，即無佛耶。不知如來者即諸法如義，本有真如是佛，如真金本有故不無，佛即菩提故無得耳。若有人言如來得菩提，此如魏譯云：是人不實語，須菩提，實無有法佛得阿耨多羅三藐三菩提。如彌勒云：菩提彼行等，謂菩提之果等前菩薩因行之無得也。又詳釋，則諸法如義者，諸法是事，如義是理，即事即理，全器全金，舉體無二之謂也。即當人離念，本覺諸佛清淨法身。如《雜華》云：法身徧在一切處，一切衆生及國土。三世悉在無有餘，亦無形相而可得。正此意也。如金雜鑛，名煩惱衆生，銷鑛純金，號菩提之佛，真金本有，佛豈是無。佛即菩提，何云更得。

△二、斷無法疑

須菩提，如來所得阿耨多羅三藐三菩提，於是中無實無虚。是故，如來説一切法皆是佛法。須菩提，所言一切法者，即非一切法，是故名一切法。

佛意謂，汝前疑因行有法可得，是墮實有之執，吾故曰無法得菩提。若又疑菩提無得，則更墮虚無之執矣。不知如來固非得菩提，亦非不得菩提，但所得菩提無實無虚。無實者，非色相，非音聲，無種種質礙之實有也。故彌勒云：非實有爲相。無虚者，不離色聲，有真實體，如鏡像無體全是鏡明。又如鏡明無相，即以色等爲相，如《起信》謂：無漏無明，皆同真如性相。故彌勒云：彼即非相相，以不虚妄説。是則以不實故，不即一切法，以不虚故，不離一切法。所以一切法皆是佛法，無非真如之體也。即非一切法者，以色等即是真如，即非色等質礙之法。又以真如無有色等，彌滿清淨中不容他故也。是故名一切法者，即是真如法自性故，乃全空即性之一切也。如彌勒云：是法諸佛法，一切自體相。

△三、喻真佛法

須菩提，譬如人身長大。須菩提言：世尊，如來説人身長大，則爲非大身，是名大身。

前云如來者即諸法如義，是佛不無也。又云一切法皆是佛法，是法不無也。又諸法如義，即一切法皆是佛法，是佛與法不異也。但未審何者是佛法真體而言不無不異耶。故約喻以顯，譬如人身長大，蓋指出纏清淨法身也。故空生出其意云：如來説人身長大，則爲非大身，是名大身。非大身者，非有爲身也。是名大身者，是無爲身也。如彌勒云：依彼法身佛，故説大身喻。身離一切障，及徧一切境。功德及大體，故即説大身。非身即是身，是故説非身。一切障者，謂煩惱、所知二障。體大如水，功德大如水中八德。體相不一，亦復不異，皆徧法界故。即説大身者，意謂如來説人身長大，蓋顯清淨法身，離一切障，徧一切處，體相皆大，合此四義，名大身也。非身即是身者，非有爲之身，即是無爲之身也。是故説非身者，乃約遮以顯法身耳。是則真佛真法非唯不無，亦復不異。離障似乎有得，離障而完其本有，則得而無得也，何以得與無得爲疑耶。

△十四、斷無人度生嚴土疑，三：初、遮度生念，二、遮嚴土念，三、釋成菩薩。

初、遮度生念

須菩提，菩薩亦如是。若作是言，我當滅度無量衆生，則不名菩薩。何以故。須菩提，實無有法名爲菩薩。是故，佛説一切法無我，無人，無衆生，無壽者。

佛意謂，我前言實無有法發菩提心者，不過拂我人之心，而非泯却菩薩也，汝將無又疑無我人即無菩薩，若無菩薩，誰度生誰嚴土耶。不知菩薩無度是名度生，無嚴是名嚴土，無菩薩是名菩薩，亦如佛説非身是名大身耳。若作是念，我當滅度無量衆生，則不名菩薩。何以故。實無有法名爲菩薩。今有能度之心、所度之生，不勝其法矣，何菩薩之有。是故佛説一切法，本無我，無人，無衆生，無壽者，名爲無法，豈强使之無耶。問：前十二疑中，已斷無菩薩之疑，今何又疑。曰：此與十二同在第十一中起，但今方斷耳，故知起則同時，斷須次第，非重疊也。

△二、遮嚴土念

須菩提，若菩薩作是念我當莊嚴佛土，是不名菩薩。何以故。如來説莊嚴佛土者，即非莊嚴，是名莊嚴。

彌勒云：不達真法界，起度衆生意。及清淨國土，生心即是倒。我當莊嚴，此生心即倒也。即非莊嚴，是名莊嚴，此達真法界也。問：此與第六莊嚴何別。曰：前對無取疑有取，此對無人疑有人。莊嚴是同，疑則逈別。

△三、釋成菩薩

須菩提，若菩薩通達無我法者，如來説名真是菩薩。

承上起度生莊嚴之心即是顛倒，不名菩薩，然必何如而後可以名菩薩耶。佛乃分明決斷云：若通達無我法者，如來説名真是菩薩。失[三]我法本無，曰欲通達耳，不通則我能度，我能嚴。生情於寂然平等之中，達之則度即無度，嚴即非嚴，順性於粹然功德之表，萬行紛紜，儼塵不立，一真凝寂，衆德煥如，終日菩薩，了無菩薩，夫是之謂真菩薩也。何無人嚴度之足疑。

△十五、斷諸佛不見諸法疑，二：初、約能見五眼明見淨，二、約所知諸心明智淨。

初、約能見五眼明見淨

須菩提，於意云何，如來有肉眼不。如是，世尊，如來有肉眼。須菩提，於意云何，如來有天眼不。如是，世尊，如來有天眼。須菩提，於意云何，如來有慧眼不。如是，世尊，如來有慧眼。須菩提，於意云何，如來有法眼不。如是，世尊，如來有法眼。須菩提，於意云何，如來有佛眼不。如是，世尊，如來有佛眼。

如來意謂，汝聞度無所度，嚴無所嚴，不見自他諸法方名菩薩，將無疑佛亦不見諸法耶。故曰於意云何，如來有肉眼不等。肉眼者，色、香、味、觸四塵名肉，勝義淨根依肉而住，依肉而發，有所照見，名爲肉眼。然其功能但觀障内之色。天眼者，謂作觀行，依肉眼邊，想外境界，觀想成故，能見障外之色。慧眼者，謂根本實智，照真空之理。法眼者，謂後得權智，照差別之事。佛眼者，智無不極，照無不圓。初二通於凡夫，後二聲聞所無，菩薩但無佛眼，而復各各淺深不同。唯佛則圓具前四，一一殊勝，皆名佛眼，佛眼之外，無別四眼，其如四河入海，河不可得。是故凡夫肉眼唯見障内，天眼障外，佛之肉眼見無數世界。二乘天眼唯見一大千界，佛之天眼見恒沙佛界。二乘慧眼唯照我空，地上菩薩亦皆分證，佛之慧眼圓照三空，洞徹真性。菩薩法眼所知未盡，各有分限，佛之法眼，所知盡淨，無法不知，無生不度。故曰一一皆殊勝也。意謂前言菩薩度生嚴土，但離能所分別，故云不見自他，何疑諸佛便無真實智眼。故彌勒云：雖不見諸法，非無了境眼。蓋言有照了諸法之五眼也。

△二、約所知諸心明智淨

須菩提，於意云何，如恒河中所有沙，佛説是沙不。如是，世尊，如來説是沙。須菩提，於意云何，如一恒河中所有沙，有如是沙等恒河，是諸恒河所有沙數佛世界，如是寧爲多不。甚多，世尊。佛告須菩提，爾所國土中所有衆生若干種心，如來悉知。何以故。如來説諸心，皆爲非心，是名爲心。所以者何。須菩提，過去心不可得，現在心不可得，未來心不可得。

初約一河數沙，二約沙數諸河，三約諸沙數界。爾所國土所有衆生，爾所衆生種種心念，如是若干種心，如來五眼悉能知之。故彌勒云：諸佛五種實，以見彼顛倒。所以然者，以佛説諸心皆非真心，是名倒心。故彌勒云：種種顛倒識，以離於實念。不住彼實智，是故説顛倒。又究其所以顛倒者，以既離實智，則此諸心虚妄無體。求之過去，過去已滅，無體可得。求之現在，現在不住，無體可得。求之未來，未來未有，無體可得。三際全空，以虚爲實，曰顛倒也。是則諸心乃倒幻之影，淨智如實鑑之光，以光臨影，則纖毫皆盡，妍醜焕然。誰謂如來之不見諸法耶。問：眼但能見，心可言知，今五眼曰知者，何也。曰：佛之知見無二體故，非妄想隔别者可思惟也。

△十六、斷福德例心顛倒疑，二：初、問答標多，二、反覆釋成。

初、問答標多

須菩提，於意云何，若有人滿三千大千世界七寶以用布施，是人以是因緣得福多不。如是，世尊，此人以是因緣得福甚多。

如來意謂，汝聞心是顛倒，皆不可得，將無疑福依心起，心既顛倒，福亦顛倒，顛倒非善，修之何益耶。故問云於汝意云何等，是人以是因緣得福多不者，是人指滿界寶施之人，言是寶施之人自以布施爲是因緣性，得福多不。空生即云：此寶施之人，自以布施爲是因緣，則福不但多而已。得福甚多，其意蓋謂因緣無性，無性乃成無漏，是故爲甚多耳。下文福德無故，即此因緣性空也。

△二、反覆釋成

須菩提，若福德有實，如來不説得福德多。以福德無故，如來説得福德多。

若福德有實，如來不説得福德多者，反釋也。以福德無故，如來説得福德多者，順釋也。有實者，不達因緣性空，執以爲實，住相之施也。福德無者，以了因緣無性，不生滯著，無住之福也。故彌勒云：佛智慧根本，非顛倒功德。謂以心識住著故成顛倒，依之作福，亦成顛倒。佛智無住，遠離顛倒，本之作福，則成真實。真實稱性，故甚多耳。然則妄心住相之福不當修，智慧離相之福何不當修耶。問：福德性空，福乃甚多，妄心性空，妄亦應多耶。曰：一法界心，本來不住，本來空寂。佛智空而不住，順於本性，故悟性空，福乃甚多。妄心顛倒，住而不空，違於本性。故悟性空，則妄心都盡，何可雷同。

△十七、斷無爲何有相好疑，二：初、斷色身是佛疑，二、斷諸相是佛疑。

初、斷色身是佛疑

須菩提，於意云何，佛可以具足色身見不。不也，世尊，如來不應以具足色身見。何以故。如來説具足色身，即非具足色身，是名具足色身。

如來意謂，汝前聞佛以無爲得名，將無疑無相法身是佛，云何相好亦名爲佛，執法身以疑色身乎。故問於意云何等。具足即成就義，色身者八十隨形好，謂隨其身形一一皆好。然不同好而曰色身者，以好不離形，形全是好，舉色身即全舉好矣。此小相也。佛可以具足色身見者，於空生疑處爲問也。不也，世尊，不應以具足色身見者，空生決疑之答也。具足色身即非具足色身者，以法身畢竟無色，如鏡明徹底非影。故彌勒云：法身畢竟體，非彼相好身。以非相成就，非彼法身故。又云是名具足色身者，以色身不離法身，則相好亦非不佛。如鏡明無物，方能現物，所現之物，不離於鏡。如彌勒云：不離於法身，彼二非不佛。故重説成就，亦無二及有。由是觀之，即法身以現色身則可，執法身爲法身則不可，即色身以見法身則可，執色身爲色身則不可。豈法身是佛，相好非佛也耶。

△二、斷諸相是佛疑

須菩提，於意云何，如來可以具足諸相見不。不也，世尊，如來不應以具足諸相見。何以故。如來説諸相具足，即非具足，是名諸相具足。

相即三十二相，始於首之白毫，終至足之輪相，此大相也。可以、不應、即非、是名等，盡同前意。夫如來因中，以稱性妙智，修行百福，方感一相。今人摩頂至踵，極爲薄福，極爲愚癡之相者，皆以多生修行百惡之所感耳。即果驗因，可懼也已。

△十八、斷無身何以説法疑，二：初、遮異見，二、示正見。

初、遮異見

須菩提，汝勿謂如來作是念，我當有所説法。

莫作是念。何以故。若人言如來有所説法，即爲謗佛，不能解我所説故。

佛意謂，汝聞佛以無爲得名，將無又以聲依色發，既無所依之色，何有能發之聲，遂疑無身何以説法耶。不知此是執如來有所説法矣。故曰勿謂，曰莫作。然必重言以誡之者，何也。釋云：若人言如來有所説法，即爲謗佛，不能解我所説法故。夫不唯不解，而且成謗，所以誡其莫作是有所説法之念也。問：上文是名具足色身，則纔顯非身之身，何乃旋疑無身説法。曰：此與前疑俱在第三疑中，一時而起，故先斷前疑，後斷此疑，非次前文來也。問：既前疑已斷，合悟次疑，亦不必復爲之斷矣。曰：理合因彼以識此，然既同時以起二疑，必須先後爲之皆斷。佛憂末世惟恐其不明，故每事致諄諄耳。

△二、示正見

須菩提，説法者無法可説，是名説法。

夫以有所説爲謗佛、爲不解，必何如而後正解耶。但説法者，無法可爲之説，是名説法。如寂寥空谷，聲來則響，無響可爲之響，是名爲嚮耳。雖應而無應聲之念，雖説而無説法之心，由其無念無心，故能應能説耳。何法可説之有。故彌勒云：如佛法亦然，所説二差別。不離於法界，説法無自相。二差別者，又及義也。無自相者，説從因緣而生，緣生性空，説無自體可得也。意謂不獨佛身是無身之身，而佛法亦是無法之法，全是一真法界，而了無自相之可得也。然則何以有説爲疑耶。問：第三疑、第五疑、第七疑以及今疑皆云無説，差别云何。曰：第三疑迦文化身有説，五疑然燈證智可説，七疑佛有異説，今疑無身何説，疑既不同，無説判然矣。請細檢之。

爾時，慧命須菩提白佛言：世尊，頗有衆生於未來世聞説是法，生信心不。佛言，須菩提，彼非衆生，非不衆生。何以故。須菩提，衆生衆生者，如來説非衆生，是名衆生。

此段秦譯古本、《刊定》皆無，魏譯則有，近見秦本亦有，故存之。名所説既深無信，疑謂無説之説，不離法身，則幽深罔措，何人能信，故問之也。彼非衆生非不衆生者，謂非是凡夫衆生，非不是聖性衆生，出類拔萃，非凡夫之凡夫也。衆生衆生者，雙牒上文。如來説非衆生是名衆生者，雙釋上文。言非凡夫衆生，是名聖性衆生也。故彌勒云：所説説者深，非無能信者。非衆生衆生，非聖非不聖。

△十九、斷無法如何修證疑，二：初、問，二、答。

初、問

須菩提白佛言：世尊，佛得阿耨多羅三藐三菩提，爲無所得耶。

此空生現起之疑也。意謂前第三、第十二、第十三皆言不得菩提，既無有法得菩提，如何如來地地修進，過等覺，極妙覺，證得阿耨菩提，故問如來得菩提，爲無所得耶。

△二、答，二：初、明菩提，二、明修證。

初、明菩提

佛言：如是，如是。須菩提，我於阿耨多羅三藐三菩提，乃至無有少法可得，是名阿耨多羅三藐三菩提。復次，須菩提，是法平等，無有高下，是名阿耨多羅三藐三菩提。

佛意謂，欲知修證，先識菩提，知菩提則知修證矣。無少法可得者，彌勒云：彼處無少法，知菩提無上。謂所證菩提之處，但妄盡覺滿名菩提，離此何有菩提可得。此以空寂名菩提也。是法平等，順言之也。無有高下，反言之也。如彌勒云：法界不增減，淨平等自相。謂在凡不減故不下，在聖不增故不高，清淨自相，本來如是。此約同體，名菩提也。同體空寂，菩提之體如此。

△二、明修證

以無我，無人，無衆生，無壽者，修一切善法，則得阿耨多羅三藐三菩提。須菩提，所言善法者，如來説即非善法，是名善法。

法雖空寂，茅塞於無明，體固平等，妄分於差别。非謂不修得成正覺，故以無我等修也。無我等者，即般若度，能了煩惱本空，法身本具，名爲了因，如燈能破暗顯物也。一切善法，即施等五度，能資般若，斷煩惱，成菩提，名爲緣因，如燈雖破暗顯物，必藉心油以爲資緣也。即非善法是名善法者，即非有漏墮人天之善法，是無漏成菩提之善法也。如彌勒云：有無上方便，及離於漏法，是故非淨法，即是清淨法。然則以同體空寂故無得，以無我等修一切善法，而復其同體空寂，故無得而得也。夫何以修證爲疑耶。問：前以無法名無得，次以平等名無得。今有修證，則義既矛盾，云何兩存。答：所言修者，但是斷除我法本無之妄，顯自性德本有之真，修而無修，證而無證，竟無一法可得，豈有修有證有少法之可得耶。是故與前宛相符順。問：第三疑、十二疑、十三疑及此段皆言不得菩提，不得若是均乎。答：三疑迦文得果，十二疑善慧成因，十三疑無佛無法，今疑有修有證，文雖相似，意義迢然。請細披之，俾無所濫。

△二十、斷所説無記非因疑

須菩提，若三千大千世界中所有諸須彌山王，如是等七寶聚，有人持用布施，若人以此般若波羅蜜經，乃至四句偈等，受持讀誦，爲他人説，於前福德百分不及一，百千萬億分，乃至算數譬喻所不能及。

如來意謂，汝聞修一切善法得菩提，將無疑此經是無記性，持説無記之法則無因無果，云何得菩提耶。不知此經最勝，而寶施之不及者，良以其能得菩提故也，故云須菩提三千大千世界等也。七寶甚多，持說之四句甚少而反遠過其施者，以經詮真理，因之悟解，依解起行，方得菩提。若無教門，安知所入妙經。謂以佛教門出三界苦，是則只就無記尚得爲因，況此經是佛後得智中所變文義，唯是無漏善法而非無記，寧有不得菩提者耶。故彌勒云：雖言無記法，而說是彼因。是故一法寶，勝無量珍寶。問：此與第九疑何別。曰：九疑經是有爲無體，此疑經是無記非因。又彼唯據持說爲疑，此則兼對善法爲難，迢然不同也。

△二十一、斷平等云何度生疑

須菩提，於意云何，汝等勿謂如來作是念，我當度衆生。須菩提，莫作是念。何以故。實無有衆生如來度者。若有衆生如來度者，如來則有我、人、衆生、壽者。須菩提，如來說有我者，則非有我，而凡夫之人以爲有我。須菩提，凡夫者，如來說則非凡夫。

文有四節：初、遮錯解，二、出所以，三、反顯無度，四、展轉拂迹。意謂，汝聞是法平等，無有高下，將無疑既無高下，云何如來度生似有高下而乖于平等無高下耶。不知佛無是度生之念也，故遮云勿謂，又誡云莫作。所以然者，以真實性中物我同體，實無衆生如來度者。故彌勒云：平等真法界，佛不度衆生。以名共彼陰，不離於法界。共，和合也。謂衆生以五陰和合得名，雖其未證真界，而緣生無體，不離法界。佛既證窮，無物不是法界，豈有法界復度於法界乎。是故實無衆生如來度者。若有衆生如來度者，則佛著我、人等相矣。佛豈有我、人耶。又佛雖說我，元來無我。執有我者，蓋是凡夫。雖言凡夫，亦無凡夫。如夢人見虎，虎與夢人，皆不可得。凡夫執我，故言無我，恐執凡夫，故非凡夫。由是觀之，則如來非唯不可言度，亦復不可言無度。汝疑有度，我說無度，一真法界非度無度。問：正答降住并十一、十四以及於此，皆言無度，差別云何。曰：初言離我度生曰無度，十一疑能度是我曰無度，十四疑無我誰度曰無度，今疑平等法界不合度生曰無度，義意判然也。

△二十二、斷以相比知真佛疑，二：初、問難迷悟，二、約遮顯玄。

初、問難迷悟

須菩提，於意云何，可以三十二相觀如來不。須菩提言：如是，如是，以三十二相觀如來。佛言：須菩提，若以三十二相觀如來者，轉輪聖王則是如來。須菩提白佛言：世尊，如我解佛所説義，不應以三十二相觀如來。

佛意謂，汝聞即非具足色相，是名具足色相，將無疑無相既可以現相，便可以相觀無相乎。故問云：於意云何，可以三十二相觀真如來耶，不可以三十二相觀真如來耶。乃空生答以相觀，是迷法身如來，以法身畢竟非相，如明鏡元非有影也。故如來難之曰：若可以三十二相觀如來，轉輪聖王即是如來矣。不知佛相、王相，相相同也。王相依業因而生，佛相由空淨所現，凡聖雲泥。所以相者，何可同也。是故以本望末則可定，以末觀本則不定。如彌勒云：非是色身相，可比諸如來。諸佛唯法身，轉輪王非佛。空生即解其義云：不應以相觀如來。始也緣聞依真現假，假不離真，既也約假求真，真不由假。實德不在相，幻色豈爲真。今而後，如解觀矣。

△二、約遮顯玄

爾時世尊，而説偈言：若以色見我，以音聲求我，是人行邪道，不能見如來。

此是遮去見聞聲色也。然則不以色見，不以聲求，是行正道，能見如來矣。直如不以色見聲求，云何見耶。即此見聞非見聞，無餘聲色可呈君。個中若了全無事，體用何妨分不分。問：第一、第七、十七以及於此皆云不以相見，有何差別。曰：初乃對果疑因，次是感果離相，十七依真現假，今則約假求真，其不同有如此者。

△二十三、斷佛果非關福相疑，四：初、遮毀相之念，二、出毀相之過，三、明福相不失，四、明不失所以。

初、遮毀相之念

須菩提，汝若作是念，如來不以具足相故得阿耨多羅三藐三菩提，須菩提，莫作是念，如來不以具足相故得阿耨多羅三藐三菩提。

佛意謂，汝聞不可以相觀法身，不可以色聲見佛，將無疑佛果一向無相，福因但成相果，相非佛果，佛果則不可以具足相得耶。故云須菩提等也。若作是念，敘毀相也。莫作是念，遮毀相也。《雜華》云：色身非是佛，音聲亦復然。誡如所念矣。又云：亦不離色聲，見佛神通力。則亦何可以作是念乎。

△二、出毀相之過

須菩提，汝若作是念，發阿耨多羅三藐三菩提心者説諸法斷滅，莫作是念。

斷滅者，斷絶泯滅而不復生也。《中論》云：定有則著常，定無則著斷。今一向無相，正當斷見，於果則無福德莊嚴，於因則損五度之行，亦名損減謗。故曰汝若作是念，則發心者亦作是念，著斷滅過，故再遮之，以絶其過也。

△三、明福相不失

何以故。發阿耨多羅三藐三菩提心者，於法不説斷滅相。

此徵莫作是念之故，以明福相不失也。菩提心者，以智、悲、願三爲體。一切菩薩安住此心，行菩薩行。以大智故，不住生死。以大悲故，不住涅槃。以大願故，統其悲智。故於法不説斷滅，住於邊見之無，寂而常照，因行紛然，果相不斷。如彌勒云：不失功德因，及彼勝果報。功德即福德。福德是因，謂施等五度也。果報是果，即三十二相，名勝果報也。不失者，謂雖不依福德得真法身，而不失福德及以果報，以能資成智慧莊嚴，具智相身，資成功德莊嚴，具應化身，以諸如來皆具二種相故。《法華》云：定慧力莊嚴，以此度衆生。

△四、明不失所以

須菩提，若菩薩以滿恒河沙等世界七寶布施，若復有人知一切法無我，得成於忍，此菩薩勝前菩薩所得功德。須菩提，以諸菩薩不受福德故。須菩提白佛言：世尊，云何菩薩不受福德。須菩提，菩薩所作福德，不應貪著，是故説不受福德。

上不説斷滅，是不失福德，此究其所以不失之由也。以滿恒沙等界七寶布施者，乃住相分別之心，修諸福德，墮於有漏，及入無分別智成佛正因。彼有漏福德則失，如水之與火不相容故。今菩薩忍悟我法二空，以離相之心，修諸福德，成於無漏，何失之有。是以勝前所得功德也。如彌勒云：得勝忍不失，以得無垢果。示勝福德相，是故説譬喻。蓋言以我、法二空離相之心修諸福德，能成清淨無垢妙果，究竟非窮，何失之有。又究其所以得忍便不失者，以諸菩薩不住生死，雖有福德，如無福德，不受福德故也。不受者，所作福德，了無貪著，名爲不受。然則作福若生貪著，是因既有漏，果亦有漏，但感輪王三十二相，不名爲佛，報盡因果俱失，誠如所疑矣。今不貪著，則因既無漏，果亦復然。所感三十二相之佛，是順性之相，空淨所現莊嚴法身，云何乃疑失因及果。故彌勒云：是福德無報，言無有漏之報，反顯有無漏報也。

△二十四、斷化身出現受福疑，二：初、遮錯解，二、示正見。

初、遮錯解

須菩提，若有人言如來若來若去，若坐若卧，是人不解我所説義。

佛意謂，汝聞菩薩不受福德，將無疑菩薩是因，如來是果，因果曾無不合之理，因地菩薩不受福德，果位自然不受，今果位化身既實受用，菩薩因中云何不受取耶。故曰若有人言如來若來若去等，是人不解我所説義。若來者，執實有出現。若去者，執實有涅槃。若坐臥者，執實有四威儀之佛可得。既執有實，故受用亦實也。是人不解我所説義者，如彌勒云：是福德應報，爲化諸衆生。自然如是業，諸佛現十方。蓋言應報佛身，即無垢果，惟如無及如如智獨存，初無色相。而以爲化衆生故，自然而然應現十方者，是諸佛無緣大悲，利他善根，無量劫來熏淨法界以成善習。故有感即應，任運自然之業如是耳。如《起信》不思議業用是也。豈真如凡夫妄識思議，執爲實有之身，真受用於其間哉。

△二、示正見

何以故。如來者，無所從來，亦無所去，故名如來。

徵意云：來對去言，既曰如來，亦表其去，何以去來坐臥便名不解義耶。釋云：如來者，非有所來，無所從來也。既無從來，亦無所去，來去雙絶，故名如來。而以來去爲如來者，豈解如來之義乎。如彌勒云：去來化身佛，如來常不動。蓋見去來之動者，應機而有之化身耳。若夫法身如來，亘古亘今，寂然不動，何去來之有。故上根之士，正對化身之時，如明鏡之像，空谷之響，迎之莫知其所以來，追之罔識其所以往，幽微玄渺，寂漠希夷，絶朕忘踪，故心思之不可及，即化即法，非有二也。然則尚無出現之實佛，寧有受用之實事乎。疑可冰釋矣。

△二十五、斷法身化身一異疑，二：初、破所迷之境，二、遣能迷之心。

初、破所迷之境

須菩提，若善男子、善女人以三千大千世界碎爲微塵，於意云何，是微塵衆寧爲多不。甚多，世尊。何以故。若是微塵衆實有者，佛則不説是微塵衆。所以者何。佛説微塵衆，則非微塵衆，是名微塵衆。世尊，如來所説三千大千世界，則非世界，是名世界。何以故。若世界實有者，則是一合相。如來説一合相，則非一合相，是名一合相。須菩提，一合相者，則是不可説，但凡夫之人貪著其事。

佛意謂，汝聞不可以相觀如來及佛無去來，則真化似異，又聞遮斷滅之念，及顯不失福相，則真應似一，將無疑於一則不異，異則不一，一異云何兩存耶。故即物以顯其非一非異，而舉三千大千世界等爲言也。碎界爲塵者，約大乘宗，知色唯識現。於觀行中，假想分析和合麤色，以至於極微，非若小乘之實有塵可碎也。何以故者，徵，謂何故説微塵耶。釋謂以無實體故。又徵意云：既微塵是空，又説微塵者，何也。釋意云：佛所説者，即非實微塵，是名空微塵也。又非惟所起微塵是空，即能起世界亦空。又復徵云：何故空耶。釋云：若世界不空，則是實有一和合相矣。佛説一合相，即非實有之一合相，是空無之一合相。既是空無，則無體可説。界歸於塵，無界可取。塵歸唯識，無塵可取。四蘊離念，無心可取。但凡夫之人虚妄分別，取於五蘊之法和合之我。如彌勒云：但隨於音聲，凡夫取顛倒。故云貪著其事，言迷於其理也。意以界喻真身，塵喻應身，塵因界碎，如應從真起，故非異。塵細界粗，如真實應假，故非一。良以佛證真如法界，于非一處住，非異處住。如彌勒云：於是法界處，非一亦非異。世界作微塵，此喻示彼義。

△二、破能迷之心

須菩提，若人言佛説我見、人見、衆生見、壽者見，須菩提，於意云何，是人解我所説義不。

世尊，是人不解如來所說義。何以故。世尊說我見、人見、衆生見、壽者見，則非我見、人見、衆生見、壽者見，是名我見、人見、衆生見、壽者見。須菩提，發阿耨多羅三藐三菩提心者，於一切法，應如是知，如是見，如是信解，不生法相。須菩提，所言法相者，如來說即非法相，是名法相。

不解佛義者，以佛說我人見等，非是實有，但是假名我人等見，以去我人見等耳。如彌勒云：非無二得道，遠離於我法。謂非去無我無法，離此二事而得菩提也。發心者，應依奢摩他智，屏息萬緣，唯心獨存而知。應依毗鉢舍那智，觀察一切，微細推求，歷歷分明而見。應依三摩提，定慧等持而勝解。如彌勒云：二智及三昧，如是得遠離。謂遠離我法諸障也。即非法相者，清淨心中，離性離相，如金非器。是名法相者，性起爲相，不離於性，如器不離金。然佛意是總顯所迷之境，境本非實，能述之心，心元是空。心境既已了然，法界自然顯現，真應二身一異云乎哉。

△二十六、斷化身說法無福疑，二：初、明說法功德，二、明說法離染。

初、明說法功德

須菩提，若有人滿無量阿僧祇世界七寶持用布施，若有善男子、善女人發菩薩心者，持於此經，乃至四句偈等，受持讀誦，爲人演說，其福勝彼。

佛意謂，汝聞真化一異俱非，又將無疑非一則化爲虚假，非異則冥合歸真，法身既即化身，化身終無自體，能說之佛既虚，所說之教寧實，持此不實之教，福將安在耶。故顯說法之德，舉滿界寶施不足以較其勝也。發菩薩心者，揀非餘人，如是之人，持說四句偈等，勝彼無量寶施之福，安得無福。如彌勒云：化身示現福，非無無盡福。

△二、明説法離染

云何爲人演説。不取於相，如如不動。

承上演説能得勝福，然必如何演説而可以得勝福耶。故云：不取于相，如如不動。不動者，謂如來説法，皆如真如之理，遠離生滅之相，寂然不動也。傳授之人，要皆如是。既如其法，福乃無邊，何疑持説無福德耶。如彌勒云：諸佛説法時，不言是化身。以不如是説，是故彼説正。意謂若言是化，則人無敬心，所説之法豈肯信受。由不説故，人皆崇奉，所説之教咸皆受持，無漏之福自然無量。夫不言是化，則化全是法可知矣。又如如不動，了無分別，即古人所謂却是虛空講得者是也。若夫以生滅心説實相法，則不勝其妄，不勝其染汙矣，況間以名利之心乎哉。不惟無福，而害實隨之。曇師黑門之報，可懼也已。

△二十七、斷入寂如何説法疑

何以故。一切有爲法，如夢幻泡影，如露亦如電，應作如是觀。

佛意謂，化身雖有説法，然以無所從來，故名如來，則佛又常涅槃矣。將無疑涅槃寂靜，説法喧動，動寂相反，云何佛常説法而不礙于涅槃耶。故云一切有爲法等也。意以佛有妙觀察智，觀諸法空如夢幻等。雖現説法，似有爲相，而常安住於至寂無爲之理，涉有不住於有，觀空不著於空，寂而常用，用而常寂，復何礙耶。又夢、幻、泡、影，皆喻本空，如露如電，同彰迅滅，使悟本空則不住諸相，俾能知生滅，乃警策修行，妙符破相之宗，巧示忘情之觀。亦可不作斷疑，但是解釋不取相等，以觀諸有爲如夢如幻，自不取不著，契合真如，無有分別動摇矣。雖然，經對凡夫執爲一定確有之法，故曰如夢如幻等耳。若夫據實而談，有爲是夢，何以如夢如電爲耶。故曰：何須更見浮生事，秖此浮生是夢中。然則三界夢也，十方夢也，迷固夢也，悟亦夢也，三乘、十地、菩提、涅槃何往而非夢也耶。唯夢夢者，不可以夢名耳。説法者常住於一漚未發之先，一念未萌之際，因物現形，隨機説法，自然虛靈寂照。不求不取，自不取焉，不求如夢，物自夢焉。若夫起心作想，而曰我如夢，我如電，我如泡影，則蓋有不勝其相，不勝其動者矣。求望如如不動，何以異於螢火之爇須彌哉。故知應作如是觀，決非意想分別生滅之心所可到也。智者詳之。

△三、流通分

佛説是經已，長老須菩提，及諸比丘、比丘尼，優婆塞、優婆夷，一切世間天、人、阿修羅，聞佛所説，皆大歡喜，信受奉行。

一卷經内，兼有師資，以就勝爲言，故但云佛説。首空生者，爲當機故。獨列四衆及天、人、修羅，而不及鬼神等者，文無義有，含於内故。皆大歡喜，信受奉行，正爲流通。歡喜者，虛往實歸故。又能説之人清淨，所説之法清淨，則所證之果亦必清淨，故歡喜也。信受者，不信一切法，是信般若，不受一切法，是受般若，此名真解。奉行，則無住生心，離相布施等，是名真修矣。縱其隨機得益各有不同，然一歷耳根，永爲道種，經義不可思議，果報亦何可思議也耶。

金剛般若波羅蜜經鎞卷下終

校勘記

〔一〕「損」，底本原校疑爲「捐」。

〔二〕「實」，底本脱，據文意補。

〔三〕「失」，疑爲「夫」。

（李勁整理）

〇二四八

金剛經槩論〔一〕

林子自書金剛經槩論卷端

古人有言曰，天地設位，聖人成能，何謂也。

林子曰：无始氏，然後有泰始氏，泰始氏始爲擘破洪濛，而以其虛空中一點真陽，以胎天生天而天開於子也，胎地生地而地闢於丑也。迺今正值天地之運，午將過中也，誰有能大發誓願，以豫爲數萬年真陽來復之計，以再造天地之乾坤，重立天地之性命者乎。然非有古今之一大聖人，不能爲已。由午而未，而申而酉，而戌而亥，以漸收真陽而終之者，此聖人之所以前天地而藏諸用，豫之以成其能也。卒成之終，迺反其始，而天之所以復開於子，地之所以復闢於丑，以漸還真陽而始之者，此聖人之所以參天地而顯諸用，贊之以成其能也。由是觀之，天地不能自始，不得聖人之終，則無以爲始。天地不能自終，不得聖人之始，則無以爲終。而其所以終而始之，始而終之，以來復萬古之真陽者，斯其有功於天地也大矣。然惟此一真陽也，始於泰始氏，而無所於始者，无始氏也，而天地人共之矣。放而彌之，而周流於六虛之外而無不足，收而斂之，而退藏於一人之身而非有餘。其天地聖人，之所以能相陰陽而迭終始者乎。《易》曰：原始反終。故知死生之説，夫豈惟人哉，而天地且不能違矣。故不知我之所以始，所以終，而曰我能再造我之乾坤，重立我之性命者，未也。不知天地之所以始，所以終，而曰我能再造天地之乾坤，重立天地之性命者，未也。龍江兆恩。

旹萬曆甲午孟夏門人盧文輝謹述

校勘記

〔一〕底本據明萬曆刻本《林子三教正宗統論》。

金剛經槩論并小引

槩論也者，槩而論之。以余之疎淺，不能句釋而字訓之，故特言其槩爾。或問：何者謂之金剛。佛性是也。又問：何者謂之佛性。如如是也。佛性如如，是我真經，而亘天亘地，亘古亘今，不可得而變，不可得而壞也，故曰《金剛經》。余嘗覽《金剛經》，乃知釋迦如來之所爲作也，其言婉而微，其意疊而複，惟巽以發明佛性之如如不變不壞之實義也，豈非老婆心切，欲以盡滅度無量無數無邊衆生，以共荷擔此如來也。後世之釋之者甚衆，惟有六祖直指乃得《金剛經》實義。餘或剿拾套語以爲證據，而使釋迦如來之秘旨反晦而不明，故爲撰著《金剛經槩論》。

三教主人龍江兆恩

如來所説我義卷之一

林子曰：古之人有此如來也，而以其如來説如來也。今之人亦有此如來也，而以其如來説如來，及説古如來之所説如來也。或言我，或言如來，如來即我，我即如來也。故以我説我，而我之義可得而明也。不以我説我，而我之義不可得而明也。《經》曰，是人不解我所説義，故爲説如來。題曰如來所説我義，而所謂如來者，乃釋迦之所以爲釋迦者，如來也。

林子曰：偏滿虚空界則皆道也，皆道則皆我也，故我也者，如來也。夫如來者，豈其無所從來與。而我之如來，盖從不空中來爾。然而何處不是我，故來而無所於來者，如來也。又問：何以謂之如也。林子曰：如也者，如也。如如不動，只如是爾。以其不可得而明言也，而強形容之曰如，又曰如如。縱我終日言之，亦不能明言之以告人，而只曰如，曰如如而已矣。即千經萬卷，亦不能明言之以告人，而只曰如，曰如如而已矣。夫既不能明言之以告人，而必強言以形容之者，何也。蓋欲以度脱有情，以同證此如來爾。

林子曰：我也者，我也，無我之我也。若計有我，即不名我。

林子曰：我，如如也，如如即道。渾然一道而萬理全備者，我之如如，我之虚空也。何處不是虚空，則何處不是如如。何處不是如如，則何處不是道。故虚空之無邊，即是如如之充塞。如如之充塞，即是斯道之流行。

林子曰：我無我也，即我即道也。我無我也，即我即如如也。我無我也，即我即虚空也。

林子曰：我其真我與，而無我之我者，真我也。我其無我與，而真我之我者，無我也。

林子曰：我其有我乎，我其無我乎。若以我而求我，非我也。而必離我以求我，亦非我也。故我不離我而亦無我相，非離非不離者，我也。我不離如如，而亦無如如相，非離非不離者，我之如如也。我不離虚空，而亦無虚空相，非離非不離者，我之虚空也。

林子曰：即如如即我，即我即道。道固不可離矣，而我也者，其可離乎哉。我固不可離矣，而如如也者，其可離乎哉。故不知有如如，則是不知有我。不知有我，則是不知有道。

林子曰：道在天地，而天地之所以如如者，我也，我虚空而已矣。道在萬物，而萬物之所以如如者，我也，我虚空而已矣。

林子曰：如如之在天地也，天地得之以造以化，在如如固不知天地之造之化，在天地亦不知如如而爲我造我化也。如如之在萬物也，萬物得之以生以成，在如如固不知萬物之生之成，在萬物亦不知如如而爲我生我成也。

林子曰：天地之所以造、所以化者，道也，如如也，虚空也。萬物之所以生、所以成者，道也，如如也，虚空也。謂如如之道即是虚空乎，則亦何者謂之道，何者謂之如如，何者謂之虛空。謂如如之道不是虛空乎，則亦何者不謂之道，何者不謂之如如，何者不謂之虛空。道，道而已矣。如如，如如而已矣。虛空，虛空而已矣。三世諸佛其道與。道不知也，三世諸佛不知也，非不知也，而道則無有可知焉者也。其如如與。如如不知也，三世諸佛不知也，非不知也，而如如則無有可知焉者也。其虛空與。虛空不知也，三世諸佛不知也，非不知也，而虛空則無有可知焉者也。無知則無得，無得則無說。若曰我則有所於知，我則有所於得，我則有所於說，即不可謂之道，即不可謂之如如，即不可謂之虛空。

林子曰：天地之所以造、所以化者，是諸法如義也。萬物之所以生、所以成者，是諸法如義也。豈非如如不動之中能具一切法邪。

林子曰：諸法本空，即是諸法無我也。而無我之我，是諸法之所以如如也。

林子曰：天地不知有我，我不知有天地。萬物不知有我，我不知有萬物。如如而已矣，虛空而已矣，此其所以爲道也。

林子曰：如來如如也，而如來之心有不如如乎。如來之心如如也，而如來之法有不如如乎。若不識如如，而曰我能見如來矣，而謂之如來，可乎。既非如來矣，而謂之如來之心，可乎。既非如來之心矣，而謂之如來之法，可乎。然如來無心也，而謂之如來之心者，何與。而如如其心者，如來之心也。如來無法也，而謂之如來之法者，何與。而如如其法者，如來之法也。故謂如來有心焉，不可也。謂如來無心焉，不可也。若如來也者，無心而有心也。謂如來有法焉，不可也。謂如來無法焉，不可也。若如來也者，無法而有法也。

林子曰：或執或著，而執著此如如也，而如來之即不可謂之如來，即不可謂之如來之心，即不可謂之如來之法。不執不著，而不執不著此如如也，而如來之方可謂之如來，方可謂之如來之心，方可謂之如來之法。然如如不動之中，有如來乎不，有如來之心乎不，有如來之法乎不。若謂如如不動之中而有如來焉，便非如如，便非如來。若謂如如不動之中而有如來之心焉，便非如如，便非如來之心。若謂如如不動之中而有如來之法焉，便非如如，便非如來之法。殊不知如來者，如如而已矣，如來之心，如如而已矣，如來之法，如如而已矣。而非有如來也，而非無如來也，而非有如來之心也，而非無如來之心也，而非有如來之法也，而非無如來之法也。

林子曰：謂如來，其如來乎。謂如來，其非如來乎。謂非如來，其如來乎。謂非如來，其非如來乎。要而言之，如來者，如如而已矣，而惡有所謂如來者乎，惡有所謂非如來者乎，惡有所謂非如來而如來者乎，惡有所謂非如來而非如來者乎。要而言之，如來者，如如而已矣。故未感之先，而應用不窮之妙，只如是爾。既感之際，而如如不動之體，只如是爾。若也不知如如，而曰此如來也，此非如來也，便不可謂之如來。

林子曰：即心即如，而心本虛空者，如如也。

林子曰：先乎我而我之，我固不可得而我也。我固不可得而我矣，而況我也可得而先乎。後乎我而我之，我固不可得而我也。我固不可得而我矣，而況我也可得而後乎。至於東而東之，而我不可得而東也。南而南之，西而西之，北而北之，而我不可得而南之、而西之、而北之。而又至於四維上下，而我亦不可得而四維之、而上下之。我如如也，而徧滿虛空界而莫非我也，我其可得而我乎，我其不可得而我乎。如如虛空之不可度量也，有如是夫。

林子曰：即如即心，即心即法，而如有所住乎不。若曰如有所住矣，則是心亦有所住與。故無所住而生其心者，如來也。若曰心有所住矣，則是法亦有所住與。故諸法如義者，如來也。

林子曰：如其有相乎不。如其有相，則是心亦有相與。心其有相乎不。心其有相，則是法亦有相與。故如，如如也，而如無如相。心，如如也，而心無如相。法，如如也，而法無如相。

林子曰：如其有如相與。便是有如，不可以言如。心其有心相與。便是有心，不可以言如。法其有法相與。便是有法，不可以言如。故如本無如也，而又安有如相。心本無心也，而又安有如相。法本無法也，而又安有如相。

林子曰：法，法也，心也。心，心也，法也。若曰法必本於心，有心而後有法，即是不解如來之所説義。

林子曰：夫如來者亦有説法與，而曰如來時乃説之者，何也。而《金剛經》一部乃釋迦如來之所演説也，抑豈知無説之説是謂真説。故謂如來有所説法不可也，謂如來無所説法不可也。

林子曰：如如者，寂滅也。寂滅無相，如如而已矣。

林子曰：夫既曰如來矣，而又何以謂之法身也。即如來，即法身，以諸法如義，故謂之如來。以清淨之體而一切佛法皆從此出，故謂之法身。如來、法身則皆我也。而或者以如來爲釋迦者，非也。然釋迦始而具足此如來，終而圓滿此如來，而以釋迦爲如來也，不亦可乎。但非《金剛經》所説如來義。

《金剛經》曰：以實無有法得阿耨多羅三藐三菩提，是故燃燈佛與我授記：汝於來世當得作佛，號釋迦牟尼。何以故。如來者，即諸法如義。林子曰：真性，如如也，故諸佛如如，如如之中亦豈有法。而作佛者，不過欲以復還我如來真性之本體爾。然如來真性本自如如，若實有法如來得阿耨多羅三藐三菩提，則是如來元無此真性如如之本體與。殊不知阿耨多羅三藐三菩提乃我真性如如中之所有者，殆非求之在外，而有所於得者得也。既無所得，又焉用法。故曰：以實無有法如來得阿耨多羅三藐三菩提。

林子曰：以實無有法如來得阿耨多羅三藐三菩提者，是諸法如義也。

林子曰：寂然而常感，叩之而即應者，如來也。若必待於安排而擬議者，即不名如來。

林子曰：云何應住。住於無所住而住之，只如是爾。云何降伏其心。降伏於無所降伏而降伏之，只如是爾。

林子曰：何以謂之真如也。如如者，真如也。真如其有相乎。而真如則無相也。真如其有住乎。而真如則無住也。惟其無相，故其無住。有相有住，便非如如。

林子曰：真如其有體乎，其無體乎。夫真如，既無相矣，惡得有體。而不知其體，則以無相爲體焉者也。故有相之體，體不虗空，而不名爲大者，色身也。無相之體，體即虗空，而名之爲大者，法身也。

林子曰：人孰不曰我能得我之本體矣。而我之所言者，皆以言我之本體也。林子曰：夫本體者，如如也，豈其可得而言哉。故凡我之所言者，都從本體中發出來者，如來也。

林子曰：過去心不可得，見在心不可得，未來心不可得者，如來也。

林子曰：如來能離一切相而不離一切相，如來能不離一切相而離一切相，故一切相應用則皆如來之如如也。

林子曰：無我相，無人相，無衆生相，無壽者相，而如如不動中自有一如來也。故如來也者，不可以有相見，不可以無相見，無相無無相，乃見如來。

林子曰：有身則有相，而如來既無身矣，惡有身相。有心則有相，而如來既無心矣，惡有心相。故不以身爲身，而以心爲身。不以心爲身，而以無心之心爲身。無心之心，心本虗空，虗空充滿，是名大身。大身非身，乃見如來。

林子曰：如來無身相，又安可以身相見。然而徧滿虗空者，乃其無身之真身也。

林子曰：如來無心相，又安可以心相見。然而徧滿虗空者，乃其無心之真心也。

林子曰：有相則有見，惟其有我相、人相、衆生相、壽者相，故有我見、人見、衆生見、壽者見。然而惡得無相，而有相之中能見無相，不亦可乎。

林子曰：此猶有見之心者在，是亦相也。夫如是，則無相之相而以不見見也，不亦可乎。林子曰：此猶有不見之心者在，是亦相也。

林子曰：凡夫，色身也，而亦有法身。佛，法身也，而亦有色身。但凡夫住於色身，故有我相、人相、衆生相、壽者相，而貪著其事，而凡夫矣。而佛則不住於色身，故無我相、人相、衆生相、壽者相，而不貪著其事，而佛矣。

林子曰：如來者，如如也，豈有心相。若取心相，即不名如來。如來者，如如也，豈有法相。若取法相，即不名如來。如來者，如如也，豈有非法相。若取非法相，即不名如來。

林子曰：如如不動中雖無有法，而法則從如如不動中來爾。故如如不動中，實無有法，實無無法，無法而有法，有法而無法，如是而已矣。

林子曰：汝勿謂如來有大智慧，能到彼岸矣。而如來之如如不動，元無大智慧，元無彼岸之可到也。如來若曰我有大智慧，我能到彼岸，則非如來矣。

林子曰：我者，真我也。如來法身，乃真我也。真我者，實相也。

林子曰：色身者，我也，有我相，有人相，有衆生相，有壽者相。有相之相，不名實相。法身者，真我也，無我相，無人相，無衆生相，無壽者相。無相之相，是名實相。

林子曰：性本無相也，而如如之相乃實相也。

林子曰：有生有滅則有相，無生無滅則無相。

林子曰：實相者，如來也，不可以色見，不可以音聲見，而無色無音聲，自有一如來之實相在也。故天地，形氣也，有時而壞，而實相虛空也，無時而壞。

林子曰：如來無眼、耳、鼻、舌、身、意矣，又惡有色、聲、香、味、觸、法耶。故住色，住聲、香、味、觸、法而起分別心者，妄心也。不住色，不住聲、香、味、觸、法而有分別性者，真心也。

如來所説我義卷之二

林子曰：如來法身充滿於法界矣，則能盡諸法界之卵生、胎生、濕生、化生、有色、無色、有想、無想、非有想非無想，而皆在我如來法身中而寂滅之，而普度之如來不知也，故曰我皆令入無餘涅槃而滅度之，渾然一虗空也。如如不動而所以盡滅度之而無餘者，殆有不可得而思量之矣。

林子曰：日出而天地皆明，明則容光必照，而不住相布施者，日之光也。日没而天地皆黑，黑則藉火之光，而住相布施者，火之光也。

林子曰：月落萬川，處處俱圓，夫月何曾有心於川，而川亦何曾有心於月邪，至於細而溝渠之水，又細而盂盆之水，而莫不一水一月。知此則所謂不住色布施，不住聲、香、味、觸、法布施，抑亦可少概見矣。而曰卵生、胎生、濕生、化生、有色、無色、有想、無想、非有想非無想，而盡滅度之而無餘者，則又何疑焉。

林子曰：月其有所住心乎。月無心也，而安有住。川其有所住心乎。川無心也，而安有住。故施者如月施而無所於施也，受者如川受而無所於受也。

林子曰：天地無心也，而以美利利於一切，不惟不自尸其功，亦且不自知其功者，不住相布施也。

林子曰：不住於相，無爲而已矣，即如是而布施，如是而滅度，非有二也。若必以財與人而謂之布施，以法與人而謂之滅度，則是生分別心，有相而有爲也。

林子曰：譬人之一身焉，一呼一吸，一動一

靜，而一身之內無不周偏，圓滿充塞之而無遺矣。而所謂不住色布施，不住聲、香、味、觸、法布施，與夫卵生、胎生、濕生、化生，有色無色，有想無想，非有想非無想，盡滅度之而無餘也，何以異此。然而有所謂布施邪，無有所謂布施邪。有所謂住色，住聲、香、味、觸、法而布施邪，無有所謂住色，住聲、香、味、觸、法而布施邪。有所謂滅度邪，無有所謂滅度邪。有所謂衆生可滅度邪，無有所謂衆生可滅度邪。如來，無相也，無相則無心，無心則無知，無知則無爲，而所謂布施者，只如是爾，滅度者，只如是爾。

林子曰：如來，無知也，知之於無所知，無所知而無不知也。如來，無爲也，爲之於無所爲，無所爲而無不爲也。故謂如來無所知，不可也。有所知，不可也。知之於無所知，無所知而有所知，不可也。謂如來無所爲，不可也。有所爲，不可也。爲之於無所爲，無所爲而有所爲，不可也。凡此皆不識所謂如來焉者也。惟其不識如來，故其不見如來。

林子曰：若卵生、胎生、濕生、化生，有色、無色，有想、無想，非有想非無想，各各皆有佛性，各各元非衆生，何待於滅，而亦何有於滅也，何待於度，而亦何有於度也。此其不住相布施，而無邊功德之在虗空中者，夫誰得而思議之，得而稱量之也。至於卵生、胎生、濕生、化生，有色、無色，有想、無想，非有想非無想，或迷佛性而衆生也，而其實則非衆生。雖若有所於滅，而非有所於滅也。雖若有所於度，而非有所於度也。此其不住相布施，而無邊功德之在虗空中者，夫誰得而思議之，得而稱量之也。

林子曰：色身則有相，有相則有說，有相有說，則滅度之有盡。法身則無相，無相則無說，無相無說，則滅度之無餘。

林子曰：靈山會上，佛菩薩之所相授受，而必曰如來如來，不一而足者，以其所說非我也，乃空寂中之我，能使我神通朗發、菩提日長者，我之如來也。不見如來，豈證佛果。故《金剛經》一部，釋迦言如來者五十有九，須菩提言如來者二十有七。

林子曰：若謂如來有所於説矣，而如來則無色相音聲，惡得謂之有説。若謂如來無所於説矣，而如來則善護念付囑，惡得謂之無説。然護念付囑而曰善者，何也。蓋我如如不動之中，則若有以啓我翼我，而護念之而付囑之，惡得謂之無説。而其實則無所於啓，無所於翼，有何護念，有何付囑，惡得謂之有説。

林子曰：説者，其有所於説乎，有説而無説也。説者，其無所於説乎，無説而有説也。聞者，其有所於聞乎，有聞而無聞也。聞者，其無所於聞乎，無聞而有聞也。要之，説不以言，聞不以耳，而真機之相爲感通者，蓋有不可以心思而測量之矣。

林子曰：如來者，我之如來也，以我之如來而見我之如來，豈其無所於見耶。然我之如來者，無相也，無相則無見，而曰能見我之如來者，則是能見其所不見矣，不亦難乎。

林子曰：如來者，不可以見見，而其見也以不見見，不見而見，乃是真見。不可以聞聞，而其聞也以不聞聞，不聞而聞，乃是真聞。不可以覺覺，而其覺也以不覺覺，不覺而覺，乃是真覺。不可以知知，而其知也以不知知，不知而知，乃是真知。故真見無見，無見而無不見，真聞無聞，無聞而無不聞，真覺無覺，無覺而無不覺，真知無知，無知而無不知。然如來無見也，無聞也，無覺也，無知也，而其所以善護念、善付囑者，誰與。而其所謂不護念而護念，不付囑而付囑者，則固有不見而見，不聞而聞，不覺而覺，不知而知也夫，孰得而測識之。

林子曰：非惟諸菩薩爲然也，至於衆生之所以能發菩提心者，是皆如來有所護念而付囑之矣。夫如來者，果有所護念，有所付囑與，不可得而知也。果無所護念，無所付囑與，不可得而知也。

果有所護念，有所付囑，而非有所護念、有所付囑與，不可得而知也。果無所護念，無所付囑，而非無所護念、無所付囑與，不可得而知也。然而所謂護念而付囑者，亦惟求之在我而已矣。故在我若有可以護念，有可以付囑，而如來則便爲之護念，便爲之付囑。若在我無可以護念，無可以付囑，而如來則孰得而護念之，孰得而付囑之。要而言之，如來者，我也，而非他也，以我之激發真心而有不容已之機也，故其思若啓，其行若翼。而其啓我翼我者，我之如來也。

林子曰：偏滿天地間者，氣也。氣之靈者，神也。神之所以神者，性也。性，本空也，如如也，空而不空。而有所謂來者，盖自如如不動中發出來者，如來也夫。如來者，雖曰如如不動矣，而真心之所感發而興起者，是亦如來之啓我翼我，而護念之，而付囑之，則又不可不知也。

林子曰：衆生豈有佛性邪。而卵生、胎生、濕生、化生，有色、無色，有想、無想，非有想非無想，則皆有佛性也。皆有佛性，則皆一如來也。惟其無作佛之心，則亦已矣。如其有作佛之心，以自願自證如來也，則如來固在我矣。而我之如來，有不啓我翼我，而護念我，而付囑我邪。若曰我非無作佛之心也，而我原無有乎佛性也，我原無有乎如來也，則誰爲之啓我，誰爲之翼我，而護念我，而付囑我邪。此盖因迷失性而不能自見如來也，而曰我無有佛性也，我無有如來也，不亦惑乎。然性也者，與生俱生。我之所自有者，性也。性即如來，如來即性。若我果有見性之實心矣，而我之如來有不啓我翼我，而護念我，而付囑我邪。但無夙緣，亦不能信。

林子曰：如來善爲説法，而未嘗説一字。此其所以巧於方便，而令人且不能覺。縱或覺之，抑又疑之，而不自知其所以能發菩提心者，果何心也。要而言之，如來者，我之性也。我之性真呈露者，我之如來自現也。我自現之，我自不察，此其所以日用不知而不能自見如來也。

林子曰：如來者，衆生之性也。而衆生之性，如來也，故曰非衆生。夫佛非有異於衆生也，而衆生之能盡其性焉，則佛矣。故以如來言之，本無佛也，悟而得見如來，則名之爲佛。本無衆生也，迷而不見如來，則名之爲衆生。然而衆生之如來則固在焉，不可不知也。

林子曰：有所於説便是説，其所能説者，所可使知之，道也。無所於説便是不能説，其所不能説者，所不可使知之，道也。

林子曰：微密妙義，可得而説乎，不可得而説乎。故能説其所能説，而護念之，而付囑之，而謂之善護念、善付囑者，未可也。不能説其所不能説，而護念之，而付囑之，而謂之善護念、善付囑者，斯爲至矣。

林子曰：汝勿謂《金剛經》一部乃如來之微密妙義也，而《金剛經》一部非如來之微密妙義也。汝勿謂《金剛經》一部非如來之微密妙義也，而《金剛經》一部非如來不能説。《金剛經》一部，乃如來爲發大乘者説，爲發最上乘者説。非有大乘、最上乘者，其孰能知之。而中乘、下乘聞之，心即狂亂，狐疑不信。

林子曰：聞人之言，心即開悟者，是由我之一如來，有以啓我翼我也。以彼之如來，觸我之如來，然其實非有二如來也。但我之如來既無所言矣，而我又安得而聞之。此其所以善護念付囑，而爲如來之微密妙義也。若或有可得而言之，有可得而聞之，便非如來之微密妙義，而謂之善護念、善付囑，不可也。

林子曰：如來之微密妙義，即如來不可得而説之。若如來之微密妙義，如來得而説之，便非如來之微密妙義也。

林子曰：《金剛經》一部，皆如來所以善護念付囑諸菩薩者，今摘取其所以善護念付囑諸菩薩者而歷言之。曰如汝所説，如來善護念諸菩薩，善付囑諸菩薩，應如是住，如是降伏其心。曰如來不應以具足色相見。曰如來不應以具足諸相見，曰若菩薩有我相、人相、衆生相、壽者相，即非菩薩。曰菩薩於法應無所住，行於布施。曰菩薩但應如所教住。曰諸菩薩摩訶薩，應如是生清淨心，不應住色生心，不應住聲、香、味、觸、法生心，應無所住而生其心。曰菩薩應離一切相，發阿耨多羅三藐三菩提心。曰若作是言，我當滅度無量衆生，即不名菩薩。曰若菩薩作是言，我當莊嚴佛土，是不名菩薩。曰若菩薩通達無我法者，如來説名真是菩薩。曰若復有人知一切法無我，得成於忍，此菩薩勝前菩薩所得功德。曰菩薩所作福德，不應貪著，是故説不受福德。夫所謂應，所謂不應，所謂但應，所謂應如是，所謂若，所謂若作是言，所謂即是，所謂即非，所謂皆是，所謂真是，所謂名爲，所謂即不名，如有能明此十數字之義，則便知如來口氣、作經微旨，而所以善護念付囑諸菩薩者，可槩見矣。

林子曰：經也者，經也，即如如不動之真經也。然此經無相，而有一切諸佛也不，諸佛阿耨多羅三藐三菩提也不。若謂無此一切諸佛及諸佛阿耨多羅三藐三菩提，而一切諸佛及諸佛阿耨多羅三藐三菩提則從何處而來。若謂有此一切諸佛及諸佛阿耨多羅三藐三菩提，而如如不動之中，則惡有所謂一切諸佛及諸佛阿耨多羅三藐三菩提者。

林子曰：不知如如，則不知真經。不知真經，則不知金剛不變不壞之體。不知金剛不變不壞之體，而謂之佛，可乎。不可謂之佛，而謂之虚空，可乎。不可謂之虚空，而謂之得見如來，可乎。謂之清淨法身，可乎。謂之無我相、人相、衆生相、壽者相，可乎。謂之不住色布施，不住聲、香、味、觸、法布施，可乎。謂之盡滅度之無餘，實無衆生得滅度者，可乎。謂之無法相，無非法相，可乎。謂之非身而名大身，可乎。謂之希有，世尊，最上第一希有之法，可乎。謂之第一波羅蜜，可乎。謂之實無有法得阿耨多羅三藐三菩提，可乎。謂之能成就不可量、不可稱、無有邊、不可思議功德，可乎。

林子曰：四句偈者，乃如來所説四句偈也。古今爭辯，而不知《金剛經》之所指者果何偈也。或曰以色見我之偈，或曰如露如電之偈，或曰若見諸相非相即見如來，或曰無色、聲、香、味、觸、法，或曰無我相、人相、衆生相、壽者相，或曰摩訶般若波羅蜜。以上數語，未知孰是，而我則曰皆是也。豈其不有非是者乎，而我則曰皆非是也。故我能轉四句偈，而令人得見如來，則皆是也。我若爲四句偈所轉，而不能令人得見如來，則皆非是也。

林子曰：如我能見如來矣，或隨取《金剛經》中四句偈爲他人説，或隨取他諸經中四句偈爲他人説，或我所自説四句偈爲他人説，能令人通達無我，得見如來，便是真四句偈也。奚必爭辨此是彼非，徒增人我，豈曰能知四句偈，而復能爲他人説邪。

林子曰：若所謂四句偈者，豈必索之於經。而鳥啼花放，無假施爲，乃我之真四句偈也。然而四句偈可得而説乎不。而不屬言語，非關文字，而爲人説四句偈者，乃我之真説四句偈也。

林子曰：有説則有聞，有聞則能聞其所聞，而不能聞其所不聞也。無説則無聞，無聞則雖曰無所於聞，而其實則無聞而無不聞也。然而何以謂之無聞而無不聞也。昔者釋氏曾有言曰，盡大地是箇法王身。法王身者，我也，如來也。故我而静也，而盡大地則與我而俱静，我而動也，而盡大地則與我而俱動。而百脉之相爲宣節，一氣之相爲流通，固不待有所於説而後得而知之。無説無聞，乃真説四句偈也。故以此無聞無説而布施也，則謂之不住相布施。以此無聞無説而滅度也，則謂之實無衆生得滅度者。或者疑之。林子曰：有所布施而曰布施者，而非如來之所謂布施也。有所滅度而曰滅度者，而非如來之所謂滅度也。有所説四句偈而曰説四句偈者，而非如來之所謂説四句偈也。若如來者，則無所於布施而無非布施也，無所於滅度而無非滅度也，無所於説四句偈而四句偈亦非有待於説也。而汝以爲如來有所布施邪，有所滅度邪，有所説四句偈邪。汝以爲如來無所布施邪，無所滅度邪，無所説四句偈邪。而如如不動之中，只如是爾。而汝若曰我能布施矣，而必如是然後方可謂之真布施，即不名菩薩，不能見如來。而汝若曰我能滅度矣，而必如是然後方可謂之真滅度，即不名菩薩，不能見如來。而汝若曰我能説四句偈矣，而必如是然後方可謂之真説四句偈，即不名菩薩，不能見如來。

如來所説我義卷之三

林子曰：天地之内，天地之外，則皆虚空也。未有天地，先有虚空。虚空，我也，我本如如也。由是而天而地，而盈天地間之生生化化而無盡者，亦皆我之虚空，我之如如也。我其有所來與。來而無所來也。我其無所來與。無所來而無所不來也。

林子曰：虚空不二也，如如不二也。不二故一，而其所謂一者，乃一片之一也。故天地之内只此一如來也，天地之外只此一如來也，先天地之始而始，只此一如來也，後天地之終而終，只此一如來也。如來，一虚空也。虚空則盡東西南北，四維上下，而無復有邊際矣，而如來之虚空則亦盡東西南北，四維上下，而無復有邊際者。夫虚空之虚空，既不可以思量矣，而如來之虚空，獨可以思量乎哉。此其所以無所於來，無所於去者，如來也。若如來之有我相、人相、衆生相、壽者相而不虚空也，即可得而東西南北之、四維之、上下之。而以其無有我相、無有人相、無有衆生相、無有壽者相而虚空也，是惡得而東西南北之、四維之、上下之。故虚空如來也，如來虚空也。

林子曰：盡東西南北，四維上下，而無復有

邊際者，是皆如來之一法身也。而無量爲一，若卵生、胎生、濕生、化生，有色、無色，有想、無想，非有想非無想，而莫不各足此如來也。而一爲無量，譬之四肢百骸雖異，總是我之一身也。

林子曰：夫盡東西南北，四維上下，而無復有邊際，以爲我之身者，而其所荷擔也不亦重乎，然非有所於加也，而如來之分量本如是爾。以此而荷擔如來，則盡東西南北，四維上下，無有邊際，而無復有能外我之身者。此其所以不可思議、不可稱量、無邊功德，而其實則無有所謂不可思議、不可稱量、無邊功德者。若以爲有所謂不可思議、不可稱量、無邊功德，則雖諸大聲聞，及至菩薩，不免有所擬議而測量。若以爲無有所謂不可思議、不可稱量、無邊功德，則是如來亦有誑語者，必不然矣。

林子曰：所謂福德性者，以是福德皆在我如來之真性中爾。性本虛空，不可思議，不可稱量，此其所以謂之無邊福德，而實無有乎所謂福德也，故曰福德性。

林子曰：若以福德有實，即是有貪、有著、有受，而有得矣。而以福德無故，即是無貪、無著、無受，而無得矣。故有得則有相，有相則有盡，而如來不説得福德多。無得則無相，無相則無盡，而如來説得福德多。

林子曰：夫曰福德者，是有爲之福德也。有爲之福德，是世間之福德也。以其可得而思議也，可得而稱量也，而福德則有時而盡。而曰福德性者，是無爲之福德也。無爲之福德，是出世間之福德也。以其不可得而思議也，不可得而稱量也，而福德性則無時而盡。

林子曰：以世界言之，則有所謂三千大千世界與夫微塵，而不虛空也。以虛空言之，則無有所謂三千大千世界與夫微塵，而一皆虛空也。而其所謂無有乎三千大千世界與夫微塵者，豈其世界終於變壞，微塵終於斷滅耶，此非釋氏之秘密妙義也。而所謂無此三千大千世界與夫微塵者，真有不可説不可説，説亦不得矣。若曰可得而説之，即非釋氏之秘密妙義也。我乃今則强而説之。我能虛空矣，而三千大千世界與夫微塵悉皆虛空也，此乃真語，此乃實語，豈非所謂虛空本體，本體虛空邪。夫誰得而知之。

林子曰：即我即虛空，即虛空即我。虛空無相貌，我亦無相貌。虛空無邊際，我亦無邊際。故非身之身，充滿於一切，而無音之音，普順於十方。

林子曰：我，真我也。真我，如如也。有真我而後有虛空，有虛空而後有天地，有天地而後有萬物。萬物之生成，原於天地之造化。天地之造化，原於太虛之虛空。太虛之虛空，原於真我之如如。真我之如如，空而不空也。而不空也者，乃所以主乎其空焉者也。故如來者，雖曰從空中來，而其實則自不空中來也。不空者，真我也。然而空也，非真我與。故空也者，我也。由是而天地，由是而萬物，而莫非我也，但不可謂之真我。真我無我，真空不空。夫惟其不空也，故能生虛空。虛空無際，故能生天地。天地廣大，故能生萬物。夫虛空之無際而曰能生天地，天地之廣大而曰能生萬物，是皆真空不空者之有以主之也。而其所謂不住相布施者，夫誰得而測識之。若夫卵生、胎生、濕生、化生，有色、無色，有想、無想，非有想非無想，而皆在我天地廣大之中，虛空無際之内爾。余於是而知日月星辰之不有我焉，而日月星辰則無以照以臨。雷霆風雨之不有我焉，而雷霆風雨則無以鼓以潤。山嶽河海之不有我焉，而山嶽河海則無以流以峙。昆虫草木之不有我焉，而昆虫草木則無以長以養。故萬物之所以爲萬物者，雖曰本於天地矣，而其所以主張乎萬物者，是亦天地也，是亦我也。天地之所以爲天地者，雖曰本於虛空矣，而其所以主張乎天地者，是亦虛空也，是亦我也。則其所謂不住相布施者，夫誰得而測識之。

林子曰：萬物之所以爲萬物者，以其有我也。

我而我之，而萬物之所以生成者，我也。天地之所以爲天地者，以其有我也。我而我之，而天地之所以造化者，我也。虛空之所以爲虛空者，以其有我也，我而我之，而虛空之所以爲虛空者，我也。

林子曰：天之道，高也明也，若不有我之虛空，我之如如焉，則無以高以明。地之道，博也厚也，若不有我之虛空，我之如如焉，則無以博以厚。先天地之始而始，若不有我之虛空，我之如如焉，而天地雖大，則無以始其始。後天地之終而終，若不有我之虛空，我之如如焉，而天地雖大，則無以終其終。由是觀之，天地之高也明也，博也厚也，始也終也，而皆有賴於我之虛空，我之如如也。如此夫誰得而測識之。

林子曰：始而以神氣而造化之，而猶知有性命也。既而以性命而造化之，而猶知有虛空也。然而無生者，虛空也，豈曰不知有性命焉已哉，亦且不知有虛空。故無虛而無不虛，無空而無不空，無生而無不生，然後方可謂之圓滿清淨，無餘涅槃，而爲釋氏之最上一乘極則之地也。

林子曰：夫無虛而無不虛矣，無空而無不空矣，則命自我立，性自我出，而天地且不得而性我而命我也。夫命自我立矣，性自我出矣，則不神而神，非氣而氣，而天地且不得而神我而氣我也。豈曰天地不得而神我、氣我、性我、命我焉已哉，我將以神氣而神氣乎天地、神氣乎萬物矣，而天地萬物有不賴我之神以爲神，賴我之氣以爲氣乎。我將以性命而性命乎天地，性命乎萬物矣，而天地萬物有不賴我之性以爲性，賴我之命以爲命乎。此其不住相布施，而又在於神、氣、性、命也。如此夫誰得而測識之。

林子曰：何以謂之如來方便。深入衆生之性也。而衆生之性，如來也。此其所以善於方便，而非有所於方便也。

林子曰：如來也者，無爲也，無不爲也。惟其無爲無不爲也，故能深入萬物之性，以主張萬物而方便之。汝毋謂如來能深入萬物之性，以主張萬物而方便之也，抑亦能深入天地之性，以主張天地而方便之也。汝毋謂如來能深入天地之性，以主張天地而方便之也，抑亦能深入虛空之性，以主張虛空而方便之也。而其布施之大，真無有過於此者，不惟不住於相，而又且無相之可住。微乎其微，夫誰得而測識之。

林子曰：不能忘生則不能無生，不能無生則不能成佛。故以父母之性命以爲性命者，則是猶知有身。猶知有身，則是不能忘生。不以父母之性命而自造性命者，則是不知有身。不知有身，則是能證無生。故必至於節節支解而不生嗔恨者，然後方可謂之忘生、無生。

林子曰：如如虛空中，豈有三千大千世界，豈有微塵。如如虛空中，上不見天，下不見地，東西南北四維不見邊際，而況於天地之内所謂世界微塵者乎。

林子曰：三千大千世界都在我法身虛空中，非世界也，而世界其心者，世界也。三千大千世界碎爲微塵，都在我法身虛空中，非微塵也，而微塵其心者，微塵也。

林子曰：有出世界心者，便是有礙於世界而故出之，謂之無世界之心，可乎。有離微塵心者，便是有礙於微塵而故離之，謂之無微塵之心，可乎。

林子曰：有心則有相，有相則有世界，有世界則有微塵。無心則無相，無相則無世界，無世界則無微塵。故一念纔起，便是有相，便是世界，便是微塵。一毫罣礙便是有相，便是世界，便是微塵。

林子曰：汝勿謂般若波羅蜜非般若波羅蜜與，汝勿謂非般若波羅蜜是般若波羅蜜與。汝以何者爲是汝之般若波羅蜜與，汝以何者爲非汝之般若波羅蜜與。若汝之心有所住於般若波羅蜜矣，亦是有相，亦是世界，亦是微塵，便非般若波羅蜜。若汝之心有所住於非般若波羅蜜矣，亦是有相，亦是世界，亦是微塵，便非般若波羅蜜。

林子曰：有法相，世界也，微塵也。非法而有非法相，世界也，微塵也。非非法而有非非法相，世界也，微塵也。有能所，世界也，微塵也。無能所而有無能所相，世界也，微塵也。無無能所而有無無能所相，世界也，微塵也。

林子曰：有能作佛心，世界也，微塵也。無能作佛心而起無能作佛心，世界也，微塵也。有能度衆生心，世界也，微塵也。無能度衆生心而起無能度衆生心，世界也，微塵也。

林子曰：謂我有所得於無上正等正覺而猶存能得之心者，世界也，微塵也。謂我無所得於無上正等正覺而猶存無所得之心者，世界也，微塵也。

林子曰：謂我能具大智慧到彼岸矣，而猶存能證之心者，世界也，微塵也。豈曰不存能證之心而猶存無所證之心者，世界也，微塵也。

林子曰：以塵垢心而世界之，而世界一塵垢也。以清淨心而世界之，而世界一清淨也。以虚空心而世界之，而世界一虚空也。然猶有所謂虚空者在也。有所謂虚空，則有所謂世界，而必至於不知有世界，不知有虚空，虚空而世界之，而又不知世界之虚空，世界而虚空之，而又不知虚空之世界，然後方可謂之虚空。虚空者，如如也。此豈非自造神氣、自造性命，而虚空之，而如如之者，我之如來邪。

林子曰：夫人，孰不有真性，孰不有真我，孰不有如來。而自見如來，是自見真性也。自見真性，是自見真我也。而阿耨多羅三藐三菩提，則亦從如如不動中來爾。自覺覺他，清淨圓滿，故名之曰佛。

林子曰：不識如來，即不識我。既不識我，安能作佛。

林子曰：如來之我，能普現於一切，而衆生之我，則具足乎如來矣。若衆生之所以不如來者，非如來以如來之無我以迷衆生，乃衆生以衆生之有我而迷如來也。

林子曰：衆生具足乎如來矣，而如來曰非衆生。若衆生能見如來，即能無我相、人相、衆生相、壽者相而不衆生也。惟其有我相、人相、衆生相、壽者相而不能見如來者，衆生也。

林子曰：徧滿虚空界，則無一不是如來藏裏。無一不是如來藏裏，則無一不是佛。然而衆生之我且具足乎如來矣，而徧滿虚空界，鮮有能作佛者，何與。

林子曰：我無佛也，迷我而衆生之，則衆生矣。我無衆生也，悟我而佛之，則佛矣。

林子曰：佛，一我也，佛而我矣，即我是佛，又焉有佛之可做邪。衆生亦一我也，衆生而我矣，即非衆生，又焉有衆生之可度邪。

林子曰：真性者，本性也。而所謂本性者，豈非未生以前是我本來之所自有者真性與。故真性者，真我也。

林子曰：凡言我者，真我也。而曰有我者，以身相而我之者，非我也，豈曰不有身相。若以性命而我之，非我也，豈曰不有性命。若以虚空而我之，非我也，故有我則有我相、有人相、有衆生相、有壽者相，乃有一切相者，我也，我而非我也。無我則無我相、無人相、無衆生相、無壽者相，乃無一切相者，我也，我乃真我也。

林子曰：夫作佛豈無法哉。而世之所謂佛法者，非佛法也。故始而以神氣而自爲造化，以還性命。既而以性命而自爲造化，以了無生。似此佛法，乃余之所謂以道教爲入門者是也。既了無生，又且忘法，豈非所謂最上第一希有之佛法與。然必有此最上第一希有之佛法，以證此無上甚深微妙之佛果，而後方可言如如，方可言虚空，方可言真經，方可言金剛不變不壞之體，方可言無我相、人相、衆生相、壽者相，方可言不住色布施，不住聲、香、味、觸、法布施，方可言盡滅度之而無餘，實無衆生得滅度者，方可言無法相無非法相，方可言非身大身，方可言第一波羅蜜，方可言實無有法得阿耨多羅三藐三菩提，方可言成就不可量、不可稱、無有邊、不可思議功德，方可言如來，言希有世尊。而所謂清淨法身毘盧遮那佛、圓滿報身盧舍那佛、千百億化身釋迦牟尼佛者，由此其選矣。

如來所説我義卷之四

林子曰：賴父母之造化，以造化我之色身，而色身之如來，非我之如來也。立吾身之造化，以造化我之法身，而法身之如來，乃我之如來也。夫法身之如來，固曰虚空本體矣。而色身之如來，謂之虚空本體，可乎。

林子曰：汝勿謂此三千大千世界而曰三千大千世界也，其所謂三千大千世界者，而非此所謂三千大千世界也。汝勿謂此三千大千世界之微塵而曰三千大千世界之微塵也，其所謂三千大千世界之微塵者，而非此所謂三千大千世界之微塵也。

世界無盡，而各各世界各各包含三千大千世界，及三千大千世界之微塵亦無盡。微塵無盡，而各各微塵各各包含三千大千世界，及三千大千世界之微塵亦無盡。譬之鏡鏡交映，相爲徹入，珠珠互照，乃爾圓融。故曰：即非一合相，是名一合相。又曰：一合相者，即是不可説。

林子曰：法身之如來徧滿於虚空矣，而三千大千世界之在如來虚空中者，是特海中之一漚爾。若夫色身之如來，而可以爲如來乎不。故有時而悟，雖以名佛，而忽爾而迷，又是衆生。

林子曰：無量無數無邊衆生，皆籠罩於我之性命而虚空之者，滅度也。而非謂無量無數無邊衆生，能自滅衆生而自度之爲佛也。

林子曰：一切衆生，元有此性命，而所謂自造性命者，乃以復我之所自有者。由是而虚空之，而所謂本來面目者是也。本來面目，豈曰衆生。但以其迷故，而以父母之所謂性命以爲性命者，衆生也。

林子曰：如來説第一波羅蜜，即非第一波羅蜜。若能自爲造化而虚空之者，而不可以得此第一波羅蜜乎。要而言之，而所謂第一波羅蜜者，殆非有所於得，而亦非色相中所可得而得之也。

林子曰：自造性命而虚空之，而虚空中自有一實相在也。故曰：即是非相，是故如來説名實相。實相者，法身也。故必以此虚空之實相，實相之法身也，然後方可名之爲如來。

林子曰：可以身相見如來不。而如來無身相也，而如來之身相乃自爲造化而身相之者，非身相也。故曰：如來所説身相，即非身相。

林子曰：法身如來既無眼、耳、鼻、舌、身、意矣，又安有色可住而生心邪，又安有聲、香、味、觸、法可住而生心邪。

林子曰：菩薩應離一切相，發阿耨多羅三藐三菩提心。若或不知自爲造化而虚空之，即是不能離此色身。不能離此色身，即是不能無我相、無人相、無衆生相、無壽者相。不能無我相、人相、衆生相、壽者相而曰能發阿耨多羅三藐三菩提心，我弗知之矣。

林子曰：如來所得阿耨多羅三藐三菩提，乃自爲造化而虚空之，而得此阿耨多羅三藐三菩提，而非世之所謂阿耨多羅三藐三菩提者。

林子曰：如來有所得阿耨多羅三藐三菩提邪，如來有所説法邪。如來虚空也，無所得於阿耨多羅三藐三菩提，而阿耨多羅三藐三菩提皆從虚空中來爾。則又安有所謂法，而又安有所謂法之可説邪。

林子曰：我而自造性命矣，我而復返虚空矣，而阿耨多羅三藐三菩提則從此而出。故曰：乃至無有少法可得。若所謂自造性命，復返虚空，而謂之非法而何。其曰法尚應捨者，捨此法也。然乃至二字之義，不可不知也。始於有所得，有所得而得，得而非有所得也。終於無所得，無所得而得，得而非無所得也。文殊大士曰：乃至於無有言語文字，乃真入不二法門。而文殊乃至二字亦此義也。我於是而知，未到彼岸，不能無法，既到彼岸，又焉用法。古人有言曰：渡河須用筏，到岸不須船。若也不能離法，即是未到岸之人。夫豈有既到岸之人，乃反濡滯於筏之中邪。故必乃至於無有少法可得，無有言語文字，然後方可謂之真到彼岸，方可謂之真入不二法門，方可謂之真得阿耨多羅三藐三菩提。

林子曰：應如是住，應如是降伏其心，乃所以發阿耨多羅三藐三菩提心也。

林子曰：如來説一切法，非世間之所謂一切法也，乃自爲造化而虛空之，而自然有所謂一切法也。若世間之所謂一切法而謂之一切法，可乎。故曰：即非一切法，是故名一切法。

林子曰：虛空中安有善法，其所謂一法不立而萬法俱備者乎。故曰：如來説非善法，是名善法。

林子曰：若以色見我，以音聲求我，是蓋不知自性虛空之如來也。不知自性虛空之如來，而謂之非外道而何。

林子曰：如來其以具足相，故得阿耨多羅三藐三菩提邪。如來其不以具足相，故得阿耨多羅三藐三菩提邪。汝若以如來具足相故得阿耨多羅三藐三菩提，則是如來亦有一切相，非如來也。汝若以如來不以具足相，故得阿耨多羅三藐三菩提，則是如來亦有斷滅相，非如來也。夫虛空中雖具一切法而實無一切法，雖具一切相而實無一切相。夫既無一切法矣，而又焉有一切法之可説邪。夫既無一切相矣，而又焉有一切相之可斷滅耶。

林子曰：自性虛空之如來，不知有相，而況有法乎。不知有法，而況有説乎。故如如不動之中無相也，無相而有相。如如不動之中無法也，無法而有法。如如不動之中無説也，無説而有説。

林子曰：如來本虛空也，故其量等虛空。

林子曰：有真虛空，則有真世界，而所謂世界者，非世界之世界也，故曰：即非世界，是名世界。有真虛空，則有真佛土，而所謂佛土者，非佛土之佛土也，故曰：即非莊嚴，是名莊嚴。

林子曰：有真虛空，則有真阿耨多羅三藐三菩提。汝以何者謂汝之阿耨多羅三藐三菩提邪。而汝之所謂阿耨多羅三藐三菩提者，即非阿耨多羅三藐三菩提。

林子曰：有真虛空，則有真般若波羅蜜。汝以何者謂汝之般若波羅蜜邪。而汝之所謂般若波羅蜜者，即非般若波羅蜜。

林子曰：佛説如是甚深經典者，即所謂甚深法界及般若三昧者，若非自造性命，以復還我虛空，而有此甚深經典乎不，有此甚深法界乎不，有此般若三昧乎不。

林子曰：如來有所説法邪，如來無所説法也。昔者釋迦臨入涅槃，文殊大士請佛再轉法輪。釋迦咄曰：文殊，吾四十九年住世，未嘗説一字。汝請吾再轉法輪，是吾曾轉法輪邪。靈山會上，乃今不可得而考矣，而其所論著諸經謂非曾轉法輪邪，而曰未嘗説一字者，何與。余每叩之高明之士，未有能解釋迦之真實義者，况其下乎。而謂靈山會上未嘗説一字也，其然與，其不然與。然而諸佛所説十二部經全無所用於世乎。林子曰：釋迦之真實義，亦惟在我如來之真經中爾。故以我之如來，以通釋迦之如來，則釋迦之真經在我矣。真經在我，則又奚必古之所謂十二部經，而又奚患古之十二部經之不可得而明邪。

林子曰：何者謂之金剛。曰：不知也。林子曰：汝之真經，汝之金剛也。何者謂之真經。曰：不知也。林子曰：汝之虛空，汝之真經也。何者謂之虛空。曰：不知也。林子曰：此非世之所謂虛空也。汝能知所以自造性命而虛空之者，虛空也。惟此虛空，乃汝之真經，乃汝之金剛也。

林子曰：以父母之性命而性命之者，色身之如來也。以自造之性命而虛空之者，法身之如來也。故色身之如來則在此岸，法身之如來則到彼岸。色身之如來則障礙於形骸，法身之如來則包羅乎空界。色身之如來有聰明而無有乎智慧，法身之如來有智慧而無事於聰明。色身之如來則屬於見聞覺知，法身之如來則不屬於見聞覺知。色身之如來則有一切心相，有一切法相，有一切非法相，法身之如來則無一切心相，無一切法相，無一切非法相。色身之如來則於諸法有斷滅相，法身之如來則於諸法無斷滅相。色身之如來則於法有取捨心，法身之如來則於法無取捨心。色身之如來則於法有生有滅，法身之如來則於法無生無滅。然而色身亦有如來與。林子曰：色身如來，不知出何典籍，而六祖直解亦嘗有是言矣。而其所謂色身之如來者，豈非識神邪。林子曰：非也。蠢動含靈，皆有佛性。而此佛性則含於父母種性之中，乃己靈也。而釋氏所謂不重己靈者，蓋指此含靈之性而言也。從古以來，佛佛相傳，莫不藉此含靈之性而自爲造化，以再立性命，以復還虛空，然後方能得見如來而證無上正覺矣。又問：佛性非佛與。林子曰：非佛也。然則何以能作佛也。林子曰：以其有此佛性也，故能作佛。汝獨不見雀之爲蛤乎。夫雀，羽虫也，而得氣翼之以翱翔。蛤，介虫也，而得水乘之以涵泳。抑豈其形之有所不類哉，而即其性若情則亦有大相遼者矣。然雀化爲蛤，人之所知也。汝曾見《月令》之書與夫正朔之曆乎未。汝勿謂雀無知也，惡能變而化之而蛤邪。殊不知此乃得之於天，而有所謂含靈之真知者在焉。惟人亦然，故謂此佛性也，有所待於自造性命而變化之以成佛則可，若謂此佛性也無所待於自造性命而變化之以成佛則不可。

林子曰：余又嘗譬之果核之仁焉，是亦母胎中一點之種性也。含藏因地，萌蘖其芽，由是而復枝之，而復葉之，而復花之，而復果之，豈非所謂依法脩行以證最上一乘之佛果耶。若徒觀靜以空其心，而曰含靈種性，可以當下成佛，必不然矣。

林子曰：若卵生，若胎生，若濕生，若化生，若有色，若無色，若有想，若無想，若非有想非無想，則皆有佛性也。皆有佛性，則皆能作佛也。故曰：一念回機，便同本得。然而何以謂之回機。林子曰：虚化之爲神，神化之爲氣，氣化之爲形，形復返之爲氣，氣復返之爲神，神復返之爲虚者，回機也。

林子曰：以色身而曰如來者，雖曰非真如來也，然以其有此佛性也，有此含靈也，時或善念，時有作佛之心，抑亦可以名如來與。但此善念與夫作佛之心，每每爲情識所奪而去，而謂之真如來也，可乎，不可乎。蓋此特在於操存舍亡之間爾，克念罔念，聖狂迥别。

林子曰：汝謂此含靈之性是真常性邪，非真常性邪。而諸佛以此自爲造化，以見如來。汝謂此含靈之性是真常性邪，非真常性邪。若必以此含靈之性不自造化，直可成佛，以見如來，抑亦難矣。然究其極焉，是亦不過一陰靈之鬼爾。

林子曰：一切種性，都有含靈。一切含靈，都有佛性。故含靈佛性，乃佛種也。然必賴此以自造性命而虚空之者，佛種也。

林子曰：以父母之造化而正性命言之，即名種性，種性則入生死。以吾身之造化而正性命言之，即名法性，法性則不入生死。

林子曰：有四大則有身相，有身相則有生有死。乃今自造性命而歸還於太虚矣，而惡有所謂生，所謂死者哉。

林子曰：何以謂之離假即心真也。蓋惟離此色身之假相，以復還我法身之實相已爾，而非他也。

林子曰：何以謂之依法修行邪。而自爲造化者，是乃依法以修行也，而實相固在我矣。

林子曰：何以謂之清淨心體。而又曰得入者，而應如是住，如是降伏，豈非所以得入清淨心體耶。故曰：若聞開示，即得悟入。本來真性，自得出現。

林子曰：於實性上，建立一切教門。而曰建

立一切教門者，非所謂自爲造化耶。

林子曰：何以謂之報身。佛自性自見，即是報身。佛若不自悟自修，不見自性，豈曰能自歸依。故悟也者，是自悟自性也。修也者，是自修自性也。歸依也者，是自歸依自性也。然而何者謂之自性也。自性者，本性也。本性者，實性也。若或不知所以自造性命，而又安能得此本來所自有之實性耶。

林子曰：佛本非身，而於非身中能見自性，如來乃是真見如來也。

林子曰：以父母之性命而性命之，是外求有相佛也。以自造之性命而性命之，是内求無相佛也。

《易》曰乾道變化，各正性命，而《圓覺經》則曰皆以婬欲而正性命者，何也。夫既以婬欲而性命之，而又曰正者，豈不以男女之媾精，地天之交泰也，若以男女之媾精爲非正，而地天之交泰抑亦不可以爲正乎。然終不免有所夾雜混淆，於是始有天命之性，始有氣質之性，而清濁厚薄從此分矣。若或不知所以自外形骸，自爲造化，以盡去此氣質之性焉，其能卒反天命之性，以復還我虚空邪。

林子曰：頓悟無生，則知所以自爲造化。既知所以自爲造化，則方能得見此法身之如來矣。若或不知自爲造化，則必求之色身中以爲如來，所謂門外漢者，此也。設有苦行，歷於塵劫，豈曰能證無上正覺而得見此法身之如來邪。

林子曰：自造性命而虚空之，是以我之真法而得我之真體也。若或不知真法而曰能知得我之真體者，未也。真體者，真常性也。真常之性，無生無死，而六祖曰即物物皆有自性，容受生死，豈非真常性有不徧之處邪。此其所以自爲造化，而復性命之，而復虚空之，之不可以已也。而復性命，而復虚空，不謂之自爲造化我之真常性邪。而此真常性也，豈曰容受生死，豈曰有不徧之處。到此地位，方可名之爲如來。

林子曰：到此地位，乃是菩提道場，乃是涅槃實地，乃是不垢不淨，乃是非色非空，乃是人法兩忘，乃是罪福無主，乃是大道虛曠，乃是性相平等，乃是本性虛無，虛無實體，乃是常住真心，隨心自在，乃是佛之妙用，快樂無量，乃是煩惱業淨，本來空寂，乃是一切因果，皆如夢幻，乃是生滅已，寂滅爲樂。

跋

林子曰：如來者，佛母也。而以如來爲佛母者，又何也。以一切諸佛則皆從此而生者，佛母也。佛母者，如如之義也。而以其自如如中來者，如來也。故佛母則具足乎清淨法身而未嘗有清淨法身，佛母則具足乎圓滿報身而未嘗有圓滿報身，佛母則具足乎千百億化身而未嘗有千百億化身。佛母其無極乎，由是而太極，而兩儀，而五行。佛母其未始一乎，由是而一，而二，而三生萬物。

老子則謂之無名天地之始也，孔子則謂之先天而天弗違也。乃今則謂之夏，而未有儒未有道未有釋者，夏也，如如而已矣。由是而名之爲儒爲道爲釋者，如如也。又謂之先，而未有天、未有地、未有日、未有月者，先也，如如而已矣。由是而衍之爲天、爲地、爲日、爲月者，如來也。

附答儒氏

不住相

林子曰：夫儒者之盛，莫過於仲尼，而仲尼則亦有然者。《大學》曰：上老老而民興孝，上長長而民興弟，上恤孤而民不倍。不住相布施，滅度之而無餘矣。《中庸》曰：博厚所以載物也，高明所以覆物也，悠久所以成物也。不住相布施，滅度之而無餘矣。至善之止，而家齊，而國治，而天下平，未發之中而位天地，而育萬物。不住相布施，滅度之而無餘矣。而其所謂不見而章，不動而變，無爲而成者，豈惟天下之人不知所以章，所以變，所以成也。是雖聖人亦且曰我未嘗有所見，有所動，有所爲，而何爲乎能章能變能成之如是耶。故曰諸大聲聞及至諸大菩薩不能測佛智者，此也。

林子曰：擊壤之民，帝力何有，唐堯之不住相也。無爲而治，恭己南面，虞舜之不住相也。立之斯立，道之斯行，綏之斯來，動之斯和，仲尼之不住相也。他如形之而著，著之而明，而動，而變，而化。又如盡人之性，盡物之性，以參天地，以贊化育。又如未施敬而民敬，未施信而民信。又如因民之所利而利之，惠之而不費。又如雖勞而不怨，雖死而不怨殺。又如至禮無文，而與天地同節，至樂無聲，而與天地同和。又如擊石拊石，而百獸率舞，簫韶九成，而鳳凰來儀。又如兩階干羽，而有苗來格，中國聖人，而海不揚波。又如凡有血氣，莫不尊親。又如山川鬼神，亦莫不寧，暨鳥獸魚鼈咸若。又如民無能名，無得而稱。又如不顯之德，百辟其刑，而爲治之至也。又如予欲無言，無隱乎爾，而爲教之神也。又如五百餘歲，見知聞知，曠世相感，不可致思也。又如知禘之説，其於天下而視之掌，祭義深微，不可擬議也。又如天地竝立，參爲三才，非曰口代天言，身代天事焉已也。而造化且在吾手，而元命自我作矣，而斡旋之，而成能之，微乎其微，不可測識也。而所謂不住相布施，盡滅度之而無餘者，則豈惟釋氏爲然哉。

大身

林子曰：達而堯舜也，而太和元氣則能流行於宇宙之內矣。惟其太和元氣能流行於宇宙之內也，則宇宙之內不謂堯舜之一大身耶。窮而仲尼也，而浩然正氣則能充塞於天地之間矣。惟其浩然正氣能充塞於天地之間也，則天地之間不謂仲尼之一大身耶。然此猶在於宇宙之內，天地之間也，而況曰虛空本體，本體虛空者乎。而儒者所謂大虛同體者是也。故説非身，是名大身。

《易》曰，變動不居，周流六虛，而《論語》又曰，仰之彌高，鑽之彌堅，瞻之在前，忽焉在後，豈不以道本虛空也。無高無下，無內無外，無遠無近，而真性如如之分量者，則固有若是其大也。然即性即道，即道即仁，而天地萬物則咸囿於我如來之法身矣。程子曰：仁者以天地萬物爲一體。儒氏之仁者，釋氏之如來也，故曰能仁是釋迦，然而釋氏亦稱仁矣。曾子曰：仁以爲己任，不亦重乎。似此重任，不謂之荷擔如來而何。萬物皆備，反身而誠，先立其大，是謂大人。

無説

子貢曰：夫子之言性與天道，不可得而聞也。今由子貢之言觀之，則所謂性與天道，豈其有可得而言耶，有可得而聞耶。故曰予欲無言，所以教之者至矣。子貢不悟而曰：子如不言，則小子何述焉。夫言之不可得而言矣，而況可得而聞也。聞之不可得而聞矣，而況可得而述也。孔子曰：吾無隱乎爾。豈不以無言之中而自有至言者在乎。故不知道者，則以道隱於無言，而知道者，則以道隱於有言。

佛果羅漢果

林子曰：自度而不度人者，羅漢果也。未先自度，先要度人，而其誓願之大雖曰能盡度世間人矣，而其心猶然以爲未至者，佛果也。夫豈惟釋氏，而所謂老者安之，朋友信之，少者懷之，孔子之佛果也。善而無伐，勞而無施，車馬輕裘，共敝無憾，顔淵、季路之羅漢果也。禹思天下有溺由己溺之，稷思天下有饑由己饑之者，佛果也。若當其時，則有巢父、許由，豈不曰清風之足以襲人哉。而獨修一身以爲高且潔者，羅漢果也。

如來

林子曰：無思也，無爲也，寂然不動，感而遂通天下之故者，如來也。天下何思何慮，天下同歸而殊途，百慮而一致者，如來也。天何言哉，而四時行，百物生者，如來也。溥博淵泉而時出之者，如來也。誠者，天之道也，而不思而得，不勉而中者，如來也。無聲無臭，而未發之中，發皆中節者，如來也。鳶飛魚躍，而察上下者，如來也。乍見孺子入井而皆有怵惕惻隱之心者，如來也。故者，以利爲本而順以出之者，如來也。良知則不慮而知，良能則不慮而能者，如來也。原泉混混，不舍晝夜者，如來也。居之安，資之深，取之左右逢其原者，如來也。常明常覺之體，廓然大公而已矣，而物來順應者，如來也。一點靈光，炯炯不昧，而忠臣之忠，孝子之孝，勃乎其不可得而遏者，如來也。然如來，我也，而如來之法身則充滿於法界矣。語大而天下莫載，語小而天下莫破，故曰萬物皆備於我。而聖人之所以通天下爲一身者，此也。然天地是亦我道中之一物也。我而致中，我而致和，既中而和，而天地有不自我而位耶。故以我而爲儒氏之學，而吾身自是一孔子也，而我其不孔子乎。以我而爲道氏之學，而吾身自是一老子也，而我其不老子乎。以我而爲釋氏之學，而吾身自是一釋迦也，而我其不釋迦乎。然而吾身之我之如來，而有釋迦、老子、孔子之異與。曰：無以異也。抑豈知通乎天地之内，通乎天地之外，是皆一我也，是皆一我，是皆一如來也。故以我而時中焉，而立本以爲教者，即我之如來而孔子也。以我而清淨焉，而入門以爲教者，即我之如來而老子也。以我而寂定焉，而極則以爲教者，即我之如來而釋迦也。

已上五章皆儒氏之言，而釋氏之所謂不可思議、不可稱量者，如有能比而觀之，則釋氏之言悉皆實語。但以其未能到此地位，則亦不免驚駭而疑謗矣。《論語》曰：子罕言命與仁。而性與天道，是雖子貢之穎悟，亦且不可得而聞也，況其他乎。故以答問附録末簡。

林子兆恩

（李勁整理）

〇二四九

金剛正眼[一]

金剛正眼序

釋迦老子通身吐露，徹底掀翻，直指現前，意在顯示，衆生日用，與佛平等。令其徹見自心，了悟般若，親見法身本有。全身是鏡，全體是心。非色非心，即心即色。頭頭盡妙，事事皆真。而其究歸之於實無有法，得阿耨多羅三藐三菩提。若此卷舒無定，隱顯莫知，吐耀含虛，廓然常寂，無不向胸中流出。故能縱横自在，殺活臨時，非思量分别之所能到。擬疑則膽落魂驚，思惟則塵勞先起。隨機應用，順物無心。絶六驥之神通，極玄樞之微奥。如香象渡河，截流而過。神矣哉！我執之粗皆遣，法執之細盡鎔。無佛可成，無法可説，無菩提可得，無生可度，無土可嚴，如是方見自心之真佛矣。乃知胎、卵、濕、化皆諸佛之全身，鱗甲、羽毛盡是毗盧之法界。孕于形而不昧，齊萬有於太虛。但心之不能清淨，當絶意識之紛飛，斬疑情之窠臼，不住於聲、香、味、觸，寂如虛空四維。朗然獨露，照萬法之幽微；廓徹靈明，識三心之無異。如擊石火，如閃電光。即凡心而見佛心，即世諦而明真諦。即世法是佛法，即佛法爲世法。誰非諸佛？誰是衆生？識諸佛於戴角披毛，轉聖凡於鑊湯鑪炭。與三世諸佛同一鼻孔，方知無佛可成，無生可度，無土可嚴。即佛即生，即生即佛。染即非染，即莊嚴而非莊嚴。然而不難於證悟，而難於空心，行解功圓，玄來無滯，則竿頭進步。悟後精研，方知釋迦老子四十九年，未嘗曾説一字。

崇禎庚午秋八月書於弁山千松禪院

校勘記

〔一〕底本據《卍續藏》。

金剛正眼

明千松筆記

夫談般若之法，諸佛之真體，乃法性之真因，一切衆生之慧命。故世尊先以真體示於衆生，要與日用韜鈐之間，時時提惺，法身無異，蠢動皆然，以明真相不別聖凡。故如來與世間人，談説此法，如醯雞、坎蛙不復知有向上事在。故世尊直指人人自己足跟下本地風光，曾無滲漏處，與佛平等，活潑潑地，轉漉漉地。那時一朝看透，方知真俗一體，蠕動皆具，便在日用韜鈐境緣上，自覷看這是甚麽道理，甚麽境界，甚麽人底作用，甚麽人底鼻孔。得恁麽純熟，得轉轆漉，活潑潑地。放去收來，自由自在，不費纖毫之力。全體作用，現無不如，露無不是。以如是故，而彰諸佛全體；以如是故，而顯諸佛大智。諸法如故，故名如是。以如是故，世尊即便著衣持鉢，入城乞食，洗足敷座，示之此人人現用，可作箇樣子，提醒於人脚跟下自覷看，須要識透世尊用法，便以識得自己用法。世尊無甚奇特，便能識得這箇無始劫來不能爛壞底，謂之金剛不壞身，無生無滅底真相。世界壞時，這個不壞。如金故，而無變色；如剛故，煅而不壞。故以金剛喻其真性，不離衆生日用之間故。世尊於日用中，提醒諸人，爲之發起序也。

空生見世尊所作伎倆，便云世尊希有！此非世間可得之法，亦非世間常住之相。故稱希有者，識得此非世間法也。然問發阿耨多羅三藐三菩提心者，世尊，此菩提心云何應住得他？云何降伏得他？是以護其念者爲應住，能識其念者是降伏之矣。是故十類衆生，皆入無餘涅槃而滅度之，實無衆生得滅度者。須悟世尊著衣持鉢，入城乞食，洗足敷座，如是涅槃真相。能悟此相，而得真入滅度，真得涅槃，真空四相，真爲降伏。

是一切衆生二六時中，不離自用，於日用中，能自荷擔如來者也。實證實悟，則四相空矣，實滅度矣。

然則類異隨人心造，心隨業轉。故無明爲卵生，煩惱包裹爲胎生，愛水潤爲濕生，欻起煩惱爲化生。自心未空，我人未淨，故十類之形，隨心業所現，形雖異而心無變故，而蠢動皆現涅槃真相，能自悟入故。智者自本際上度於未形，未形之心，念念俱空，名爲度生，實無衆生得滅度者。實悟涅槃真體無生滅相，無古今相，無聖凡相，無我、人、衆生、壽者相，亦無滅度相，皆具真體。若見諸相非相，則見如來，諸佛法身無二相故。彰玄根於事外，齊萬有於太虛，不可以形名得之而已矣。庖丁觀之，則不見全牛者矣。此明向上無餘涅槃，入滅度之法明矣。

般若真智與體用不同，故不可以混亂。發明般若，即諸佛之大智。衆生日用而不知者，即語言三昧。如金剛王劍，如大火聚，故曰無住布施。

施則無定，語無諍故。三輪空寂，四相俱空，亦無定相。不住聲、香、味、觸，如空四維。神變之發，電雷之奔，豈容擬議？有而法之取乎？賢聖之分乎？四果之級乎？有無之可諍乎？如筏在中流，豈能礙乎？不可隨文句以迷宗，遂言思而擬議。非如來之正說，豈般若之真宗乎？故以言説章句授之，唯能信此一念，曾於千萬佛所，種諸善根，而得如是無量福德，而成佛於剎那之頃，皆因能信自心爲佛故。佛即語故，語即心故，故心現則語疾，語流則佛見矣。則莊嚴而非莊嚴，即諸相而見非相，即衆生非衆生，故見如來於應無所住之清淨心乎？見如來於三十二相於無定語乎？是以或爲恒河沙之寶施，或爲三時身命之施故，或言三十二相而見如來故，或爲阿耨多羅三藐三菩提心故，或如須彌山王之身故，或以諸微塵非微塵故，或説世界非世界故，或以離一切諸相即名佛故，或以隨處受持讀誦皆爲經故。種種化聲，種種神變，莫測其用非語之化也，乃諸佛心現也，心即佛之所露也，露則佛無所住也。無住而現者佛之真法身也，真般若之法也，故如電光石火、金剛王劍，不可擬議也，不可思惟也。

住則思惟卜度也，則法性真體而被割截支解也，故諸佛之真體傷也。故不可以思唯妄起，起則生死流矣。而非忍辱之仙，如來唯表顯發明，法無實言，言無義理，離文字相，離心緣相，離相而言説者也。是以一即一非，隨説隨埽，法無義相，語無定義。古德云：若有實法與人，法堂前草深一丈。故見諸佛之性於真語實語，則先世罪業皆能滅盡。何以故？性體如虛空。虛空何處安鑊湯鑪炭、刀山劍樹乎？但人之不能悟自己之性，在於一語一動之間，認爲自己之真性，不壞之真相乎？若人於未悟，自性未空，亦不可謂無罪業也。是以僧祇值佛之福，不能莊嚴虛空之性。虛空不能空故，虛空不可莊嚴，唯以無住之語，可以莊嚴虛空。是以空生復問，疑未釋然。一無住之語，云何應住、降伏？故如來以滅度一切衆生，實無衆生得滅度者。法已説而未悟，心欲悟而能空，人、法兩忘，我、人俱淨。心之所悟爲難，悟後我、人難淨。若心已悟，悟之已空，唯一無我之心應世，無我之語隨緣，不見有滅度之法，亦無滅度之心。是以如來於《般若》卷中，檢出諸佛法性，謂之能具法眼；即文字而非文字，謂之慧眼；能觀遍三千大千世界衆生之身，皆一語而全露真體，謂之天眼；能觀三世諸佛不入滅度皆具涅槃真相，而現於色身三昧，謂之佛眼；即佛即天，即法即慧，皆是一切衆生面門放出光明，照見各各流出無盡神通變化，真語、實語、如語，不誑不妄，謂之肉眼。以是故，無過去心，無未來心，各各現在。不可以三十二相觀如來，不可以具足色身而見相。亦無法可説，皆提醒衆生慧命故。亦無衆生可度，不可以音聲、色相而求。無菩薩之名可得，無福德可受，唯以無我得成於忍。不可以行、住、坐、臥而見如來。微塵之相，亦非世界，亦不可得我、人、衆生、壽者，皆是阿耨多羅三藐三菩提心，不可作如是見。如是之相，雖云不動如如，亦是幻、夢、泡、影，如電如露。佛亦名字，此經神變之語，爲般若之真因。唯以五語，乃如來真實之法示之。觀者無下手處，乃如來之正法眼藏，是以《正眼》名之。

（李勁整理）

○二五○

金剛般若波羅蜜經筆記（一）

明沙門如觀註

金剛經筆記序

陳了翁嘗云，佛法之要，只《金剛》一卷足矣。此經於一切有名有相，有覺有見，皆歸爲虚妄，即宣尼一以貫之之意也。了翁于佛法不甚深入，而晚年所見及此。余少時即誦此經，逢師請益。一師曰，莫看此經太纏複否。余曰，然。師曰，前半卷是訓應住降伏之詞，後半卷乃答發阿耨菩提之旨，非纏複也。余唯唯。既而憨山大師以《決疑》出示大意，謂佛説法三十年，上首猶是懷疑，故此經隨空生所疑處即便逐破，所謂疑悔永已盡，安住實智中。而其旨本于無着菩薩以二十七疑分經，菩薩契佛心印，憨師契菩薩心印，當無剩義，隨拜受而流通焉。以余所聞，此經不隨分演説，且有合于一貫之義者，其諦論止此。今蘊虚觀公所著《筆記》，不竪識解，不畸宗派，奥原衍乎前喆，會萃昭乎片靈，如撥沙逗金，剖石窺玉，無煩挈法與人，而家珍躍如可獲，兹固顯白坦露，導發學人之正儀的也。良繇觀公履踐真實，貌癯趣澹，道風肅然，宿爲緇素所傾慕，是以詮釋所至，行可標式著準，不徒以詩偈垂譽，則又余得之白法琮公所推讚不置者也。噫嘻，凡佛言語，孰爲世間思惟心所測。順解一句，頭上安頭，逆解一句，屋下架屋。況此經爲上上人悟空菩薩剖決疑根者哉。云何具金剛眼，云何得金剛心，此在言語道斷時薦取，觀公即泥水婆心，恐不能含蜜説甜，含甜説蜜，另下一番註脚也。

旹崇禎十年臘八前一日埽庵髯道人譚貞默合十謹序。

校勘記

〔一〕底本據《卍續藏》。

金剛般若波羅蜜經筆記自序

蓋聞般若如大火聚，釋迦世尊從此大冶爐中煅煉幾番，所以菩提場内，正覺初成，嘆云：奇哉，奇哉，普見一切衆生皆有如來智慧德相，但以妄想執着而不證得。繇此觀之，則聖凡一體之旨可知矣。然我佛已悟，衆生尚迷，向水月場中，多方設化，如長風之吹萬竅，空谷之答衆響。良繇機感千差，法門無量，因指覩月，猶隔纖雲，洗凡聖之情塵，純談般若，斷我法之妄執，取譬金剛。空生以上求下化而興問端，世尊約自利利他以通疑滯。廣修六度，無度可修，普化四生，無生可化。菩提煩惱，類鏡像之姸媸，生死涅槃，等空華之濃淡。法身寂滅，無而不無，應化隨緣，有而不有。演説一偈，布施河沙身命功不較多，受持全經，供養無量諸佛福不爲廣。一念淨信，實相現前，非實非虚，超情離見，則知着衣持鉢，孰運神通，趺坐游行，憑誰道力。一經要旨，體用全彰，雖八萬法門，百千公案，何以踰此哉。然離言妙性，不屬筌蹄，訓詁繁辭，猶爲剩語，前賢往哲，註疏科文，秋菊春蘭，各擅其美。觀游心講席，蓋亦有年，欲益將來，聊陳管見，緣兹像季，樂簡憚繁，撮先彦之玄微，附鄙衷之陋見，命曰《筆記》，以質諸方。然五百弟子各説身因，佛許無非正説。古語云，見聞爲種，八難超十地之堦，解行在躬，一生圓曠劫之果。固有望於斯也，知我罪我，又何辭焉。

旹崇禎歲次丁丑佛生日武原崇福菴沙門如觀譔。

金剛般若波羅蜜經筆記

姚秦三藏法師鳩摩羅什奉詔譯

明西浙[一]海鹽崇福庵沙門如觀註

金剛是喻，最堅最利，萬物不能加損而能壞萬物者。般若是法，此云智慧，智有決擇之功，慧有照了之用，又智照諸法實相，慧了諸法無生。然有體有用。《肇論》云，諸法實相，謂之般若。即金剛體堅。《經》云，信心清淨，則生實相。又云，設化衆生，謂之漚和。即金剛用利。《經》云，我應滅度一切衆生，而無有一衆生實滅度者。又云，涉有未始迷虚，故常處有而不染。《經》云，不應住色生心，不應住聲、香、味、觸、法生心。又云，不厭有而觀空，故觀空而不證。《經》云，應無所住而生其心。乃體外無用，用外無體，一念之力，權實雙彰，不同二乘人空慧眼，故喻如金剛。波羅蜜，此云彼岸到，喻涅槃妙心。若有我法二執，則有分段、變易二種生死，名爲此岸。乘般若之舟楫，渡我法之中流，離二種生死此岸，到菩提涅槃彼岸，故名波羅蜜。

問曰，真般若者，清淨如虚空，無知無見，無作無緣。今釋迦出世，説法利生，令衆生離我法，斷生死，修般若，證涅槃，然後如來示寂，則凡聖、能所、生滅、修證皆是妄情，何名真般若也。答曰，不然。佛真法身猶若虚空，應物現形，如水中月，水清月現，月亦不來，水濁月昏，月亦不去。《經》云，不可以身相得見如來。則應化非真實也。又云，譬如有人，身如須彌山王，佛説非身，是名大身。此報身不可得也。又云，無有少法可得，是名阿耨多羅三藐三菩提。此法身無所得也。佛既無得，法豈可説。所以世尊談經三百餘會，説法四十九年，未嘗説着一字。《淨名》云，三轉法論㈢於大千，其轉㈢本來常清淨。《經》云，若見如來有所説法，即爲謗佛，無法可説，是名説法。能化既爾，所化亦然，煩惱本空，我法何有，既無二執，奚用斷除，如兎角龜毛，名實俱妄。《經》云，我相即是非相，人相、衆生相、壽者相即是非相。所言法相者，如來説即非法相，譬如幻瞖，妄見空花，幻瞖若除，空花奚有。衆生煩惱，妄見生死，煩惱若除，生死安在，如皮既不存，毛何所附。《圓覺》云，生死與涅槃，凡夫及諸佛，同爲空花相。《經》云，一切衆生，即非衆生。我法所照之境，般若能照之心，我法本空，誰爲所照。既無所照之境，則無能照之心，能所雙忘，修即無修。《經》云，以無我、無人、無衆生、無壽者，修一切善法，即得阿耨多羅三藐三菩提。須菩提，所言善法者，如來説即非善法，是名善法。煩惱與菩提，生死及涅槃，皆對待之辭也。然離煩惱，得菩提，斷生死，證涅槃，乃隨他意語，非如來稱性之談。以般若智照，煩惱本空，菩提焉有，生死原寂，涅槃安寄。《放光》云，菩提有所得耶。答曰，不也。無所得耶。答曰，不也。亦有亦無得耶。答曰，不也。非有非無得耶。答曰，不也。然則都無所得耶。答曰，不也。以無所得而得也，是故得無所得也。肇云，衆生非衆生，誰爲得之者，涅槃非涅槃，誰爲可得者。《經》云，實無有法得阿耨多羅三藐三菩提，實無衆生得滅度者。般若，能證之智。涅槃，所證之理。修即無修，則無能證之智。證即無證，則無所證之理。忘能所，滅影像。盤山云，光非照境，境亦非存，光境俱忘，復是何物。化緣既畢，入滅歸真，如薪盡火滅。《法華》云，若見如來常在不滅，不能生難遭之想、恭敬之心。是故如來雖不實滅，而言滅度。譬如醫師，爲治狂子故，實在而言滅。故云，常在靈鷲山，及餘諸住處。《楞伽》云，無有涅槃佛，無有佛涅槃，遠離覺所覺，是二悉俱離。莊生云，適來，夫子時也。適去，夫子順也。安時而處順，哀樂不能入也。指窮於爲薪，火傳也，不知其盡也。《經》云，無所從來，亦無所去，故名如來。此則滅無所滅也。然則涅槃虛而無相，般若寂而無知，本無生死起滅，亦無煩惱縛脱。以如如智，契如如理，理外無智，智外無理，理智雙泯，絶言絶思。是以釋迦摩竭掩室，淨名毗耶默然，空生岩中晏坐，帝釋滿空雨花，豈曰無辯，辯所不能言也。

經者，常也，三世諸佛不易故。又云徑也，通凡入聖之路故。因空生請問經名，世尊答云是經名爲《金剛般若波羅蜜》。

《筆記》者，閒暇時信筆而記，非敢言註也。然佛説法，分爲五時，《般若》即當第四時。又《般若》分八部：《大般若》《放光般若》《光讚般若》《道行般若》《小品般若》《金剛般若》《實相般若》《摩訶般若》。此即《大般若》中第五百七十七卷。又外有六譯：後秦羅什、後魏菩提留支、陳朝真諦、隋朝笈多、唐初玄奘、大周義淨。今所傳，即秦譯也。

如是我聞：一時，佛在舍衛國祇樹給孤獨園，與大比丘衆千二百五十人俱。爾時，世尊食時，着衣持鉢，入舍衛大城乞食。於其城中次第乞已，還至本處，飯食訖，收衣鉢，洗足已，敷座而坐。

此序分也。如是者，指法之辭。我聞者，集經人因佛立言，證法有所傳授。一時者，師資雅合之時。佛者，説法之主。舍衛，此云聞物。祇樹，戰勝太子所捨之樹。給孤獨園，須達長者所買之園，乃説法之處。大比丘，是果上阿羅漢。千二百五十人：憍陳如五比丘，三迦葉兼徒一千，舍利弗、目犍連各兼徒一百，耶舍長者五十人，經舉大數，故略五人。俱者，一時一處，此常隨衆，非無餘衆。夫聖賢應化，影響相符，敲唱俱隨，接拍成令。《易》云，同聲相應，同氣相求，雲從龍，風從虎，聖人作而萬物覩。本乎天者親上，本乎地者親下，亦各從其類也。爾時者，乃衆集之時。世尊者，天上天下，唯佛獨尊。食時者，乞食之時。是日初分，乞食易得，不惱自他。著衣持鉢者，著大衣，持應量器。園在城外，故入城乞食。次第者，佛心平等，慈無偏利，以己等心而化，令彼等心而施，能成無量功德。《淨名》云，於食等者，於法亦等。乞食已，還至園中。飯食訖者，言喫食已竟。於中後時，收大衣，著七條，洗應量器。復洗足者，佛行足不履地，示同凡情，爲後人軌則。敷座而坐者，如常敷座，結跏趺坐。然諸經發起，各有緣由，此經以乞食因緣發起者，要顯世尊不住相行乞，令彼不住相布施。若非般若大用現前，何能動而常靜，靜不離動，無知而無所不知，無爲而無所不爲。知即無知，爲即無爲，人天大衆，孰能會之。序分竟。

時長老須菩提在大衆中，即從座起，偏袒右肩，右膝著地，合掌恭敬而白佛言，希有，世尊，如來善護念諸菩薩，善付囑諸菩薩。世尊，善男子、善女人，發阿耨多羅三藐三菩提心，云何應住，云何降伏其心。佛言，善哉，善哉，須菩提，如汝所説，如來善護念諸菩薩，善付囑諸菩薩。汝今諦聽，當爲汝説。善男子、善女人，發阿耨多羅三藐三菩提心，應如是住，如是降伏其心。唯然，世尊，願樂欲聞。

此正宗分中空生發問之文。時者，敷座之時。德重年高，故名長老。須菩提，此云空生，解空第一，般若會中轉教菩薩，故爲當機而發起，即窮子喻密遣二人是也。讚佛希有者，言佛日用妙處，他人不知，空生覷破，故云希有。如涅槃會上，世尊拈華，迦葉微笑，二人默識心通，如出一律。善者，能也。護念者，愛護注念也。付囑者，交付囑託也。具云菩提薩埵，此云覺有情。護念，與智慧力，令上求佛果。付囑，與教化力，令下化衆生。阿耨多羅，此云無上。三藐，此云正等。三菩提，此云正覺。空生意謂，未發大心，妄有所住，不能降伏其心。既發大心，云何護念，令其安住，不墮偏邪。云何付囑，令其降伏，不落凡情。佛讚善哉善哉者，重言空生所讚之善。如汝所説者，稱其當理。如來果能護念、付囑諸菩薩，真實不虚。汝今諦實而聽，吾當委細而説。《莊子》云，無聽之於耳，而聽之以心。心也者，虚而待物者也。先總答大義。既發上求下化之心，我當護念，應如是正覺安住，我當付囑，應如是正等降伏其心。又云如是者，總指依菩提心安住，依菩提心降伏。即文殊白槌云，諦觀法王法，法王法如是。亦不異此。唯然者，敬對之辭，即曾子曰唯，言應之速而無疑也。若論空生本地風光，如良馬見鞭，追風千里，不勞世尊重重啓齒，但爲衆中不了，俯就群機，故云願樂欲聞安住降心深奥之法也。

佛告須菩提，諸菩薩摩訶薩，應如是降伏其心。所有一切衆生之類，若卵生，若胎生，若溼生，若化生，若有色，若無色，若有想，若無想，若非有想非無想，我皆令入無餘涅槃而滅度之。如是滅度無量無數無邊衆生，實無衆生得滅度者。何以故。須菩提，若菩薩有我相、人相、衆生相、壽者相，即非菩薩。

此總答降伏之文，正顯世尊付囑意。然度生無我，即是降心。捨生調心，是小乘法，實假衆生以自度。故問降心，而教以度生之法也。智者大師云，降心約願，安住約行，菩薩發心，先願後行。故先總答降伏，次答無住。無著云，此文爲發心住。若發心，即願也。先牒問辭標起云，應如是正等降伏其心。

所有一切衆生之類，總指所化之衆。卵生，魚、鳥、龜、蛇。胎生，人、畜、龍、仙。溼生，含、蠢、螟、動。化生，轉、蜕、飛、行。有色，即四禪。無色，即四空。有想，即空識二處。無想，即無所有處。非有想非無想，即非想非非想處。如上所有無邊衆生，菩薩發願一一度盡，不欲令得人天有漏、小果聲聞，皆令得入無餘涅槃而滅度之。無餘者，五住究盡，二死永忘。涅槃，此云滅度，滅盡諸苦，度生死海。涅槃、滅度，華梵兼舉之辭。然雖度盡無量衆生，不見有一衆生得滅度者，以一切衆生即寂滅相，不復更滅。《淨名》云，彌勒如，衆生如，一如無二如。彌勒得滅度，一切衆生亦得滅度。以生佛體同故。徵云，菩薩度生，應見所化之機，革凡成聖。若云無生可度，則無能度之人。釋云，若見有所度之衆生，能度之菩薩，即有我、人、衆生、壽者，則不名爲發心菩薩，是凡夫矣。我相者，於五蘊中計我。人相者，計我趨於餘趣爲人。衆生相者，計五蘊和合而生。壽者相，計我受一期長短果報。不出自、他、憎、愛四字。《圓覺》云，菩薩衆生，皆爲幻化，幻化滅故，無取證者。又云，生死涅槃，猶如作夢。安有能化之菩薩、所化之衆生，脱生死、證涅槃也。

復次，須菩提，菩薩於法，應無所住，行於布施，所謂不住色布施，不住聲、香、味、觸、法布施。須菩提，菩薩應如是布施，不住於相。何以故。若菩薩不住相布施，其福德不可思量。須菩提，於意云何，東方虚空，可思量不。不也，世尊。須菩提，南西北方、四維上下虚空，可思量不。不也，世尊。須菩提，菩薩無住相布施，福德亦復如是不可思量。須菩提，菩薩但應如所教住。

此總答應住之文，以顯世尊護念意。然布施不住相，即是安住，若廢事求理，如捨像求鏡，實假布施以安住，故問應住，而教以布施之法也。初總標，菩薩於法應無所住行於布施。法者，即六塵、根身、器界，及出世間四諦、十二因緣、六度萬行、菩提涅槃等一切諸法。應無所住，理也。行於布施，事也。無住行施，即理而事，行施無住，即事而理，理事不二，心法雙忘，然後爲至也。若論菩薩萬行，廣博無涯，何但云布施。以萬行不離六度，六度以檀波爲總，檀即資生施，戒、忍即無畏施，進、禪、慧即法施故。或云六根不住六塵即是布施，此廢事求理，如撥波求水。或將四事六塵行施，以求世出世間果報，此迷理逐事，如棄海認漚。殊不知正施四事六塵時，即不住相，方爲理事雙彰。下別釋，所謂不住色等六塵相布施，廣則不住五陰、十二處、十八界、七大、四諦、十二因緣、六度萬行、菩提涅槃等布施。結云，菩薩應如是布施不住於相。雖今時門頭，不捨一法，然實際理地，不受一塵，終日爲而無所爲，終日作而無所作也。徵云，菩薩行施，本爲得福，今離相行施，得何功德。釋云，若菩薩能離相布施，施契性空，空性無邊，福德無邊，故云其福德不可思量。永嘉云，住相布施生天福，猶如仰箭射虚空。勢力盡，箭還墜，招得來生不如意。爭是無爲實相門，一超直入如來地。然世間諸物無以爲譬，故舉廣大無涯不可思量十方虚空與空生問答。下乃合明菩薩無住相布施，所有福德亦如十方虚空，不可思量。結勸云，菩薩但應無住行施所教而住。世尊首答不住相，後云如所教住者，所謂無住而住，住而不住。肇云，人之所謂住，我則言其去。人之所謂去，我則言其住。然則去住雖殊，其致一也。

須菩提，於意云何，可以身相見如來不。不也，世尊，不可以身相得見如來。何以故。如來所説身相，即非身相。佛告須菩提，凡所有相，皆是虛妄。若見諸相非相，即見如來。

此別明應住之文。前云不住相布施，恐空生未解，故以如來果上身相而發明之。若以身相見如來，則住相矣。中峯云，此破執相滯見虛妄情習。智者云，安住，約實智道。降伏，約方便道。若論修行，先實後權。故別答中先明安住，重請之後別明降伏也。初問可以身相見如來不。身相者，應化也，如水中月。如來者，法身也，如太虛空。若以身相見如來，則認妄爲真，如演若達多以鏡照面，愛鏡中頭，眉目可見，嗔責己頭，不見面目，無狀狂走。空生悟得無相法身，答云不可以身相得見如來。有相之身，生住異滅，去來坐臥，有作有爲。無相法身，不墮諸數，離能所相，孰可見之。《起信》云，以諸佛法身，無有彼此色相迭相見故。徵云，聞名覩相，罪滅河沙，今不可以相見，是何所以。釋云，如來所說身相，如明鏡現像，來無所黏，過無踪跡，當體虛妄，故云不可以身相得見如來。佛與空生擴而充之，不唯我佛身相是妄，一切凡聖依正有爲之相，盡是虛妄，從妄見生，本無實體。《起信》云，一切諸法，唯依妄念而有差別，若離心念，則無一切境界之相。猶恐離色觀空，別求無相法身，故云若見諸相非相，即見如來。但了妄無自性，全體即真，不唯應化是法身，即山河大地，同轉根本法輪，鱗甲羽毛，普現色身三昧。《華嚴》云，若人欲識真空理，心內真如還徧外，情與無情共一體，處處皆同真法界。《楞嚴》云，見與見緣，并所想相，如虛空華，本無所有，此見及緣，元是菩提妙淨明體。上文破我相竟。

須菩提白佛言，世尊，頗有衆生得聞如是言說章句，生實信不。佛告須菩提，莫作是說。如來滅後，後五百歲，有持戒修福者，於此章句，能生信心，以此爲實，當知是人不於一佛、二佛、三、四、五佛而種善根，已於無量千萬佛所種諸善根。聞是章句，乃至一念生淨信者，須菩提，如來悉知悉見，是諸衆生得如是無量福德。何以故。是諸衆生，無復我相、人相、衆生相、壽者相，無法相，亦無非法相。何以故。是諸衆生，若心取相，即爲著我、人、衆生、壽者，若取法相，即著我、人、衆生、壽者。何以故。若取非法相，即著我、人、衆生、壽者。是故不應取法，不應取非法。以是義故，如來常説，汝等比丘，知我説法如筏喻者，法尚應捨，何況非法。

此明能信不住相經福德智慧之文。前云凡所有相，皆是虚妄，若見諸相非相，即見如來。如是章句，衆生難信，故問頗有衆生得聞如是言説章句，生實信不。頗，能也。名詮自性，句詮差别，章則解句。於一切法，能信般若，是爲實信。離般若外，皆非正信。佛告空生，莫言不信。如來滅後，鬬諍堅固之時，有持戒修福之人能解非相見佛，不離自心，自心超信，還信自心，故云能生信心，以此爲實。持戒修福者，要顯五度之福，皆以般若而爲其本。當知能生信心之人，不但於少佛所種諸善根，已於過去無量佛所種諸善根。善根者，即般若種子，能生菩提妙果。種者，植也。於諸佛所，發菩提心。《法華》云，譬如有人，至親友家，以無價寶珠繫其衣裏，其人醉卧，都不覺知，起已遊行，於後親友指示其珠，得大饒富。繫珠者，緣因佛性也。示珠而得者，了因佛性也。正因佛性，無論有佛無佛，聞法不聞法，本自具足，若無緣了，終不能得。《起信》云，如木中火性，是火正因，若無人知，不假鑽研，火終不發。下以劣況勝。聞是章句，不但實信，乃至一念淨信之人，唯佛智悉知，佛眼悉見，是諸淨信衆生，得如是十方虚空不可思量之福德。但言信，不言解行者，以信爲道源功德母，長養一切諸善法。淨者，遠離我法二執。一念者，顯其時之甚促，如一葉落，天下秋，一塵起，大地收。縱百千劫修行成道之事，皆不越此一念之中。《老子》云，合抱之木，發於毫末，千里之行，始於足下。次明淨信之智慧。徵云，何故淨信衆生得如來悉知悉見。釋云，是諸衆生無復我相、人相、衆生相、壽者相，無法相，亦無非法相。四相解於前。執有布施、持戒等心，名法相。執無施、戒等心，名非法相。無四相，則不住有。無法相，則不住空。無非法相，則不住斷滅。前四相，是我執。後二相，是法執。無四相，破外道凡夫。無法相，破内凡聲聞。無非法相，破增上慢菩薩。離二執故，得佛悉知悉見。徵云，何故無我相、法相。釋云，若心取我相，即著四相。若取法相，亦著四相。以法相中雖無現行煩惱，尚有無明種子，不出證、悟、了、覺四字。徵云，取法相，何故亦著四相。釋云，取非法相，亦著四相，何況取法相。以後釋前也。《圓覺》云，心如幻者，亦復遠離。遠離爲幻，亦復遠離。離遠離幻，亦復遠離。得無所離，即除諸幻。是取法非法著相之故，不應取法及非法相。以是不應取法義故，如來恒常説言，知我説法，猶如筏喻。衆生執有如河，如來説空法如筏，二乘執空如河，如來説不空法如筏，不過以言遣執，不應如言執義。以此觀之，無定相法尚且應捨，何況報[四]相滯見之妄法而不捨乎。《圓覺》云，修多羅教，如標月指，若復見月，了知所標畢竟非月。

須菩提，於意云何，如來得阿耨多羅三藐三菩提耶，如來有所説法耶。須菩提言，如我解佛所説義，無有定法，名阿耨多羅三藐三菩提，亦無有定法如來可説。何以故。如來所説法，皆不可取，不可説，非法非非法。所以者何。一切賢聖，皆以無爲法，而有差別。

此明不住法相之文。空生因聞佛非色相，法尚應捨，若佛與法二俱無有，云何佛得菩提，現今説法。佛舉此二以問空生，空生能解佛義，答言，無有定法名大菩提，亦無定法可説，無定法可得者。定者，實也，又一定也。但盡凡情，别無聖解，無有一法可得，名大菩提。《經》云，無有少法可得，是名阿耨多羅三藐三菩提。然不可以有取，不可以無取。《經》云，如來所得阿耨多羅三藐三菩提，於是中無實無虚。無定法可説者，世尊五時設化，如空拳誑小兒，無有實法與人，況法無定相，如何言説。肇云，欲言其有，無相無形。欲言其無，湛以之靈。聖智之用，未始暫廢。求之形相，未暫可得。《楞嚴》云，圓滿菩提，歸無所得。但有言説，都無實義。徵云，何故無定法可得、可説。釋云，如來所説法，非有非無，故不可取、不可説也。非法者，非有法也。非非法者，非無法也。下總徵非法非非法，單釋無定法可得。不但我佛如是，一切四果、三賢、十聖，皆以無分别真如爲法，而修證自有差别。無爲法，真諦理也。而有差别，俗諦用也。智者云，無爲雖一，解有明昧淺深差别。肇云，如人斬木，去尺無尺，去寸無寸，修短在於尺寸，不在無也。

須菩提，於意云何，若人滿三千大千世界七寶，以用布施，是人所得福德，寧爲多不。須菩提言，甚多，世尊。何以故。是福德，即非福德性，是故如來説福德多。若復有人，於此經中，受持乃至四句偈等，爲他人説，其福勝彼。何以故。須菩提，一切諸佛，及諸佛阿耨多羅三藐三菩提法，皆從此經出。須菩提，所謂佛法者，即非佛法。

此校量持經福德之文。空生已悟無得、無説之旨，如何得福。初舉劣福以問。三千大千者，一四天下，一須彌，一日月，欲、色、無色諸天，爲一世界，數至一千爲小千，一千小千爲中千，一千中千爲大千，總别兼舉，故名三千大千。七寶者，金、銀、琉璃、頗梨、真珠、珊瑚、瑪瑙。假若有人將七寶充滿大千世界布施，得福多不。空生答言，甚多。若福德有實，則福不多，以福德性空，是故説多。佛與空生發明經福超勝。若人於此無佛無法經中，受持乃至四句偈等，如凡所有相，皆是虚妄，若見諸相非相，即見如來，詮義究竟者，復爲他人解脱[五]，其福勝彼。下明超過所以，一切諸佛及菩提法從此經出。一切諸佛者，報化也。菩提者，法身也。持説能爲報化生因，爲法身了因，既悟法身，則報化隨之矣。如六祖聞客誦《金剛經》應無所住而生其心，豁然大悟。舍利弗云，從佛口生，從法化生。前云無佛無法，今云佛法從此經出，豈不自語相違。故云所言佛法者，世俗諦之言耳，第一義中元無佛法，故名即非佛法。《淨名》云，夫求法者，不著佛求，不著法求，不著僧求，當如是求。趙州云，佛之一字，吾不喜聞。又云，記箇元字脚在心，入地獄如射箭。世尊説法，如盤走珠，如珠走盤，令人拿捉不定。又云，祖師心印，狀似鐵牛之機，去則印住，住則印破，使人立脚不牢。

須菩提，於意云何，須陀洹能作是念，我得須陀洹果不。須菩提言，不也，世尊。何以故。須陀洹名爲入流，而無所入，不入色、聲、香、味、觸、法，是名須陀洹。須菩提，於意云何，斯陀含能作是念，我得斯陀含果不。須菩提言，不也，世尊。何以故。斯陀含名一往來，而實無往來，是名斯陀含。須菩提，於意云何，阿那含能作是念，我得阿那含果不。須菩提言，不也，世尊。何以故。阿那含名爲不來，而實無不來，是故名阿那含。須菩提，於意云何，阿羅漢能作是念，我得阿羅漢道不。須菩提言，不也，世尊。何以故。實無有法名阿羅漢。世尊，若阿羅漢作是念，我得阿羅漢道，即爲著我、人、衆生、壽者。世尊，佛説我得無諍三昧，人中最爲第一，是第一離欲阿羅漢。我不作是念，我是離欲阿羅漢。世尊，我若作是念，我得阿羅漢道，世尊則不説須菩提是樂阿蘭那行者。以須菩提實無所行，而名須菩提，是樂阿蘭那行。

此明四果不取之文。前云無有定法可得，云何聲聞各取自果。已下皆發明一切賢聖，皆以無爲法而有差别。佛問空生，須陀洹能作是念，得初果不。意謂若作念得初果，即著四相。空生答言，不作是念，能得初果。下以名釋義。須陀洹，此云入流，斷三界八十八見惑，七往天上，七來人間，然已入聖流，名爲入流。不是别有所入，但由不入六塵，是名入流。若作是念我得初果，即著四相。復問，斯陀含能作是念，得二果不。答言，不作是念。斯陀含，此云一往來，斷欲界前六品思惑，一往天上，一來人間，得阿羅漢，而實無往來之心，是名一往來。若作是念我得二果，即著四相。復問，阿那含能作是念，得三果不。答言，不作是念。阿那含，此云不來，斷欲界九品思惑，一往天上，寄居五不還天，不來人間受生，故名不來，而實無不來之心。若作是念我得三果，即著四相。復問，阿羅漢能作是念，我得道不。以得盡無生智，聲聞道極，故以道爲名。答言，不作是念。阿羅漢，此云無學，斷盡三界九地八十一品思惑，究極真理，無法可學，名爲無學。若作是念得第四果，即著四相。此四相，乃法執種子。向下空生引己所證，令人生信。佛説我得無諍三昧，以爲人中第一，是離欲阿羅漢。無諍者，不惱衆生，能令衆生不起煩惱。三昧，此云正定。得阿羅漢，離煩惱障。得無諍，離三昧障。三界煩惱，但有貪心，總名爲欲。我不作念，我是離欲阿羅漢。下反釋，我若作念，我得離欲阿羅漢，即著四相，佛則不説我是樂阿蘭那行之人。阿蘭那，此云無諍，又云寂靜。下順釋，以我不作是念，世尊説我是樂阿蘭那行。

佛告須菩提，於意云何，如來昔在然燈佛所，於法有所得不。不也，世尊，如來在然燈佛所，於法實無所得。須菩提，於意云何，菩薩莊嚴佛土不。不也，世尊。何以故。莊嚴佛土者，即非莊嚴，是名莊嚴。是故，須菩提，諸菩薩摩訶薩，應如是生清淨心，不應住色生心，不應住聲、香、味、觸、法生心，應無所住而生其心。須菩提，譬如有人，身如須彌山王，於意云何，是身爲大不。須菩提言，甚大，世尊。何以故。佛説非身，是名大身。

此明菩薩不取，及小結無定法可得之文。

前云四果不可取，釋迦因中爲善慧童子，布髮掩泥，五華供佛，悟無生忍，受然燈記，豈無所得，故世尊問之。空生答言，實無所得。然燈所説，如長風之吹萬竅，有竅則鳴，無竅則寂。善慧彼時悟無生忍，境空心寂，果記菩提，寂滅性中，了無所得。二祖見達磨，問云，乞師安心。磨言，將心來，與汝安。二祖云，覔心了不可得。磨言，與汝安心竟。又恐空生作念，釋迦雖無所得，菩薩豈非莊嚴佛土，故問之。答云，實無莊嚴。所言莊嚴佛土者，今時門頭耳，實際理地，即非莊嚴。《淨名》云，欲得淨土，當淨其心，隨其心淨，即佛土淨。是名莊嚴者，無爲無所不爲，無作無所不作。《玄談》云，觀空則萬行沸騰。下小結無得之文。是菩薩無土可嚴之故，應如是不住相生清淨心。若住相生心，觸處皆安。寂然不動，感而遂通，殊途同歸，何思何慮。不應住六塵生心者，境由心現，心逐境生，心境交加，以物交物，則引之而已矣。《楞嚴》云，自心取自心，非幻成幻法。若了心外無法，法外無心，則根根塵塵咸是菩提妙淨明體。《楞嚴》云，不取無非幻，非幻尚不生，幻法云何立。上言心境不二，體用一如，猶恐空生捨用求體，離境覔心，墮於偏小。永嘉云，厭有著空病亦然，猶如避溺而投火。故云，應無所住而生其心。無住，體也。生心，用也。無住生心，即體而用。生心無住，即用而體。如明鏡當臺，姸則現研[六]，醜則現醜，了無踪跡。師祖問南泉云，摩尼珠，人不識，如來藏裡親收得，如何是藏。答云，王老師與汝往來者是。又問不往來者，答曰亦是藏。復問如何是珠。南泉喚師祖，祖應諾，南泉云，去，汝不會我語。頌云，往來不往來，秖這皆是藏。喚應不喚應，秖這皆是珠。前不住相布施文畢，以果上應化身相發明，今無有定法得菩提文畢，以果上報身相發明。初問，報身佛相如須彌山王，可爲大不。答言，甚大。須彌，此云妙高。四寶所成曰妙，超出群峰曰高。下明大之所以。佛説非身者，本性空故，是名大身者，即第一義故。

須菩提，如恒河中所有沙數，如是沙等恒河，於意云何，是諸恒河沙，寧爲多不。須菩提言，甚多，世尊，但諸恒河，尚多無數，何況其沙。須菩提，我今實言告汝，若有善男子、善女人以七寶滿爾所恒河沙數三千大千世界，以用布施，得福多不。須菩提言，甚多，世尊。佛告須菩提，若善男子、善女人，於此經中，乃至受持四句偈等，爲他人説，而此福德，勝前福德。復次，須菩提，隨説是經，乃至四句偈等，當知此處，一切世間天、人、阿修羅，皆應供養，如佛塔廟，何況有人盡能受持讀誦。須菩提，當知是人，成就最上第一希有之法。若是經典所在之處，即爲有佛，若尊重弟子。

此校量持説福勝以顯經勝之文。前無得無説文畢，以七寶充滿一大千世界布施，不及持經之福。此一切賢聖皆以無爲法而有差別文畢，以七寶充滿沙河中沙數大千世界布施，不及持經之福。由經義轉深，校量轉勝。初問約多河以數沙，如恒河中沙盡作恒河，沙河中沙是爲多不。答言，甚多。次問約多河以彰施福，若人以七寶充滿沙河中沙數大千世界布施，得福多不。答言，甚多。佛告空生下，約多福以顯經勝。若人受持此經一四句偈，及爲人説，其福勝彼。中峯云，七寶布施，不免生心住相，受持《般若》，於心無所生，於相無所住，故福勝。不但略持經人功德殊勝，略持經之處，一切天、人皆應供養。如佛塔廟，梵語窣堵波，此云方墳。塔者，邊國訛語。廟，貌也。安佛舍利名塔，安佛形像名廟。何況有人下，言廣持經人之益。盡能受持，不止一四句偈，當知是人成就最上第一希有之法。言得般若，成無上佛果菩提。下明全經所在之處，具足三寶，即爲有佛者。經顯法身，依法身有報、化，前云一切諸佛及諸佛阿耨多羅三藐三菩提法，皆從此經出。若尊重弟子者，經顯無爲，依無爲有三乘，前云一切賢聖皆以無爲法而有差別。

爾時，須菩提白佛言，世尊，當何名此經，我等云何奉持。佛告須菩提，是經名爲《金剛般若波羅蜜》，以是名字，汝當奉持。所以者何。須菩提，佛説般若波羅蜜，即非般若波羅蜜，是名般若波羅蜜。須菩提，於意云何，如來有所説法不。須菩提白佛言，世尊，如來無所説。須菩提，於意云何，三千大千世界所有微塵，是爲多不。須菩提言，甚多，世尊。須菩提，諸微塵，如來説非微塵，是名微塵。如來説世界，非世界，是名世界。須菩提，於意云何，可以三十二相見如來不。不也，世尊，不可以三十二相得見如來。何以故。如來説三十二相，即是非相，是名三十二相。須菩提，若有善男子、善女人以恒河沙等身命布施，若復有人於此經中，乃至受持四句偈等，爲他人説，其福甚多。

此明無定法可説之文。空生既聞持經成就希有之法，故問此經何名，云何奉持。佛告以《金剛般若波羅蜜》之名，以般若照破我法二執，了生死即涅槃，達煩惱即菩提，如度生無我，布施不住相之意。以其體堅，萬物不能壞。書云，不曰堅乎，磨而不磷。又云，仰之彌高，鑽之彌堅。莊生云，大浸稽天而不溺，大旱金石流、一〔七〕山焦而不熱。以其用利，故能壞萬物。書云，無〔八〕意，無必，無固，無我。又云，剋己復理〔九〕。因具堅、利二義，故喻金剛。用不住相名字奉持名中之義。徵云，何故持名中義。釋云，第一義中無名字故，即非般若。《起信》云，離言説相，離名字相，離心緣相。《老子》云，道可道，非常道。名可名，非常名。無名，天地之始。肇云，物無當名之實，名無得物之功。物無當名之實，非物也。名無得物之功，非名也。名實無當，萬物安在。如兎角龜毛，皆名實無當者。是名般若者，《玄談》云，湛湛忘言，教海之波瀾浩汗。恐空生未達般若性空，謂有言説，故問如來有所説法不。空生既悟名即無名，便解説即無説，答言如來無所説。如洪鐘待扣，大扣則大鳴，小扣則小鳴，不扣則不鳴。當其扣時，元非有聲。縱不扣時，未嘗無聲。永嘉云，默時説，説時默，大施門開無壅塞。向下將前校量世界微塵，問空生云，多不。答言，甚多。佛言，既説即非般若，則非微塵，非世界。既説是名般若，則是名微塵，是名世界。以一空一切空，一即一切即，正顯無有定法可説。憨大師云，此明刹刹塵塵，皆是遮那妙體。與雪浪大師若合符節。前不住相布施，則以應身相明之。次無定法可得，則以報身相明之。今無定法可説，復以三十二相問之。答云，既説非般若，非微塵，非世界，故云即是非相。既説是名般若，是名微塵，是名世界，故云是名三十二相。下以内財校量，倍顯經勝。如釋迦因中，捨身飼虎，割肉代鴿，以至捨頭目髓腦。《法華》云，觀三千大千世界，乃至無有如芥子許，非是菩薩捨身命處。

假若有人以恒沙身命布施，所得福德，不若持經福勝。彼捨身命，乃是住相，成有漏因。持說此經，是不住相，成佛正因。

爾時，須菩提聞說是經，深解義趣，涕淚悲泣而白佛言，希有，世尊，佛說如是甚深經典。我從昔來，所得慧眼，未曾得聞如是之經。世尊，若復有人得聞是經，信心清淨，即生實相，當知是人成就第一希有功德。世尊，是實相者，即是非相，是故如來說名實相。世尊，我今得聞如是經典，信解受持，不足爲難。若當來世，後五百歲，其有衆生得聞是經，信解受持，是人即爲第一希有。何以故。此人無我相、人相、衆生相、壽者相。所以者何。我相即是非相，人相、衆生相、壽者相即是非相。何以故。離一切諸相，即名諸佛。

此空生因名解無說義之文。既聞佛說般若，即非般若，故深解義趣，感佛深恩，涕淚悲泣，言大事已明，亦如喪考妣。讚佛希有者，前云希有，雖見世尊妙處，未聞其說，今蒙開演，故真希有。下出希有所以。佛說即非般若甚深經典，我等小乘，但離四相，已得人空，未離法相，不得法空，故未得聞是經。殊不知佛以一音演說法，衆生隨類各得解。如華嚴會上，二乘之人有耳不聞圓頓教，即是此輩。蓋法無有差，機自異耳。書云，夫[二]子之道，孰先傳焉，孰後倦焉。譬之草木，區已別矣。有始有卒者，其惟聖人乎。

假若有人得聞此經，信心清淨，即生實相。純真無妄之謂信，自心起信，還信自心。信自心中，本無我法，曰清淨。則契實相妙心，故云即生實相。實相者，諸相無相，無相不相。諸相無相，不住生死。無相不相，不住涅槃。非有非無，妙會中道。《法華》云，唯佛與佛乃能究盡諸法實相。《論》云，大乘因者，諸法實相是，大乘果者，亦諸法實相是。又云，發心畢竟二不別，如是二心先心難。生實相是因，成就第一希有功德是果。上文既云即非般若，何故又云即生實相。以金屑雖貴，落眼成塵，爲離實相分別之心，故云即是非相。《圓覺》云，我皆令入究竟圓覺，於圓覺中無取證者。古人云，過得荆棘林，斫倒旃檀樹。是名實相者，不壞假名而談實相。言我空生，已得聖果，佛現在時，又非末法，聞此經典，能信自心，解實相義，受持不失，不足爲難。若未來世，又非正法，設有衆生，未得聖果，得聞是經，信解受持，是人即爲第一希有。何故希有。此信解人，無復四相，故爲希有。何故無四相。以四相即是妄相，故應離之。非相者，妄相也。前云凡所有相，皆是虚妄，何故要離四妄相。離一切妄相，即名諸佛，以生佛體同故。經言，佛心及衆生，是三無差別。永嘉云，諸佛法身入我性，我性同共如來合。前云，若見諸相非相，即見如來。《圓覺》云，知幻即離，不作方便，離幻即覺，亦無漸次。

佛告須菩提，如是，如是，若復有人得聞是經，不驚、不怖、不畏，當知是人甚爲希有。何以故。須菩提，如來説第一波羅蜜，即非第一波羅蜜，是名第一波羅蜜。須菩提，忍辱波羅蜜，如來説非忍辱波羅蜜，是名忍辱波羅蜜。何以故。須菩提，如我昔爲歌利王割截身體，我於爾時無我相、無人相、無衆生相、無壽者相。何以故。我於往昔節節支解時，若有我相、人相、衆生相、壽者相，應生瞋恨。須菩提，又念過去於五百世作忍辱仙人，於爾所世無我相、無人相、無衆生相、無壽者相。

此明印讚推廣忍辱之文。上來空生呈解，故爾世尊印讚如是如是者，重言所解之甚當也。下以劣況勝。此經難信難解，非大乘根器，未免驚愕、疑惧、怖畏。若復有人聞説般若，心中不驚，聞説即非，心亦不怖，聞説是名，心亦不畏，當知是人甚爲希有，何況信心清淨及信解受持者乎。下以法顯人。如來説第一波羅蜜者，以諸度中，般若爲最，能解般若，故人亦希有。然般若即非般若，第一即非第一，是名第一者，假言説故。下推廣忍即非忍。安耐曰忍，毀害曰辱。能忍諸辱，故名忍辱。若有能忍所忍，則著四相，不名波羅蜜。不見有能忍所忍，遠離四相，故名波羅蜜。恐執情不了，故拂跡云，即非忍辱，忍能所故，是名忍辱，假安立故。下引一生所成忍，言我因中修忍辱行，有歌利王，此云極惡，出獵疲寢，宮人禮仙，王怒問僊得四果不，皆答不得，割截支體，天怒雨石，王惧懺悔。仙本無嗔，王亦無害，仙體如故。我于彼時，無有四相。下反釋。我於昔時，若有四相，即生嗔恨。嗔恨不生，故知無我。古人云，將頭臨白刃，一似斬春風。《老子》云，善攝生者，兕無所投其角，虎無所措其爪，兵無所容其刃。夫何故。以其無死地。廣引過去五百生中，修忍辱行，遠離四相，因得般若之功力也。

是故，須菩提，菩薩應離一切相發阿耨多羅三藐三菩提心，不應住色生心，不應住聲、香、味、觸、法生心，應生無所住心。若心有住，即爲非住。是故，佛説菩薩心不應住色布施。須菩提，菩薩爲利益一切衆生故，應如是布施。如來説一切諸相，即是非相。又説一切衆生，即非衆生。須菩提，如來是真語者、實語者、如語者、不誑語者、不異語者。須菩提，如來所得法，此法無實無虚。須菩提，若菩薩心住於法而行布施，如人入暗，則無所見。若菩薩心不住法而行布施，如人有目，日光明照，見種種色。

此總結應住之文。是忍即非忍之故，菩薩應離一切我法等相，發菩提心。前問云何應住，故結答云，不應住六塵生心，則離一切相。應生無所住心，則即一切法。無住生心，生心無住，則唯即與離，一一無所著。三祖云，莫逐有緣，莫住空忍，一種平懷，泯然自盡。下反顯。若心有住，則是妄情，便著四相，故云非住。非，即妄也。下照應前文。以不住色等生心，佛説菩薩不應住色布施。下明欲知度生無我，即布施不住相，故云菩薩爲利益一切衆生故，應如是不住相布施。下引證。如來常説一切諸相即是非相，即布施不住相，又説一切衆生即非衆生，即度生無我，此二相爲表裏。恐空生不信，故以五語誡勉之。真而不妄，實而不虚，如則稱理，不誑則無諂曲，不妄始終一貫，以此五語，則所言者當諦信而無疑。復以心中所得無實無虚，故稱理而説，相即非相，生即非生。《法華》云，如來如實知見三界之相，非實非虚，非如非異。非實者，一空一切空。非虚者，一即一切即。非如者，空而不空。非異者，有而不有。前云無有定法得菩提，無有定法可説。下喻明住相不住相得失。先明住相之失。若菩薩心住六塵法行施，則著我相，如盲人入暗，無日光明，則無所見。盲，喻無照理之智。暗中無日光明，喻無對治之法，則不能見諸法實相。下明不住相之得。若菩薩心不住六塵布施，如人有目，喻有照理之智，日光明照，暗則消滅，喻得對治之法。見種種色者，則見諸法實相也。上文破法相竟。

須菩提，當來之世，若有善男子、善女人能於此經受持讀誦，即爲如來以佛智慧，悉知是人，悉見是人，皆得成就無量無邊功德。須菩提，若有善男子、善女人，初日分以恒河沙等身布施，中日分復以恒河沙等身布施，後日分亦以恒河沙等身布施，如是無量百千萬億劫以身布施，若復有人聞此經典，信心不逆，其福勝彼，何況書寫、受持、讀誦、爲人解説。須菩提，以要言之，是經有不可思議不可稱量無邊功德，如來爲發大乘者説，爲發最上乘者説。若有人能受持、讀誦、廣爲人説，如來悉知是人，悉見是人，皆得成就不可量不可稱無有邊不可思議功德。如是人等，即爲荷擔如來阿耨多羅三藐三菩提。何以故。須菩提，若樂小法者，著我見、人見、衆生見、壽者見，則於此經不能聽受讀誦、爲人解説。須菩提，在在處處，若有此經，一切世間天、人、阿修羅所應供養，當知此處，則爲是塔，皆應恭敬，作禮圍遶，以諸華香而散其處。

此明持經功德殊勝之文。先明得佛知見，其功德即前成就最上第一希有之法。下校量持經之福。前二番約外財，第三番約内財，但言一河沙身命布施，今第四番，約多劫中日日三時，以河沙身命布施校量。初日分，早晨也。中日分，日中也。後日分，晚間也。身命之多言事大，經劫之久言日長。所得福德尚不及信經之福，何況及受持解説之功德。下顯法勝人尊。是經功德不可思議者，言離相之法如十方虛空，不可以心思惟，以言議論也。不可稱量者，不可以言稱謂，以意度量也。無邊功德者，以稱性無涯，故功德亦無邊也。如來爲發大乘人説，則二乘不及，爲發最上佛乘人説，則非三賢境界，故能持説此經。唯佛知見是人成就不可思議功德，此人即爲荷擔佛果菩提。背負曰荷，在肩曰擔。一切佛法從此經出，猶如重擔，能發大心，則全身擔荷。偈云，空劫已前無影樹，撑天柱地赤條條，新州有箇賣柴漢，收拾將來一擔挑。徵云，何故持説此經，便爲荷擔菩提。釋云，若樂小法之二乘，見有理事修證，即著四見，不能於此經中受持解説。四見者，即前四相。由著見故著相，相即見故。今樂大法，無四見，故能荷擔菩提。下明處勝，以顯人勝。不拘天上人間，若有此經，天龍八部皆應供養。雖無有塔，即爲有塔，藏佛法身舍利，皆應作禮，散華以爲供養。昔有一善書人，於虛空中寫《金剛經》，樵牧避雨，皆向其處，常聞天樂之聲。後有梵僧過而見之，誰人書《金剛經》於此。方知前人書經之驗。空中無跡，尚爾作樂供養，何況全經所在之處，而無天龍供養乎。

復次，須菩提，善男子、善女人受持讀誦此經，若爲人輕賤，是人先世罪業，應墮惡道，以今世人輕賤故，先世罪業則爲消滅，當得阿耨多羅三藐三菩提。須菩提，我念過去無量阿僧祇劫，於然燈佛前，得值八百四千萬億那由他諸佛，悉皆供養承事，無空過者。若復有人於後末世，能受持讀誦此經，所得功德，於我所供養諸佛功德，百分不及一，千萬億分，乃至筭數、譬喻所不能及。須菩提，若善男子、善女人於後末世有受持讀誦此經，所得功德，我若具説者，或有人聞，心則狂亂，狐疑不信。須菩提，當知是經義不可思議，果報亦不可思議。

此明轉重令輕之文。前云持説此經之人成就不可思議功德，則世人當恭敬供養，何故被人輕賤。此人過去所造惡業，應墮三惡道中，以持説此經故，轉重罪令輕受，但招今世輕賤之報，則過去重罪盡皆消滅，當得佛果菩提。下校量持經功德。前約外財内財布施衆生校量，今約供養諸佛校量。我念然燈佛已前，供養多佛之福，不及持經功德，以有相無相差别故。百分不及一者，言供佛功德百分不及持經之一分也。下明具聞生疑，狐疑不信者。狐，獸名，因多疑，故取喻之。疑則不信，信則不疑也。下總結。當知是經義不可思議者，如來爲發大乘人説，爲發最上佛乘人説故。果報亦不可思議者，當得阿耨多羅三藐三菩提故。

爾時，須菩提白佛言，世尊，善男子、善女人發阿耨多羅三藐三菩提心，云何應住，云何降伏其心。佛告須菩提，善男子、善女人，發阿耨多羅三藐三菩提心者，當生如是心，我應滅度一切衆生，滅度一切衆生已，而無有一衆生實滅度者。何以故。須菩提，若菩薩有我相、人相、衆生相、壽者相，即非菩薩。所以者何。須菩提，實無有法發阿耨多羅三藐三菩提心者。

此别明降伏之文。智者云，此文二周重説，或爲後來，或爲鈍根。中峯云，空生復理最初之問，世尊亦如前答。空生意謂應住已明，别有降心之法，故重問發菩提心云何應住、降伏。佛亦知空生意，將前總答降伏之文而發明之，不過换湯不唤〔二〕藥耳。何者。布施不住相即度生無我，度生無我即布施不住相，初非兩事。答云發菩提心，起度生心，滅度無量衆生，即利他之心也。如是度盡衆生，不見有生可度，即降心無我。徵云，菩薩度生應有能化所化，脱生死，證涅槃，云何不見有生可度。釋云，若見有生可度，則有四相，非菩薩矣。經言，諸佛心内衆生，心心作佛，則不見有所化之衆生、能化之菩薩、所證之涅槃。張拙云，涅槃生死等空華。徵云，何故有我非菩薩，無我名菩薩。釋云，若有法發菩提心，則有我相。既無法發菩提心，則無我相。誰能度衆生乎。

須菩提，於意云何，如來於然燈佛所，有法得阿耨多羅三藐三菩提不。不也，世尊，如我解佛所説義，佛於然燈佛所，無有法得阿耨多羅三藐三菩提。佛言，如是，如是，須菩提，實無有法如來得阿耨多羅三藐三菩提。須菩提，若有法如來得阿耨多羅三藐三菩提者，然燈佛即不與我授記：汝於來世，當得作佛，號釋迦牟尼。以實無有法得阿耨多羅三藐三菩提，是故然燈佛與我授記，作是言，汝於來世，當得作佛，號釋迦牟尼。

此明因中無法得菩提之文。前云無法發菩提心，則無菩薩，云何釋迦修菩薩行。故引應住菩提無得，以明無法發菩提心，無生可度。先引因中無法可得之義，以問空生，如來於然燈佛所，有法得菩提不。然燈乃釋迦第二阿僧祇劫中所值之佛。空生答言，善慧童子於然燈佛所，無有法得菩提。佛讚如是者，言其所解無謬。然燈佛所實無有法得菩提，以煩惱即菩提，煩惱性空無所得，則菩提亦無所得。下反釋。若我有法可得，然燈則不授記。下正釋。以無法可得，故與我授記。梵語釋迦牟尼，此云能仁寂莫，言應化無爲之義。若論正位中，則無記與不記，於偏位中，故有授記。古語云，萬籟有心聞不得，孤岩無耳自知音。

何以故。如來者，即諸法如義。若有人言如來得阿耨多羅三藐三菩提，須菩提，實無有法佛得阿耨多羅三藐三菩提。須菩提，如來所得阿耨多羅三藐三菩提，於是中無實無虚。是故，如來説一切法皆是佛法。須菩提，所言一切法者，即非一切法，是故名一切法。須菩提，譬如人身長大。須菩提言，世尊，如來説人身長大，即爲非大身，是名大身。

此明果上無法得菩提之文。言因中無菩提可得，則果上無諸佛如來。故云如來者即諸法空義，以諸法空名如來。《心經》云，是諸法空相。《楞嚴》云，性色真空。先遮錯解。若有人言如來果上得菩提，是人不解我所説義。下示正見。實無有法得菩提，即諸法如義。下轉釋。復恐有人生謗，若言無得則墮斷滅，故云如來所得菩提無實無虚。無實者，則非有。無虚者，則非無。若言有，是常見。若言無，是斷見。亦有亦無，相違見。非有非無，戲論見。古人云，離四句，絶百非，請師直指西來意。前云無有定法得菩提，然此真如非别有體，即一切諸法，非有非無，皆是佛法。《放光》云，空無邊，當知般若亦無邊。色無邊，當知般若亦無邊。古人云，青青翠竹，無非般若真如境，欝欝黄華，咸是菩提妙假心。下拂跡。即非一切法是無實，是名一切法是無虚。前應住無定法可得文畢，以報身不可得發明，今降伏無菩提可得，以法身不可得發明。故問空生，一切法皆是佛法，是真如體，遍一切處，可爲大矣。空生答言，法身長大。遠離諸相，故名非大身。是名大身者，真如不滅故。

須菩提，菩薩亦如是。若作是言，我當滅度無量衆生，即不名菩薩。何以故。須菩提，實無有法名爲菩薩。是故，佛説一切法無我、無人、無衆生、無壽者。須菩提，若菩薩作是言我當莊嚴佛土，是不名菩薩。何以故。如來説莊嚴佛土者，即非莊嚴，是名莊嚴。須菩提，若菩薩通達無我法者，如來説名真是菩薩。

此合明無生可度之文。前云釋迦無菩提可得，則知無法發菩提心，亦無衆生可度，故云菩薩亦如是。若作是言，我當度生，則有四相，不名菩薩。以無有法，遠離四相，名爲菩薩。是無法之故，佛説一切菩薩衆生法無有四相。引應住中莊嚴佛土之事以明。若見有土可嚴，即著四相，不名菩薩。以無土可嚴，故云即非莊嚴。是名莊嚴者，世俗諦故。下雙結。既有生可度，有土可嚴，非爲菩薩。何者名爲菩薩。若菩薩通達無我相、法相者，真是菩薩。

須菩提，於意云何，如來有肉眼不。如是，世尊，如來有肉眼。須菩提，於意云何，如來有天眼不。如是，世尊，如來有天眼。須菩提，於意云何，如來有慧眼不。如是，世尊，如來有慧眼。須菩提，於意云何，如來有法眼不。如是，世尊，如來有法眼。須菩提，於意云何，如來有佛眼不。如是，世尊，如來有佛眼。須菩提，於意云何，如恒河中所有沙，佛説是沙不。如是，世尊，如來説是沙。須菩提，於意云何，如一恒河中所有沙，有如是沙等恒河，是諸恒河所有沙數佛世界，如是寧爲多不。甚多，世尊。佛告須菩提，爾所國土中所有衆生，若干種心，如來悉知。何以故。如來説諸心，皆爲非心，是名爲心。所以者何。須菩提，過去心不可得，現在心不可得，未來心不可得。

此明佛具五眼故知一切衆生即非衆生之文。初問如來有肉眼不，答言，如來有肉眼，乃至佛眼亦如是。肉眼，見障内色，約凡夫。天眼，見障外色，約四果。阿那律陀得半頭天眼，觀大千世界，猶如掌中庵摩羅菓。佛得全頭天眼，徹見人中無數世界不以二相。慧眼，根本智照真理，約辟支權位菩薩。法眼，後得智説法度人，約等覺。前四眼在佛總名佛眼，見佛性圓極，約如來。雲岩問道吾，大悲菩薩，用許多手眼作麽。答云，如人夜半背手摸枕子。岩云，會也。道吾云，汝作麽生會。岩云，徧身是手眼。《楞嚴》云，八萬四千母陀羅臂，八萬四千清淨寶目，皆在當人一念之中。於意云何下，約一恒河以數沙。如一恒河中下，一河中沙以數河。是諸恒河下，沙河中沙以數界。爾所國土中下，爾所界中所有生。若干種心下，一一衆生所有心，顛倒分別，染淨差别。《法華》云，念何事，思何事，修何事等，如來悉知，以同體故。《楞嚴》云，汝等當知有漏世界十二類[三]生，本覺妙明，覺圓心體，與十方佛無二無别。《華嚴》云，若人欲知佛境界，當淨其意如虚空，遠離妄想及諸取，令心所向皆無礙。雖般若無知，無所不知。若言五眼當名見，何故云知。譬如盲人囑暗，見不在眼而在於心，曾無心外之見。但約眼名見，約心名知，無二體故。何故悉知。如來説諸心，妄想性空，故云非心。真如不滅，故云是名爲心。下釋非心。過去已滅，現在不住，未來未生，三際求之，了不可得。

須菩提，於意云何，若有人滿三千大千世界七寶以用布施，是人以是因緣得福多不。如是，世尊，此人以是因緣得福甚多。須菩提，若福德有實，如來不説得福德多，以福德無故，如來説得福德多。

此明福德性空之文。前云無土可嚴，無

生可度，則布施亦無福，故以性空之福大明之。初問，若人滿大千界七寶布施，是人以是因緣得福多不。答言，此人離相無倒[三]行施因緣，得福甚多。佛與空生發明，若福德有實則住相，成有漏因，其福則寡。以福德性空，則離相，成無漏因，其福則多。已下三節校量文，皆因便舉爾。

須菩提，於意云何，佛可以具足色身見不。不也，世尊。如來不應以具足色身見。何以故。如來説具足色身，即非具足色身，是名具足色身。須菩提，於意云何，如來可以具足諸相見不。不也，世尊。如來不應以具足諸相見。何以故。如來説諸相具足，即非具足，是名諸相具足。

此明佛身非相之文。前云無菩提可得，何有相好之佛，故以即非具足明之。《經》云，如來者，即諸法如義。亦引應住可以三十二相見如來之文。具足色身即八十種好，具足諸相即三十二相。即非具足，好即無好，相即無相。佛在忉利天，爲母説法，下來人間。蓮華色比丘尼，化作輪王，先往見佛。佛言，空生岩中晏坐，先見我矣。又云，若人百千劫，常隨於如來，不了真實義，盲瞑不見佛。是名具足者，妄無自性，全體即真。

須菩提，汝勿謂如來作是念我當有所説法，莫作是念。何以故。若人言如來有所説法，即爲謗佛，不能解我所説故。須菩提，説法者，無法可説，是名説法。

此明無法可説之文。前云佛本無相，云何説法，故以無法可説明之，亦引應住無有定法可説之文。初遮錯解。汝勿謂如來作念我當有所説法，莫作是念。若人言如來有所説法，即爲謗佛。以如來無説而説，説而無説。若言有説，則不解如來所説義。下示正見。説法者無法可説，如空谷答響，無心無緣，離諸分別，終日言而未嘗言。《楞伽》云，無已説、今説、當説，不説是佛説。《老子〔四〕》云，言滿天下無口過。是名説法者，不妨隨機演唱故。

爾時，慧命須菩提白佛言，世尊，頗有衆生於未來世聞説是法，生信心不。佛言，須菩提，彼非衆生，非不衆生。何以故。須菩提，衆生衆生者，如來説非衆生，是名衆生。

此明衆生非衆生之文。前云無菩提、無相、無説，故問未來衆生聞此經典能生信不，以顯難信之意。佛以無衆生發明，意顯有信。彼非衆生者，本性空故。非不衆生者，五藴和合故。衆生衆生者，《小品》云重牒之文，如言世尊世尊、菩薩菩薩等。言衆生之所以爲衆生者，我説彼非衆生，無和合相故，是名衆生者，不壞假名故。前云實無衆生得滅度者，尚未明無衆生之義，次明三心不可得，今明衆生相不可得，方顯實無衆生之義。如舍利弗問辯才天女云，何以不轉女身。天女言，求女人相，了不可得。又如龍女，於須臾頃變成男子，即往南方無垢世界，坐寶蓮華，成等正覺。豈可以男女老少、善惡凡聖之相而分别乎。

須菩提白佛言，世尊，佛得阿耨多羅三藐三菩提，爲無所得耶。佛言，如是，如是，須菩提，我於阿耨多羅三藐三菩提，乃至無有少法可得，是名阿耨多羅三藐三菩提。復次，須菩提，是法平等，無有高下，是名阿耨多羅三藐三菩提。以無我、無人、無衆生、無壽者，修一切善法，則得阿耨多羅三藐三菩提。須菩提，所言善法者，如來説即非善法，是名善法。

此明菩提無得之文。空生悟無相、無説、無生，知無法得菩提，故呈解。先明無上名菩提。言佛得菩提，爲無所得耶。佛印讚如是，無有少法可得名菩提。無少法者，言菩提心迷時輪轉六道，亦未嘗減。《楞伽》云，轉三十二相，入一切衆生身中，如大價寶，垢衣所纏。悟時逈出塵勞，亦未嘗增。六祖云，菩提本無樹，明鏡亦非臺，本來無一物，何處惹塵埃。次明正等名菩提。是法平等，無有高下。名菩提者，法界性中，無形無相，了無差別，故名平等。以平等故，不以佛爲高，衆生爲下，離能所相，廓爾無朕，故云無有高下。古人云，過去諸佛如是，西天四七，唐土二三諸祖亦如是，某甲亦如是。肇云，諸法不異者，豈曰續鳬截鶴，夷嶽盈壑，然後爲不異哉。言鳬鵄雖短，續之則憂，鶴鵄雖長，截之則悲，但高處高平，低處低平，長者任其長，短者任其短。頌云，任短任長休剪綴，隨高隨下自平治[二五]。下明正覺名菩提。以無四相，修一切善法，則得菩提。前云無有少法及是法平等，恐人墮於無修無證斷滅深坑，撥無六度萬行。古人云，雖然舊閣閒田地，一度贏來方始休。故云，無四相，修一切善法。《起信》云，雖知法性本無慳貪，隨順修行檀波羅蜜等。下拂跡。既無菩提，云何有善法，故云即非善法。以幻化佛事，修即無修，是名善法者，世俗諦故。

須菩提，若三千大千世界中所有諸須彌山王，如是等七寶聚，有人持用布施，若人以此《般若波羅蜜經》，乃至四句偈等，受持讀誦，爲他人說，於前福德，百分不及一，百千萬億分，乃至算數、譬喻所不能及。

此校量持經福德之文。若大千界須彌七寶持用布施，是有漏因，其福尚寡。持說此經一四句偈，是無漏因，功德無量。

須菩提，於意云何，汝等勿謂如來作是念我當度衆生。須菩提，莫作是念。何以故。實無有衆生如來度者。若有衆生如來度者，如來即有我、人、衆生、壽者。須菩提，如來說有我者，即非有我，而凡夫之人以爲有我。須菩提，凡夫者，如來說即非凡夫，是名凡夫。

此明如來無生可度之文。前云是法平等，無有高下，云何如來亦有生可度。故云，汝等勿謂如來作念度生，汝等莫作是念。前云三心不可得，又云衆生相空，豈有衆生可度。若見有生可度，如來亦著四相。如來雖説有我，元非有我，而汎常之人以爲有我。衆生既非衆生，凡夫亦非凡夫。是名凡夫者，五陰假合故。上文交互破我相法相竟。

須菩提，於意云何，可以三十二相觀如來不。須菩提言，如是，如是，以三十二相觀如來。佛言，須菩提，若以三十二相觀如來者，轉輪聖王即是如來。須菩提白佛言，世尊，如我解佛所説義，不應以三十二相觀如來。爾時，世尊而説偈言，若以色見我，以音聲求我，是人行邪道，不能見如來。

此明法身不可以相見之文。前云不可以具足相好見如來，向下欲破非法相，故引前三十二相以問，待空生答出，以相見，則住常情，不以相見，墮於斷滅。初問，可以三十二相觀如來不，正是世尊探竿在手，影草隨身，若非手親眼辨，不免落在世尊彀中。空生答云，如是。以比智知，可以三十二相觀如來，如隔山見烟，便知是火。既了相即無相，便可以相觀如來。佛以凡聖不分難之，若以相見如來，則金輪王具三十二相，亦是如來。以輪王雖具三十二相，不了非相，是凡夫故。空生一撥便轉，順理以酬，不應以相觀如來。佛印見聞不及，若以色見法身，以音聲求法身，是行邪道，不見如來。以色身非是佛，音聲亦復然。古人云，東坡居士太饒舌，聲色叢中欲透身，溪若是聲山是色，無山無水好愁人。

須菩提，汝若作是念，如來不以具足相故，得阿耨多羅三藐三菩提，須菩提，莫作是念，如來不以具足相故，得阿耨多羅三藐三菩提。須菩提，汝若作是念，發阿耨多羅三藐三菩提心者，説諸法斷滅，莫作是念。何以故。發阿耨多羅三藐三菩提心者，於法不説斷滅相。

此明不住斷滅相之文。前云不可以相見如來，雖不住有，又恐空生住於斷見，不待其問而告之曰，汝若作念，如來不以具足相故得菩提，莫作是念，如來不以具足相故得菩提，然亦不離色聲見佛神通力。東坡云，溪聲即是廣長舌，山色無非清淨身，夜來八萬四千偈，他日如何舉似人。下明毀相之失。若作念，發菩提心，說諸法斷滅，莫作是念。肇云，譬如逃峯而赴壑，俱不免於患矣。何故發心不說斷滅。以發菩提心人於法不應說斷滅相。語云，寧起有見如須彌山，莫起增上慢空見。上文破非法相竟。

須菩提，若菩薩以滿恒河沙等世界七寶，持用布施，若復有人知一切法無我，得成於忍，此菩薩勝前菩薩所得功德。何以故。須菩提，以諸菩薩不受福德故。須菩提白佛言，世尊，云何菩薩不受福德。須菩提，菩薩所作福德，不應貪著，是故說不受福德。

此校量得忍菩薩功德殊勝之文。若菩薩將七寶充滿恒沙世界布施，不如得忍菩薩功德殊勝，以有相無相不同故。忍者，無生法忍也。前云不可以相見如來，則不見有生，不可以非相見如來，則不見有滅。以此無生無滅之法，忍可於心，名無生忍，初住菩薩境界。前云若菩薩通達無我法者，如來說名真是菩薩。徵云，何故知無我菩薩功德殊勝。以菩薩不受福德相故。空生復問，菩薩既有福相，云何不受。佛云，菩薩所作福德之相，不應貪取執著，起斷常見，是故說不受福德。

須菩提，若有人言，如來若來若去，若坐若臥，是人不解我所說義。何以故。如來者，無所從來，亦無所去，故名如來。

此明法身無去來相之文。上云知一切法無我，得成於忍，云何如來現有去來。若有人言如來有來，則以相見，如來有去，則以非相見，是人不解佛義。如來者，法身也，無所來則不住生死，無所去則不住涅槃。《淨名》云，不來相而來，不見相而見。文殊云，若來已，更不來。若去已，更不去。可見者，不可見相。前云，如來者，即諸法如義。古人云，夜深不向蘆灣宿，迥出中間與兩頭。

須菩提，若善男子、善女人以三千大千世界碎爲微塵，於意云何，是微塵衆寧爲多不。甚多，世尊。何以故。若是微塵衆實有者，佛即不説是微塵衆。所以者何。佛説微塵衆，即非微塵衆，是名微塵衆。世尊，如來所説三千大千世界，即非世界，是名世界。何以故。若世界實有者，即是一合相。如來説一合相，即非一合相，是名一合相。須菩提，一合相者，即是不可説，但凡夫之人貪著其事。

此明法身應身無一異相之文。前云應有去來則有異相，法無去來則有一相，故以塵界明之。初明碎界爲塵塵不有。若人以世界碎爲微塵，寧爲多不。答言，甚多。若微塵實有，則不名多，以微塵性空，是故言多，則應身無去來之異相。下明合塵爲界界元無。以世界性空，元無一相，則法身無一相。下破和合相。若世界實有，則是微塵聚爲一和合相。既説三千，則非一合，以第一義中無實體故。是名一合相者，世俗諦故。上來空生顯解，向下佛與發明。一合相者，實際理地，言語道斷，心行處滅，故云則是不可説。但凡夫之人見和合相，迷於事法，貪著有無，起諸異見。所謂擬心即差，動念即乖。

須菩提，若人言佛説我見、人見、衆生見、壽者見，須菩提，於意云何，是人解我所説義不。不也，世尊，是人不解如來所説義。何以故。世尊説我見、人見、衆生見、壽者見，即非我見、人見、衆生見、壽者見，是名我見、人見、衆生見、壽者見。須菩提，發阿耨多羅三藐三菩提心者，於一切法，應如是知，如是見，如是信解，不生法相。須菩提，所言法相者，如來説即非法相，是名法相。

此破我法二相之文。前云四相，説破即是非相，又云四見，尚未發明，此乃説破，亦無四見。或云四執，或云四取，名别義同。無法相義，應住、降伏俱未説破，故此明之。初除我執。若人言佛説四見，是人解我所説義不。答言，是人不解如來所説義。佛説四見，以性空故，即非四見。世俗諦故，是名四見。下破法執。總提起前問辭云，發菩提心之人，於自利利他法中，應如是知者，即知一切法無我，得成於忍。如是見者，即若見諸相非相，即見如來。如是信者，即一念淨信，及信心清淨，則生實相。如是解者，即深解義趣，及信解受持。又如是二字，與如是住、如是降伏其心相照應。不生法相者，即若菩薩通達無我法者，如來説名真是菩薩。下拂跡。我見既非我見，如來所説法相即非法相，離分别取著故。是名法相者，但假名故。上文節節皆破我法二執，以法相非法相皆法執故。

須菩提，若有人以滿無量阿僧祇世界七寶持用布施，若有善男子、善女人發菩提心者，持於此經，乃至四句偈等，受持讀誦，爲人演説，其福勝彼。云何爲人演説。不取於相，如如不動。何以故。一切有爲法，如夢幻泡影，如露亦如電，應作如是觀。

此校量持經功德及説經軌則之文。先明持經功德。若人滿無數世界七寶布施不及持經之福。云何下，説經之法。前云爲人演説，依何軌則，説法無過，即《法華》説四安樂行之義。説經之法，不出定、慧。不取於相者，言達境唯心，離諸分别。如如不動者，上如相似義，下如不變義。不動者，即定也。終日説法，無法可説。終日度生，無生可度。上言定，下言慧。何故如如不動。觀一切有爲生滅之法如夢，從妄見生。《圓覺》云，如夢中人，夢時非無，及至於醒，了無所得。

如幻者，如結巾爲兎，縛芻爲狗，呪力往來，無有實體。肇云，譬如幻化人，非無幻化人，幻化人非真人也。如泡者，因風而有，不可久立。如影者，因形而有，形實影虚，有待而成者也。如露者，春霜曉露，見日則晞。如電者，似閃電光，刹那不住。一切諸法，虚妄不實，應作如是觀照，方得説法無過。

正宗分竟。

佛説是經已，長老須菩提，及諸比丘、比丘尼，優婆塞、優婆夷，一切世間天、人、阿修羅，聞佛所説，皆大歡喜，信受奉行。

此明流通分。要將此法流通天上人間，四衆八部。非無餘衆，但文略耳。比丘，此云乞士。尼，即女也。優婆塞，此云近事男。優婆夷，此云近事女。阿修羅，此云無端正，男醜女美。法喜充心，故皆大歡喜。聞而思，思而修，故云信受奉行。

金剛般若波羅蜜經筆記終

校勘記

〔一〕「淅」，疑爲「浙」。
〔二〕「論」，疑爲「輪」。
〔三〕「轉」，疑爲「輪」。
〔四〕「報」，疑爲「執」。
〔五〕「脱」，疑爲「説」。
〔六〕「研」，疑爲「妍」。
〔七〕「一」，疑爲「土」。
〔八〕「無」，疑爲「毋」，下三「無」字同。
〔九〕「理」，疑爲「禮」。
〔一〇〕「夫」，疑爲「君」。
〔一一〕「唤」，疑爲「换」。
〔一二〕「纇」，疑爲「類」。
〔一三〕「倒」，疑爲「住」。
〔一四〕「老子」，疑爲「孝經」。
〔一五〕「治」，疑爲「持」。

（李勁整理）

〇二五一

金剛般若波羅蜜經破空論〔一〕

明智旭造論

自序

《經》云：寧起有見如須彌山，勿起惡取空見如芥子許。蓋空見撥無因果，能斷五乘善根故也。然般若如大火聚，四面皆不可觸，觸則被燒，苟不取著，則温身、熟食、除冥，以喻四門皆可入道，又何爲獨破空哉。須知空句破則四句皆破，破空句正所以顯空門。空門顯，四門皆顯。菩薩欲具一切佛法，當學般若。般若何止破空相始教而已。且如此經，一則云有持戒修福者於此章句能生信心，再則云應無所住而生其心，應生無所住心，繼又云以無我、無人、無衆生、無壽者修一切善法，即得阿耨多羅三藐三菩提，乃至云發阿耨多羅三藐三菩提心者，於法不説斷滅相，是豈非實相大乘之正印乎。是爲序。

如來證得色平等故，眼不管妍醜之色，能使地獄天宫皆爲淨土。

如來證得聲平等故，耳不分毀譽之聲，能使天魔惡聲化爲讚頌。

如來證得香平等故，鼻不辨香臭之氣，能使幻土厠室化爲香殿。

如來證得味平等故，舌不揀甜苦之味，能使食中毒藥化成甘露。

如來證得觸平等故，身不避澀滑之觸，能使魔軍刀箭化成天華。

如來證得法平等故，意不隨假實之法，不爲物轉，恒能轉物，具足無量不可思議神通妙用。

校勘記

〔一〕底本據同治十年如皋刻經處本《金剛經破空論》，校本據《嘉興藏》。

金剛般若波羅蜜經破空論

姚秦三藏法師鳩摩羅什譯經

明菩薩沙彌智旭際明造論

稽首實相三般若　本離四句及百非
滿分修證福慧尊　性修慈誓冥加被
爲治羣盲惡取空　欲申如實不空義
不空徧破衆戲論　順悉檀故名破空

論曰：此歸命請加，以申造論立名之旨趣也。稽首者，首至地也。由意篤敬，動身發口，即是三業翹勤供養也。實相者，非有相，非無相，非非有相，非非無相，非有無俱相，離一切相，徧爲一切諸法作相，故名實相。此實相者，即是般若波羅蜜體，體自寂照，不可思議。如理而照，照不異寂，即名觀照般若。如理詮寂，寂詮即照，是名文字般若。夫實相者，爲觀照體，爲文字體。夫觀照者，照於實相，照於文字。夫文字者，詮於實相，詮於觀照。此一非一，舉一即三，此三非三，言三即一。爲令衆生頓悟諸法自體性故，但舉實相，冠三般若，以實相體統諸法故。此之實相本自非有，亦復非無，非亦有無，非非有無。實相離四句故，觀照文字亦離四句。四句既離，百非自絶，以彼百非總不出四句故。此實相三法，不可思議，非修非證而爲一切修證之本。滿修證者，謂諸如來稱性而修，稱性而證，因果理窮，無可加故。分修證者，謂諸菩薩，全性成修，全性作證，如入大海，漸次深故。福名福德，慧名慧行。實相非福而爲一切福德之聚，稱性緣修，是成性福。實相非慧而爲一切慧行之本，稱性真修，是成性慧。依於文字，則有實相之福，福亦實相。具足福慧，作於觀照，則有實相之慧，慧亦實相。具足福慧，實相體尊，是故福慧修證，成兩足尊。

復次，實相非福慧則不名尊，以一切衆生皆悉具足實相體故。福慧非實相亦不名尊，以一切權小，縱有種種福慧，不成無上大菩提故。由性具義，妙修得成，由妙修義，性德方顯。若但舉修德，不舉性德者，則衆生與佛，條然隔别，生不能感，佛不能應。若但舉性德，不舉修德者，則佛與衆生一味平等，佛非能加，生非所加。今以衆生性中諸佛修成之慈誓，加被諸佛性中衆生本具之修德，能拔一切戲論苦，能與一切實相樂。性與性冥，修與修冥，性與修冥，修與性冥，性修不二，生佛體同，是故得成加被義也。

復次，行人若身身業，若口口業，若意意業，當體即是實相。惟其當體即實相故，則無能禮所禮差别之相。達此能所，性非能所，非能所性，徧爲一切能所而作依止，無有一能一所而非實相全體大用。是故三業得爲能感，諸佛得爲所感，諸佛得爲能應，行人得爲所應。此即歸命請加之旨趣也。

次申造論立名旨趣者，問曰，從上佛祖經論已足，何須更造此論。答曰，爲治聾盲惡取空故。一切衆生，生無慧目，不能得見實相真體，亦復不知觀照，不知文字。猶如聾盲，不見乳色，隨語生解，聞鶴謂動，聞雪謂冷等。聞此經者亦爾。經本破一切用，令達實相，而聾盲但聞破相，便執非相，取著於空，成惡知見，破壞俗諦，撥無因果。是以佛言，寧起有見如須彌山，莫起空見如芥子許。而彼不知實相雖復永離一切幻妄之相，體性不空，以其無始以來常恒不變，具足過恒沙等性德之用。蓋不惟爲種種萬行之所莊嚴，而且萬行無非性具，無非性起，趣舉一行，無非實相全體大用，無分無劑，互徧互融，體即法界，義如是故。

問曰，如是義者，即已徧破一切戲論，

所謂若有見戲論，若空見戲論，若亦有亦空見戲論，若非有非空見戲論，單四見戲論，複四見戲論，具足四見戲論，廣説乃至一百八見，種種見網諸戲論等，無不破盡，何故立名爲破空耶。答曰，順悉檀故，名爲破空。悉檀有四。一、世界悉檀，爲令衆生得歡喜故也。二、爲人悉檀，爲令衆生生善根故。三、對治悉檀，爲令衆生滅愛見故。四、第一義悉檀，爲令衆生入深理故。今治惡取空見，名爲破空，即順對治悉檀義也。復次，於對治中仍具四悉，所謂自有衆生聞《破空論》而生歡喜，復有衆生善根增長，愛見消滅，證入實相，如是種種爲益不同，以是因緣，須造論也。

金剛般若波羅蜜經

體是至寶相不壞　用能破物性常然

以喻般若三非三　通別咸成度無極

論曰：此一經之總題也。以對餘經，則名爲別。以對經文，復名爲通。若別若通，所詮無二，故曰咸成度無極也。金剛者，喻也。般若波羅蜜者，法也。金中之剛，故名金剛。此寶貴重，以喻實相般若，諸法中尊。其相堅固，物不能壞，以喻觀照般若，愛見莫侵。其用猛利，能破一切，以喻文字般若，能斷衆疑。復次，實相尊重故，觀照文字亦復尊重。觀照不壞故，即是實相文字不壞。文字斷疑故，即是實相觀照斷疑。譬如體是至寶，故不爲一切所壞，而能破一切也。不爲一切所壞，故能破一切而稱至寶也。能破一切，故名爲至寶而物莫能壞也。一體三義，混之愈分，三義一體，派之愈合。實相常住爲體，體即法身。觀照契理爲宗，宗即般若。文字斷疑爲用，用即解脱。總此三法爲名，借此三義爲喻。此之三義，其性常然，諸佛菩薩不能令增，一切衆生不能令減，非悟非迷，無彼無此。惟其不屬迷悟，故徧爲迷悟作依。

惟其性無彼此，故依之成彼成此。梵語波羅密，此翻彼岸到，亦翻度無極也。迷實相而爲苦道，迷觀照而爲煩惱，迷解脱而爲結業，是以非此説此，説名生死無極之海。悟苦道即法身，悟煩惱即觀照，悟結業即解脱，是以非彼説彼，説名度無極也。復次，前五度對波羅蜜各有四句料簡，般若惟三句。一者，非般若非波羅蜜，有爲諸福德是。二者，是般若非波羅蜜，相似諸智慧是。三者，是般若是波羅蜜，此經所顯三般若是。更無是波羅蜜非般若句，以五度若非般若，不能到彼岸故，以五度若到彼岸，咸名爲般若故，故但説般若，即爲具説六度萬行。當知六度萬行，皆如金剛，離句絶非而非同斷滅。

如是我聞：一時佛在舍衛國祇樹給孤獨園，與大比丘衆千二百五十人俱。

第一義諦無聲字　亦無時處主伴等
爲利衆生轉法輪　六種成就而證信

論曰：實相之體，名爲第一義諦，非能信，非所信，非能聞，非所聞，非三世所攝，非方隅所收，非主非伴，非一非多，而能所、時處、主伴、一多，咸依實相而得成就。是故若知第一義諦非種種，而種種無非第一義諦者，則不壞假名而建實相，可與信入此經，即通序而成别矣。

爾時，世尊食時，著衣持鉢，入舍衛大城乞食。於其城中，次第乞已，還至本處，飯食訖，收衣鉢，洗足已，敷座而坐。

衣食行坐事即理　一切毘尼皆佛行
一一行中見實相　護念付囑善應知

論曰：末世甫欲趣向大乘，學深般若，便輕忽一切毘尼細行，輒云大道不拘小節，大象不由[二]兔徑，豈思如來大聖，法中之王，而著衣持鉢，乞食趺坐等，一一咸同比丘威儀，曾無稍異。故知全事即理，設欲捨壞色三衣而空談慚愧忍辱之衣，何不并廢人間六味而空談法喜禪悦之味乎。昔高峰妙禪師室中垂問云，大修行人當遵佛行，因甚不守毘尼。蓋一切毘尼無非佛行，安得名爲兔徑小節。既是不遵佛行，豈名大修行人。須知即一著衣，便具慚愧忍辱功德之衣，即一飯食，便具禪悦法喜出世之食，即一行乞，便知如來行慈悲行，即一趺坐，便知如來坐法空座。是故一一行門無非實相，能令根熟菩薩見諸如來與其同行，得悟實相，名善護念。令根未熟菩薩依此法律，正住增長，進趣實相，名善付囑也。由此得名爲發起序。

時，長老須菩提在大衆中，即從座起，偏袒右肩，右膝著地，合掌恭敬而白佛言：希有，世尊，如來善護念諸菩薩，善付囑諸菩薩。世尊，善男子、善女人發阿耨多羅三藐三菩提心，云何應住，云何降伏其心。

證實施權善鑒機　護念付囑故希有

發心應住降伏心　般若相應此應問

論曰：以三義故，歎爲希有。實相般若，難證難入，惟佛窮底，故爲希有。已證實智，爲物施權，權實不二，故爲希有。知彼羣機，有熟未熟，熟善護念，未熟付囑，於一切時、一切行中具斯二利，故爲希有。阿耨多羅三藐三菩提者，此翻無上正等正覺，乃一切種智之果，發心者從因趣果之勝心也。入理般若，名爲住。云何應住，是問住果。云何降伏其心，是問淨因。夫無上菩提，雖名爲果，體即非果。發無上心，雖名爲因，體即非因。非果非因，實相法身，體也。應住是觀照，不壞，宗也。降伏是解脱，斷惑，用也。故名般若相應問也。

佛言：善哉，善哉，須菩提，如汝所説，如來善護念諸菩薩，善付囑諸菩薩。汝今諦聽，當爲汝説。善男子、善女人發阿耨多羅三藐三菩提心，應如是住，如是降伏其心。唯然，世尊，願樂欲聞。

契理契機故善善　聞慧具足諦應思

論曰：自有契理而不契機者，如說大法，小機不堪。自有契機而不契理者，如說世善，不出生死。盡理而言，若非契理，決不契機，以理非權實，能權能實，權實皆理，如甘毒皆藥故。若非契機，亦決不契理，以說不當機，便成非量，如藥無貴賤，起病者良故。聞慧具足者，有聞無慧，如有燈無目，不見實相，有慧無聞，如暗室中坐，亦不見實相。誡令諦聽，爲具足聞慧故，爲引起思慧及修慧故。

佛告須菩提：諸菩薩摩訶薩應如是降伏其心，所有一切衆生之類，若卵生、若胎生、若濕生、若化生，若有色、若無色，若有想、若無想、若非有想非無想，我皆令入無餘涅槃而滅度之。如是滅度無量、無數、無邊衆生，實無衆生得滅度者。何以故。須菩提，若菩薩有我相、人相、衆生相、壽者相，即非菩薩。

廣大第一常不倒　四心亦即三迴向
如是誓願善修心　能會一心三般若

論曰：廣大心者，亦名無邊心，謂所緣境徧，即是橫亘四生，豎窮三界。四生爲能住，三界爲所住。依殼曰卵生，如魚鳥等。含藏曰胎生，如人畜等。假潤曰濕生，如蟲蟻等。倏現曰化生，如諸天等。有色者，欲、色二界。無色者，空等四天。於四空中，空處識處名有想，無所有處連色界外道天名無想，有頂衆生名非有想非無想。第一心者，亦名最上心，所謂我皆令入無餘涅槃而滅度之，此非小乘無餘涅槃。功德施菩薩《論》云，無餘涅槃者何義。謂了諸法無生性空，永息一切有患諸蘊，資用無邊希有功德，清淨色相，圓滿莊嚴，廣利羣生，妙業無盡。天台《疏》云，大乘以累無不盡、德無不圓名無餘也。常心者，亦名愛攝心。《經》云，如是滅度無量衆生，實無衆生得滅度者。《論》云，菩薩慈愛一切衆生同於己故，衆生滅度，即我非他，是名愛攝。今謂此之經文，應依《論》釋。蓋一切[三]衆生，雖復無量，總不離我同體心性，是故名爲自性衆生。須知實無心外衆生得滅度者，非不滅度自性衆生，令證無餘涅槃樂也。夫衆生之界，本即大涅槃界，由迷妄故生死浩然，譬如瞖目妄見空華。今令覺悟本滅，即名爲度，非有此岸可離，非有彼岸可到。若不達一切衆生即我心性，便生彼我之心，不能愛攝，若不達一切生死體即涅槃，便生難度之心，不能盡未來際行菩薩道。故實無者，爲遮心外計有衆生，及遮心内計有生死實法，非謂都不誓度自心如幻衆生。不顛倒心者，亦名正智心。《經》云，若菩薩有我相等，即非菩薩。四相是顛倒心，有則名非，無則名是，以失顯得也。宰主名我，形相名人，衆緣和合名衆生，相似相續名壽者，即十六知見之四，畧舉以顯補特伽羅妄執。此執若無，名得四智。四心亦即三迴向者，菩薩所修三種迴向，謂迴自向他、迴因向果、迴事向理，今廣大心即迴自向他義，第一心即迴因向果義，常心、不顛倒心即迴事向理義。以此誓願善降伏心，令因清淨，則會一心三般若性，迴自向他，會解脱性，喻如能破一切。迴因向果，會觀照性，喻如物莫能壞。迴事向理，會法身性，喻如體即至寶。

復次，須菩提，菩薩於法應無所住，行於布施，所謂不住色布施，不住聲、香、味、觸、法布施。須菩提，菩薩應如是布施，不住於相。何以故。若菩薩不住相布施，其福德不可思量。

須菩提，於意云何，東方虚空可思量不。不也，世尊。須菩提，南西北方，四維上下虚空可思量不。不也，世尊。須菩提，菩薩無住相布施，福德亦復如是不可思量。須菩提，菩薩但應如所教住。

一切無住是應住　資生無畏法三檀

一二三攝六度滿　如虚空住是所教

論曰：前問及許，皆先住而後降者，從

實智起權智也。今答中，先降而後住者，從權智入實智也。以無所住法，住般若中，熾然修行六波羅密而不取相，是故能令少施與虛空等。施有三種。一、資生施，即檀波羅蜜。二、無畏施，即尸羅羼提二波羅蜜。三者，法施，即毗離耶、禪那、般若三波羅蜜。不住六塵者，不著其因，不取其果。不著因者，不見我爲能施，人爲受施，物爲所施，以若我若人若物，因緣無性故，如幻如夢故，惟心所現，因心成體，體即法界故。不取果者，不爲貪求未來殊勝色等諸果報故。不住相者，相祇是六塵若因若果。蓋現前所有六度妙行，本皆實相舉體所成，是故隨舉一行，本即實相全體大用，譬如舉海成漚，舉漚攝海。而諸衆生住於相故，妄自計果計因，觀大觀小。若能稱性而住，不住諸相，譬如芥子中空，與十方空，性無二無別，以空非内外彼此、方隅形相，更無小空異大空故。無相之福，其福乃大，非謂無福。不住塵相，名如教住，非無應住。是故善破惡取空見。

須菩提，於意云何，可以身相見如來不。不也，世尊，不可以身相得見如來。何以故。如來所說身相，即非身相。佛告須菩提：凡所有相，皆是虛妄。若見諸相非相，即見如來。

如來果德不思議　身相非相即實相

不離諸相説非相　於佛三身如是見

論曰：準餘諸論，自此以下皆爲問答遣疑也。恐有疑曰，菩薩施時，不住於相，云何致成果時福相。故逆問曰，可以身相見如來不。尊者已達法身真理，隨即答曰，不可以身相得見如來。何以故。如來所說身相，即非身相。蓋實相不變隨緣，說爲身相，隨緣不變，即非身相。此則已悟報化非真，不離於真。佛迎其解而廣之曰，凡所有相，皆是虛妄。不惟取報化修德之相名爲虛妄，即復取法身性德之相亦是虛妄。若見諸相非相，如達全波即水，無別波相，全漚即海，無別漚相，則不於法身外別取報化相，亦不於報化外別取法身相，而頭頭法法皆是如來一體三身矣。

須菩提白佛言：世尊，頗有衆生得聞如是言説章句，生實信不。佛告須菩提：莫作是説。如來滅後，後五百歲，有持戒修福者於此章句能生信心，以此爲實，當知是人不於一佛二佛、三四五佛而種善根，已於無量千萬佛所種諸善根。聞是章句，乃至一念生淨信者，須菩提，如來悉知悉見，是諸衆生得如是無量福德。何以故。是諸衆生無復我相、人相、衆生相、壽者相，無法相，亦無非法相。何以故。是諸衆生若心取相，即爲著我、人、衆生、壽者，若取法相，即著我、人、衆生、壽者。何以故。若取非法相，即著我、人、衆生、壽者。是故不應取法，不應取非法。以是義故，如來常説，汝等比丘知我説法如筏喻者，法尚應捨，何況非法。

持戒修福有智慧　善根深故福德多
佛眼所見佛智知　離我法執度彼岸

論曰：不住相施爲清淨因，諸相非相爲清淨果，超情離見，誰能信樂，尊者因此致疑。佛答釋云莫作是説者，不定之辭也。若無三種善根，雖在佛世，實信不生。若有三種善根，雖後後時，能生淨信。三善根者，一持戒，二修福，三有智慧。

一、持戒者，功德施云，過去生中見無量佛，咸供養故。供養有三種，一給侍左右，二嚴辦所須，三詢承法要。能守護故，名曰尸羅，謂能善守六情根故。彼復有三。一、能離尸羅，離於十不善業故。二、能作尸羅，作於菩提分業故。三、能趣尸羅，趣於第一義諦故。

二、修福者，功德施云，種無貪等三善根故，質直柔和，及智悲等。

三、有智慧者，了知生法二俱空故。知

生空者，即是無我、人等相。知法空者，即是無法相，亦無非法相。雖云二空，祇是一理，不取則我法本空，一取則二俱成著。

此三善根，前不兼後，後必具前，前二爲助，後一爲正。若無正信，則助善福微，若無助善，則正信不發。由根深故，福乃無量。佛智所知，現量而知，非比知也。佛眼所見，照窮因果，非肉眼也。世有侈談無相，而尸羅福德置諸罔聞者，妄謂不著戒相，不知全墮破戒相中，妄謂不著福相，不知全墮衆罪相中。是以如來殷勤鄭重，特申誡云何以故。若取非法相，即著我、人、衆生、壽者。蓋凡夫未達戒之與福當體即是無相，而欲別求無相戒福，不知一撥戒福法相，便墮非法相中。既取非法，生執宛然，欲會二空，愈趨愈遠。故曰，法尚應捨，何況非法。猶《佛頂》所云，尚無不殺、不盜、不婬，云何更隨殺、盜、婬事也。非法相如病，法相如藥，病盡藥除，何更取病。非法相如此岸，法相如筏，已度彼岸，尚捨於筏，豈更作此岸事。若未到彼岸，祇應痛捨非法此岸，不應輒捨法相之筏。若已到彼岸，還來度生，祇須用法相之筏，亦不須用此岸之非法。或於此岸示作警策，如婆藪調達等，又當別論。然今行人，幸自捫心。

須菩提，於意云何，如來得阿耨多羅三藐三菩提耶，如來有所説法耶。須菩提言：如我解佛所説義，無有定法名阿耨多羅三藐三菩提，亦無有定法如來可説。何以故。如來所説法，皆不可取，不可説，非法，非非法。所以者何。一切賢聖皆以無爲法而有差別。

法若可得及可説　即是有爲非實義
所説非是無因緣　順於賢聖無爲證
無爲差別義應知　譬如丈尺虛空等

論曰：若復度彼岸時，法與非法皆捨，云何世尊得菩提法，有所説耶。爲遣此疑，故設此問。尊者深會佛旨，故隨答言，無上菩提超情離見，即是究竟彼岸，不但無非法相，亦無法相可得，故云無有定法名無上菩提。所證既超情離見，所説亦超情離見，故云亦無有定法如來可説。何以故。實相彼岸雖復言語道斷，心行處滅，不可取説，而如來以四悉檀因緣故，亦可得説。但所説法，由其隨順四悉檀故，所以一文一句罔不超情離見，離過絶非，而皆不可取不可説，非法非非法也。蓋不惟如來所證所説超情離見，離過絶非，即一切賢聖所證亦皆超情離見，離過絶非，以一切賢聖同入無爲法故。既曰無爲，云何差别。須知無爲無差别，差别不離無爲。譬如虚空非丈尺，丈尺顯虚空。又如入海漸次轉深，海非深淺，淺深皆海。以無爲法而有差别，則非斷無，明矣。奈何執性奪修，許即不許六耶。

須菩提，於意云何，若人滿三千大千世界七寶以用布施，是人所得福德寧爲多不。須菩提言：甚多，世尊。何以故。是福德，即非福德性，是故如來説福德多。若復有人於此經中受持，乃至四句偈等，爲他人説，其福勝彼。何以故。須菩提，一切諸佛及諸佛阿耨多羅三藐三菩提法，皆從此經出。須菩提，所謂佛法者，即非佛法。

法施具足二莊嚴　財施非因故非勝
應知法施離取著　取著不名爲受持

論曰：此以財施福德與法施爲格量也。財施雖多，於三檀中但屬資生，今能受持，爲他人説，須具三種善根，如前所明，當知具足二莊嚴也。又財施，若非般若爲導，則彼修癡福者，名爲第三世怨。以其增長生死，不動不出，故云即是非福德性。但是對少説多，多則有限。法施出生佛果功德，是出世因，其福極勝。既作此格量已，仍恐末世隨語生解，偏執此經以爲佛法，不復更修餘福，故復告云，所謂佛法者，即非佛法。蓋受一非餘，是名魔業故也。又復應知，既一切佛法皆從此經出，則一切法皆即此經，譬如金作種種器具，則種種器具皆金。故知六度萬行無非般若，若妄計此般若别是一法，獨勝餘法者，則便成非法矣。言乃至四句偈者，明其極少，隨以少文而攝全義，堪名一偈，無偏指也。

須菩提，於意云何，須陀洹能作是念，我得須陀洹果不。須菩提言：不也，世尊。何以故。須陀洹名爲入流，而無所入，不入色、聲、香、味、觸、法，是名須陀洹。須菩提，於意云何，斯陀含能作是念，我得斯陀含果不。須菩提言：不也，世尊。何以故。斯陀含名一往來，而實無往來，是名斯陀含。須菩提，於意云何，阿那含能作是念，我得阿那含果不。須菩提言：不也，世尊。何以故。阿那含名爲不來，而實無不來，是故名阿那含。須菩提，於意云何，阿羅漢能作是念，我得阿羅漢道不。須菩提言：不也，世尊。何以故。實無有法名阿羅漢。世尊，若阿羅漢作是念，我得阿羅漢道，即爲著我、人、衆生、壽者。世尊，佛説我得無諍三昧，人中最爲第一，是第一離欲阿羅漢。世尊，我不作是念，我是離欲阿羅漢。世尊，我若作是念，我得阿羅漢道，世尊則不説須菩提是樂阿蘭那行者。以須菩提實無所行，而名須菩提是樂阿蘭那行。

以無爲法有差别　四果智斷皆無生
無諍離欲最寂静　無所行故如是行

論曰：此即釋上一切賢聖皆以無爲法而有差别之疑也。疑曰，既稱無爲，那有差别，既有差别，那是無爲。今明四果同證無爲，不妨差别，雖有差别，皆證無爲。故《大品》云，須陀洹若智若斷，是菩薩無生法忍，乃至阿羅漢若智若斷，是菩薩無生法忍也。

須陀洹，此翻預流，亦翻逆流。言入流者，入即是預，約聖法流言之。入亦名逆，約生死流言之。理實無入無出，無逆無順，但以背覺合塵，假名爲出法性、入生死，背塵合覺，假名爲逆生死、預法性耳。無所入者，無爲法性，無能所故，非六塵故。衆生無始以來，迷情妄見，不脱六塵境界，乃至非想非非想定，衹是意家微細法塵。若見道十六心滿，無漏智生，不見有少許法相可得，爾時初預無爲聖流，於無爲法中，尚多差别。今時暗證之徒，不達法相，每取空寂以爲究竟，能所宛然，輒言無能無所，大似靈龜曳尾，轉掃轉多，不知彼所取空，不出二種。一者，逼拶功極，忽令世界身心平沈不現，如擊石火，似閃電光，瞥爾乍覩空寂，名豁達空。二者，平日習聞真空言教，不解真空旨趣，於習坐時，捨生取滅，念念希求空寂勝境，由功深故，空境現前，名變相空。此二種空，皆法塵攝，乃是定中獨頭意識所現相分，於須陀洹所證無爲，永非其分，以彼分别我執種子全未斷故，譬如認驢鞍橋，唤作阿爺下頷，豈不謬哉。是故末世狂禪，往往證此二種空後，方便破戒破見，自誤誤他。若實預流，云何破戒。破戒已非預流，云何濫叨極聖，而云無罪無果報耶。

斯陀含，名一往來，謂欲界九品思惑，前六品盡，餘有三品故。一往天上，一來人間，便得漏盡。言實無往來者，如瓶中擎空，本無出入故。

阿那含，名爲不來，謂欲思已盡，即於上界入般涅槃，不復來生此欲界中。言實無不來者，彼界不增，欲界不減，如瓶貯空去，此本瓶地虚空不減少故。

阿羅漢，名無著，亦名應供，亦名殺賊，亦名不生，三界諸惑永斷盡故。實無有法名爲不生，若有不生法可得，則能所宛然，四相全在。故尊者復述自行爲證。夫有欲則有諍，有諍則名喧雜，非真寂静。若有得有行，即便有欲有諍，云何得名無諍離欲。故《不思議經》云，佛問文殊，汝得不思議耶。文殊答言，不也，世尊，我即不思議，云何以不思議得不思議。故知大小雖殊，冥會是一，故得援四果以證般若。末世禪講，各有以所得心，自是非他，熾然諍競，其違二空甚矣。

佛告須菩提，於意云何，如來昔在然燈佛所，於法有所得不。不也，世尊，如來於然燈佛所，於法實無所得。

悟無生忍獲授記　無生無性無所得
是故了無所得時　方堪無上菩提記

論曰：四果既不可得，無生法忍亦不可得，云何說言佛於然燈佛時得無生法忍耶。爲斷此疑，故言於法實無所得。實無所得，是名無生法忍。設有少法可得，皆是誑妄。譬如演若之頭、衣裏之珠，決定非從他得，然不得言無頭無珠也。

須菩提，於意云何，菩薩莊嚴佛土不。不也，世尊。何以故。莊嚴佛土者，即非莊嚴，是名莊嚴。

四種佛土皆惟心　心淨土淨離造作
迷心嚴土嚴非嚴　知土惟心嚴自在

論曰：無生法忍既無所得，攝取佛土，教化衆生，亦復無所得耶。爲斷此疑，故云莊嚴佛土者，即非莊嚴，是名莊嚴。夫土有四種，一常寂光土，即自受用處。二實報土，三方便土，四同居土，即化衆生處，而皆不離自心。若自心無明，究竟永盡，即莊嚴常寂光土畢竟清淨。若爲攝化自心菩薩衆生故，莊嚴實報土令得清淨。若爲攝化自心二乘衆生故，莊嚴方便土令得清淨。若爲攝化自心六凡衆生故，莊嚴同居土令得清淨。所化衆生既非性外，所取佛土豈離自心。故《淨名》云，隨其心淨則佛土淨。實非離於心性，別有外依報境可莊嚴也。是故諸佛心内種種衆生，還依淨心之業，隨其修力，生於衆生心内諸佛土中。所謂五濁障輕生同居淨，體法斷惑生方便淨，圓妙三觀生實報淨，究竟智斷生寂光淨。如此能化所化，能生所生，皆惟心故，性離造作。若達心外無土，淨心即是淨土，終日莊嚴而無莊嚴之相可取，亦無莊嚴之相可著，是名真實莊嚴佛土，能於一心性中，施設四種淨穢等土，横竪示現，種種自在。若不達惟心，妄謂心外有土可施莊嚴，則是有相有爲，塵非常住，故云即非莊嚴也。

是故，須菩提，諸菩薩摩訶薩應如是生清淨心，不應住色生心，不應住聲、香、味、觸、法生心，應無所住而生其心。

生心無住二非二　了無二義名淨心
淨心云度淨土因　是故菩薩應修學

論曰：此承上離相莊嚴之土，而正示離相莊嚴之行也。應如是生清淨心者，即是三檀六度妙行之心。以其不住色等六塵，故名清淨。但誡令勿住六塵，非教令不生心也。終日生心，終日無住，終日無住，終日生心。惟生心故無住，惟無住故生心，説雖有二，義實非二，了此方名淨心，必尅淨土妙果。所以六祖一聞此語，頓悟真乘。後世承言滯句，罕達深宗，惟幽溪師《般若融心論》頗窺堂奥，今應畧述其意。言無住者，不住諸有爲相也。言生心者，生六度萬行心也。自有生心而不能無住者，事度菩薩是也。自有無住而不能生心者，藏通二乘是也。自有先生心而後無住者，藏通佛果是也。自有先無住而後生心者，出假菩薩是也。自有無住非生心，生心非無住者，別教地前是也。自有即無住而生心，即生心而無住者，別教地上及圓教名字住[三]去是也。別教雖界外法，於此二義，始猶分二，後方不二。惟圓教行人，從始至終，了達非二，是故圓觀取爲淨土真因。復次，一切凡夫妄於三界種種取著，恒住六塵，究竟推之，心境遞遷，何嘗有住，是謂理即無住。一切二乘妄於偏真，灰心泯智，離分段生，盡理言之，變易全在，何嘗不生，是謂理即生心。圓人了知，住即無住，無生即生，從此故有名字無住生心，乃至究竟無住生心。復次，言無住者，不住生死，不住涅槃，不住二邊，不住中道，故名無住。言生心者，生上求心，生下化心，生折伏心，生攝受心，偏於法界，窮於三際，故名生心。今人聞空，便取於空，尚非無住少分之旨，況生清淨心耶。

須菩提，譬如有人，身如須彌山王，於意云何，是身爲大不。須菩提言：甚大，世尊。何以故。佛説非身，是名大身。

妙高山王勝一切　而不取我是山王
報佛非身亦如是　無分別故名大身

論曰：若不取一切法者，云何諸佛得成偏滿自在身耶。爲斷此疑，故言非身是名大身。古《論》云，如須彌山王勢力高遠，故名爲大，而不取彼山王體，云我是山王，以無分別故。受樂報佛亦如是，以得無上法王體故，名爲大身，而不取彼法王體，云我是法王，以無分别故。復次，須彌山王止是片喻，以彼山王非餘山故。佛以法界爲身，非如山王對小説大。一切諸法，皆即佛身，是名大身。

須菩提，如恒河中所有沙數，如是沙等恒河，於意云何，是諸恒河沙寧爲多不。須菩提言：甚多，世尊，但諸恒河尚多無數，何況其沙。須菩提，我今實言告汝，若有善男子、善女人以七寶滿爾所恒河沙數三千大千世界，以用布施，得福多不。須菩提言：甚多，世尊。佛告須菩提，若善男子、善女人於此經中，乃至受持四句偈等，爲他人説，而此福德勝前福德。

功德施云：此之勝喻，何不先舉。以諸凡夫未見真實，先爲廣説，不生信解，漸次聞之，乃生信故。復次，受持福多，以十三種因而得成福，所謂處可恭敬故，人可尊崇故，一切勝因故，彼義無上故，越内外多故，勝佛色因故，超内施福故，同佛出現故，希能信解故，難有修行故，信修果大故，信解成就故，威力無上故。世尊何故慇懃説此諸因相耶。以諸衆生行資生施，求財位果，不持正法，斷諸苦因故。

復次，須菩提，隨説是經，乃至四句偈等，當知此處，一切世間天人阿修羅皆應供養，如佛塔廟。

論曰：此即處可恭敬也，以是轉法輪處故。

何況有人盡能受持、讀誦。須菩提，當知是人成就最上第一希有之法。若是經典所在之處，即爲有佛，若尊重弟子。

論曰：此即人可尊崇也。領納無違曰受，終始不忘曰持，對卷曰讀，離卷曰誦。最上第一希有法，即菩提也。成就故可尊崇。非果而果，即爲有佛。非因而因，即爲尊重弟子，謂文殊、普賢等。私謂何況有人等是人可尊崇，經典所在等是法可貴重，以文字住世，能傳實相因果法故，亦可分爲二種福因。

爾時，須菩提白佛言：世尊，當何名此經，我等云何奉持。佛告須菩提：是經名爲《金剛般若波羅蜜》，以是名字，汝當奉持。所以者何。須菩提，佛説般若波羅蜜，即非般若波羅蜜，是名般若波羅蜜。

論曰：此即一切勝因也。遵修爲奉，任宏爲持。金剛般若，破惑，惑無不盡，照理，理無不顯。體即非破非顯，以般若離一切相，即一切法，非別有法名般若故，一切諸法皆般若故。如是奉持，能於世出世法，究竟達其本末邊際，名波羅蜜。

須菩提，於意云何，如來有所説法不。須菩提白佛言：世尊，如來無所説。

論曰：此即彼義無上也。以般若波羅蜜中，文字性離，不可以文字而説取故。故云四十九年不説一字。所謂終日説而無説，非以默然爲不説也，若不了無上義，即彼默然亦意言故。

須菩提，於意云何，三千大千世界所有微塵，是爲多不。須菩提言：甚多，世尊。須菩提，諸微塵，如來説非微塵，是名微塵。如來説世界，非世界，是名世界。

論曰：此即越内外多也。微塵，指内多言。世界，指外多言。微塵非微塵，則微塵不多而持經福多，名越内多。世界非世界，則世界不多而持經福多，名越外多。復次，凡愚不了諸法惟心，謂微塵積爲世界，世界析爲微塵。不知微塵非微塵，云何可積爲世界，世界非世界，云何可析爲微塵。惟般若菩薩了知微塵世界無實性故，故云即非微塵世界，了知無性之性即是微塵世界之實性故，故云是名微塵世界。斯則空有雙明，遮照不二，所以福德超勝也。

須菩提，於意云何，可以三十二相見如來不。不也，世尊，不可以三十二相得見如來。何以故。如來説三十二相，即是非相，是名三十二相。

論曰：此即勝佛色因也。若據藏佛三十二相，積百福成一相，治大千盲人愈爲一福等，則以積福爲因。然使不達法身應本，不達性具相好，則應化身相終歸無常，豈可以此見如來耶。般若菩薩深知法身非相，具一切相，隨拈一相，皆極塵刹相海，不可思議，安得定作相解。故云即是非相，是名微妙淨法身，具相三十二，相相皆法界也。

須菩提，若有善男子、善女人以恒河沙等身命布施，若復有人於此經中，乃至受持四句偈等，爲他人説，其福甚多。

論曰：此即超内施福也。七寶乃至國城妻子，名爲外施。今施身命，名爲内施。内施福德，雖復倍多，以格持經，終不能及。以施身未必永斷身因，持經法施，能斷自他生死因故。

爾時，須菩提聞説是經，深解義趣，涕淚悲泣而白佛言：希有，世尊，佛説如是甚深經典。我從昔來所得慧眼，未曾得聞如是之經。

論曰：此即同佛出現也。佛興於世，薄福難逢，此經亦然，預聞者少。須菩提隨佛覺悟，於此正法，昔尚不聞，是故希有，同於佛現。

世尊，若復有人得聞是經，信心清淨，即生實相，當知是人成就第一希有功德。世尊，是實相者，即是非相，是故如來説名實相。

論曰：此即希能信解也。聞慧清淨，登圓五品，名爲得聞。思慧清淨，垢落根淨，名信心清淨。修慧成就，分破分顯，名生實相。任運決至大菩提果，名爲成就第一希有功德。實相無生而言生者，猶《大品》所明，諸法不生而般若生，蓋解諸法本自不生，即是無生觀智現前，説名爲生也。實相即是非相者，非有相，非無相，非亦有亦無相，非非有非無相。以要言之，離一切相，即一切法，離即離非，是即非即，故名實相。

世尊，我今得聞如是經典，信解受持，不足爲難。若當來世，後五百歲，其有衆生得聞是經，信解受持，是人即爲第一希有。

論曰：此即難有修行也。末世障深，故信解受持，倍爲希有。

何以故。此人無我相，無人相，無衆生相，無壽者相。所以者何。我相即是非相，人相、衆生相、壽者相即是非相。何以故。離一切諸相，即名諸佛。

論曰：此即信修果大[四]也。設復計有少許我人等相，決不能信此經。設於此經信解受持，決能了達我人等相當體即是無相，如翳盡華亡，華處即是空處，非滅華而取空也。是故離一切華相，亦離別取空相，即名諸佛證大果矣。

佛告須菩提：如是，如是，若復有人得聞是經，不驚、不怖、不畏，當知是人甚爲希有。

論曰：此即信解成就也。《疏》云，一往怛愕名驚，心膽怯弱名怖，深惡前事名畏。

又驚是始行，怖是二乘，畏是外道。又初聞經不驚，次思議不怖，後修行不畏。

何以故。須菩提，如來説第一波羅蜜，即非第一波羅蜜，是名第一波羅蜜。

論曰：此即威力無上也。據功德施《論》云，《經》曰，須菩提，如來説第一波羅蜜。須菩提，此第一波羅蜜，如來説，彼無量諸佛亦如是説。釋曰，云何名第一。無與等者故。云何無與等。一切佛法中威力最勝故，一切諸佛同演説故。今經無諸佛同説之文，直云即非第一波羅蜜，是名第一波羅蜜。當知第一波羅蜜統一切法，無有一法獨是第一，亦無一法而非第一。如轉輪王之所統御，一切皆是輪王境界，設無輪王，則無所統，設無所統，亦不名輪王也。齊此是明十三種因，持經之福，多於寶施。以頌攝曰：

處尊人重經同佛　一切勝因義無上
越内外多勝色因　超内施福同佛現
希能信解難修行　果大成就威無上
是故受持説此經　沙界寶施福非類

須菩提，忍辱波羅蜜，如來説非忍辱波羅蜜，是名忍辱波羅蜜。何以故。須菩提，如我昔爲歌利王割截身體，我於爾時無我相，無人相，無衆生相，無壽者相。何以故。我於往昔節節支解時，若有我相、人相、衆生相、壽者相，應生瞋恨。須菩提，又念過去於五百世作忍辱仙人，於爾所世，無我相，無人相，無衆生相，無壽者相。是故，須菩提，菩薩應離一切相發阿耨多羅三藐三菩提心。不應住色生心，不應住聲、香、味、觸、法生心，應生無所住心。若心有住，即爲非住。是故，佛説菩薩心不應住色布施。須菩提，菩薩爲利益一切衆生故，應如是布施。如來説一切諸相，即是非相。又説一切衆生，即非衆生。

忍即般若離四相　三施六度亦復然
是故應生無住心　利益一切如幻衆

論曰：若佛法中惟般若第一，何必更修

餘行。爲遣此疑，故言忍辱即非忍辱等，以般若攝一切行，一切行皆是般若故也。遂引往昔妙行爲證。言無我相等者，直是了達生空，不起我人等想，亦非頑然無想。設使頑無分別，則是愚癡。癡心作因，瞋念還起，縱令竟同木石，終非般若妙智。今以正慧觀察，了知人我本空，故於惡王起大慈悲，興大誓願，乃至成佛最先度之。須知五百世中爲忍辱仙，修持般若，其來久矣。是故一切菩薩，皆應如此離相發心。言離相者，即是不住六塵等相。言生心者，即是常發大菩提心。若心有住，即爲非所應住。既達無住，應行三檀妙行。蓋不可因於布施而遂取著六塵，尤不可希心無住而遂息其三施，以菩薩之法爲欲利益一切衆生故也。又恐人生於空見，謂既云離一切相，如何行施利生，故釋之曰，如來說一切諸相，當體即是非相，不是撥相而別求非相。又恐人生於有見，謂既云利益衆生，如何無衆生相，故釋之曰，又說一切衆生，即非衆生。此正欲人行即相離相之施，利無生幻生之衆也。

須菩提，如來是真語者、實語者、如語者、不誑語者、不異語者。須菩提，如來所得法，此法無實無虛。

不僞無虛必當理　非妄始終能具照

證法無實亦無虛　以是因緣應諦信

論曰：若諸佛離一切相，證法無性，世間以何相故而信知耶。爲斷此疑，故言是真語等。真是不僞，譬如世人，爲名利故，未證言證，即是僞語，如來不爾，現證無上大菩提故。實是無虛，譬如世人，貪鄙矯妄，雖曾獲通，自知已失，有人來問，但云先得，即是虛語，如來不爾，於大菩提無退失故。如者當理，譬如世人，修得四禪，心暫不生，相同寂滅，便向人說我證涅槃，名不當理，如來不爾，真實證於大涅槃故。不誑者非是幻妄，譬如愚夫，於乾城、幻事、鏡像、水月及陽燄等，非有計有，妄生取著，種種言説，名爲誑語，如來不爾，證法實相，是第一義真現量故。不異者始終無二，譬如術士，於過去事，以其伎能懸遠推測，或然不然，或應不應，則有異語，如來不爾，大圓鏡智，普照三世，洞悉始末，無有遺餘，觀彼久遠，猶若今日，盡未來際悉見悉知，所説事理皆無異故。復次，如來所得法，即是一切法之實性。實性無性，無性之性，乃爲實性。設於一切法有所取著，則實語是虛語，以其生語見、法見，不知實性本無性故。若於一切法無所取著，則虛語是實語，以其不生語見、法見，了知無性即實性故。故云此法無實無虛。如此五語，如此妙法，應諦信也。

須菩提，若菩薩心住於法而行布施，如人入闇，即無所見。若菩薩心不住法而行布施，如人有目，日光明照，見種種色。

發心修行及慧照　三事互資無先後
如目與色及光明　展轉相資成見義

論曰：若法無生無性，非實非妄，即是諸佛第一義身，何故菩薩須行施等，既已熾然行施，云何復云不住法耶。爲遣此疑，遂説明闇二喻，取相則闇，達理則明。此以目喻所發之心，種種色喻三施萬行，日光喻般若妙慧也。推此喻意，若不發心，則雖常居般若萬行光明境中，亦無所見，譬如日光明照諸色，而無目者終無所見。又無萬行，則發心般若亦爲虛設，譬如無種種色，用目與日何爲。今爲行施菩薩而説，故但舉二喻耳。

須菩提，當來之世，若有善男子、善女人能於此經受持讀誦，即爲如來以佛智慧，悉知是人，悉見是人，皆得成就無量無邊功德。須菩提，若有善男子、善女人，初日分以恒河沙等身布施，中日分復以恒河沙等身布施，後日分亦以恒河沙等身布施，如是無量百千萬億劫以身布施，若復有人聞此經典，信心不逆，其福勝彼，何況書寫、受持、讀誦、爲人解説。須菩提，以要言之，是經有不可思議、不可稱量、無邊功德，如來爲發大乘者説，爲發最上乘者説。若有人能受持、讀誦、廣爲人説，如來悉知是人，悉見是人，皆得成就不可量、不可稱、無有邊、不可思議功德。如是人等，即爲荷擔如來阿耨多羅三藐三菩提。何以故。須菩提，若樂小法者，著我見、人見、衆生見、壽者見，則於此經不能聽受讀誦，爲人解説。須菩提，在在處處，若有此經，一切世間天、人、阿修羅所應供養。當知此處，即爲是塔，皆應恭敬，作禮圍繞，以諸華香而散其處。復次，須菩提，善男子、善女人受持讀誦此經，若爲人輕賤，是人先世罪業，應墮惡道，以今世人輕賤故，先世罪業即爲銷滅，當得阿耨多羅三藐三菩提。須菩提，我念過去無量阿僧祇[五]劫，於然燈佛前，得值八百四千萬億那由他諸佛，悉皆供養承事，無空過者。若復有人於後末世，能受持讀誦此經，所得功德，於我所供養諸佛功德，百分不及一，千萬億分，乃至算數、譬喻所不能及。須菩提，若善男子、善女人於後末世有受持讀誦此經，所得功德，我若具説者，或有人聞，心即狂亂，狐疑不信。須菩提，當知是經義不可思議，果報亦不可思議。

受持讀誦及如來　成就功德佛知見
大事大時不能及　以是大乘最上乘
荷擔菩提小不堪　經處即塔應供養
銷滅夙業證菩提　永超值佛昔功德
具説能令淺識疑　義及果報難思故

論曰：此廣顯受持功德果報也。初總示云，受持讀誦，即爲如來，以其深悟實相，了知一切衆生與佛無別，始從名字，終至究竟，位位皆即佛故。次云以佛智慧悉知悉見等，謂知見其從因尅果，此生餘生，一切諸功德也。次以八種殊勝顯其功德。一者，大事大時所不能及。恒河沙身，是名大事。經無量劫，是名大時。雖如此施，猶故不及持經福德，以此施門五通菩薩亦能爲之，未若此經正斷無明漏故。二者，此經如來爲發大乘、最上乘者說，不是三乘共般若教名爲大乘。於大乘中，惟[六]爲圓頓菩薩，名發最上乘者。三者，如是人等即爲荷擔無上菩提，以其受持、讀誦、廣爲人說，紹隆佛種，使不斷故，任持運行，猶如荷擔。四者，樂小法人不能受說，著我著見，故皆不堪。五者，在處有經，即爲是塔，法身舍利具足在故。六者，銷滅夙業，轉重令輕，不復墮惡道故。七者，當得菩提，以業既銷，菩提之體自明淨故。八者，超於如來昔時值佛功德，以如來昔在然燈佛前，雖值多佛，尚存有所得心，未達無相，不蒙授記，是故不及持經功德。見然燈佛，悟無生忍，爾時方與般若恒相應故。具此八種殊勝，故具說者，淺識之人必不能信，但總結云，義不可思議，果報亦不可思議也。

爾時，須菩提白佛言：世尊，善男子、善女人發阿耨多羅三藐三菩提心，云何應住，云何降伏其心。佛告須菩提：若善男子、善女人發阿耨多羅三藐三菩提心者，當生如是心，我應滅度一切衆生，滅度一切衆生已，而無有一衆生實滅度者。何以故。須菩提，若菩薩有我相、人相、衆生相、壽者相，即非菩薩。所以者何。須菩提，實無有法發阿耨多羅三藐三菩提心者。

發心應住及降伏　亦無發住及降者
不於心外有一法　如是具顯清淨因

論曰：此重遣菩薩心中微細我法二執，令盡淨無餘也。前文具明二空實義，寧有不盡，此重問者，畧有二意。一者，義既如此不可思議，豈容湊泊，則諸菩薩發菩提心，畢竟云何應住，云何降伏其心。二者，既言發心，便謂我能發心，既言住無所住，便謂我能無住，既言降伏其心，便謂我能降心，我法宛然，如何得與般若相應。此則特爲鈍根再求方便。

佛仍告云，發菩提心者當生如是心，乃至即非菩薩等，所以酬其畢竟如何應住降伏之請。次又答云，實無有法發菩提心，則是蕩其我能發心、無住、降伏之執也。蓋發心者，祇是全性起修，全修在性，心相尚不可得，豈別有法令心得發。心無心相，則我執何存。法無實法，則法執何有。情累既淨，般若現前，既非妄有，亦豈但空。離句絶非，因清淨矣。

須菩提，於意云何，如來於然燈佛所，有法得阿耨多羅三藐三菩提不。不也，世尊，如我解佛所説義，佛於然燈佛所，無有法得阿耨多羅三藐三菩提。佛言：如是，如是，須菩提，實無有法如來得阿耨多羅三藐三菩提。須菩提，若有法如來得阿耨多羅三藐三菩提者，然燈佛即不與我授記，汝於來世，當得作佛，號釋迦牟尼。以實無有法得阿耨多羅三藐三菩提，是故然燈佛與我授記，作是言，汝於來世，當得作佛，號釋迦牟尼。何以故。如來者，即諸法如義。若有人言如來得阿耨多羅三藐三菩提，須菩提，實無有法佛得阿耨多羅三藐三菩提。須菩提，如來所得阿耨多羅三藐三菩提，於是中無實無虚。是故，如來説一切法皆是佛法。須菩提，所言一切法者，即非一切法，是故名一切法。須菩提，譬如人身長大。須菩提言：世尊，如來説人身長大，即爲非大身，是名大身。

因無所得果亦然　無法可得得授記
諸法非法名佛法　大身非身名佛身

論曰：若言實無有法發菩提心，云何而有授記作佛得菩提果之事。爲遣此疑，故明因既無法可得，果亦無法可得，惟其了無所得，方堪授記。設有少法可得，便不與諸法如義相應，云何而可授記作佛耶。言諸法如義者，一切諸法本原真如，性相常住，不變不異，今不過如法自性，來成正覺，故名如來。若言如來得證菩提，此是世俗言説，非實義也。以如來所得菩提，祇是即心自性，如來別無可增，故無實。真得不顛倒覺，覺諸法之自性，故無虚。又菩提非一切法，故無實。一切法皆即菩提，故無虚。又一切法皆即菩提，故菩提無實。菩提非一切法，故菩提無虚。一切法皆是佛法者，以法界無外故。法界不變，常隨緣故，故言一切法。法界隨緣，常不變故，即非一切法。法法皆是不變隨緣，隨緣不變。法界性故，是故名一切法。證此法界，名爲法身。法身離一切相，即一切法，非別有身，故非大身。法界爲身，故名大身。此證圓滿菩提歸無所得之妙莊嚴果也。

須菩提，菩薩亦如是，若作是言我當滅度無量衆生，即不名菩薩。何以故。須菩提，實無有法名爲菩薩。是故，佛説一切法無我、無人、無衆生、無壽者。須菩提，若菩薩作是言，我當莊嚴佛土，是不名菩薩。何以故。如來説莊嚴佛土者，即非莊嚴，是名莊嚴。須菩提，若菩薩通達無我法者，如來説名真是菩薩。

能度所度不可得　能嚴所嚴亦復然
無我無法善通達　真因清淨宜修習

論曰：此承上廣明無得妙果，而勸修無得真因也。蓋不但無心外衆生可度，無心外佛土可嚴，即此心性之中，求一能度所度、能嚴所嚴實法，了不可得，以能所之性，祇是即心自性，無有少許我法而可得故。如此通達，即名真實菩薩，非謂有能通達，有所通達也。

須菩提，於意云何，如來有肉眼不。如是，世尊，如來有肉眼。須菩提，於意云何，如來有天眼不。如是，世尊，如來有天眼。須菩提，於意云何，如來有慧眼不。如是，世尊，如來有慧眼。須菩提，於意云何，如來有法眼不。如是，世尊，如來有法眼。須菩提，於意云何，如來有佛眼不。如是，世尊，如來有佛眼。須菩提，於意云何，如恒河中所有沙，佛説是沙不。如是，世尊，如來説是沙。須菩提，於意云何，如一恒河中所有沙，有如是沙等恒河，是諸恒河所有沙數佛世界，如是寧爲多不。甚多，世尊。佛告須菩提：爾所國土中所有衆生，若干種心，如來悉知。何以故。如來説諸心，皆爲非心，是名爲心。所以者何。須菩提，過去心不可得，現在心不可得，未來心不可得。須菩提，於意云何，若有人滿三千大千世界七寶以用布施，是人以是因緣得福多不。如是，世尊，此人以是因緣得福甚多。須菩提，若福德有實，如來不説得福德多，以福德無故，如來説得福德多。

五眼具足成菩提　了了見於恒沙界
心即非心福非福　是故能所恒寂然

論曰：上明清淨真因，畢竟無我無法，則佛境界爲有爲無。爲遣此疑，故顯如來五眼不有而有，衆心福德不無而無，有無互彰，巧遮戲論。夫五眼者，能照之知見也。衆生諸心及施福者，所照之境界也。以前例後，則能照既有，所照安得獨無。以後例前，則所照既無，能照安得獨有。特以如來五眼，凡愚之所不達，以不達故，妄計爲無，今故特明其[七]有，顯非斷空。衆心福德，凡愚之所取著，以取著故，妄計爲實，今故特明其無，顯非有性。言五眼者，次第爲語。肉眼同人，見現前色。天眼同天，見障外色。慧眼示同二乘，見於真空。法眼示同菩薩，見於俗諦。佛眼不共三乘，見於第一義諦。若圓融爲語，一眼一切眼，一切眼一眼，通照三諦，無有遺餘，是故亦知爾所國土差別，亦知爾所衆心差別，亦知差別即非差別，亦知爾所福德，亦知福德非實。若差別非差別，福德非福德者，當知五眼即非五眼。若以無礙妙智，分別説爲五眼者，當知一法界中，分別説有種種世界，種種衆心，種種施因，種種福果，亦爲不錯不謬矣。依假名説，能照所照皆悉歷然。依實義觀，所無別所，能無別能，故曰恒寂然也。

須菩提，於意云何，佛可以具足色身見不。

不也，世尊，如來不應以具足色身見。何以故。如來説具足色身，即非具足色身，是名具足色身。須菩提，於意云何，如來可以具足諸相見不。不也，世尊，如來不應以具足諸相見。何以故。如來説諸相具足，即非具足，是名諸相具足。

色身相好離分劑　應見如來淨法身

論曰：若佛境界離有離無，色身相好寧復非有。爲遣此疑，故明具足即非具足，欲令即於色身相好，達其無分無劑，得見如來淨法身故。淨法身者，法界爲體，不局丈六及四八故。彼丈六身及四八相，一一皆即相好之海，不可但作丈六四八觀故。

須菩提，汝勿謂如來作是念，我當有所説法，莫作是念。何以故。若人言如來有所説法，即爲謗佛，不能解我所説故。須菩提，説法者，無法可説，是名説法。

説無可説性自離　解説非説始免謗

論曰：色身相好既非具足，説法度生豈無語言分劑耶，云何衆生得承如來言説而解諸乘。爲遣此疑，故云若言如來有所説法，即爲謗佛，以不能解我所説故。我所説者，無有少許法相可得。無所説相，無能説相，以諸法性無聲字故，以諸聲字性非聲字，即是無性法故。此中無法可説一語，具遮二謗，一者爲遮有法可説謗故，二者爲遮總不説法謗故。謂説即非説，非以杜口爲無説故。

爾時，慧命須菩提白佛言：世尊，頗有衆生於未來世聞説是法，生信心不。佛言：須菩提，彼非衆生，非不衆生。何以故。須菩提，衆生衆生者，如來説非衆生，是名衆生。

是法難信亦有信　以諸衆生非生故

論曰：此重疑信受者難也。然衆生原非實有衆生之性，但一念迷惑，假名衆生，一念了悟，當體即佛。佛與衆生，皆依俗諦言説建立，而終非有實性也。

須菩提白佛言：世尊，佛得阿耨多羅三藐三

菩提，爲無所得耶。佛言：如是，如是，須菩提，我於阿耨多羅三藐三菩提，乃至無有少法可得，是名阿耨多羅三藐三菩提。復次，須菩提，是法平等，無有高下，是名阿耨多羅三藐三菩提。以無我、無人、無衆生、無壽者，修一切善法，即得阿耨多羅三藐三菩提。須菩提，所言善法者，如來説即非善法，是名善法。須菩提，若三千大千世界中所有諸須彌山王，如是等七寶聚，有人持用布施，若人以此《般若波羅蜜經》，乃至四句偈等，受持讀誦，爲他人説，於前功德，百分不及一，千萬億分，乃至算數、譬喻所不能及。

智無所得法平等　善法非法成菩提
全性起修修即性　是故持説功德多

論曰：若第一義佛境界，色相言説皆不可得，法身體性豈亦然耶。爲遣此疑，故曰，我於無上菩提，乃至無有少法可得，以是法平等，無高下故。請稍證之，一切法者祇是六塵。色無高下者，譬如一恒河水，魚龍視爲窟宅，修羅視爲刀杖，人間視爲清泉，餓鬼視爲膿血，二乘了其本空，菩薩知其差別，佛眼知即法界，而恒河水，性無高下，隨諸衆生妄見不同。當知一切諸色，亦復如是。聲無高下音，譬如一咒，魔外聞之恐怖，佛子聞之安隱。又如魔以惡聲怖佛，反成讚詠。而北朝敗衂，風聲鶴唳，皆爲晉兵。當知一切諸聲，亦復如是。香無高下者，譬如世間沈檀，蠅蚋聞即遠去，幻士廁室，佛坐便成香殿等。味無高下者，譬如目連鉢飯，母揣便成火炭，饑世馬麥，佛受便如甘露等。觸無高下者，譬如闇中捫膝，怖爲他人，龍雨刀杖，變成天華等。法無高下者，譬如爲名利發菩提心，是三塗因，爲斷邪殺婆羅門，轉增功德等。是故一切諸法，其性平等，本無高下，隨衆生心妄見高下，而高下悉皆無性。達此無性，名爲無上菩提，非別有少法可得也。既顯示菩提無所得已，乃的示妙修之要，云以無我、無人、無衆生、無壽者，修一切善法，即得無上菩提。蓋不達無我而修一切善法，止成人天僞果。不修一切善法而但證我空，止成二乘小果。妄言我法俱空而恣行惡法，則爲闡提獄種。惟以無我修一切善法，正所謂應無所住而生其心，故即得無上菩提也。夫是法平等，無有高下，即境妙也，無我、人、衆生、壽者，即智妙也，修一切善法，即行妙也，三法成乘，故得菩提。而又言善法即非善法等者，爲遣疑故。恐有疑云，既無少法可得，云何復修一切善法，此善法者，獨非法耶。今釋之曰，善法即非善法，以善是對惡之名，因於惡法，假名善法，若非對惡，無善名故。以諸善法，惟心所修，心既不有，善亦性空，不可得故。以諸善法，互具一切善惡諸法，性不定故。如布施、持戒等，雖是善法，而名利矯飾心修之，是三塗因，人我勝負心修之，是修羅因，著相計果心修之，是人天因，出世滅苦心修之，是二乘因，利益衆生心修之，是菩薩因，法界平等心修之，是無上因。如是差別，有無量故。以諸善法，體即法界，實相無相，不思議故。結云是名善法者，即是對惡因緣故。惟心空寂故，出生十界故，全體法界故，如此善法，全性所起，故名爲修。全修即性，故無實法。至圓至頓，了義了義，持説功德，豈財施所可較哉。

須菩提，於意云何，汝等勿謂如來作是念我當度衆生。須菩提，莫作是念。何以故。實無有衆生如來度者。若有衆生如來度者，如來即有我、人、衆生、壽者。須菩提，如來説有我者，即非有我，而凡夫之人以爲有我。須菩提，凡夫者，如來説即非凡夫，是名凡夫。

知[八]生非生如是度　説我無我亦復然
凡亦非凡性自空　是故假名皆不壞

論曰：前明衆生即非衆生，如何復有經言無量衆生以佛爲善知識，得[九]脱諸苦。爲遣此疑，故云實無衆生如來度者。以第一義中，佛與衆生皆無性故。以同體大悲，不於心外有衆生故。若實有衆生異於如來是所度者，如來即有我等四相。須知如來雖復有時説我，但是假名，實非有我。而凡夫聞語起見，自生執著耳。又恐轉計凡夫是實有法，故隨釋云即非凡夫，以聖凡皆是假名，從來無實性故。言是名凡夫者，但是不壞假名而已。

須菩提，於意云何，可以三十二相觀如來不。須菩提言：如是，如是，以三十二相觀如來。佛言：須菩提，若以三十二相觀如來者，轉輪聖王即是如來。須菩提白佛言：世尊，如我解佛所説義，不應以三十二相觀如來。爾時世尊，而説偈言：

若以色見我　以音聲求我
是人行邪道　不能見如來

如來不可以相觀　遣著應知離四句

論曰：諸相非相，前已重重發明之矣，茲復設此問者，意欲其遣一切句故。不曰見如來，而曰觀如來者，以如來即諸法如義。則三十二相獨非諸法，獨無如義可觀耶，故須菩提即順答曰，如是，如是，以三十二相觀如來。然諸佛法身，畢竟四句皆離，若直以三十二相而觀，則轉輪聖王亦可爲如來矣，豈知如來法性身哉。尊者解旨，尋答不應。佛乃以偈述成，但舉一隅。若欲具足説者，即色聲求，固是邪道，離色聲求，亦是邪道，亦即亦離求，非即非離求，均是邪道。據諸論本，皆有二偈，前一偈同，更一偈云，如來法爲身，但應觀法性，法性非所見，彼亦不能知。則文義俱全矣。

須菩提，汝若作是念如來不以具足相故得阿耨多羅三藐三菩提，須菩提，莫作是念，如來不以具足相故得阿耨多羅三藐三菩提。須菩提，汝若作是念，發阿耨多羅三藐三菩提心者，説諸法斷滅，莫作是念。何以故。發阿耨多羅三藐三菩提心者，於法不説斷滅相。

四句皆離相好圓　發心終不説斷滅

論曰：若如來不可以色聲求，乃至四句皆不可得，將無畢竟斷滅相耶。爲遣此疑，故曰莫作是念等。須知如來惟其離四句故，所以無邊相好皆得具足。設但如轉輪聖王，則捨身之後，相好即滅，反成斷滅相矣。

須菩提，若菩薩以滿恒河沙等世界七寶，持用布施，若復有人知一切法無我，得成於忍，此菩薩勝前菩薩所得福德。何以故。須菩提，以諸菩薩不受福德故。須菩提白佛言：世尊，云何菩薩不受福德。須菩提，菩薩所作福德，不應貪著，是故説不受福德。

第一義忍此得成　無著無貪福最勝

論曰：知法無我，得成於忍，此般若功成也。由其不貪不著，故福德無與等者。若有所受，便有分劑。

須菩提，若有人言如來若來若去，若坐若卧，是人不解我所説義。何以故。如來者，無所從來，亦無所去，故名如來。

如來無去亦無來　果德究竟不生故

論曰：若第一義無福可取，何故餘經作如是説，如來福智資糧圓滿，坐菩提座，趣於涅槃。爲遣此疑，故云是人不解我所説義。以真如無別處所，可從彼來，生死無別處所，可從此去故。以有緣則現，譬如水清月現，月實不來，緣盡則隱，譬如水濁月隱，月實不去故。

須菩提，若善男子、善女人以三千大千世界碎爲微塵，於意云何，是微塵衆寧爲多不。須菩提言：甚多，世尊。何以故。若是微塵衆實有者，佛即不説是微塵衆。所以者何。佛説微塵衆，即非微塵衆，是名微塵衆。世尊，如來所説三千大千世界，即非世界，是名世界。何以故。若世界實有者，即是一合相。如來説一合相，即非一合相，是名一合相。須菩提，一合相者，即是不可説，但凡夫之人貪著其事。

微塵世界有非有　碎非可碎合非合
如來果德不可説　一切譬喻無能喻

論曰：上明如來無所從來，亦無所去，但以有緣則現，緣盡則隱。恐有疑云，佛真法身譬如世界，佛應化身譬如微塵。復有疑云，迷涅槃成生死，如碎界爲塵，悟生死成涅槃，如合塵爲界耶。故今釋云，微塵即非微塵，世界即非世界，乃至一合相即非一合相等。蓋法身應化，原非世界微塵可比，生死涅槃亦非碎塵合界可喻。然即此微塵，便非微塵，即此世界，便非世界，碎無可碎，合無可合，但凡夫妄生貪著耳。

須菩提，若人言佛説我見、人見、衆生見、壽者見，須菩提，於意云何，是人解我所説義不。不也，世尊，是人不解如來所説義。何以故。世尊説我見、人見、衆生見、壽者見，即非我見、人見、衆生見、壽者見，是名我見、人見、衆生見、壽者見。

智者應知四見離　説有非有解實義

論曰：此結顯四見本離，以爲修行般若之方便也。恐有疑云，佛破我、人、衆生、壽者，爲其有故，若本無我、人、衆生、壽者，何用破爲，譬如無病，何須用藥。今明四見即非四見，所以可破，如病非實病，所以可醫，翳非實體，所以可抉。但了四見本非四見，譬如了病非實，便可安心調理矣。正宗分竟。

須菩提，發阿耨多羅三藐三菩提心者，於一切法，應如是知，如是見，如是信解，不生法相。須菩提，所言法相者，如來説即非法相，是名法相。

如是知見及信解　法相非相故不生

論曰：此付囑流通也。如是者，廣指上文所説也。知見者謂證時，信解者修學時。正修學時，不生法相，以法相即非法相故。但依俗諦，説名爲法相耳。

須菩提，若有人以滿無量阿僧祇世界七寶持用布施，若有善男子、善女人發菩提心者，持於此經，乃至四句偈等，受持讀誦，爲人演説，其福勝彼。

無量世界寶施福　不如發心持説勝

論曰：此較量流通也。發菩提心，已爲大難，持説此經，倍爲希有。蓋不發菩提心者，不堪持説此經，發心而不持説此經，無以圓滿稱性福聚。今由發心及持説，故非施福所及也。功德施《論》云，何故復説受持之福。欲令衆生畢竟信故。

云何爲人演説。不取於相，如如不動。何以故。

一切有爲法　如夢幻泡影
如露亦如電　應作如是觀
如理演説不取相　觀察有爲體相故
如是六喻或九十　性即無住大涅槃

論曰：此流通方法也。欲宏通此經者，須是不取於相，如於真如，常不動故。言不動者，即是不動空有等法。一切諸法，約真諦邊，一切皆空，約俗諦邊，一切皆有。十界皆空，故非偏空，此空即具一切法，名爲真如。十界皆有，故非偏有，此有即泯一切相，亦名真如。今以如智如於如理，故不取偏有相，不取偏空相，而空有等法皆得不動。又正演説時，不掛一糸字脚，以文字相即解脱相，故不取演説相，亦不離文字而别取默然相也。

何以故下，重示般若觀門。一切有爲法者，舉所觀境，即指陰處界等，豎窮十界，横亘色心。以要言之，種種假實國土，總名有爲，以是隨染淨緣成故。如夢幻泡影等者，示觀察門。此譯止有六喻，他譯九喻，謂星、翳、燈、幻、露、泡、夢、電、雲。《大品》十喻，謂幻、燄、水月、虚空、響、乾城、夢、影、鏡像、化。然法數雖殊，理致惟一。今畧爲三釋，一附事釋，二次第釋，三圓融釋。

附事釋者，夢幻泡影是無我觀，如露如電是無常觀。色陰如夢，覺時不可得故。受想如幻，隨心變現故。行陰如泡，虚妄生滅故。識陰如影，無有實性故。色法如露，不久停故。心法如電，起即滅故。

二次第釋者，譬如夢等，因緣妄有，一切有爲，亦復如是，因緣妄有，無實體性。譬如夢等，當體即空，一切有爲，亦復如是，當體即空，非滅故空。譬如夢等，種種變現，一切有爲，亦復如是，種種變現，假名無量。譬如夢不異睡，幻不異本，泡不異水，影不異質，露不異濕，電不異光，一切有爲，亦復如是，不異實相。

三圓融釋者，即一心三止三觀也。即止而觀故，一切皆夢幻等。即觀而止故，一切夢等悉皆如如。由此一心圓止觀力，則知一切諸法皆即無住大涅槃性。

依此演説，即是金剛般若波羅蜜也。

佛説是經已，長老須菩提，及諸比丘、比丘尼，優婆塞、優婆夷，一切世間天、人、阿修羅，聞佛所説，皆大歡喜，信受奉行。

三事清淨故歡喜　二利具足成受行

論曰：此流通相貌也。一、能説人清淨，佛證金剛般若體故，遠離名利諸過患等。二、所説法清淨，無上正法實相印故，離於有無諸戲論等。三、聞者得解脱清淨，持戒修福，有正智慧，不驚不怖不畏，能深信故。不復取著法非法等，自利成就，名信受。轉化他人，名奉行也。

般若實相不思議　如是妙義如大海
仰承三寶勝威力　演説此中一滴相
抉諸生盲空見膜　令見實相如金剛
迴兹福利施羣生　同成究竟度無極

金剛般若波羅蜜經破空論

校勘記

〔一〕「由」，底本作「田」，據校本改。

〔二〕「切」，底本作「心」，據校本改。

〔三〕「住」，校本作「位」。

〔四〕「果大」，底本作「大果」，據校本改。

〔五〕「祇」，底本作「衹」，據校本改。

〔六〕「惟」，底本作「推」，據校本改。

〔七〕「其」，底本作「具」，據校本改。

〔八〕「知」，底本作「如」，據校本改。

〔九〕「得」，校本作「解」。

原跋

《金剛般若》大旨，應無所住而生其心一語，足以蔽之。蓋無住正所謂應住，生心正所以降心也。而生心二字，尤爲下手工夫。以凡外不生出世心，故恒住生死。二乘不生上宏下化深心，故恒住涅槃。唯菩薩不住六塵而行六度，故能如所教住，名第一義住，亦名住於佛住。試玩經中勸生心處，不一而足。如云發阿耨多羅三藐三菩提心，又云應如是生清淨心，又云信心清淨則生實相，又云爲利益一切衆生應如是布施，又云於法不説斷滅相等，而中間一處，直云應生無所住心。由是觀之，若不生心修六度，則住斷滅相矣。故余嘗謂此經以實相爲體，觀照爲宗，文字爲用。舊云無相爲體，無住爲宗者，非也。

（李勁整理）

○二五二

金剛般若波羅蜜經觀心釋（一）

菩薩沙彌智旭際明述

已申如實不空義　如如演説不取著
攝彼名句及文身　融歸一念成觀行

金剛者，喻現前一念心也。譬如金剛，體則無上至寶，相則純淨無雜，用則廣能利益。現前一念，亦復如是，體即法界，相無塵染，用偏一切。

復次，現前一念，即是金剛。世間金剛之寶，假心爲喻，乃世寶似心，非心似世寶也。此現前一念金剛之心，即三般若：法界真體，名爲實相。無塵染相，名爲觀照。遍一切用，名爲文字。達此一念三般若者，名波羅蜜，以即三德究竟之彼岸故。此一念性，亘古亘今，常不變故，可軌持故，一切聖賢由此得成諸道果故，即名爲經。

復次，現前一念之性，從來不異，名如。此外更無別法，名是。統攝自在，名我。了了印境，名聞。十世古今，不離當念，名一時。虛靈絶待，名佛。豎窮横遍，名在。含育出生一切諸法，名舍衛國。但悟惟心，能降魔外，名戰勝。功德之林，名樹。性具功德，周給一切，名給孤獨。萬善所集，名園。

復次，現前一念，當體常徧，名大。出生福慧，名比丘。諸心心所相應，名衆。一念具足百界千如，爲千。自行化他，十善各各互具，爲二百。五根五力，各各互具，爲五十。猶如海印炳現，無前無後，名俱。

復次，無有一法出過於心，名爲世尊。一切時中，常應觀察自心，名食時。自心本具慚愧法忍，名衣。自心事理，和合相應，名鉢。歷陰界處，觀察理性，名入城乞食。於一一法，得見理性，名次第乞已。會事歸理，名還本處。觀理究竟，名飯食訖。全修在性，名收衣鉢。福慧明顯，名洗足。證於第一義空，名敷座而坐。

復次，相應解心所，名須菩提。此解有殊勝力，名爲長老。諸心所中能爲導首，名爲在大衆中。不取空證，名從座起。順方便道，名偏袒右肩，右膝著地。權不異實，名爲合掌。如理觀察，自覺聖智境界，名恭敬白佛。心性不可思議，故名希有。無量衆善，名諸菩薩。衆善不離一心，名善護念。一心具行衆善，名善付囑。一念照性，名善男子。一念寂性，名善女人。依寂照體，起寂照用，名爲發菩提心。用如其體，名爲應住。永離昏擾，名爲降伏其心。心之理性，隨解現故，名佛告須菩提。如理而觀，觀即如理，名善哉善哉。

復次，現前一念，具足無量染淨種子及現行故，名爲一切衆生之類。無明覆蔽，名爲卵生。隱覆含藏，名爲胎生。愛取所潤，名爲濕生。非有現有，名爲化生。心生像生，名爲有色。覓心無像，名爲無色。種種攀緣，名爲有想。攀緣無性，名爲無想。所緣不實，名非有想。能緣不斷，名非無想。無明妄想，本性空寂，名爲無餘涅槃。了妄不生，名爲令入滅度。一心不生，萬法無咎，譬如翳除，空華悉殞，名爲滅度無量無數無邊衆生。華性本空，非今始滅，名爲實無衆生得滅度者。於一念中，妄計宰主、形相、衆緣、相續，名我等四相。迷空計華，名非菩薩。

復次，心無心相，名無所住。念念出生，名之爲行。不取一法，名爲布施。不染一法，名爲持戒。不礙一法，名爲忍辱。不捨一法，名爲精進。不動一法，名爲禪定。不昧一法，名爲智慧。不壞一法，名爲福德。不見一法有分劑相，名如虛空。不計一法異於般若，名如教住。

復次，現前一念，體即法界，名非身相。本原真如，名爲如來。由觀心故，不毁三業，名爲持戒。質直柔和，名爲修福。一念覺故，名爲一佛。念念相續，至無量念，善覺悟故，名爲無量佛所種諸善根。本覺之性，印持攝受諸修德故，名爲如來悉知悉見無量福德。了心無相，名無四相。行無相善，名無法相。離一切惡，名爲無非法相。諦喻彼岸，觀智喻筏，安住實諦，觀解亦絶，名爲法尚應捨。

復次，現前一念即如來故，亦即菩提。不應如來得於如來，不應菩提得於菩提，以能得所得，能説所説，皆是即心自性無能所故。此之心性即無爲法，一切聖賢，不離心性有修證故。現前心性，即名爲經，是法是常，無變壞故，一切諸佛及菩提法，無不依於心性而施設故。若達心法，即知佛法，亦知一切衆生之法，三無差别，非别更有諸佛法故。

復次，現前一念即是法界。無内外故，故無出入，亦無往來。無道無果，無欲無離，無喧無寂，名爲四果阿蘭那行。

復次，現前一念，光光相續，名爲然燈。萬法所依，名爲佛土。徧滿自在，名爲大身。福田所宗，名爲塔廟。一體三義，名金剛般若。究竟秘藏，名波羅蜜。如理觀心，名奉。觀成不失，名持。

自此以後，雖有種種名句文身，以義攝取，亦復不離現前一念，可以意知，不復委釋。

如是微妙金剛義　不離現前一念心
觀心具足般若經　亦復具足餘妙典
十二分教三種藏　乃至量等大千經
於一念中悉剖出　一切諸念亦復然
如於念念剖大經　一切根塵亦如是
乃至無有少許塵　而不具足法界藏
如是正慧應了知　一切惟心心一切
若不觀心類説藥　真藥現前亦不知
是故我今稽首禮　性具三德無遺者
一一啟請勸觀心　速登般若金剛岸

金剛般若波羅蜜經觀心釋

（李勁整理）

校勘記

〔一〕底本據同治十年如皋刻經處本。

○二五三

金剛般若經略談〔一〕

明觀衡撰

金剛般若波羅蜜經，此八字乃一經之總題。金剛是喻，即金剛寶，最堅，萬物不能壞，最利，能壞一切物。般若是法，梵語般若，此云智慧。此慧之體本寂，即實相般若。此慧之用圓明，即觀照般若。實相之體，生死等法不能到故，喻之金剛最堅，一切物不能壞。觀照之用，能空生死等法故，喻之金剛最利，能壞一切物。此《金剛般若》在《大部》中名《能斷分》，則知今喻金剛，唯重能利能空一切法也。

此經從須菩提啓請已去，至後「不取於相，如如不動」，通是用觀照般若之法，不取心、佛、衆生之相，又照心、佛、衆生無性，又照心、佛、衆生本寂，成一清淨菩提心。然現前心、佛、衆生有實體用，如何得知無性本寂而不取耶。後以金剛觀察深喻，喻之心、佛、衆生，皆是有爲，如夢幻泡影，則心、佛、衆生諸法，不待排遣而自空矣。既是本空、本寂，欲何所取。是知行般若時，只是一味不取，則世出世法一無所有也。

又諸法不是因不取而後無，唯其本無因，妄取成有。但不取，自還本來面目。是則金剛之名即夢幻等喻。以夢幻等喻，喻空一切法，故稱金剛喻。經中先法後喻，題中先喻後法。《首楞嚴經》：云金剛王寶覺，如幻三摩提。如幻，即金剛也；三摩提寶覺，即般若也。

波羅蜜，此云彼岸到，即到彼岸，以梵語多倒故。蓋般若乃諸佛衆生共有之佛性，衆生不善用，用之見色爲色粘，用之聞聲爲聲轉，不能超聲色之外，逐境流轉，名爲此岸。諸佛善用此佛性，用之照色色空，用之照聲聲寂，能超聲色之外，達境唯心，名爲彼岸。是此岸彼岸，非有兩地，同是一境。但超與不超，名爲此岸彼岸，是轉名不轉體也。般若妄見，亦只一佛性，因覺不覺，故別其名，亦無實性也。

經之一字，即文句之假名，以貫攝爲義，是能詮言教，即文字般若也。依相言，則有喻有法，有體有用，差別名義，合之，故曰金剛般若波羅蜜經。依性言，唯一如如不動清淨菩提心，了無能所、法喻、體用之分也。

此《金剛般若經》一卷，雖文義重沓，總不出須菩提所讚所請之義。所讚，如來善護念諸菩薩，善囑諸菩薩。所請，善男子、善女人發阿耨多羅三藐三菩提心，云何應住，云何降伏其心是也。如來所答，先總答菩提心，以酬所請之意，然後展轉發明，使其信受清淨，即見所讚不虚也。

先總答菩提心，從「佛告須菩提，諸菩薩摩訶薩應如是降伏其心」起，至「須菩提菩薩但應如所教住」止是也。其中初答降伏其心，即發起大悲，能降伏我心。以大悲能度一切衆生，若無智運之，即墮生死，故以智運之，雖是滅度無量無數衆生，實無衆生得滅度者。「何以故」下，徵明其義。若菩薩有我相、人相、衆生相、壽者相，即非菩薩，是悲不離智也。次答云何應住，即發起大智，於一切法，應無所住。以無所住，能遠離一切相。若無悲運之，即墮涅槃，故以悲運之，雖是不住於相，而行布施。「饒益衆生」下，徵明其義，謂何故既行布施，又不住於相。蓋菩薩不住相布施，其福德方是無漏，猶如虚空，廣大不可思量故也。後結答須菩提問，意謂汝問發菩提心云何應住，菩薩發菩提心，但應如我所教而住，是真實菩薩，是真實阿耨多羅三藐三菩提心。是知菩提心，無別自體，唯悲智和合，故名菩提心。又大悲降伏我心，即不取心相。大智不住一切法，即不取衆生、佛之相。既不取心、佛、衆生三相，是三相無有差別，同一清淨菩提心也。

上既總答菩提心行相如此，下爲發明，以見如來護念付囑菩薩之善巧。因總標「菩薩於法應無所住，行於布施」，所謂不住色布施，不住聲、香、味、觸、法布施，雖分示六塵之法，未指陳六塵之法所在何處，故下爲指明六塵在處，即佛與衆生也。既六塵通該佛與衆生，不住六塵，即不住佛相、衆生相。不住，即不取也。不取佛相，即不取樂相，不取出世間法相。不取衆生相，即不取苦相，不取世間法相。從「須菩提，於意云何，可以身相見如來不」起，至後「須菩提，當知是經義不可思議，果報亦不可思議」止是也。

其中先不住佛相，佛有福慧二相。從「須菩提，於意云何，可以身相見如來不」起，至「如來常說，汝等比丘知我說法如筏喻者，法尚應捨，何況非法」止，是不住佛福相，即不取福果也。從「須菩提，於意云何，如來得阿耨多羅三藐三菩提耶，如來有所說法耶」起，至「須菩提，一切諸佛及諸佛阿耨多羅三藐三菩提法，皆從此經出。須菩提，所謂佛法者，即非佛法，是名佛法」止，是不住佛慧相，即不取智果也。

上護念菩薩不取如來福慧二果，恐疑謂發菩提心爲求菩提道。今於佛福慧二相都不取，即菩提道亦無，何用發菩提心耶。故下引四果及佛菩薩，皆以不取而後證果。因不取福慧二相，其福慧乃能廣大無漏。若取相，即屬有漏，非菩提心也。初引聲聞不取四果，次引如來不取菩提，後引菩薩不取莊嚴，然後結成。以一切聖賢都是不取而後證果，是故菩薩發菩提心，亦應如是生清淨心，不應住色生心，不應住聲、香、味、觸、法生心，即不應住如來福慧二相生心，應無所住而生其心，是真清淨心也。文從「須菩提，於意云何，須陀洹能作是念，我得須陀洹果不」起，至「佛說非身是名大身」止是也。

上開示結成，以不取爲菩提心既明矣，即付囑信受，使傳持佛慧命相續不斷。文從「須菩提，如恒河中所有沙數，如是沙等恒河，於意云何，是諸恒河沙寧爲多不」起，至「若是經典所在之處，即爲有佛，若尊重弟子」止是也。

此經是頓教，不歷修證漸次，隨分一字一句，義皆圓滿，故即請經名。文從「爾時須菩提白佛言：世尊，當何名此經。」起，至「若復有人，於此經中，乃至受持四句偈等，爲他人説其福甚多」止是也。上發明證成，付囑此菩提心，了然明白。當機領解，陳自所解，如來復爲印證。又從「爾時須菩提聞説是經，深解義趣，涕淚悲泣」起，至「如來説第一波羅蜜，即非第一波羅蜜，是名第一波羅蜜」止是也。

已上護念、付囑，總是護念菩提心，不住如來福慧二相。下護念菩提心，不住衆生相。從「須菩提，忍辱波羅蜜，如來説非忍辱波羅蜜，是名忍辱波羅蜜」起，至「如人有目，日光明照，見種種色」止，是護念不住衆生相。又從「須菩提，當來之世，若有善男子善女人，能於此經受持讀誦，即爲如來以佛智慧，悉知是人，悉見是人，皆得成就無量無邊功德」起，至「當知是經義不可思議，果報亦不可思議」，是付囑此不住衆生相，清淨菩提心，使傳佛慧命也。

上發明菩提心，不取佛，不取衆生，清淨行相，意義已周。恐疑謂菩提心要上求佛果、下利衆生，乃成菩提心，何故教佛與衆生皆不可取。若不取佛與衆生，則菩提心云何而生耶。是教離相發菩提心，則無菩提心可發矣。故須菩提重復請問：善男子、善女人發阿耨多羅三藐三菩提心，云何應住，云何降伏其心。前問云何應住，云何降伏其心，意謂發菩提心降伏何等心，故曰云何降伏其心。住於何法，故曰云何應住。如來答意謂，發菩提心應降伏我心，應住於無相，是清淨菩提心。今問云何應住，謂菩提心要借外緣而生，云何應於無相而住。又菩提心要借内因而生，云何降伏我心。若無内因外緣，則菩提心無因而生矣。是前後問辭似同，問意迥别。下如來所答，亦是辭同意别。經云：佛告須菩提，善男子、善女人發阿耨多羅三藐三菩提心，當生如是心。此句是總答，謂發菩提心，當要生如是清淨心，内降伏我心，外不住生佛名相。此重一「當」字，謂當要生如是清淨心，方名菩提心也。故云我應滅度一切衆生已，而無有一衆生實滅度者。又釋明其義。經云所以者何，實無有法發阿耨多羅三藐三菩提心者。以「實無有法」一句，釋明「當如是生清淨心」，謂：若實有法，如來何故强要汝等不取。以實無有法，衆生妄見，内取心相，外取生佛之相，故成迷倒。汝若不取，即正知見，故名菩提心。是以實無有法爲正理，以不取内心内因正，不取生佛之相外緣正，因緣既正，能生正智，故名菩提心。是則一有所取，即背正理，所生皆顛倒見，非菩提心。故發菩提心者，應如是住，如是降伏其心。

上答明其意，下引證。從「須菩提，於意云何，如來於燃燈佛所，有法得阿耨多羅三藐三菩提不」起，至「須菩提，若菩薩通達無我法者，如來説名真是菩薩」止，是以如來實無有法得成菩提，菩薩實無有法莊嚴佛土，證成菩薩應如是不住於相，應如是降伏我心，是名真發菩提心也。

上以「實無有法」一句，總答明菩提心應住降伏之義，未詳明實無有法是實無何等法。故下廣明實無有法之「法」字。從「須菩提，於意云何，如來有肉眼不」起，至「須菩提，菩薩所作福德，不應貪著，是故説不受福德」止，通是廣明實無有法之義。以心、佛、衆生諸法既都實無所有，則了無一法可取，即達清淨實相，以顯如來護念之善也。

其中初明心無我。文從「須菩提，於意云何，如來有肉眼不」起，至「須菩提，過去心不可得，現在心不可得，未來心不可得」止是也。

又從「須菩提，於意云何，若有人滿三千大千世界七寶以用布施」起，至後「若有人，以此般若波羅蜜經乃至四句偈等，受持讀誦，爲他人説，於前福德百分不及一，百千萬億分乃至算數譬喻所不能及」止，是明佛無我也。其中初從「須菩提，於意云何，若人滿三千大千世界七寶以用布施」起，至「得福德多」，是明佛福因性無我。

又從「須菩提，於意云何，佛可以具足色身見不」起，至「是名諸相具足」止，是明佛福果性無我。總此二章，通是明佛福性無我。

又從「須菩提汝勿作是念，我當有所説法」起，至「如來説非衆生，是名衆生」止，是明佛智，所説法無我。又從「須菩提白佛言：世尊，佛得阿耨多羅三藐三菩提，爲無所得耶」起，至「如來説善法即非善法，是名善法」止，是明佛智，所證法無我。通此二章，是明佛智性無我。并前福性無我，是護念菩提心，實無有佛可取也。

既護念不取佛，福慧二嚴，其心清淨，後付囑生信受持，故云「須菩提，若三千大千世界中所有諸須彌山王」等。又從「須菩提，於意云何，汝等勿謂如來作是念，我當度衆生」起，至「凡夫者，如來説即非凡夫，是名凡夫」止，是明衆生無我。

上歷明心、佛、衆生三法皆實無有，是正明實無有法。

護念菩提心，不應取法，不應取非法，故得清淨。但未知有法發心有何過。若有法發心無過，即依有法發心亦可，何故必竟要依實無有法發心耶。故下以有相見佛爲非，反成上「實無有法」發心爲決定義。經從「須菩提，於意云何，可以三十二相觀如來不」起，至「是人行邪道，不能見如來」止是也。上來證明反成，總明心、佛、衆生三法實無所有，以破執實有我法之常見。又恐執實無有法，不作福德，成斷滅見。故下又破撥無因果之斷見。并上破常見，通是於心、佛、衆生三法上，遠離斷、常二見，成就無上正等正覺之心。

此破斷見之文，從「須菩提，汝若作是念，如來不以具足相故，得阿耨多羅三藐三菩提，若作是念」起，至「是故説不受福德」止是也。

前從「須菩提，於意云何，可以身相見如來不」起，至「是經義不可思議，果報亦不可思議」通是破偏計性，遣人法二執，以不取心、佛、衆生等法，護念菩提心，清淨離相。從須菩提重請「善男子、善女人發阿耨多羅三藐三菩提心，云何應住，云何降伏其心」起，至「是故説不受福德」，通是破因緣性，明人法無我，以明心、佛、衆生三法無性，是菩提理趣。以理趣本無一法，成上菩提心行相應不住不取也。既實無心佛衆生，了無一法可得，即真清淨，事事法法，同一如如不動，故示圓成性，以明人法一如。

從「須菩提，若有人言，如來若來若去，若坐若臥，是人解我所説義不」起，至「但凡夫之人，貪著其事」止，是顯圓成性如如之理。其中初以如來若來若去，明法性身如。次以世界微塵無成壞相明法性土如。身土一如，即如如體。

從「須菩提，若人言佛説我見、人見、衆生見、壽者見」起，至「一切有爲法，如夢幻泡影，如露亦如電，應作如是觀」止，是明圓成性正智之照。

其中初明現量智，從「須菩提，若人言佛説我見人見」起，至「於一切法，應如是知，如是見，如是信解，不生法相」止是也。如是知，如是見，如是信解，即如來現量正知正見，是究竟菩提心。

次明比量智，從「須菩提，若有人以滿無量阿僧祇世界」起，至後「應作如是觀」止。此用金剛觀察十種深喻，比心、佛、衆生有爲諸法，如夢幻泡影，了無實性。以喻比觀，故名比量。觀察入理，故名正觀。以正觀之比智，合上正智之現智，通是如如全體大用。

是前破偏計性，遠離人、法二執，成就正智之大用。又破因緣性，通達人、法無我，顯説如如之本體。是合如如正智，爲圓成性。分圓成性爲實相、觀照二種般若。是圓成性，遠離偏計，成就正智，遠離因緣，成就如如，即如如正智，合爲一阿耨多羅三藐三菩提心也。此經大旨，盡於此矣。是知此經始終只是一阿耨多羅三藐三菩提心。如來善護念，善付囑，只是成就得一「發」

字。已發者護念，發起清淨心。未發者付囑，發起信受。此就多分言，已發方堪付囑，未發更要護念。總之要成就一發字，是佛善巧也。

金剛般若經略談終

校勘記

〔一〕底本據《卍續藏》。

（李勁整理）

○二五四

金剛略疏[一]

明元賢述

金剛略疏序

衆生汩没於生死海中，頭出頭没，無有出期，其故何哉。良以心鏡本淨，像色元虛，而衆生認以爲實。繇是起欣厭，生去取，造妄業而自甘，招幻輪而忍苦。譬如夢中見虎，人與虎而俱非，眼裏生華，眼並華而交病。執之不捨，寧有已時。我佛憫之，爲説破有之法，名大般若。般若凡有八部，而《金剛》其一也，《金剛》凡有六譯，而秦譯其一也。文約而義豐，辭顯而理奧，實爲八部之精要。其指歸于破人法之妄執，了一心之實相，令諸衆生不取於相，如如不動而已。余弱冠時即知讀此經，求其義於諸疏，心殊厭之。以理本直也，而釋之以紆回，辭本顯也，而索之於隱昧，蓋多絆於二論之葛藤而不能自脱者也。及有弗宗二論者，則又妄逞胸臆，越宗趣而違佛旨，識者呵之。故疏《金剛》者不下數十家，求其善疏，莫之或聞。

辛巳之秋，余自婺反建，寓居寶善。時心石師作《金剛濆蒙》，一宗圭峰、長水，而删繁就要，以便初機，命余訂之。余雖從事其間，亦不過依他作解，因人成事而已，於己心終未能安。故《金剛》一疏，反成不了之業。迨乙酉春改制後，倦於説禪，終日坦腹而臥，無以消閑，乃取是經，日疏之，盡誅舊日葛藤，獨揭斬新日月，但理求其當，辭求其達，無紆回隱昧之弊而已。三易稿而疏成。客有難余者曰：古疏上祖慈尊，下宗二論，無片言隻字不有所本，今子棄之而弗從，豈子之智能超於諸大聖哉。余曰：是不然。子謂天親能背無著不。曰：不也。子謂無著能背内院不。曰：不也。子既謂三聖相承，如水傳器，則宜確守師説，如天台後學一字不敢移易可也。今觀天親立二十七疑，已非無著之意，無著分一十八住，亦非内院之言，則何其分道而馳若此哉。子若知無著、天親之必不背内院，則知余今日之必不背無著、天親也。客謝而退，因并録之，以弁簡首。

石鼓主人釋元賢題

校勘記

〔一〕底本據《卍續藏》。

金剛略疏

福州鼓山湧泉禪寺傳法沙門元賢述

金剛般若波羅蜜經

金剛，寶名，其體最堅，一切物不能壞，其用最利，能壞一切物，故佛以之喻般若之德。般若，梵語，此云智慧。其體即實相，雖流轉六趣而不損，猶金剛之堅也。其用即觀炤，能炤破一切而不留，猶金剛之利也。約其功能稱波羅蜜。波羅蜜亦梵語，此云彼岸到，意以生死爲此岸，煩惱爲中流，涅槃爲彼岸，全由般若爲之舟楫，乃能離生死岸，渡煩惱流，而登涅槃岸也。經者，鏡心之文，載道之器，其義訓法，訓常，亦訓徑。法者，十界同遵之正軌也。常者，萬古不易之常道也。徑者，出凡入聖之要路也。若今經，即般若爲修行者之正軌常道要路，是名爲經也。此經大旨，宗乎無相，而以不住爲方便，復以夢幻泡影露電六觀爲方便中之方便。初破我相，次破法相，後破非法相。此三既破，即是實相。而實相無相，究竟無所得而已。證此無所得之法，是謂如如，是謂無爲，是謂涅槃，是謂菩提，亦但有其名而已。向下備陳此旨，觀者詳之。

如是我聞：一時佛在舍衛國祇樹給孤獨園，與大比丘衆千二百五十人俱。

此古謂之證信序，乃明法有所受也。如是者，指法體也。不變不異曰如，離過絶非曰是。我聞者，阿難自述所聞也。阿難已達我空，實不計我，但隨俗假稱，故名爲我。我既無我，聞亦無聞，從緣生故，不壞假名，即不聞聞也。一時者，以諸方年月不同，難以標定，故但云一時，乃取師資合會，聽説究竟，爲一時耳。佛，具云佛陀，此翻覺者。覺有三義，謂自覺、覺他、覺滿也。舍衛國屬中天竺境。祇樹給孤獨園，乃佛所居精舍，在舍衛城外東南五里間，緣爲給孤獨長者買園，祇陀太子施樹，故以爲名。大比丘等，乃佛常隨之衆也。大者，臘高德著之稱。比丘，梵語，此翻乞士，謂上於諸佛乞法，下於衆生乞食也。千二百五十人者，憍陳如、三迦葉、舍利弗、目犍連、耶舍長者，并諸眷屬也。此並先事外道，艱苦累劫，一無所證，纔得見佛，便登聖果，感佛深恩，故常隨侍。其餘天龍八部、四衆等，皆結歸流通分中，首尾相望，蓋影略耳。

爾時，世尊食時，著衣持鉢，入舍衛大城乞食。於其城中，次第乞已，還至本處，飯食訖，收衣鉢，洗足已，敷座而坐。

此敘説法之由也。將説般若而以乞食爲由者，欲顯般若大法，不出尋常日用之間也。佛稱世尊者，十號俱彰，爲世中尊也。食時，乃辰巳之間，以早食已辦，施受俱便也。著衣持鉢者，七佛以來，乞食之常儀。乞食者，佛以乞食爲正命食，餘食爲邪命食，故制比丘必乞食以自活。今佛亦自乞者，凡有三意，一使懈怠者生慚，二使貢高者除慢，三使見聞者獲益也。次第乞者，佛行平等慈，不擇貧富也。敷座而坐者，乞食事畢，將説大法也。秦譯止言坐，他譯俱言入定，示散心説法，不能如實，必從定發，方稱理也。又論云：他經敷座乃是侍者，惟説般若，佛自敷座，以尊重般若爲諸佛母故。

時，長老須菩提在大衆中，即從座起，偏袒右肩，右膝著地，合掌恭敬而白佛言：希有，世尊，如來善護念諸菩薩，善付囑諸菩薩。世尊，善男子、善女人發阿耨多羅三藐三菩提心，云何應住，云何降伏其心。

長老者，僧中之首。須菩提，梵語，此云空生，又名善現，佛十大弟子中解空第一。《西域記》云：空生乃東方青龍陀佛，示跡釋迦會中，發揚空理者也。偏袒右肩等，乃西竺卑敬之義。希有者，曠劫難逢，大千惟一，福慧超絶，三皆希有也。如來者，體本自如，無來而來也。護念者，言佛善將大法護念諸菩薩，使速至成佛，無少留難也。付囑者，言佛善將大法付囑諸菩薩，使轉度有情，毋令斷絶也。菩薩，具云菩提薩埵，此翻覺有情。諸佛覺而無情，衆生有情弗覺，惟兹能覺而猶有情，故稱菩提薩埵。阿耨多羅三藐三菩提，此云無上正等正覺，即諸佛正偏二智也。云何應住者，問未發心時，心住塵境，今既發心，應當依何境界而住。云何降伏者，問心或不住，又當依何法而降伏之。此應住、降伏之法，即所謂善護念、善付囑者也。

佛言：善哉，善哉，須菩提，如汝所説，如來善護念諸菩薩，善付囑諸菩薩。汝今諦聽，當爲汝説。善男子、善女人發阿耨多羅三藐三菩提心，應如是住，如是降伏其心。唯然，世尊，願樂欲聞。

重言善哉者，讚其所説之是，亦讚其所問之要，能廣益大衆及將來也。諦聽者，誠其不可以生滅心聽實相法也。如是者，懸指般若而言，謂但應如是之法而住，如是之法而降伏其心。若不如是，則所住即是妄境，降伏轉成妄心，又安能得無上菩提哉。唯然者，順從之辭。此雖已領其指而未得聞其詳，故復請之。

佛告須菩提：諸菩薩摩訶薩，應如是降伏其心，所有一切衆生之類，若卵生，若胎生，若濕生，若化生，若有色，若無色，若有想，若無想，若非有想非無想，我皆令入無餘涅槃而滅度之。

此詳答所問也。問雖有二，佛乃總答，意以惟在降伏其心，勿令著相，更不可别求應住之法，故先標降伏其心，後結應如所教住也。所有下，言其發心廣大而深遠，正所謂菩提心也。胎、卵、濕、化者，三界受生差别也。天與地獄惟屬化生，鬼兼胎化，人畜具四。有色者，色界天也。無色者，無色界天也。有想者，識處天也。無想者，無所有處天也。非有想非無想者，非想非非想處天也。涅槃，此云滅度，謂滅五住煩惱，度二種生死。名無餘者，乃成佛究竟，更無餘依也。既曰皆令入無餘涅槃，又曰滅度之者何。乃華梵雙舉也。夫一切衆生根性不同，何得皆入涅槃。蓋爲凡是有心，定當作佛，發廣大心者，豈合有遺。但善根成熟者即爲度脱，未成熟者且令成熟，若八難之輩，亦曲爲其成種，至後時度之也。

如是滅度無量、無數、無邊衆生，實無衆生得滅度者。何以故。須菩提，若菩薩有我相、人相、衆生相、壽者相，則非菩薩。

此言菩薩發心度生，雖極其廣大深遠，然實無一衆生得滅度者，以菩薩不滯於相故也。若有四相，即有能度、所度，直生死之凡夫耳，豈菩薩之謂乎。此節佛答問意，以無相爲所應住，以有相爲當降伏也。四相，據論，認五蘊爲我、我所，名我相。計我生人，異於諸趣，名人相。計我由五蘊等法共聚而生，名衆生相。計我受一期報命不斷，名壽者相。此總一我相，分之爲四也。然愚謂今經説無四相，不止是説人無我，如云實無衆生得滅度，則非獨無衆生，亦無涅槃也。又如下文云，若取法相，即著我、人、衆生、壽者，若取非法相，即著我、人、衆生、壽者，是知般若妙光直徹三空，豈止人空而已哉。

復次，須菩提，菩薩於法應無所住，行於布施，所謂不住色布施，不住聲、香、味、觸、法布施。須菩提，菩薩應如是布施，不住于相。

上言不可有相，非是滅相令無，但是不住而已。不住，正示降伏之法。今約行以明之，於法者總標六塵。布施有三，資生施、無畏施、法施也。三施可攝六度，六度廣攝萬行，故今舉布施一度以該之。又準《大般若經》，始自五蘊，終至菩提，俱不何〔二〕住。今但言六塵，亦是舉一以該之耳。

何以故。若菩薩不住相布施，其福德不可思量。須菩提，於意云何，東方虛空可思量不。不也，世尊。須菩提，南西北方，四維上下虛空可思量不。不也，世尊。須菩提，菩薩不住相布施，福德亦復如是不可思量。須菩提，菩薩但應如所教住。

徵云：何以故要不住相布施耶。以不住相布施則施契性空，性空無邊，故福亦無邊。下舉十方虛空，正喻福德之無邊也。凡有二意，一喻廣大無盡，二喻究竟不窮。但應如所教住者，非單結應住，實并結降伏其心。佛意以住相即是妄心，不住相即是降伏。妄心既降，超然無住，即是所應住也。佛答二問已竟，又恐人隨語生疑，故下詳爲斷之。

須菩提，於意云何，可以身相見如來不。不也，世尊，不可以身相得見如來。何以故。如來所說身相，即非身相。佛告須菩提：凡所有相，皆是虛妄。若見諸相非相，即見如來。

上言不可住相，佛又恐人疑既不住相，何成佛乃有相耶，故舉以問空生。空生答言，不可以身相得見如來，以如來身相乃淨分依他所成，依他無性，故身即非身也。空生既悟佛身無相，而復佛示之曰：凡所有相，皆是虚妄。故雖佛身亦是虚妄，然不可執相虚妄，别求無相之佛，但於相上達其非相，即見如來。以諸相既亡，惟是覺體，如鏡中現影，達影全虚，惟見是鏡也。此乃是今經密意，學者宜善觀之。

須菩提白佛言：世尊，頗有衆生得聞如是言説章句，生實信不。佛告須菩提：莫作是説。如來滅後，後五百歲，有持戒修福者於此章句能生信心，以此爲實，當知是人不於一佛二佛三四五佛而種善根，已於無量千萬佛所種諸善根。

上言非相見如來，是義甚深，故空生疑實信者之鮮其人。實信謂直下炤破染淨有無諸法，冥契實相也。佛言：汝莫謂今日無實信之人，即最後五百歲，亦有持戒修福之人，於此法中能生實信。何者。以此人善根深厚，已於無量千萬佛所種諸善根故也。五百歲者，佛滅後初五百歲解脱堅固，第二五百歲禪定堅固，第三五百歲多聞堅固，第四五百歲塔寺堅固，第五五百歲鬭諍堅固。經言後五百歲，指第五也。

聞是章句，乃至一念生淨信者，須菩提，如來悉知悉見，是諸衆生得如是無量福德。

淨信者，無所染著之信，亦即實信也。若有人宿福深厚，能生一念淨信，其信雖甚微，而如來以佛智佛眼能悉知見，其福德無量，況永信者乎。必言如來知見者，以非如來莫能知見其福德之大也。

何以故。是諸衆生無復我相、人相、衆生相、壽者相，無法相，亦無非法相。何以故。是諸衆生若心取相，即著我、人、衆生、壽者，若取法相，即著我、人、衆生、壽者。何以故。若取非法相，即著我、人、衆生、壽者。

徵云：何以故一念淨信即獲如是無量福德。以其心契般若，妄執盡消，無復于五蘊等法執有我、人等相，亦無五蘊等法相，亦無無五蘊等非法相。法相者，自陰界入，以至菩提涅槃，有名有相者皆是也。非法相者，如説陰界入，以至菩提涅槃，皆不可得者是也。復徵云：四相固不可有，法非法相何亦須無。以若心取相，即爲著我、人、衆生、壽者也。若心取相二句，總言法非法相不可取。下乃别明之，謂雖不認五蘊等法爲我、人、衆生、壽者，但取有五蘊等法，即是著我、人、衆生、壽者。夫法皆有相，固可著，至於非法，則無相可著，何亦須無。以非因相立，相去非存，猶是著相，故亦須無也。此段舊多作三空釋之，愚意不然。以四相前已深明，此但明法非法之不可取也。故下文緊接云，是故不應取法，不應取非法，其旨益明矣。

是故，不應取法，不應取非法。以是義故，如來常説，汝等比丘知我説法如筏喻者，法尚應捨，何况非法。

承上文謂法與非法俱不應取，以是義故，所以如來嘗説，我所説之法直如筏焉。筏者，過河則用，到岸則捨，不可常戀。如來説法並是方便建立，度諸有情，非有真實，豈可執而不捨哉。法尚應捨，何况非法者，謂説空秖爲度有，有河既度，空亦須空，有尚須空，况空可不空乎。

須菩提，於意云何，如來得阿耨多羅三藐三菩提耶，如來有所説法耶。須菩提言：世尊，如我解佛所説義，無有定法名阿耨多羅三藐三菩提，亦無有定法如來可説。何以故。如來所説法，皆不可取，不可説，非法，非非法。所以者何。一切聖賢，皆以無爲法而有差别。

上言無法，無非法，佛又恐人疑佛嘗得菩提，亦嘗説法，豈非有法可取可説也，故舉以問空生。空生深達佛意，故便答言，無有定法名阿耨多羅三藐三菩提，亦無有定法可説。無定法者，無一定實法也。何以無一定實法。以如來所説之法皆不可以名相取，正聞時不聞也，皆不可以言語説，正説時無説也。既不可取，不可説，又豈有法與非法之可言哉。又徵云：此法何以不可取説。以是無爲之法故。無爲法者，妙體淵寂，本無名相，不涉語言，離一切分别有爲之法，乃一切聖賢之所同證，但于中有淺深大小之别耳。此經初恐人執相故破相，次恐人執空故破空。有空俱空，始契實相，是謂無爲之法，而般若之義無餘藴矣。

須菩提，於意云何，若人滿三千大千世界七寶以用布施，是人所得福德寧爲多不。須菩提言：甚多，世尊。何以故。是福德，即非福德性，是故如來説福德多。

上言般若妙慧直徹三空，頓證無爲，則其福德寧有窮盡，故世尊舉寶施之福以顯彼勝。三千大千者，千世界爲小千，千小千爲中千，千中千爲大千，同一成壞。是福德即非福德性者，是福德無性，乃勝義空也。是故如來説福德多者，是於非福德而説福德多，乃世俗有也，若執爲實有，豈如來之意哉。

若復有人於此經中，受持乃至四句偈等，爲他人説，其福勝彼。何以故。須菩提，一切諸佛及諸佛阿耨多羅三藐三菩提法，皆從此經出。須菩提，所謂佛法者，即非佛法。

大千寶施之福雖多，其實不足以言多，若復有人於此經中受持乃至四句偈等，爲他人説，其福勝彼。徵云：何以故持説一偈能勝於彼。以寶施雖多，福終有漏，而此持經之功乃能淨除諸執，圓滿極果，是一切佛及一切佛所説之法皆從此經出也。佛又恐人向佛法上住著，故隨拂其跡云：所謂佛法者，即非佛法。約俗諦中，有迷悟、染淨、凡聖，故説佛法從經而出。約真諦中，離於迷悟、染淨、凡聖，安得有佛法從經出也。信力曰受，念力曰持。四句偈者，從來議論紛然，各于經中取四句以當之，不知上有乃至二字，乃是自多至少之意。謂于此經受持演説，或全卷，或半卷，或一分，乃至或四句偈等等字，總指上受持之者。又有以等字該後百千句者，非是，以經意原是自多至少，非自少至多也。

須菩提，於意云何，須陀洹能作是念我得須陀洹果不。須菩提言：不也，世尊。何以故。須陀洹名爲入流，而無所入，不入色、聲、香、味、觸、法，是名須陀洹。

上言法不可取，不可説，佛恐人疑聲聞各取自果，如證而説，豈非有取有説耶。乃舉以問空生，而空生皆答言不也。又各爲明其取本無取，説本無説之意。聲聞初果，斷八十一使分别粗惑，名須陀洹，華云入流，謂初入聖流也。非别實有所入，只由不入六塵，不被六塵之所牽引，便名入流耳。

須菩提，於意云何，斯陀含能作是念我得斯陀含果不。須菩提言：不也，世尊。何以故。斯陀含名一往來，而實無往來，是名斯陀含。

聲聞二果，斷欲界六品思惑，名斯陀含，華云一來。謂從此命終，一往天上，一來人間，便得阿那含，故名一來。實無往來者，已悟我空，誰爲往來。雖不廢往來，但不計往來者耳。

須菩提，於意云何，阿那含能作是念我得阿那含果不。須菩提言：不也，世尊。何以故。阿那含名爲不來，而實無不來，是故名阿那含。

聲聞三果，斷欲界九品思惑，名阿那含，華云不來。謂從此命終，往生天上，不來下界受生，故名不來。而實無不來者，既已無我，誰爲不來。

須菩提，於意云何，阿羅漢能作是念我得阿羅漢道不。須菩提言：不也，世尊。何以故。實無有法名阿羅漢。世尊，若阿羅漢作是念我得阿羅漢道，即爲著我、人、衆生、壽者。

聲聞四果，斷上二界七十二品思惑盡，名阿羅漢。阿羅漢有三義：一、無賊，以見思煩惱盡故。二、不生，以斷分段生死，不受後有故。三、應供，以堪受人天大供養故。實無有法者，實無所得也。若有一念得果之心，即著我、人等相，又豈能得證乎。此四果中，惟阿羅漢獨名得道，以餘三果未能全得其道故也。

世尊，佛説我得無諍三昧，人中最爲第一，是離欲阿羅漢。世尊，我不作是念我是離欲阿羅漢。世尊，我若作是念我得阿羅漢道，世尊則不説須菩提是樂阿蘭那行者，以須菩提實無所行，而名須菩提，是樂阿蘭那行。

前佛問四果，空生俱云不得，此復引己以證之。佛説得無諍三昧者，以其解空，則彼我俱忘，能不惱衆生，亦能令衆生不起煩惱故也。又云人中最爲第一者，以人中四相未除，故皆有諍，今既無諍，是人中最爲第一也。離欲者，三界貪心俱名爲欲，今已盡滅，方成阿羅漢也。我不作是念下，釋佛讚之意，以其無我也。阿蘭那，此云寂靜，言我得阿羅漢道，則四相未忘，煩惱紛起，豈成寂靜之行。實無所行者，謂我相既空，則雖有所行而實無所行，是爲寂靜之行也。

佛告須菩提，於意云何，如來昔在然燈佛所，於法有所得不。不也，世尊，如來在然燈佛所，於法實無所得。

前明四果俱無所得，佛又恐人疑佛于然燈受法豈非有取有説，故舉以問空生。空生言法實無所得者，以然燈所説，釋迦所聞，是以無分別智契無分別理，智與理冥，境與神會，豈有取説之朕哉。

須菩提，於意云何，菩薩莊嚴佛土不。不也，世尊。何以故。莊嚴佛土者，即非莊嚴，是名莊嚴。

佛又恐人疑菩薩莊嚴佛土豈非有取耶，故舉以問空生。佛土者，成佛時所得報土也。莊嚴者，謂佛土中種種莊嚴，皆由菩薩萬行所致也。空生答意謂，菩薩具六度萬行，莊嚴佛土，而心無所著，行而無行，能嚴所嚴俱不可得，即莊嚴而非莊嚴，是名之爲莊嚴佛土耳。

是故，須菩提，諸菩薩摩訶薩，應如是生清淨心：不應住色生心，不應住聲、香、味、觸、法生心，應無所住而生其心。

承上文言非嚴而嚴者，應生清淨心也。所謂生清淨心者，不應住六塵之境生心，宜生無所住之心也。生無所住之心，則行而無行，是之謂嚴而非嚴也。

須菩提，譬如有人，身如須彌山王，於意云何，是身爲大不。須菩提言：甚大，世尊。何以故。佛說非身，是名大身。

佛又恐人疑如來受得報身豈非有取，故舉以問空生。空生亦答言甚大，又自釋曰：若約真諦，則報身㈢是空，本非身也。又名之爲大身者，乃依俗諦說耳。

須菩提，如恒河中所有沙數，如是沙等恒河，於意云何，是諸恒河沙寧爲多不。須菩提言：甚多，世尊。但諸恒河尚多無數，何況其沙。須菩提，我今實言告汝，若有善男子、善女人以七寶滿爾所恒河沙數三千大千世界，以用布施，得福多不。須菩提言：甚多，世尊。佛告須菩提，若善男子、善女人於此經中，乃至受持四句偈等，爲他人說，而此福德勝前福德。

此較量顯勝也。恒河者，周四十里，金沙混流，其細如麵。佛精舍近此，故以爲喻。初謂一恒河之沙，一沙計一恒河，尚多無數，況有如是諸恒河之沙，寧有計量。又以諸恒河之沙，一沙計一大千世界，悉將七寶充滿其中，以用布施，則世界無盡，七寶無盡，其功德之多爲何如。然持經功德實勝於彼，以寶施雖多而四相未忘，但得人天福報，持經功德乃能人法雙空，直成無上菩提，非寶施者所可同日而語也。此中較量比前尤勝，前但言一三千界寶施，此乃説無量三千界寶施。以此文説四果無心，釋迦無得，嚴淨國土不嚴而嚴，修證佛身無證而證，非前文之所及，故較量復勝於前也。

復次，須菩提，隨説是經，乃至四句偈等，當知此處，一切世間天、人、阿修羅皆應供養，如佛塔廟，何況有人盡能受持、讀誦。須菩提，當知是人成就最上第一希有之法。若是經典所在之處，則爲有佛，若尊重弟子。

此明經功之勝也。塔者，梵語窣堵波，此云高顯，謂摩雲矗漢，俾遠近見者生福也。廟者，貌也，謂堂中安佛形貌也。意云持説四句偈之處，尚有一切天、人等供養，如佛塔廟，何況有人盡能受持讀誦全經者乎。有人則非止是處也。受持全經則非止是一偈也。當知是人成就最上第一希有之法。最上者，直趣無上菩提也。第一者，迥超諸乘也。希有者，世間無比也。受持此經者，其得福如是。即無人受持，但是經典所在之處，亦爲有佛及弟子，以經詮法身，依法則有報、化。既有三身之佛，必有賢聖弟子。是經典在處，三寶恒存，其爲人、天等供養，又何疑乎。

爾時，須菩提白佛言：世尊，當何名此經，我等云何奉持。佛告須菩提，是經名爲《金剛般若波羅蜜》，以是名字，汝當奉持。所以者何。須菩提，佛説般若波羅蜜，即非般若波羅蜜，是名般若波羅蜜。

空生聞受持此經功德之大，故請得其名而受持之。金剛有堅利之義，般若之體用如之，波羅蜜則是以般若之力度諸苦厄也。所以立此名者何。須知立名所以表實，不可執名而喪實。即此名，非此名，以名字性空，了無可得，此即其實義也。又曰是此名者，則借名以顯之耳。當如是而奉持之，是之謂善奉持者也。

須菩提，於意云何，如來有所説法不。須菩

提白佛言：世尊，如來無所説。

佛既立此經名，恐人疑佛果有法可説，故舉以問空生。空生答言如來無所説者，以真如絶待，至理無言，凡有所説，性本空寂，是有説而實無所説也。下文歷舉説微塵，説世界，説三十二相，皆明無所説之旨。

須菩提，於意云何，三千大千世界所有微塵是爲多不。須菩提言：甚多，世尊。須菩提，諸微塵，如來説非微塵，是名微塵。如來説世界，非世界，是名世界。

法相之中，多莫多於微塵，大莫大於世界，而微塵無實性，世界亦無實性。故説微塵非微塵，世界非世界，但以其由妄緣所成，故名微塵世界耳。夫微塵世界尚皆非有，則佛之所説豈有實哉。

須菩提，於意云何，可以三十二相見如來不。不也，世尊，不可以三十二相得見如來。何以故。如來説三十二相，即是非相，是名三十二相。

佛恐人疑前説微塵世界乃是無情，故可云無實性，若佛身有情，何可言無，故舉以問空生。空生答言，不可以三十二相見如來，以三十二相乃是依他所成，亦無自性，故曰即是非相，但以非相之相，名爲三十二相耳。夫佛身尚非有，則佛之所説豈有實哉。

須菩提，若善男子、善女人以恒河沙等身命布施，若復有人於此經中，乃至受持四句偈等，爲他人説，其福甚多。

此以身命較量，倍顯經勝也。佛恐人聞寶施不及持説，以是身外之財，若終身命布施，必勝持説，故復有斯較量。謂捨命雖勝於寶施，而持説復勝於捨命，以捨命亦是有爲之因，止得有漏之果，詎能與般若較其萬一哉。

爾時，須菩提聞説是經，深解義趣，涕淚悲泣而白佛言：希有，世尊，佛説如是甚深經典。我從昔來，所得慧眼，未曾得聞如是之經。

空生至此疑惑已除，理解已廓，乃自述

其所悟也。涕淚悲泣者，自傷值遇之晚。慧眼者，聲聞所證能照眞理者也。未了中道實相，故曰昔所未聞。

世尊，若復有人得聞是經，信心清淨，則生實相，當知是人成就第一希有功德。世尊，是實相者，即是非相，是故如來説名實相。

此明經能生實相，正今始得聞者也。信心清淨者，無諸染著也。實相者，眞空之體實相。而曰生者，以二執既空，則中道顯發，權名曰生，乃第一希有功德也。空生復恐人聞實相之名，遽生實相之想，良以實相無相，惟證相應，纔起分別，即乖實相，故曰是實相，非實相，但依俗諦立假名耳。

世尊，我今得聞如是經典，信解受持，不足爲難。若當來世，後五百歲，其有衆生得聞是經，信解受持，是人即爲第一希有。何以故。此人無我相、無人相、無衆生相、無壽者相。所以者何。我相即是非相，人相、衆生相、壽者相即是非相。何以故。離一切相，即名諸佛。

空生自己領悟，復慮後五百歲，信解受持者難得其人。何以難得其人。以其深達空理，無我、人等相也。所以無我、人等相者何。非四相元有而不執，乃四相本非相也。何以故四相本非相。以諸佛覺體本離諸相也。

佛告須菩提，如是，如是，若復有人得聞是經，不驚、不怖、不畏，當知是人甚爲希有。何以故。須菩提，如來説第一波羅蜜，即非第一波羅蜜，是名第一波羅蜜。

從前希有世尊，至即名諸佛，皆空生自述之辭，故佛印之曰如是如是。若復有人下，亦是牒空生之語而印其果爲希有也。驚謂愕然驚怪，怖謂進退慞惶，畏謂一向恐懼。意謂此經之理最極微妙，非器莫盛，苟能一肩擔荷，驀直向前，其人甚爲希有。何以如是希有。以諸波羅蜜中是第一波羅蜜故也。波羅蜜有六，前五若無般若，即是有爲，不能到彼岸，若有般若，即成妙行，方能到彼岸，故般若爲第一。言第一即非第一者，以般若空寂，豈有第一可名，但依世俗，立此名耳。

須菩提，忍辱波羅蜜，如來説非忍辱波羅蜜，何以故。須菩提，如我昔爲歌利王割截身體，我於爾時無我相、無人相、無衆生相、無壽者相。何以故。我於往昔節節支解時，若有我相、人相、衆生相、壽者相，應生嗔恨。須菩提，又念過去於五百世作忍辱仙人，於爾所世無我相、無人相、無衆生相、無壽者相。

此明忍度必須般若，以見般若之爲第一也。安耐爲忍，加毁爲辱。勝義諦中元無我人，誰加誰忍，故云非忍辱。復引歌利之事以釋之。歌利，此云極惡。佛昔作仙，山中修道，王同妃出獵，疲倦而寢，妃共禮仙。王起，問仙得四果不，皆云不得。王怒，割截身體。天怒雨石，王懼懺悔。仙曰：我本無嗔。王曰：何知無嗔。仙誓曰：我若無嗔，身即平復。發誓已，身果平復。良由無四相故，非忍而忍也。復引過去五百世者，以明既證無相，則非特暫時可忍，五百生皆如是也。是知未得般若，則有辱可忍，終滯苦果，若得般若，則無辱可忍，直到彼岸，謂般若爲第一波羅蜜，不亦宜乎。

是故，須菩提，菩薩應離一切相發阿耨多羅三藐三菩提心，不應住色生心，不應住聲、香、味、觸、法生心，應生無所住心。若心有住，則爲非住。是故，佛説菩薩心不應住色布施。須菩提，菩薩爲利益一切衆生，應如是布施。如來説一切諸相，即是非相，又説一切衆生，即非衆生。

承上文言忍辱必須無相，故勸離相發心。所以離相者，不應住六塵境上生心，應生無所住之心。何者。若心有住，則非所應住。是故佛前説菩薩不應住色布施，以菩薩爲利益衆生而行布施。若不離相，見有衆生，則滯于有爲生滅，非菩薩行，故應離也。然此非謂相實有而離之，以相本自空，相即非相也。相既非相，則一切衆生即非衆生，何有相之可離哉。

須菩提，如來是真語者、實語者、如語者、不誑語者、不異語者。須菩提，如來所得法，此法無實無虚。

上文勸離相發心，衆遂疑諸相固虚，菩提必有實體，今但離相，則是無體，無體豈能成菩提乎，故衆疑而不能信。佛乃以五語諭之，勸其信也。真語者，言其理真而不妄也。實語者，言其事實而非虚也。如語者，言其事理俱如，顯實相也。不誑語者，言佛以上三語説法，決無欺誑也。不異語者，言其前後所説無有變異也。五語如此，可不信哉。彼不信者，以其不解如來意而執虚執實故也。豈知如來所得之法，不可以妄見分別，此法本無實無虚乎。所得法，指菩提也。性本空寂，非實也。體本自如，非虚也。今欲執菩提爲實，而疑其無體，安知如來之法哉。

須菩提，若菩薩心住於法而行布施，如人入闇，即無所見。若菩薩心不住法而行布施，如人有目，日光明炤，見種種色。

前言如來之法無實無虚，然欲證此法，必以離相爲方便。目喻人心，入暗喻爲相所惑，入明喻不爲相所惑，空喻實相，種種色喻性德也。

須菩提，當來之世，若有善男子、善女人能於此經受持讀誦，則爲如來以佛智慧，悉知是人，悉見是人，皆得成就無量無邊功德。

此下讚經功德，凡有五重，今總標也。

須菩提，若有善男子、善女人，初日分以恒河沙等身布施，中日分復以恒河沙等身布施，後日分亦以恒河沙等身布施，如是無量百千萬億劫以身布施，若復有人聞此經典，信心不逆，其福勝彼，何況書寫、受持、讀誦、爲人解説。須菩提，以要言之，是經有不可思議不可稱量無邊功德。

初明捨命不如勝。謂一日三時以河沙身命布施，且又經無量劫，其福可謂勝矣，然不及一念信心。所謂信心者，與般若相契，當下即知空寂也。一念信心，已勝于彼，何況復能書寫、受持、讀誦、爲人解説者乎。其功德之廣大，更不可筭數、譬喻，但可言不可思議、不可稱量、無邊功德而已。

如來爲發大乘者説，爲發最上乘者説。若有人能受持、讀誦、廣爲人説，如來悉知是人，悉見是人皆得成就不可量、不可稱、無有邊、不可思議功德。如是人等，則爲荷擔如來阿耨多羅三藐三菩提。何以故。須菩提，若樂小法者，著我見、人見、衆生見、壽者見，則於此經不能聽受讀誦、爲人解説。

二明專爲大機勝。大乘者，始教終教是也。最上乘者，圓頓教是也。能受持、讀誦、解説此經之人，必是大乘、最上乘機，即爲荷擔如來大法之人。何以知然。以樂小法者急于自度，貪住涅槃，即著我、人等四見，與此經無相之旨背矣，安能聽受讀誦解説乎。按，前經四果無得，已皆言得無我，至此乃云樂小法者著我、人等見，何也。葢羅漢但得人無我，未得法無我，此經説無四相，而曰非法非非法，豈二乘之所共哉。

須菩提，在在處處，若有此經，一切世間天、人、阿修羅所應供養。當知此處，則爲是塔，皆應恭敬，作禮圍遶，以諸華香而散其處。

三明所在如塔勝。言雖無人受持而經典所在，即同佛塔，以般若所在，即同法身也。

復次，須菩提，善男子、善女人受持讀誦此經，若爲人輕賤，是人先世罪業，應墮惡道，以今世人輕賤故，先世罪業則爲消滅，當得阿耨多羅三藐三菩提。

四明轉罪成佛勝。若人持經而受人輕賤者，乃是先世罪業，合墮三途，以持經之故，遂以現遭輕賤之事，易將惡來道之苦。然非特罪業消滅，且能得成菩提。蓋以持經能生實相，即是菩提真種，又無我等相即煩惱障盡，罪消滅即業障盡，不墮即報障盡，故云當得菩提也。

須菩提，我念過去無量阿僧祇劫，於然燈佛前，得值八百四千萬億那由他諸佛，悉皆供養承事，無空過者。若復有人於後末世，能受持讀誦此經，所得功德，於我所供養諸佛功德，百分不及一，千萬億分，乃至算數、譬喻所不能及。

五明超事多佛勝。那由他者，十億爲一洛叉，十洛叉爲一俱胝，十俱胝爲一那由他。供佛雖多，其所得功德不及持經少分者，以供佛止得福德，持經乃得菩提，故不可及也。

須菩提，善男子、善女人，於後末世，有受持讀誦此經，所得功德，我若具説者，或有人聞，心即狂亂，狐疑不信。須菩提，當知是經義不可思議，果報亦不可思議。

前歷五重，極明其功德之勝。今更無可説，但總結云經義不可思議，果報亦不可思議而已。説經至此，意義已盡，便合結經流通，但爲後來之衆未得盡聞，或雖聞而未能深明其旨，故空生復爲重請，乃有後分經文也。

爾時，須菩提白佛言：世尊，善男子、善女人發阿耨多羅三藐三菩提心，云何應住，云何降伏其心。

此問據《圭峰疏》，以爲住、修、降伏是我疑，於義亦通。但空生問辭與前不異，且詳佛答意亦與前不異。今强於不異中求異，穿鑿甚矣。近代諸師多謂前問人空，後問法空。愚謂此經前明法空，已不啻三令五申，空生豈容再問耶。惟《天台疏》以爲是重問重説，《大般若經》中已有此例，故今依之，學者不必强解。

佛告須菩提：善男子、善女人發阿耨多羅三藐三菩提心者，當生如是心，我應滅度一切衆生，滅度一切衆生已，而無有一衆生得滅度者。何以故。須菩提若菩薩有我相、人相、衆生相、壽者相，則非菩薩。

此佛答問意與前不殊，亦是總答二問，以無相爲所應住，以有相爲當降伏也。

所以者何。須菩提，實無有法發阿耨多羅三藐三菩提心者。

徵云：菩薩所以無四相者何。以體本空寂，實無菩提之法，又安有發菩提心之人哉。即此觀之，亦知此經無四相，非特是人空，實兼法空也。

須菩提，於意云何，如來於然燈佛所，有法得阿耨多羅三藐三菩提不。不也，世尊，如我解佛所説義，佛於然燈佛所，無有法得阿耨多羅三藐三菩提。

佛於此又恐人疑菩提既無有法，何云佛於然燈佛處得菩提耶，故舉以問空生。空生答無者，以心境雙空，能所俱寂，法本無法，故得亦無得，但心與理冥，强名爲得耳。

佛言：如是，如是，須菩提，實無有法如來得阿耨多羅三藐三菩提。須菩提，若有法如來得阿耨多羅三藐三菩提者，然燈佛則不與我授記：汝於來世，當得作佛，號釋迦牟尼。以實無有法得阿耨多羅三藐三菩提，是故然燈佛與我授記，作是言：汝於來世，當得作佛，號釋迦牟尼。

如是如是者，如來爲空生印定無有法之言也。後又反覆釋之，謂若有法可得，是有相心，不順菩提，然燈佛則不與我授記。實無有法可得，是無相心，順菩提故，記我當得作佛號釋迦牟尼耳。

何以故。如來者，即諸法如義。若有人言如來得阿耨多羅三藐三菩提，須菩提，實無有法佛得阿耨多羅三藐三菩提。須菩提，如來所得阿耨多羅三藐三菩提，於是中無實無虛。是故，如來説一切法皆是佛法。須菩提，所言一切法者，即非一切法，是故名一切法。

徵云：既無菩提可得，又何以名如來耶。

釋云：所謂如來者，即諸法如義。如義者，謂諸法性空，全是真如，自古自今，本來現成，別無聖凡、染淨、生滅、去來之相，又安有得不得耶。若有人下，出其錯解。須菩提下，示以正見。謂菩提實無有法可得，須知菩提離諸分別，無實之可指，亦無虚之可言，一如而已。是故如來説一切法皆是佛法，以諸法皆如故。然又名一切法者何。以即非一切法，是故名之爲一切法也。

須菩提，譬如人身長大。須菩提言：世尊，如來説人身長大，即非大身，是名大身。

佛説一切法皆是佛法，恐空生未領其旨，故舉人身長大以驗之。空生已解佛意，乃曰非身名身，定知皆佛法也。

須菩提，菩薩亦如是，若作是言我當滅度無量衆生，則不名菩薩。何以故。須菩提，實無有法名爲菩薩。是故，佛説一切法無我、無人、無衆生、無壽者。

承上文，須菩提言非大身名大身，佛言菩薩亦如是，若説我當度衆生，是有菩薩，便非菩薩，以實無法可名菩薩也。是故下引前言以證之。一切法皆無四相者，以一切法皆如故。

須菩提，若菩薩作是念我當莊嚴佛土，是不名菩薩。何以故。如來説莊嚴佛土者，即非莊嚴，是名莊嚴。

若説我當行萬行以莊嚴佛土，即是有菩薩，非菩薩也。必非莊嚴而莊嚴，是莊嚴耳。

須菩提，若菩薩通達無我法者，如來説名真是菩薩。

前兩言有菩薩非菩薩，此正明非菩薩是名菩薩，以其通達無我法也。無我有二，一人無我，二法無我。我法本無，但須通達。不達則情生於寂然平等之中，即有我度、我嚴。苟達則順性於粹然功德之表，了然非嚴非度。

所以萬行沸騰而纖塵不立，一真凝寂而衆德煥如，乃名真菩薩也。

須菩提，於意云何，如來有肉眼不。如是，世尊，如來有肉眼。須菩提，於意云何，如來有天眼不。如是，世尊，如來有天眼。須菩提，於意云何，如來有慧眼不。如是，世尊，如來有慧眼。須菩提，於意云何，如來有法眼不。如是，世尊，如來有法眼。須菩提，於意云何，如來有佛眼不。如是，世尊，如來有佛眼。

上言無菩薩者，以其通達無我法。佛恐人疑衆生不能通達無我法，何以亦云無衆生乎，故爲廣約五眼所見，以明衆生非衆生也。肉眼者，凡夫肉眼止見障内，佛肉眼見人中無數世界。天眼者，依肉眼處引出天眼。凡夫天眼惟見障外，二乘天眼惟見三千界，佛天眼能見諸天細色及無數河沙世界。慧眼者，以根本智炤真空理，二乘惟炤生空，菩薩能炤法空，但是分證，惟佛圓炤三空，靡有不盡。法眼者，以後得智説法度人，二乘無法眼，菩薩所知未盡，地地不同，惟佛則所知障盡，無法不知，無生不度。佛眼，即前四眼以在佛皆勝，故名佛眼也。

須菩提，於意云何，如恒河中所有沙，佛説是沙不。如是，世尊，如來説是沙。須菩提，於意云何，如恒河中所有沙，有如是沙等恒河，是諸恒河所有沙數佛世界，如是寧爲多不。甚多，世尊。佛告須菩提，爾所國土中所有衆生，若干種心，如來悉知。何以故。如來説諸心，皆爲非心，是名爲心。

此明五眼所見，迤邐共有五節：初約一恒河以數沙，次約河沙以數河，三約無量河沙以數界，四約爾所界中所有生，五約所有生中種種心。此皆佛五眼所洞見，悉知其心皆非心，是名爲心也。心既非心，則衆生本寂，又安有衆生哉。

所以者何。須菩提，過去心不可得，現在心

不可得，未來心不可得。

　　此徵釋非心之義。所言非心者，謂過、現、未三俱不可得。蓋過去已滅，未來未生，現在不住，又秖是虛妄分別，將指何者以爲心耶。

須菩提，於意云何，若人滿三千大千世界七寶以用布施，是人以是因緣得福多不。如是，世尊，此人以是因緣得福甚多。須菩提，若福德有實，如來不說得福德多。以福德無故，如來說得福德多。

　　前言三心叵得，佛恐人疑謂心既叵得，則作福依心而起，亦皆非有，遂廢修福，故舉寶施以問空生。而空生已知佛意，故答以多福。世尊復明其意，謂不達性空，執以爲實，則心有所住，故福成有漏，不可言多。若達性空，不執爲實，則心無所住，故福成無漏，乃可言多。是知不可廢福而不修，但貴修不住相也。

須菩提，於意云何，佛可以具足色身見不。不也，世尊，如來不應以具足色身見。何以故。如來說具足色身，即非具足色身，是名具足色身。須菩提，於意云何，如來可以具足諸相見不。不也，世尊，如來不應以具足諸相見。何以故。如來說諸相具足，即非具足，是名諸相[三]具足。

　　上言福德無，說福德多，恐人疑佛身相好皆佛福佛[四]之所成就，則相好亦可見如來，故佛舉以問空生。具足色身八十種好也，具足諸相三十二相也，此相好雖是佛福德之所成就，乃法身中現出影子，非是實體，故皆云不應。非色身，非諸相者，色相元空也。是名色身，是名諸相者，色相不無也。

須菩提，汝勿謂如來作是念我當有所說法，莫作是念。何以故。若人言如來有所說法，即爲謗佛，不能解我所說故。須菩提，說法者無法可說，是名說法。

　　上云色身相好俱不可見，佛又恐人疑謂色相既非，佛如何能說法，故謂空生曰：汝勿謂如來有所説法也。若言有説，即爲謗佛。何者。以如來達諸法空，畢竟無執，無能説之佛，亦無所説之法。若言有説，豈非是謗。然又何以名説佛耶。以無法可説，是名説法也。

爾時，慧命須菩提白佛言：世尊，頗有衆生於未來世聞説是經，生信心不。佛言：須菩提，彼非衆生，非不衆生。何以故。須菩提，衆生衆生者，如來説非衆生，是名衆生。

此六十二言原出魏本，秦本所無。今考二論，皆有釋文，故[五]亦添入。此疑如來説法是無所説，無説之法，衆生豈能信乎。佛言汝將謂衆生實是衆生，故不能信，不知此衆生者不實是衆生，亦非不是衆生。何以非衆生而又非不衆生耶。以衆生之所以爲衆生者，總繇妄緣所成，非實是衆生，是名衆生耳。夫衆生既全非實，豈可謂其永不能信而與般若相背哉。

須菩提白佛言：世尊，佛得阿耨多羅三藐三菩提，爲無所得耶。佛言：如是，如是，須菩提，我於阿耨多羅三藐三菩提，乃至無有少法可得，是名阿耨多羅三藐三菩提。

前已言無法得菩提，今疑世尊成佛名得菩提，何亦云無得耶，故舉以問佛。佛言無有少法可得，是名菩提者，以妄執盡處，即是覺滿也。此與前實無有法如來得阿耨多羅三藐三菩提不同，以前就因中説，此就果中説，又前止言無法，此則言無法名菩提也。

復次，須菩提，是法平等，無有高下，是名阿耨多羅三藐三菩提。以無我、無人、無衆生、無壽者，修一切善法，則得阿耨多羅三藐三菩提。須菩提，所言善法者，如來説即非善法，是名善法。

此承上文言無有少法可得者，以是法平等，在凡不減，在聖不增，無有高下，故無得與不得，但證此平等之法，是名爲無上菩提也。然雖曰平等，非可不修而得，應以無我等心，修諸善法，則了緣並運，正助雙融，其於菩提庶可希冀耳。佛又恐人執善法爲實，滯于有爲，故曰即非善法，是名善法。此中前言無得，後又言有得，如何會通。蓋言有得者，證此無可得也。

須菩提，若三千大千世界中所有諸須彌山王，如是等七寶聚，有人持用布施，若人以此《般若波羅蜜經》，乃至四句偈等，受持讀誦，爲他人説，於前福德百分不及一，千萬億分，乃至算數、譬喻所不能及。

上言以無我無人等修諸善法當得菩提，而善法之中當以持經爲最，故復以寶施較持經功德。以持經則非獨得善法之福，亦兼得無我之慧也。

須菩提，於意云何，汝等勿謂如來作是念我當度衆生。須菩提，莫作是念。何以故。實無有衆生如來度者。若有衆生如來度者，如來則有我、人、衆生、壽者。須菩提，如來説有我者，即非有我，而凡夫之人以爲有我。須菩提，凡夫者，如來説即非凡夫，是名凡夫。

上言是法平等，無有高下，或疑若皆平等，云何如來常度衆生，故佛爲斷之。汝等勿謂下，遮錯解。何以故下，示正見。如來説有我下，展轉發明無我。以佛無我故，不見有衆生可度。佛雖有時説我，元來無我，執我者蓋是凡夫。雖言凡夫，亦無凡夫，凡夫尚不可得，如來安得有我。如來無我，又安有所度之衆生哉。若然，則雖終日度生，不妨一道平等也。

須菩提，於意云何，可以三十二相觀如來不。須菩提言：如是，如是，以三十二相觀如來。佛言：須菩提，若以三十二相觀如來者，轉輪聖王則是如來。須菩提白佛言：世尊，如我解佛所説義，不應以三十二相觀如來。爾時世尊而説偈言：

若以色見我　以音聲求我
是人行邪道　不能見如來

前已言色身不可見如來，佛又恐人疑色身從法身中現出，則色身固非如來，亦可因是而觀如來，故舉問空生，而空生果以爲然，故佛以轉輪聖王難之。蓋以本測末則可，以末測本則不可也。空生既悟其非，佛又說偈以明之。以真如法身非見聞所及，乃真智之境，惟證相應，故色相不可觀，而觀亦不可用矣。觀者，詳視也。

須菩提，汝若作是念，如來不以具足相故得阿耨多羅三藐三菩提，須菩提，莫作是念，如來不以具足相故得阿耨多羅三藐三菩提。

佛既說不可以聲色觀如來，恐人不達其旨，便一向離相求佛，故此遮之。蓋色相雖非佛，佛亦不離色相也。

須菩提，汝若作是念，發阿耨多羅三藐三菩提心者，說諸法斷滅，莫作是念。何以故。發阿耨多羅三藐三菩提心者，於法不說斷滅相。

此言離相求佛，是說諸法斷滅。夫求菩提者，萬行門中不捨一法，豈說斷滅法哉。若說斷滅法，則于因中虧六度萬行，於果中損福德莊嚴，其于菩提相去遠矣。

須菩提，若菩薩以滿恒河沙等世界七寶，以用布施，若復有人知一切法無我，得成於忍，此菩薩勝前菩薩所得福德。何以故。須菩提，以諸菩薩不受福德故。

佛又恐人聞不說斷滅，遂著於有爲，貪彼福德，故謂寶施之福雖多，不名爲勝，獨於一切法上知是無我，成於忍者，獨爲最勝。何以爲最勝耶。以受福德故，福德劣。不受福德故，福德勝也。忍即得二無我之智。

須菩提白佛言：世尊，云何菩薩不受福德。須菩提，菩薩所作福德，不應貪著，是故說不受福德。

此釋不受之義，謂秖是於福德上不生貪著之心，是故說不受耳。作福而生貪著，則因成有漏，果必有漏。作福而不生貪著，則因成無漏，果亦無漏。故菩薩不應貪著，不貪著者，以其無我故。

須菩提，若有人言，如來若來若去，若坐若臥，是人不解我所説義。何以故。如來者，無所從來，亦無所去，故名如來。

上言菩薩以無我之故，獲福勝于寶施，人遂謂菩薩成佛實有出現受福之事，故佛先出其錯解，謂如來有去來坐臥也，後示正見，謂如來無去來坐臥也。蓋法身不動，猶若虛空，化身如影，隨機應現，若有出現而實無出現，若有受福而實無受福也。

須菩提，若善男子、善女人以三千大千世界碎爲微塵，於意云何，是微塵衆寧爲多不。甚多，世尊。何以故。若是微塵衆實有者，佛則不説是微塵衆。所以者何。佛説微塵衆，則非微塵衆，是名微塵衆。世尊，如來所説三千大千世界，即非世界，是名世界。何以故。若世界實有者，則是一合相。如來説一合相，則非一合相，是名一合相。須菩提，一合相者，即是不可説，但凡夫之人貪著其事。

上言不應貪著者，非是相有而不著，乃相本自空也，故約塵界相破，以顯法無自性。微塵若是實有，佛則不説是微塵。何以不説是微塵耶。以微塵之名祇是假立，微塵本無自性，乃是因界碎而成，則實非微塵，名爲微塵耳。非特微塵也，世界亦然。世界無自性，非是實有，但假名世界耳。何以故非世界名世界耶。若謂世界是實有，則不過是衆微塵合一之相，既是衆塵所合，則非別有一合之相，但有其名而已。空生於此已破其相，佛復爲徹底指出曰：所謂一合相者，即是不可説，以相既非相，即是實相，不可以言語名字强爲之詮表者也。以凡夫不達，執相爲實，而妄生貪著耳。

須菩提，於意云何，是人解我所説義不。不也，世尊，是人不解如來所説義。何以故。世尊説我見、人見、衆生見、壽者見，則非我見、人見、衆生見、壽者見，是名我見、人見、衆生見、壽者見。

上言凡夫之人貪著其事者，皆由於我法起妄執也。今除我執，謂若人言如來説我、人等見者，是人不解佛所説義。何者。以我、人等見本自空寂，當體如如，故云非我、人等見，但隨俗假稱是名我、人等見也。

須菩提，發阿耨多羅三藐三菩提心者，於一切法，應如是知，如是見，如是信解，不生法相。須菩提，所言法相者，如來説即非法相，是名法相。

此除法執。謂於一切法知其不生法相，見其不生法相，信解其不生法相。何以如是知、見、信解。以法相非相，其體本寂，無相可得，但名爲法相也。

須菩提，若有人以滿無量阿僧祇世界七寶持用布施，若有善男子、善女人發菩薩心者，持於此經，乃至四句偈等，受持讀誦，爲人演説，其福勝彼。云何爲人演説。不取於相，如如不動。何以故。

一切有爲法　如夢幻泡影
如露亦如電　應作如是觀

二執既盡，自然冥契真如，可以演説此經，故佛告空生，謂無量阿僧祇世界七寶布施，不及受持、讀誦、爲人演説此經之福。云何爲人演説，便能勝耶。以不取於相，如如不動故耳。不取相者，不取我相，不取法相，亦不取非法相。三相叵得，始能如彼真如而永無變動也。何以故能不取相耶。但應觀一切有爲之法如夢、幻、泡、影、露、電而已。此六者全無實體，而妄現似有。全無實體，可破我法二相。妄現似有，可破非法相。能作此觀，而般若之義盡是矣。

佛説是經已，長老須菩提，及諸比丘、比丘尼，優婆塞、優婆夷，一切世間天、人、阿修羅等，聞佛所説，皆大歡喜，信受奉行。

此結經也。般若深經，三世佛母，聞經四句，已超惡趣之因，一念淨持，必獲菩提之記。故人天異類，舉皆歡喜，信受奉行。信受者，不信諸法，惟信般若也。奉行者，依經起行，不取于相，行而無行也。

金剛經略疏終

校勘記

〔一〕「何」，疑爲「可」。

〔二〕「身」，底本作「是」，據文意改。

〔三〕「相」，底本脱，據底本原校補。

〔四〕「佛」，底本原校疑爲「德」。

〔五〕「故」，底本作「放」，據文意改。

（李勁整理）

○二五五

新鐫大乘金剛般若波羅蜜經音釋直解[一]

明圓杲解註

新鐫金剛般若波羅蜜音釋直解序

夫《金剛經》者，乃詮人妙心也。心也者，炳煥靈明，光呑宇宙，冲虛妙粹，照歷塵沙。竪窮三際，虛空未可並其悠，横遍十方，天地豈能同其大。亘今古，無舊[二]無新，處聖凡，不增不減。是諸佛之樂土，乃衆生之本源也。非善現，孰得究明此宗，微阿難，誰能編集是教。經分三十二分，分分義契菩提，字佈五千餘言，言言談歸般若。三乘四果之階梯，悉依此心而證立，九有四生之異類，皆由斯理以分流。唯此經者，其文至略，其義甚深，讀者雖多，悟之亦少。既悟後，則頭非鏡裏，若醒來，則珠在衣中。如窮子見父，嚴飾珍寶現成，倘婆女見兒，狂亂憂心頓歇。欲渡者，此即洪舟，求安者，此真華屋矣。愚熟讀之，方究義也。蒐挹諸典，直解是經，去繁就簡，便誦者之易知，引淺至深，與學人之可入。自知僭竊之罪莫逃，實爲受持之者詮爾。

校勘記

〔一〕底本據《卍續藏》。

〔二〕「舊」，底本作「奮」，據文意改。

刻金剛般若波羅蜜經序

蓋最上一乘之法者，乃佛爲一大事因緣而説也，爲時之龜鑑，作物之權衡。既澄濁水，當以菩提妙珠，欲斷妄塵，須是金剛寶劒。世界有三千大千之異地，舉一念而全收，衆生有九種十類之殊途，向一真而悉度。斯經至簡，其理至玄。今之誦者，但祈福德，不究福德之性也。新釋此書，名爲《直解》。予將覽矣，便覺惺之，始信卞和之不石也。水未入海，難成鹹味，人未究理，何契心源。噫，旨玄道妙，豈淺識者能信哉。上智知之，如良馬見鞭，涅槃門近。下士聞矣，似痴猴捉月，生死路長。大哉，師兄荷天者，聞斯經典，捐資刊行，施與有志者觀矣。倘能一言而悟，何甘累劫之迷。不受福德，奚沉有海，知法無我，即契無生。尋流可得泉源，會經方明宗旨。今杲既而註矣，予衍亦爲序之。

新鐫大乘金剛般若波羅蜜經音釋直解

武夷十六洞天城高僧圓杲解註

僧圓衍校正

雲慶庵僧圓禄　僧圓貴繡梓

金剛經啓請

若有人讀誦此經者，須當一心離諸雜想，究竟經義。先念淨身口真言，後請八金剛四菩薩名號，隨所在處，常得擁護矣。

淨身真言

修多唎修多唎修摩唎娑嚩訶

淨口業真言

修利修利摩訶修利修修利薩婆訶

安土地真言

南無三滿多没馱南唵度嚕度嚕地尾娑婆訶

普供養真言

唵誐誐曩三婆嚩韈日囉斛

八金剛

奉請青除災金剛　奉請辟毒金剛

奉請黄隨求金剛　奉請白淨水金剛

奉請赤聲金剛　奉請定持災金剛

奉請紫賢金剛　奉請大神金剛

四菩薩

奉請金剛眷菩薩　奉請金剛索菩薩

奉請金剛愛菩薩　奉請金剛語菩薩

註曰：此八金剛、四菩薩者，迺前迦葉佛時有一旃陀羅，此云屠宰，至寺前拾得一紙《千佛名經》，持歸供養，感妻有娠，生一肉毬，破視，有八男子。及長，心行正直，力勇過人，能伏諸邪惡。妻後又産一毬，破視，亦有四女。及長，顔貌端嚴，慈善勝衆，持齋奉佛，化兄出家。兄妹一十二人，同皈迦葉佛，修行護教，男證金剛，女證菩薩，常護是經，故安經前。若人誦此經者，殷勤啓請，則此金剛菩薩隨處擁護矣。

發願文

稽首三界尊　皈命十方佛
我今發弘願　持此金剛經
上報四重恩　下濟三塗苦
若有見聞者　悉發菩提心
盡此一報身　同生安樂國

云何梵

云何得長壽　金剛不壞身
復以何因緣　得大堅固力
云何於此經　究竟到彼岸
願佛開微密　廣爲衆生説（此經乃梁昭明太子分爲三十二分）

開經偈

無上甚深微妙法　百千萬劫難遭遇
我今見聞得受持　願解如來真實義

金剛般若波羅蜜經

金者，喻心之真體也。人之心體，如百鍊之真金。金經百鍊而金體不消，成衆器而金色不變，人之心體亦然，雜諸緣而心神不昧，溷衆類而心體常靈故。心同虚空永固，金隨今古常精，故心以金喻之。

剛者，喻心之真智也。人之心智，如剛利鋒刀。刀斷萬物而刀體常剛，經千磨而刀鋒愈利，心智亦然，智鑑諸塵而智眼常明，了諸法而智心永寂故。智有裁決之能，如刀有斷截之義，是智以剛刀喻也。

般若者，梵語，此云智慧。智慧者，心之真慧也。慧光如鏡，諸形臨鏡而妍媸自現，鏡鑑諸形而纖洪莫隱。心慧亦然，至隱能燭，至微能知，無塵不顯，無物不彰。慧有先見之明，鏡有洞明之體，故慧以鏡喻之。

波羅蜜者，梵語，此云到彼岸也。岸者，土也。分於彼此，故有此岸彼岸。此岸者，心之妄也，遇緣即動，見境即生。凡遇境緣，生諸妄法，諸有業緣，輪轉此岸也，此只衆生業識感報之土也。衆生業盡，此岸即消矣。彼岸者，心之果也。靈虚獨露，寂淨湛然，塵不能染，法不能緣，果人之土也。心常圓明湛寂，此即彼岸矣。

經者，心之路也。若人依此《金剛般若》而行，則直到無爲之岸也。

以此觀之，則《金剛般若波羅蜜經》者，即是人之自己一個真心也，迷之則生死始，悟之則輪迴息。今修行人知此自心，智此自性，知真無妄，以智慧燈，照破塵緣，了此妄法，立萬行而不著於心，遇諸緣而心常湛寂，如此修行，疾登彼岸矣。偈云：金剛般若義含多，有筏方能可渡河。心鏡未明休懈怠，更須經上切磋磨。

姚秦三藏法師鳩摩羅什奉詔譯

姚秦，東晉僞王也，姓姚名興，爲秦國王也。三藏者，經、律、論也。鳩摩羅什，此云童壽，謂童年而有宿耆[二]材德，故秦王詔譯此經。譯者，翻梵語爲此語矣。

○法會因由分第一

如是我聞：

如是者，真不違俗名如，俗順於真曰是，故稱如是也。如是之法，我從佛聞。我者，阿難自稱也。佛説此經，我親得聞矣。此經説我者，謂空相無我之真我。聞者，謂緣空無聞之真聞也。昔弟子常問於佛云：他時編集經教，當如何起首。佛言：從如是我聞起也。

一時，佛在舍衛國祇樹給孤獨園，

一時者，是佛説經之時也。佛者，覺也，心體離念，覺了真妄，覺體週法界中，盡虛空際，最清淨者。迷此衆生，悟此即佛也。舍衛國者，乃波斯匿王所居之國也。祇樹者，祇陀太子所施之樹，故稱祇樹也。給孤獨園者，舍衛國中有一長者，名須達多，先事外道，亦好施貧，濟諸孤獨，故國人稱名爲給孤獨長者。聞佛説法，心生渴仰，布金買祇陀太子之園，建立精舍，請佛居此説法。祇陀施樹給孤獨園，故稱祇樹給孤獨園也。孤獨者，幼而無父曰孤，老而無子曰獨矣。

與大比（音必）丘衆千二百五十人俱。

比丘含三義，一乞士，二破惡，三怖魔也。大比丘者，道德之稱也。千二百五十人俱者，佛初度陳如等五人，次度三迦葉兄弟兼徒弟衆一千，次度舍利弗、目揵連，各兼徒衆一百，次度耶舍長者等五十人。經中舉其大數，故減五人。此衆並事外道，後轉受佛教也。

爾時世尊，食時，著衣持鉢，入舍衛大城乞食。

爾時者，彼遇食之時也。世尊者，世世常仰，三界獨尊，故稱世尊也。食時者，人之所食之時，則佛著三衣，持寶鉢，入城乞食，教化衆生，去此憍慢。入城者，精舍城外，從外而入，故曰入城。

於其城中，次第乞已，還至本處，飯食訖，收衣鉢，洗足已，敷（音孚）座而坐。

次第者，不擇貧富次第。乞已[三]至本處者，至祇園精舍之處。收衣鉢者，收起三衣袈裟與鉢盂。後洗足整座而坐也。

○善現起請分第二

時，長老須菩提在大衆中，即從座起，偏袒右肩，右膝著地，合掌恭敬而白佛言：希有，世尊，

須菩提，佛之弟子，行證無諍，故稱善現。了法虛妄，理悟真空，亦曰空生，亦名解空。尊者心得菩提正道，稱理得名，故名須菩提也。請佛開示菩提妙心，故偏袒右肩、膝跪、合掌、敬白佛言，此爲教至敬而已。希有世尊者，言佛福慧雙足，嘆言三界之内少有我佛之慈愍也。

如來善護念諸菩薩，善付囑諸菩薩。

如來者，佛號也。本覺名如，始覺名來，本始不二，故稱如來矣。菩薩者，修行人通稱之也。菩薩，梵語菩提薩埵，今略其文而言菩薩。此云覺有情也。覺性中若有情妄，即名衆生，覺無情妄，即名爲佛，故有情即是衆生也。惟有如來慈悲，愍念衆生，善能守護，有大智慧，一乘心法，囑付諸菩薩。

世尊，善男子、善女人發阿耨音奴，入聲多羅三藐音渺三菩提心，云何應住，云何降伏其心。

阿耨多羅三藐三菩提者，梵語也，此云無上甚深正等正覺，此即人之圓覺妙心也。若人發此正覺之心，當依何住，何能降此塵妄之心矣。

佛言：善哉，善哉，須菩提，如汝所説，如來善護念諸菩薩，善付囑諸菩薩。汝今諦聽，當爲汝説。

善哉善哉者，嘆美之辭也，言須菩提善能問此菩提妙心也。諦者，審也。

善男子、善女人發阿耨音奴，入聲多羅三藐音渺三菩提心，應如是住，如是降伏其心。唯然，世尊，願樂音要欲聞。

應者，當也。如是者，當理即如，無非即是。此言欲發菩提妙淨真心，當向菩提心中而住，如此方能降伏塵妄之心。唯者，諾也。然者，

是也。須菩提聞佛説此，真能降妄，默契無疑，唯此應之速也，稱尊領教，願樂欲聞。樂者，愛也。

○大乘正宗分第三

佛告須菩提：諸菩薩摩訶薩，應如是降伏其心，所有一切衆生之類，

摩訶者，梵語，此云是大也。摩訶薩者，即大菩薩也。一切衆生：一切者，總標也。衆者，不一之稱。生者，生滅之義也。

若卵生，若胎生，若濕生，若化生，若有色，若無色，若有想，若無想，若非有想若非無想，我皆令入無餘涅槃而滅度之。

衆生雖多，不出九種十二類，涅槃體上本無衆生。按《楞嚴經》中，迺覺明爲咎，應根塵識，業性發生，見明色發，明見想成，異見成憎，同想成愛，流愛爲種，納想爲胎，交遘發生，吸引同業，六種亂想，隨業感生，種種衆生，各有八萬四千，充塞其類也。若卵生者，卵惟想生，合氣成卵，識想飛沉，故有魚鳥之類也。若胎生者，胎因情有，合精成胎，慾想竪横，故感人畜之類也。若濕生者，濕以合感，合愛爲濕，和煖發生，所趣無定，翻覆亂想，故感蠢蝡之類也。若化生者，化以離應，意欲飛騰，趣新亂想，無而忽有，故有轉蜕飛行之類也。若有色者，但事日月星辰，堅執留礙，其心亂想，結成精耀，休咎精明，其類充塞。若無色者，厭有著空，滅身歸無，惑業昏重，識附陰隱，體合空昧，空散銷沉，其類充塞。若有想者，虚妄失真，邪著影像，無有實色，託識罔象，潛結貌狀，神鬼精靈，其類充滿。若無想者，不了諦理，固守愚痴，習定灰疑[三]，思專枯槁，精神化爲土木金石，其類充塞。若非有想者，誣罔取他，納爲己有，忘本蒸嘗，認彼宗嗣，異質相成，其類充塞。若非無想者，怨害相酧，

傷殺相反，生理悖誕，棄絶倫義，如土梟附塊爲兒，子成，父母皆遭其食，其類充塞。此説九種十二類衆生，皆未悟明涅槃妙心，迷陷情欲，積妄發生，妄隨輪轉。誰不知此。衆生心體本即涅槃，若一念回光，悟明無生之理，斷除情妄，即證入無餘涅槃而自滅度之矣。涅槃者，乃無生滅之心是也，衆生分上無欠無餘矣。有餘者，習氣未盡。無餘者，能所俱消也。

如是滅度無量、無數、無邊衆生，實無衆生得滅度者。何以故。須菩提，若菩薩有我相、人相、衆生相、壽者相，即非菩薩。

四相者，識心未了，即有我相，迷己認他，即有人相，情妄未除，即衆生相，作後有念，即壽者相。菩薩心淨，諸法不生，實非有相。若四相去除，即非真菩薩矣。

○妙行無住分第四

復次，須菩提，菩薩於法應無所住，行於布施，所謂不住色布施，不住聲、香、味、觸、法布施。須菩提，菩薩應如是布施，不住於相。

復次者，重舉也。心有住著，即名慳貪，心無住著，即名布施。法乃塵妄之名。布施，解脱之義。法本無住所，生滅隨緣，言菩薩勿著於心，當行布施也。六塵者，在眼曰色，在耳曰聲，在鼻曰香，在舌曰味，在身曰觸，在意曰法。今此六塵之相若生染著，即爲慳貪，若無住著，即名布施矣。

何以故。若菩薩不住相布施，其福德不可思量。

不住相布施者，菩薩覺心清淨，知法本空，雖有萬行利益衆生，無有一毫著福之念，淨心無染，其福莫量也。

須菩提，於意云何，東方虚空可思量不音否。

不音弗也，世尊。須菩提，南西北方、四維上下虛空可思量不音否。不音弗也，世尊。須菩提，菩薩無住相布施，福德亦復如是不可思量。須菩提，菩薩但應如所教住。

東南西北爲四方，四維即四隅也。以四方、四維、上下，總謂十方矣。虛空本無方所，何有十方。佛言十方者，顯此虛空大之無極矣。今謂菩薩無住相布施，言福德亦如此之大者，而心包太虛，則福性亦同太虛之大也。是故佛告菩薩，不當住法住相，但當心無所住處而住。若心無所住，是名真住矣。

○如理實見分第五

須菩提，於意云何，可以身相見如來不音否。不音弗也，世尊，不可以身相得見如來。何以故。如來所說身相，即非身相。

如來者，即真如性也，是諸佛法身，乃衆生本體也。身相者，是色身幻相也。言不可以執幻相得見真如妙心也。相本漚幻，故佛言身相即非身相也。

佛告須菩提：凡所有相，皆是虛妄。若見諸相非相，即見如來。

若見諸相非相者，心不起分別見相之念也。若見相著相，即背真理。見相非相，即見如來矣。

○正信希有分第六

須菩提白佛言：世尊，頗有衆生得聞如是言說章句，生實信不。佛告須菩提：莫作是說。如來滅後，後五百歲，有持戒修福者於此章句能生信心，以此爲實。當知是人不於一佛、二佛、三四五佛而種善根，已於無量千萬佛所種諸善根。

實信者，實諦之階梯也。信則所言之理順，順則師資之道成。蓋須菩提疑此如來言說般若無相章句，衆生難信，故作是問。而佛恐阻衆生實信之心，且告之莫作是說矣。持戒者，諸惡莫作。修福者，衆善奉行。倘佛滅度之後，若人聞此般若章句信爲實有者，則知此人不但於三五佛前種諸善根，特於無量劫中承事諸佛種善根矣。

聞是章句，乃至一念生淨信者，須菩提，如來悉知悉見，是諸衆生得如是無量福德。何以故。是諸衆生無復我相、人相、衆生相、壽者相，無法相，亦無非法相。

淨信者，淨者淨而無染，信者信而無疑。若人聞是章句，生一念淨信者，悉知此人心空四相，諸法自淨矣。無法相者，爲無見所執也。亦無非法相者，爲有見所執也。是以法相本無，因執故有。若能信心清淨，則衆生垢淨如此，即得福無量矣。

何以故。是諸衆生若心取相，即爲著我、人、衆生、壽者，若取法相，即著我、人、衆生、壽者。何以故。若取非法相，即著我、人、衆生、壽者。是故不應取法，不應取非法。以是義故，

心本無相，若覔心取相者，即著四相。若法與非法，悉屬妄緣，俱無實相。若取而求之，亦染四相。是故諸法體空，不當取著。故如來說不取相者，以是義故。

如來常說，汝等比音必丘知我說法如筏音伐喻者，法尚應捨，何況非法。

佛說一切法，度我一切心。我無一切心，何用一切法。是以如來說法如舡筏者，能度此岸人於彼岸矣。蓋人四相空，塵心淨，正法當捨，何況非法，正謂渡河當用筏，到岸不須舟矣。

○無得無說分第七

須菩提，於意云何，如來得阿耨音奴，入聲多羅三藐三菩提耶，如來有所說法耶。須菩提言：如我解佛所說義，無有定法名阿耨音奴，入聲多羅三藐音渺三菩提，亦無有定法如來可說。

如來妙心無有決定之法即名菩提，亦無

有定法可説也。如鏡本無定像，隨形自現，法本無定體，隨緣自生。道經云空即是空，空無定空，色即是色，色無定色是也。

何以故。如來所説法，皆不可取，不可説，非法，非非法。所以者何。一切賢聖皆以無爲法而有差別。

無爲體上，實無法可得可説矣。今經言非法非非法者，此法説有亦非有，説無亦非無。非法者，心本是無，非非法者，應緣而有，理惟一心，事收萬法矣。所以者何。言理無澗峽，見有淺深。此無爲體上，或有得皮、得骨、得髓者。聖賢之位，隨德稱尊，見深行廣，位重名高，三乘賢聖於此無爲體上證悟，各有淺深之殊。

○依法出生分第八

須菩提，於意云何，若人滿三千大千世界七寶以用布施，是人所得福德寧爲多不音否。

三千世界者，日月運行一須彌山，照四部洲中，爲一小世界。以一千小世界爲一小千世界，以一千小千世界爲一中千世界，以一千中千世界爲一大千世界。以一千小〔四〕千、一千中千、一千大千，總爲三千大千世界也。七寶者，所謂金、銀、瑠璃、珊瑚、瑪瑙、瑱珠、玻瓈是也。佛言盡三千世界七寶布施，言得福雖多，不如般若功德之大也。

須菩提言：甚多，世尊。何以故。是福德，即非福德性，是故如來説福德多。

須菩提證無諍三昧，悟體性空。答福德甚多者，心順無諍。言非福德者，性悟真空也。福德性者，乃般若之慧也。性非福德，故如來説福德多矣。

若復有人於此經中，受持乃至四句偈等，爲他人説，其福勝彼。何以故。須菩提，一切諸佛及諸佛阿耨音奴，入聲多羅三藐音渺三菩提法，皆從此經出。

此經中乃至四句偈者，休言獨稱四句偈，上有乃至二字，下有等字也，或有一句二句，乃至百千萬句。只此統説，何以獨稱四句偈耶，看經者可宜詳觀也。此言統説《金剛般若經》中之大義也。般若無相偈説無爲，謂人心體本自無爲，當依般若能證無爲之果矣。若人於此經中能悟明真理，操心向道，更復爲人解説此經之義，則是人其福勝前三千七寶布施福德也。唐玄宗云：三千七寶雖多，用盡還歸生滅，四句經文雖少，悟之直至菩提。所言諸佛及諸佛法，皆由此《金剛般若》而出者，惟此經之至要也。

須菩提，所謂佛法者，即非佛法。

佛法在心而不在教，故云所謂佛法者即非真佛法也。

○一相無相分第九

須菩提，於意云何，須陀洹音桓能作是念，我得須陀洹果不音否。須菩提言：不音弗也，世尊。何以故。須陀洹音桓名爲入流，而爲[五]所入，不入色、聲、香、味、觸、法，是名須陀洹。

須陀洹、斯陀含、阿那含、阿羅漢，此四果者，乃凡夫流入聖位之階級也。若人心當以無念爲宗，無著爲用，佛恐人心存四果之念萌於其間，以障其道，故設此四果而問。須菩提皆以不也答之，復爲辨論。若以事言之，則有果有相，若以理言之，則非果非相。斷三結，得須陀洹果。不墮三惡，人天七返，永斷諸苦，入於涅槃。名爲入流者，心不入六塵之境，初流入聖地，是名須陀洹也。

須菩提，於意云何，斯陀含能作是念我得斯陀含果不音否。須菩提言：不音弗也，世尊。何以故。斯陀含名一往來，而實無往來，是名斯陀含。

斷三結，薄貪、嗔、痴，得斯陀含果，永斷諸苦樂，證無爲。名一往來者，一反生天上，一反生人間，便得涅槃。雖名往來而實無往來，是名斯陀含也。

須菩提，於意云何，阿那含能作是念我得阿那含果不音否。須菩提言：不音弗也，世尊。何以故。阿那含名爲不來，而實無不來，是名阿那含。

斷下五結，得阿那含果。見思惑斷，永脱苦輪，入於涅槃。名爲不來者，不來欲界受生也。而實無不來者，心無所得而不著不來之相也。

須菩提，於意云何，阿羅漢能作是念我得阿羅漢道不音否。須菩提言：不音弗也，世尊。何以故。實無有法名阿羅漢。世尊，若阿羅漢作是念我得阿羅漢道，即爲著我、人、衆生、壽者。

阿羅漢果者，永斷貪欲、瞋恚、愚痴，無餘煩惱，生滅以盡，淨行以立，於法無染，不來三界受生矣。阿羅漢者，悟諸法空，若作得道之念，有所得心未除，即著四相矣。

世尊，佛説我得無諍三昧，人中最爲第一，是第一離欲阿羅漢。世尊，我不作是念我是離欲阿羅漢。世尊，我若作是念我得阿羅漢道，世尊即不説須菩提是樂阿蘭那行者。以須菩提實無所行，而名須菩提是樂阿蘭那行。

無諍者，隨順無違也。三昧，梵語，此云正受，心不受一法是也。阿蘭那者，梵語，此云即無諍也。須菩提離三界，欲證四果法，得無諍三昧，體悟真空，乃人中最爲第一者。雖然證此四果位，而心不作是念。若心作此證果之念，則與道相違，佛即不説須菩提是行無諍之行也。實無所行者，悟心無得。雖云無諍之行，亦是虚名耳。

○莊嚴淨土分第十

佛告須菩提：於意云何，如來昔在然燈佛所，於法有所得不。不也，世尊，如來在然燈佛所，於法實無所得。

如來者，佛自稱也。然燈佛者，即是釋迦牟尼佛之師也。法由心悟，豈從外得。以心印心，是名爲得也。

須菩提，於意云何，菩薩莊嚴佛土音度不音否。不音弗也，世尊。何以故。莊嚴佛土音度者，即非莊嚴，是名莊嚴。

菩薩莊嚴者，菩薩六度萬行以爲莊嚴。佛土者，心土也。真如妙心，廼諸佛之淨土，是衆生之覺源也。但了法空淨，即真莊嚴。《維摩經》云：隨其心淨，則佛土淨。蓋此心淨，便是莊嚴也。若著相施爲，即非莊嚴，名莊嚴矣。

是故，須菩提，諸菩薩摩訶薩，應如是生清淨心：不應住色生心，不應住聲、香、味、觸、法生心，應無所住而生其心。

佛土既以心淨爲莊嚴，則菩薩當生無染淨心，不當生六塵妄想之心矣。而者，下接上之辭也。應無所住而生其心者，若心無染而清淨，真心自生也。譬如天平盤中無物，其針自正矣。

須菩提，譬如有人，身如須彌山王，於意云何，是身爲大不音否。須菩提言：甚大，世尊。何以故。佛說非身，是名大身。

王者，衆所尊也。須彌山者，上至忉利天，下極崑崙際，乃娑婆世界之主山也，大之莫及矣。佛引此譬喻，尚有人身如須彌山之大，可爲大否。須菩提遵順無違，答言甚大。須彌雖大，不滿虛空，法身之大，含納大虛。故《楞嚴》云，虛空生汝心內，由如片雲點太清裏，況世界生於虛空之內，須彌亦住世界之中，豈得爲大也。故法身無相，誠爲大也，須彌有相，不足爲大矣。是故佛說非身是名大身也。

〇無爲福勝分第十一

須菩提，如恒河中所有沙數，如是沙等恒河，於意云何，是諸恒河沙寧爲多不音否。須菩提言：甚多，世尊，但諸恒河尚多無數，何況其沙。

恒河者，舍衛國城外有河名恒河也，佛常指河中沙爲喻。言恒河中有此無量數之沙，亦有無量數之恒河，勝過此沙之多，是諸恒河中之沙，此言多之甚矣。

須菩提，我今實言告汝，若有善男子、善女人以七寶滿爾所恒河沙數三千大千世界，以用布施，得福多不音否。須菩提言：甚多，世尊。佛告須菩提，若善男子、善女人於此經中，乃至受持四句偈等，爲他人説，而此福德勝前福德。

恒沙七寶布施，福報無過人天。若人於此經中究明至理，必證菩提之果矣。

○尊重正教分第十二

復次，須菩提，隨説是經，乃至四句偈等，當知此處，一切世間天、人、阿修羅皆應供養，如佛塔廟，

隨説者，隨處與人説經之所也。塔者，貯佛舍利之塔。廟者，立佛聖相之廟也，故有人、天、修羅而此供養。今當知此説經之處，一切人道、天道、修羅道皆以香華幡蓋以爲供養，勝若佛之塔廟者。何也。爲一切諸佛及諸佛阿耨多羅三藐三菩提法皆從此經出也，是故人、天如此恭敬矣。

何況有人盡能受持、讀誦。須菩提，當知是人成就最上第一希有之法。若是經典所在之處，即爲有佛，若尊重弟子。

若人明此般若妙義，即知心能作佛。如此受持，則是成就第一希有之法也。一切諸佛皆依般若而證，故云此經在處即爲有佛也。是人若能恭敬此經，即爲尊重弟子也。

○如法受持分第十三

爾時，須菩提白佛言：世尊，當何名此經，我等云何奉持。佛告須菩提，是經名爲《金剛般若波羅蜜》，以是名字，汝當奉持。

金剛是喻般若，是法般若。波羅蜜，是

梵語，此云智慧到彼岸也。出前經題註訖耳。以是名字者，此經乃般若之名，非真般若之體，故説名字也。汝當奉持者，當依義奉行持教流通也。

所以者何。須菩提，佛説般若波羅蜜，即非般若波羅蜜，是名般若波羅蜜。

　但有言説，皆無實義。般若無相，故佛説即非般若，是名般若也。

須菩提，於意云何，如來有所説法不。須菩提白佛言：世尊，如來無所説。

　如來説法，爲利生故，真如體淨，實無法可説也。

須菩提，於意云何，三千大千世界所有微塵是爲多不音否。須菩提言：甚多，世尊。須菩提，諸微塵，如來説非微塵，是名微塵。如來説世界，非世界，是名世界。

　三千世界，不外乎心。一切微塵，悉依於地。故世界者，隨衆生心業所感而有。衆生心淨，則世界淨，衆生心垢，則世界垢。悟法無體，即非微塵，悟相虚妄，則非世界。佛心空寂，觀此微塵不實，世界非堅，故説非有塵世，是名塵世也。

須菩提，於意云何，可以三十二相見如來不音否。不音弗也，世尊，不可以三十二相得見如來。何以故。如來説三十二相，即是非相，是名三十二相。

　三十二相者，如來以三十二妙行感此報身妙相，淨如琉璃，内外明徹。雖則報身殊妙，亦是幻妄，終歸壞滅，故説非相，是名爲相也。

須菩提，若善男子、善女人以恒河沙等身命布施，

　七寶布施是利物濟貧，身命布施乃了心立行，無非福報也。

若復有人於此經中，乃至四句偈等，爲他人説，其福甚多。

　佛言，小則微塵，大則世界，福報則妙身，

立行則布施，如此塵世身行，四事盡屬虛幻，無有實體。若人能持此一經，爲人解説，則得福多矣。

○離相寂滅分第十四

爾時，須菩提聞説是經，深解義趣，涕淚悲泣而白佛言：希有，世尊，佛説如是甚深經典。我從昔來所得慧眼，未曾得聞如是之經。

須菩提聞佛説塵世身行盡屬虛幻，深悟明此金剛般若之義，傷感悲泣，白言，世尊，我昔得緣空慧眼，如何契此經義之遲也。

世尊，若復有人得聞是經，信心清淨，即生實相，當知是人成就第一希有功德。

實相者，真實無妄之相也。若人聞此經義，信心清淨，則實相自生，誠爲第一希有之功德也。

世尊，是實相者，即是非相，是故如來説名實相。

實相無相，托名爲相，故説非相也。

世尊，我今得聞如是經典，信解受持，不足爲難。若當來世，後五百歲，其有衆生得聞是經，信解受持，是人即爲第一希有。何以故。此人無我相，無人相，無衆生相，無壽者相。所以者何。我相即是非相，人相、衆生相、壽者相即是非相。何以故。離一切諸相，即名諸佛。

須菩提言聞經受持不離者，心空即受持不難。來世衆生能空四相，持此經者，即爲第一希有。有四相，即忘殀之體。般若無相，離相體淨，故名離相，即殀破相盡，是名諸佛。

佛告須菩提：如是，如是，若復有人能聞是經，不驚、不怖、不畏，當知是人甚爲希有。

如是如是者，佛許言之，理當理當也。若人聞此般若無相妙法則無驚疑怖畏者，此人亦爲希有也。

何以故。須菩提，如來説第一波羅蜜，即非第一波羅蜜，是名第一波羅蜜。

第一波羅蜜者，非説布施波羅蜜爲第一也，直説金剛般若波羅蜜矣。此般若能攝三乘四果，六度萬行，凡諸善法，皆依般若之功也。非般若則不能立此行，非般若則不能證是果矣。是《心經》云：菩提薩埵，依般若波羅蜜而得究竟涅槃。三世諸佛，依般若波羅蜜得證菩提正果。故此般若是無上呪，是無等等呪。如此佛稱般若爲第一之波羅蜜也，即非第一波羅蜜。若屬言説，亦是名字中波羅蜜也。

須菩提，忍辱波羅蜜，如來説非忍辱波羅蜜，是名忍辱波羅蜜。

忍辱能降嗔怒，嗔怒能渾般若。古云：一念嗔心起，八萬障門開。若嗔怒既是不降，則般若真性不現。故佛設忍辱之權，方淨般若之體，故稱忍辱波羅蜜也。則忍辱亦無實體，其嗔既泯，其忍自消，故謂非忍辱也。

何以故。須菩提，如我昔爲歌利王割截身體，我於爾時無我相，無人相，無衆生相，無壽者相。何以故。我於往昔節節支解時，若有我相、人相、衆生相、壽者相，應生嗔恨。須菩提，又念過去於五百世作忍辱仙人，於爾所世無我相，無人相，無衆生相，無壽者相。

歌者，好聲色。利者，貪財利。六祖云：此王好色貪利，是無道之君也。人以一生爲一世。佛在歌利王五百世前，因中修五百世忍辱波羅蜜矣。故四相不生，其心不忍而自忍也。

是故，須菩提，菩薩應離一切相發阿耨音奴，入聲多羅三藐音渺三菩提心。不應住色生心，不應住聲、香、味、觸、法生心，應生無所住心。若心有住，即爲非住。

佛言：欲發無上覺心者，不當著諸幻相，勿著六塵妄心，當生無住真心。若心有法〔六〕，住者即非真住。故肇師五論云：聖人之心，住無所住。

是故，佛説菩薩心不應住色布施。須菩提，菩薩爲利益一切衆生，故應如是布施。

住色布施者，言著相布施也。菩薩布施爲利生也，故《華嚴經》云：不爲自身求快樂，但爲救護諸衆生是也。

如來説一切諸相，即是非相。又説一切衆生，即非衆生。

諸相是妄塵，衆生是妄識，俱無實體，故佛説諸相非相，衆生非生也。

須菩提，如來是真語者、實語者、如語者、不誑語者、不異語者。

真語不僞，實語不虚，如語理當，不誑語無妄，不異語始終爲一。故聖人之語，義語也，非比衆生欺誑之語也。

須菩提，如來所得法，此法無實無虚。

得法者，悟明心法也。此法無實無虚者，言實而無相可覩，言虚而應用無窮，此即空不空如來藏也。

須菩提，若菩薩心住於法而行布施，如人入暗，即無所見。若菩薩心不住法而行布施，如人有目，日光明照，見種種色。

妄法能翳真心。若菩薩住法布施，欲見如來法體，如人處於暗室，欲覩諸相，實不可得。若心不住法而布施者，空體昭然，如人有目，一契心原如空，有日見種種色，瞭然在目矣。

須菩提，當來之世，若有善男子、善女人能於此經受持讀誦，即爲如來以佛智慧，悉知是人，悉見是人，皆得成就無量無邊功德。

當來世者，將來之世也。此《金剛般若經》者，佛之智慧，若人能持讀誦，解其實義者，則知斯人入佛知見。得佛知見，即爲如來，如此成就無量功德也。

○持經功德分第十五

須菩提，若有善男子、善女人，初日分以恒

河沙等身布施，中日分復以恒河沙等身布施，後日分亦以恒河沙等身布施，如是無量百千萬億劫以身布施，若復有人聞此經典，信心不逆，其福勝彼，何況書寫、受持、讀誦、爲人解説。

初日分者，蚤也。中日分者，午也。後日分者，晚也。恒沙等身布施者，言了却相續塵沙妄念也。一日三時立此萬行，雖加三省之勤，經塵劫之修，若未能悟徹般若大義，其福縱廣，證道亦難也。若人聞此經義，信而不逆，其福勝彼，何況書持演續、流通今古者哉。

須菩提，以要言之，是經有不可思議不可稱量無邊功德，如來爲發大乘者説，爲發最上乘者説。

要言者，簡要之言也。謂此經乃最上一乘之法，若人能契此經之義，直證無上正覺之道，故言此功德不可思議稱量也。乘者，乘物之器也。大乘者，菩薩乘也。菩薩利生

願重，如大車在途，大船在海，凡遇有情，無不載度矣。最上乘者，佛乘也，言不可及也。三界萬類，但爲有緣，悉載度之。佛恐人機小，心生取著，聞此般若無相之經，即生疑惑，故與上乘者説也。

若有人能受持、讀誦，廣爲人説，如來悉知是人，悉見是人，皆得成就不可量不可稱無有邊不可思議功德。如是人等，即爲荷擔如來阿耨音奴，入聲多羅三藐音渺三菩提。

荷擔者，荷負如來正覺之法也。此《金剛經》者，乃佛之命脉，若人能持讀解義，廣爲人説，即爲荷負如來正法，言福之多矣。

何以故。須菩提，若樂小法者，著我見、人見、衆生見、壽者見，即於此經不能聽受、讀誦、爲人解説。

小法者，小乘之法也。小乘之人著相求道，聞此般若非相，即生疑惑，不能受持流通也。故仲尼云：中人以下不可以語上也。

須菩提，在在處處，若有此經，一切世間天、人、阿修羅，所應供養。當知此處，即爲是塔，皆應恭敬，作禮圍遶，以諸華香而散其處。

在在處處者，言有經在之處也。此説與十二會同。

○能淨業障分第十六

復次，須菩提，若有善男子、善女人受持讀誦此經，若爲人輕賤，是人先去聲世罪業，應墮惡道，以今世人輕賤故，先世罪業即爲消滅，當得阿耨音奴、入聲多羅三藐音渺三菩提。

惡道者，即三惡道也，乃地獄、餓鬼、畜生是也。若人前生造此惡罪，當受此惡報。爲持此經，以重報輕，免墮惡道。若能更悟明此義，當體全空，即惡果頓消，淨業立成也。正謂千年暗室一燈破，萬劫愆尤半句消矣。

須菩提，我念過去無量阿僧祇劫，於燃燈佛前，得值八百四千萬億那由他諸佛，悉皆供養承事，無空過者。若復有人於後末世，能受持讀誦此經，所得功德，於我所供養諸佛功德，百分不及一，千萬億分，乃至算數、譬喻所不能及。

阿僧祇、那由他，梵語，二者皆是數，此云即是無量數也。供佛是布施，承事是立行也。佛言，我在燃灯佛無量劫前供養承事無量諸佛功德，與持經之人功德，千萬億分，莫及其一。

須菩提，若有善男子、善女人於後末世有受持讀誦此經，所得功德，我若具説者，或有人聞，心即狂亂，狐疑不信。

末世者，末法之世也。此經中功德，佛不一一具説者，道大難信，恐人生疑，起謗經之罪，故不盡説也。

須菩提，當知是經義不可思議，果報亦不可思議。

言此般若妙義，菩提道果，其中功德，皆不可思議也。

〇究竟無我分第十七

爾時，須菩提白佛言：世尊，若善男子、善女人發阿耨音奴，入聲多羅三藐音渺三菩提心，云何應住，云何降伏其心。佛告須菩提：若善男子、善女人發阿耨音奴，入聲多羅三藐音渺三菩提心者，當生如是心，我應滅度一切衆生，滅度一切衆生已，而無有一衆生實滅度者。

如是心者，即此無分別心是也。須菩提問發菩提心者，與前二會同意。佛告滅度衆生者，與三會同意，不必重註也。

何以故。若菩薩有我相、人相、衆生相、壽者相，即非菩薩。所以者何。須菩提，實無有法發阿耨音奴，入聲多羅三藐音渺三菩提者。

若心萌四相，即非菩薩。心無一法，即契菩提。

須菩提，於意云何，如來於然燈佛所，有法得阿耨音奴，入聲。多羅三藐音渺三菩提不音否。不音弗也，世尊，如我解佛所説義，佛於燃燈佛所，無有法得阿耨多羅三藐三菩提。

無法可得，言心中實無所得也。故云心無一法即如來，是則名如觀自在也。

佛言：如是，如是，須菩提，實無有法如來得阿耨多羅三藐三菩提。須菩提，若有法如來得阿耨音奴，入聲。多羅三藐音渺三菩提者，燃燈佛即不與我授記：汝於來世，當得作佛，號釋迦牟尼。

如是如是者，佛許言之理當。佛者，覺也。然燈者，名也。覺心無染，名之爲佛。若心有法，則背覺合塵，違佛真體，即不授記耳。梵語釋迦，此云能仁，梵語牟尼，此云寂默。能仁者，於情不染。寂默者，於法不生。

以實無有法得阿耨音奴，入聲多羅三藐音渺三菩提，是故燃燈佛與我授記，作是言：汝於來世，當得作佛，號釋迦牟尼。何以故。如來者，即諸法如義。

實無有法，二佛體同，如鏡照鏡，似空

合空，如此即授記矣。古云：祖祖心空，佛佛道同。諸法者，塵妄之法也。義者，法之儀則也。如來覺體本空，不立諸法，不礙諸法，淨如明鏡，能應物現形。譬鏡本無相，相由鏡現，心本無法，法從心顯。故此如來之心，諸法如義也。

若有人言如來得阿耨音奴，入聲多羅三藐音渺三菩提，須菩提，實無有法佛得阿耨多羅三藐三菩提。

　佛言，我菩提妙心者，實從無法中得也。故《楞嚴經》云：菩提心生，生滅心滅。

須菩提，如來所得阿耨音奴，入聲多羅三藐音渺三菩提，於是中無實無虛。

　無實者，色即是空。無虛者，空即是色。此菩提妙體，莫惻[七]其方，莫窮其際，言實亦非實，言虛亦不虛。

是故，如來說一切法皆是佛法。

　法外無心，心外無法，故云皆是佛法也。

須菩提，所言一切法者，即非一切法，是故名一切法。

　法本無實，但是虛名。

須菩提，譬如人身長大。須菩提言：世尊，如來說人身長大，即爲非大身，是名大身。

　與前十會同意。

須菩提，菩薩亦如是，若作是言我當滅度無量衆生，即不名菩薩。

　菩薩者，乃覺有情也。衆生者，即情識也。若情見未盡，即非菩薩。

何以故。須菩提，實無有法名爲菩薩。是故，佛說一切法無我、無人、無衆生、無壽者。

　真心本寂，諸法本空。故佛說言，凡一切諸法，皆無人、我、衆生、壽者之念，是人妄執四相也。謂菩薩若能空諸法相，是真菩薩。此章承上繳下之義也。

須菩提，若菩薩作是言我當莊嚴佛土，是不名菩薩。何以故。如來說莊嚴佛土者，即非莊嚴，是名莊嚴。

若莊嚴佛土，著相迷心，則不名菩薩。佛土在心而不在相，何假莊嚴。既著其相，即非莊嚴矣。

須菩提，若菩薩通達無我法者，如來説名真是菩薩。

無我則識空，無法則情盡。若人通達情識無體，是名真菩薩。

〇一體同觀分第十八

須菩提，於意云何，如來有肉眼不音否。如是，世尊，如來有肉眼。須菩提，於意云何，如來有天眼不音否。如是，世尊，如來有天眼。須菩提，於意云何，如來有慧眼不音否。如是，世尊，如來有慧眼。須菩提，於意云何，如來有法眼不音否。如是，世尊，如來有法眼。須菩提，於意云何，如來有佛眼不音否。如是，世尊，如來有佛眼。

眼雖分五，心惟是一，見有通塞，知無間斷。顔居士云：肉眼見諸色相，天眼普照大千，慧眼智燭常明，法眼了諸法空，佛眼自性常明，融通無閡。傅頌曰：天眼通非閡，肉眼閡非通，法眼唯觀俗，慧眼直緣空，佛眼如千日，照異體還同，圓明法界内，無處不含容。

須菩提，於意云何，如恒河中所有沙，佛説是沙不音否。如是，世尊，如來説是沙。須菩提，於意云何，如一恒河中所有沙，有如是沙等恒河，是諸恒河所有沙數佛世界，如是寧爲多不音否。甚多，世尊。

恒河者，舍衛國城外有河名恒河也，河中之沙，細如麵末。謂此恒河中有無量沙數，一粒之沙亦爲一恒河也，如是諸沙等諸恒河，亦諸恒河中有無量無數之沙，此説極多矣。言佛世界亦多之如此，佛以恒沙世界言之甚多耳。

佛告須菩提：爾所國土中所有衆生，若干種心，如來悉知。

若干者，干是不俱之數也。所有恒沙世界國土，盡因衆生妄業所感而生。衆生諸心，如來悉知者，凡衆生妄心，因業引起，而有業識妄想，盡依真體發現。故《楞嚴》云：迷妄有虛空，因空立世界，想澄成國土，知覺乃衆生。但有塵緣妄想，悉依心現，故云如來悉知也。

何以故。如來説諸心，皆爲非心，是名爲心。所以者何。須菩提，過去心不可得，現在心不可得，未來心不可得。

凡有心識，盡隨業生，無有實體，遇緣即生，緣消即滅，故説非心是名爲心矣。三心亦非有也，故論云：過去已滅，未來未至，現在空寂，三世求之，了不可得。《楞嚴註》云：三際求心心不有，心不有處妄原無，妄心無處即菩提，生死涅槃本平等。

○法身通化分第十九

須菩提，於意云何，若有人滿三千大千世界七寶以用布施，是人以是因緣得福多不音否。如是，世尊，此人以是因緣得福甚多。須菩提，若福德有實，如來不説得福德多。以福德無故，如來説得福德多。

因緣得福者，福因修布而生。言福德無者，福因緣消而滅。惟有法體週圓，融通無礙，是真福德也。

○離色離相分第二十

須菩提，於意云何，佛可以具足色身見不音否。不音弗也，世尊，如來不應以具足色身見。何以故。如來説具足色身，即非具足色身，是名具足色身。須菩提，於意云何，如來可以具足諸相見不音否。不音弗也，世尊，如來不應以具足諸相見。何以故。如來説諸相具足，即非具足，是名諸相具足。

佛者，覺也。具足色身諸相者，言具足報身三十二相也。此覺心如海，身相如漚，若人著身相求見真佛，誠爲認漚爲海也。身相總歸幻化，雖然身相具足，佛言即非具足，是名身相具足也。

○非説所説分第二十一

須菩提，汝勿謂如來作是念我當有所説法，莫作是念。何以故。若人言如來有所説法，即爲謗佛，不能解我所説故。須菩提，説法者無法可説，是名説法。

勿者，止也。佛説此一卷《金剛般若》之法，恐人心生説法之念，故誡須菩提莫謂如來有説法之念。謗者，妄言也。言人不能解其覺體本淨，無有法念，妄言佛有此説法之念。若心無一法，是真説法也。故《維摩經》云：法無衆生，離衆生垢故。法無有我，離我垢故。法無壽命，離生死故。法無有人，前後際斷故。離此諸緣，何法可説。故此真空法體，無法可説，是名爲説也。

爾時，慧命須菩提白佛言：世尊，頗有衆生於未來世聞説是法，生信心不（音否）。佛言：須菩提，彼非衆生，非不衆生。何以故。須菩提，衆生衆生者，如來説非衆生，是名衆生。

須菩提得佛智慧，故稱慧命也。問言：倘未來之世，若衆生聞此真心無説之法，亦能信否。佛知須菩提心起衆生之念，故答云：彼非衆生，非不衆生。彼非衆生者，指未來衆生非實衆生也。非不衆生者，言此衆生因業感報而生也。衆生雖妄，亦依真有，乃生佛同原，惟隔迷悟，但去執情，衆生即佛矣。故《華嚴論》云：一切衆生，本來成佛。云衆生衆生者，乃佛審問須菩提言：汝以衆生爲衆生。佛言：我如來説衆生，非衆生也。

○無法可得分第二十二

須菩提白佛言：世尊，佛得阿耨音奴，入聲多羅三藐音渺三菩提，爲無所得耶。如是，如是，須菩提，我於阿耨多羅三藐音渺三菩提，乃至無有少法可得，是名阿耨音奴，入聲多羅三藐音渺三菩提。

須菩提深悟菩提體上實無所得。佛先許其契理的當，後亦引淺至深，言我於此理亦無少法可得，菩提亦是虚名也。

○淨心行善分第二十三

復次，須菩提，是法平等，無有高下，是名阿耨音奴，入聲多羅三藐音渺三菩提。

是法平等者，此法無物不有，無時不然矣。法本無高下，奈業有差殊。若人有一念之善，福即隨生，報感人天之樂。若有一念之惡，罪即隨至，報感三途之苦。故法體平等，高下由業自生。即此平等之法，是名菩提之正因也。

以無我、無人、無衆生、無壽者，修一切善法，即得阿耨音奴，入聲多羅三藐音渺三菩提。

修一切善法者，當修四聖諦、十二因緣、六度萬行、三十七品助道法、五十五種菩提路，此一切法俱名善法也。若人空其四相，修諸善法，潔淨其心，即得證此菩提妙果矣。

須菩提，所言善法者，如來説非善法，是名善法。

善法雖美，法體實無，纔生貪染，便翳菩提。故云：黄金雖至寶，入眼亦如塵。

○福智無比分第二十四

須菩提，若三千大千世界中所有諸須彌山王，如是等七寶聚，有人持用布施，若人以此《般若波羅蜜經》，乃至四句偈等，受持讀誦，爲他人説，於前福德百分不及一，千萬億分，乃至筭數、譬喻所不能及。

所謂三千大千世界中須彌山者，總而言之，有百億〔八〕日月，百億須彌是也。言此多爲須彌山之七寶布施之福，與般若真智爲人演説之福，佛言千萬億分莫及其一矣。以此福德與智慧較之，誠乃無比無極也。

○化無所化分第二十五

須菩提，於意云何，汝等勿謂如來作是念我當度衆生。須菩提，莫作是念。何以故。實無有衆生如來度者。若有衆生如來度者，如來即有我、人、衆生、壽者。

佛止須菩提言，莫謂如來有度生之念也。如來者，真如體也。衆生者，情識也。言真如體上實無情識，既有情識，則有四相矣。

須菩提，如來説有我者，即非有我，而凡夫之人以爲有我。須菩提，凡夫者，如來説即非凡夫，是名凡夫。

今如來説我者，乃權也，亦非有我之念。故頌云：利生權立我，證理實無人。此凡夫執著，認相爲我。古云：色身非我任爲我，法身真我而不任。是以凡夫無實體，故説非凡夫也。

○法身非相分第二十六

須菩提，於意云何，可以三十二相觀如來不音否。須菩提言：如是，如是，以三十二相觀如來。佛言：須菩提，若以三十二相觀如來者，轉輪聖王即是如來。須菩提白佛言：世尊，如我解佛所説義，不應以三十二相觀如來。爾時世尊，而説偈言：

若以色見我　以音聲求我

是人行邪道　不能見如來

三十二相，佛之報身，如來法身非相也。須菩提以三十二相觀佛法身者，執波爲水也。故佛説若認相爲佛者，轉輪聖王亦佛也。轉輪聖王亦有三十二相報身矣。須菩提亦言不當三十二相觀佛法身者，是撥波求水也，未明水之真體。故此經云聲色者，傍外之門，非真佛體也。若人著相離相者，即是邪外之道，實不能見真佛法身也。頌云：聲色見聞皆是妄，真空無相鏡非臺。四八身中尋得佛，轉輪王相即如來。

○無斷無滅分第二十七

須菩提，汝若作是念，如來不以具足相故得阿耨音奴，入聲多羅三藐音渺三菩提，須菩提，莫作是念，如來不以具足相故得阿耨多羅三藐三菩提。

此一章，承上章而言也。以者，當作是也。須菩提前言以三十二相觀如來心者，是常見之所惑，後言以不應以三十二相觀如來心者，是斷見之所失也。佛恐人陷於斷常見中，故作此問，呼須菩提徵之：汝若作是念，謂佛不是具足相中得菩提心者，此言心相乖違，生斷滅之見也。豈不見《心經》云色不異空，空不異色。故云：即波即水，即妄即真，何得除此身相之外而別有菩提心也。佛誡之莫作是念者，勿謂佛不是具足相中得菩提心也。

須菩提，汝若作是念，發阿耨音奴，入聲多羅三藐音渺三菩提心者，說諸法斷滅，莫作是念。何以故。發阿耨多羅三藐三菩提心者，於法不說斷滅相。

汝若作無相發菩提心之念者，言相非心而心非相，說諸法斷滅。重誡之莫作此無相得心之念。何以故。若發大菩提心之人，於諸法相，無罣無礙，不著不離，不說斷滅相也。

○不受不貪分第二十八

須菩提，若菩薩以滿恒河沙等世界七寶，持用布施，若復有人知一切法無我，得成於忍，此菩薩勝前菩薩所得功德。何以故。須菩提，以諸菩薩不受福德故。

知一切法無我者，法本無我，是人妄生

分別，以爲有我。若人知心無法，知法非我，如此則聖凡情盡，能所見消，即得成無生法忍，直證菩提，何干福德也。

須菩提白佛言：世尊，云何菩薩不受福德。須菩提，菩薩所作福德，不應貪著，是故說不受福德。

菩薩心空無法，於福不著。若著福德，福德亦是法矣。故云：但能萬法不相干，一超直入如來地。

○威儀寂靜分第二十九

威儀自威儀　寂處有誰知
若作威儀相　大象没深泥

須菩提，若有人言如來若來若去，若坐若臥，是人不解我所說義。何以故。如來者，無所從來，亦無所去，故名如來。

如來者，佛真法身也，遍滿虛空，實無來去。今言此來去坐臥者，來爲法生，去爲法滅，來去是法，坐臥是相，豈其佛法身而有來去耶。若人言此法身有此來去者，是未解實義也，故如來說無所來去也。古德云：來爲衆生來，去爲衆生去。法身等虛空，住在無心處。

○一合理相分第三十

須菩提，若善男子、善女人以三千大千世界碎爲微塵，於意云何，是微塵衆寧爲多不音否。甚多，世尊。何以故。若是微塵衆實有者，佛即不說是微塵衆。所以者何。佛說微塵衆，即非微塵衆，是名微塵衆。世尊，如來所說三千大千世界，即非世界，是名世界。

佛雖然說此世界、微塵，亦爲發明一真之理也。微塵無實，世界非堅，縱有無量之多，亦是虛名也。

何以故。若世界實有者，即是一合相。如來說一合相，即非一合相，是名一合相。

一合相者，一者乃一空真理也，相者乃世界幻妄諸相也，合者和合也。謂一空真理，融通和合世界諸相，如膠投色，正謂色無膠不立，膠無色不顯，真妄融通，合成世界諸相矣。故《楞嚴》云，猶如世間諸相，雜和成一體者是也。如來亦説非一合相者，言諸相幻妄，屢受變遷，真空妙理，實無成壞，真理非理，和合非合，故非真一合相，是名一合相也。

須菩提，一合相者，即是不可説，但凡夫之人貪著其事。

若言真妄融通合爲一相者，佛止須菩提不可説，但恐凡夫貪著妄相爲真之事也。凡夫未悟空理，堅執妄相，不蚤觀破，欲待世界壞時方覺苦，恩情别後始知空也。

○知見不生分第三十一

須菩提，若人言佛説我見、人見、衆生見、壽者見，須菩提，於意云何，是人解我所説義不音否。不也，世尊，是人不解如來所説義。何以故。世尊説我見、人見、衆生見、壽者見，即非我見、人見、衆生見、壽者見，是名我見、人見、衆生見、壽者見。

我、人、衆生、壽者，此四相本非實體，若人言佛亦有四相之説，疑爲實有者，則此人能深解佛之大義否。須菩提答云：此人未能深解如來實義也。是真體湛然，空諸法相，雖佛説是四相，非有四相之念，但言四相而已。

須菩提，發阿耨音奴，入聲多羅三藐音渺三菩提心者，於一切法，應如是知，如是見，如是信解，不生法相。須菩提，所言法相者，如來説即非法相，是名法相。

如是知見者，即此無分别之心是也。如是信解者，凡於一切法相，莫作法相之念，向外馳求。如此無念之心，是名發菩提心也。所言法相者，法本無體，豈有相耶。境來則法相自現，境滅則法相自消。故如來説法相非相，是名相也。

○應化非真分第三十二

須菩提，若有人以滿無量阿僧祇世界七寶持用布施，若有善男子、善女人發菩薩心者，持於此經，乃至四句偈等，受持讀誦，爲人演説，其福勝彼。云何爲人演説。不取於相，如如不動。何以故。

無量、阿僧祇，二者皆是數也，言其數多之甚矣。發菩薩心者，須發最上一乘利生心也。受持讀誦者，心得經理曰受，養心不動曰持，究明經義曰演，悟心無法曰説。謂持此經乃至四句偈等者，言此一卷《金剛般若經》全受持而讀誦也。言發大菩薩心者，方能受持此經，爲人演説，流通世上也。其福勝彼者，説前種種布施，立行施爲，盡屬幻化，雖有福報，終歸消滅。惟此般若真體不屬修證，若契此無爲，永不退轉，惟此無爲之福勝諸有爲之福也。云何演説者，佛恐人泥於文字，故説不取於相，如如不動。取者，著也。如如不動者，言此真如湛寂，應用無虧。即此佛説一句如如不動，收盡三藏十二部之教也。頌曰：末後如如這句經，如來演説太分明。舉頭若見空中月，此點靈光本現成。

一切有爲法　如夢幻泡影
如露亦如電　應作如是觀

此四句偈，説此夢、幻、泡、影、露、電六種虚妄爲譬喻者，謂有爲之法悉是幻化，無有實義，故設此喻。此無爲妙體，毫法不安，正謂千峰勢到岳邊盡，萬派聲歸海上消。故《涅槃》云：諸行無常，是生滅法。生滅滅已，寂滅爲樂。

佛説是經已，長老須菩提，及諸比丘、比丘尼，優婆塞、優婆夷，一切世間天、人、阿修羅，聞佛所説，皆大歡喜，信受奉行。

僧稱比丘師，姑稱比丘尼。居士稱優婆塞，道姑稱優婆夷。與一切世間人道衆、天道衆、修羅道衆，此四種三道，聞佛説此《金剛般若》真經妙義，皆大歡喜，誠心信受，謹奉尊行也。道川言此經頓超佛地，敬而頌之曰：飢得食，渴得漿。病得瘥，熱得涼。貧人遇寶，嬰子見娘。飄舟到岸，遠客歸鄉。旱逢甘澤，國有忠良。四夷拱奉，八表謳揚。頭頭俱顯，物物全彰。古今凡聖，地獄天堂。東西南北，同沐恩光。伏願剎塵沙界諸群品，溥入金剛大道場。此偈爲看教者休著休棄而頌也。

其一

金剛離相快如刀　註解雖然亦是糟
休向紙中尋佛跡　但從心上覔香醪

其二

金剛今解以週全　一會窮來一會玄
未見月時休棄指　得魚之後可忘筌

金剛般若波羅蜜經音釋直解終

般若真言

納謨薄伽伐帝鉢唎二合若而也切波羅蜜多曳三怛姪他四唵五訖唎三合上其訖切地唎三合上庭逸切室利三合六戍嚕二合，上鼠出切，下力忽切知下以切七三密栗知上同佛方逸切八社野娑訶

金剛心真言

唵　烏輪尼　娑婆訶

補闕真言

南無喝囉怛那哆囉夜耶　佉囉佉羅　俱住俱住　摩囉摩囉　唬囉吽　賀賀　蘇怛拏　吽潑抹拏　娑婆訶

又補闕真言

唵　呼嚧呼嚧　社野穆契娑訶

普回向真言

唵　娑摩羅　娑摩囉　弭摩曩　薩訶嚩　摩訶斫迦囉嚩吽終

收經偈

三途永息輪迴苦　六趣休隨汨没因

金剛經讚

無邊含識悟真常　萬類有情登彼岸

三十二分，功德難量，四句玅偈廣宣揚。須菩提，白佛言，無説無傳，應作如是觀。

校勘記

〔一〕「者」，底本作「著」，據文意改。

〔二〕「已」，底本作「矣」，據文意改。

〔三〕「疑」，底本原校疑爲「凝」。

〔四〕「小」，底本作「大」，據文意改。

〔五〕「爲」，《金剛般若波羅蜜經》（《大正藏》本）作「無」。

〔六〕「法」，底本原校疑爲「所」。

〔七〕「惻」，底本原校疑爲「測」。

〔八〕「億」，底本作「德」，據文意改。

書金剛經直解後

《金剛經》，諸佛心地法門，真實微妙了義。乃金剛妙心者，冲漠而永固，虚靈而恒照，獨立古今，無增無減，嘗出塵累，無間凡聖，雙泯雙照，能絶境智。一代之真説，蓋極于茲乎。昔孤獨園中，暨吐此一言，三光迴景移照，乾坤卷而入懷。故從阿難集貝葉於滅後，而隨什師易梵音於華言，頗就此經，往往雖有註家，或多或少，果似未盡其美矣。然圓杲師，妙達佛旨，鈎索深隱，採攟精要，成此編緝，遠輝後來矣。一日遊戲書林，始得求斯《直解》，玩味累日，而以與學人曰：此辭簡而義豐，歷不周深徹宗。嗟呼惜乎，於離相一章之中，嘆澆世受持之下，註解之字湮没甚多矣。吾子退而有日，來曰：願加和訓，及補脱落。予撫膺扣頭曰：豈得雖穿壁碩德，輙測其幽微，況猶於泥文句之淺識，衆盲捫象，汝宜